Studien zum vergleichenden und internationalen Recht –
Comparative and International Law Studies

Herausgeber: Bernd von Hoffmann und Erik Jayme

Band 1

Verlag Peter Lang
Frankfurt am Main · Bern · New York

Die Datenschutzkonvention des Europarates

Ferdinand Henke

Die Datenschutzkonvention des Europarates

Verlag Peter Lang
Frankfurt am Main · Bern · New York

CIP-Kurztitelaufnahme der Deutschen Bibliothek

Henke, Ferdinand:

Die Datenschutzkonvention des Europarates / Ferdinand Henke. – Frankfurt am Main ; Bern ; New York : Lang, 1986.
(Studien zum vergleichenden und internationalen Recht ; 1)
ISBN 3-8204-9528-2
NE: GT

ISSN 0930-4746
ISBN 3-8204-9528-2

Meinen Großeltern,

Meinen Eltern und

Meinem Bruder Uli

Gewidmet

VORWORT

Die vorliegende Arbeit wurde im Wintersemester 1985/86 von der juristischen Fakultät der Universität Trier als Dissertation angenommen. Sie entstand im wesentlichen während meiner Tätigkeit als Wissenschaftlicher Mitarbeiter am Lehrstuhl für Zivilrecht, Internationales Privatrecht und Rechtsvergleichung von Herrn Prof. Dr. Bernd von Hoffmann.

Herrn Prof. Dr. von Hoffmann gilt mein ganz besonderer Dank. Er hat nicht nur das Dissertationsthema angeregt, sondern auch stets verständnisvolle Unterstützung und Förderung gewährt. Herrn Prof. Dr. Schröder danke ich für die Erstellung des Zweitgutachtens. Besonders verbunden bin ich Herrn Prof. Dr. Simitis, der mir wertvolle Informationen zukommen ließ , sowie Herrn Dr. Auernhammer, ohne dessen Hilfe ich die Arbeit kaum hätte erfolgreich abschließen können. Frau Bärbel Grieser, Herrn Dipl.-Volkswirt Winfried Stürzbecher und meinem Vater Ferdinand Henke danke ich für die mühsame Korrekturarbeit, den Mitarbeitern am Lehrstuhl von Herrn Prof. Dr. von Hoffmann für die gute und vertrauensvolle Atmosphäre.

Trier, Mai 1986

Ferdinand Henke

INHALTSVERZEICHNIS

1. Teil: EINFÜHRUNG

ABKÜRZUNGSVERZEICHNIS

Abl.	Amtsblatt
Abs.	Absatz
A.F.D.I.	Annuaire francais de droit international
AfP	Archiv für Presserecht
A.J.I.L.	The American Journal of International Law
ALR	American law reports annotated
Am.J.Comp.L.	The American Journal of Comparative Law
Anm.	Anmerkung
Ann.A.A.A. La Haye	Annuaire de l'Association des Auditeurs et Anciens Auditeurs de l'Académie de Droit International de la Haye
Archiv P.F.	Archiv für das Post- und Fernmeldewesen
Art.	Artikel
BB	Der Betriebs-Berater
BfD	Bundesbeauftragter für den Datenschutz
BGBl.	Bundesgesetzblatt
BTDrucks	Drucksachen des Deutschen Bundestages
bzw.	beziehungsweise
Case W.Res.J.Int.L.	Case Western Reserve Journal of International Law
CDCJ	Comité Européen de Cooperation Juridique, European Committee on Legal Cooperation
Clunet	Journal du droit international
CoE	Council of Europe
CompLYB	Comparative Law Yearbook
Computer L.J.	Computer Law Journal
Cornell Int.L.J.	Cornell International Law Journal
Curr.Res.P.V.	Current Research on Peace and Violence
DANA	Datenschutz-Nachrichten
Data Com.	Data Communications
DB	Der Betrieb
ders.	derselbe
d.h.	das heißt
DöV	Die öffentliche Verwaltung
D.S.	Recueil Dalloz Sirey
DSB	Datenschutzberater
DSG	Datenschutzgesetz
DSWR	Datenverarbeitung in Steuern, Wirtschaft und Recht
DuD	Datenschutz und Datensicherung
DV	Datenverarbeitung
DVBl	Deutsches Verwaltungsblatt

DVD	Deutsche Vereinigung für Datenschutz
DVR	Datenverarbeitung im Recht
EG	Europäische Gemeinschaft
ESF	European Science Foundation
EuGRZ	Europäische Grundrechte-Zeitschrift
Europ. MRK	Europäische Menschenrechtskonvention
eV	eingetragener Verein
EWG	Europäische Wirtschaftsgemeinschaft
EWG-Vertrag	Vertrag zur Gründung der EWG
ff	folgende
Foro it.	Il Foro italiano
GDD	Gesellschaft für Datenschutz und Datensicherung
gem.	gemäß
GG	Grundgesetz
GmbH	Gesellschaft mit beschränkter Haftung
Harv.Int.L.J.	Harvard International Law Journal
Hess. DSB	Hessischer Beauftragter für den Datenschutz
IBI	Intergovernmental Bureau for Informatics
ICCP	Information Computer Communications Policy
i.d.R.	in der Regel
India Quart.	India Quarterly, Journal of International Affairs
Inform.Priv.	Information Privacy
Int.Bus. Lawyer	International Business Lawyer
Inter Med.	Inter Media
Int.Lawyer	The International Lawyer
i.S.d.	im Sinne des/der
i.S.v.	im Sinne von
ITU	International Telecommunication Union
J.Commun.	Journal of Communication
JZ	Juristenzeitung
KSZE	Konferenz über Sicherheit und Zusammenarbeit in Europa
L.Computer Technol.	Law and Computer Technology
L.Contemp.Prob.	Law and Contempory Problems
L.Pol.Int.Bus.	Law & Policy in International Business
MDR	Monatsschrift für deutsches Recht
Mich.L.Rev.	Michigan Law Review
M.L.R.	The modern law review
m.w.N.	mit weiteren Nachweisen
N.C.J.Int.L.Com.Reg.	North Carolina Journal of International Law and Commercial Regulation
New L.J.	The New Law Journal
NILR	Netherlands International Law Review

NJW	Neue Juristische Wochenschrift
N.N.	Name unbekannt
No.	Numéro
Nr.	Nummer
NZA	Neue Zeitschrift für Arbeits- und Sozialrecht
OECD	Organization for Economic Cooperation and Development
ÖJZ	Österreichische Juristen-Zeitung
ÖVD	Öffentliche Verwaltung und Datenverarbeitung
Proc.Am.Soc.Int.L.	Proceedings of the American Society of International Law
RabelsZ	Rabels Zeitschrift für ausländisches und internationales Privatrecht
Rdnr.	Randnummer
Rev.crit.dr.i.p.	Revue critique de droit international privé
Rev.dr.pub.	Revue du droit public et de la science politique en France et à l'étranger
Rev.Inst.Eur.	Revista de Institutiones Europeas
Rev.int.dr.comp.	Revue internationale de droit comparé
Riv.dir.europ.	Rivista di diritto europeo
Riv.dir.int.	Rivista di diritto internazionale
Riv.dir.int.proc.	Rivista di diritto internazionale privato e processuale
RIW/AWD	Recht der Internationalen Wirtschaft, Außenwirtschaftsdienst des Betriebsberaters
Rutgers Comp.Tech.L.J.	Rutgers Computer & Technology Law Journal
S.	Seite
s.	siehe
SAE	Sammlung Arbeitsrechtlicher Entscheidungen
Scand.Stud.	Scandinavian Studies in law
SchweizAG	Schweizerische Aktiengesellschaft
SchwJbIntR	Schweizerisches Jahrbuch für internationales Recht
SITA	Société Internationale pour la Télécommuncation Aéronautique
SJZ	Schweizerische Juristenzeitung
sog.	sogenannt
Stan.J.Int.L.	Stanford Journal of International Law
SvJT	Svensk juristtidning
SWIFT	Society for Worldwide Interbank Financial Telecommunications
TDF	transnational data flow
TDR	Transnational Data Report
UK	United Kingdom
vgl.	vergleiche

Vol.	Volume
u.a.	unter anderem
udgl.	und dergleichen
usw.	und so weiter
u.U.	unter Umständen
VersR	Versicherungsrecht
WiVerw	Wirtschaft und Verwaltung
Yale L.J.	Yale Law Journal
z.B.	zum Beispiel
ZRP	Zeitschrift für Rechtspolitik
ZSR	Zeitschrift für schweizerisches Recht

1. Teil: EINFÜHRUNG

§ 1 Der grenzüberschreitende Datenverkehr

I. Der stete Wandel auf dem Gebiet der Datenverarbeitung

Erst seit Beginn der 70er Jahre haben die verantwortlichen Stellen in den Staaten der westlichen Welt dem Phänomen des grenzüberschreitenden Datenverkehrs und der daraus resultierenden Problematik für den Individualschutz die gebotene Aufmerksamkeit gewidmet. Viel früher haben Unternehmen der Privatwirtschaft die Bedeutung einer transnationalen Datenübermittlung erkannt und deren Vorteile genutzt. Mit dem ständig wachsenden Ausbau des grenzüberschreitenden Datentransfers ist zugleich die technische Fortentwicklung der Verarbeitungsverfahren vorangetrieben worden. Der technologische Fortschritt hat vor allem in diesem Bereich durch rasante Entwicklungen nachdrücklich die Schnellebigkeit unserer Zeit demonstriert.
Innerhalb kürzester Zeit veralten Systeme, die erst kurz zuvor andere Verfahren abgelöst haben. So werden heute Zentralkomputer, die bisher als effektivste Medien einer umfangreichen Datenverarbeitung galten und daher immer weiter perfektioniert wurden, nach und nach von dezentralisierten Datenverarbeitungssystemen abgelöst (1). Ebenso haben sich die zur Datenverarbeitung verwendeten Verfahrensarten stets weiterentwickelt. Heute können Daten bereits mit optischen Hilfsmitteln - etwa Videogeräten - eingelesen und Manuskripte sogar automatisch erfaßt werden. Auch die Digitaltechnik wird der Datenverarbeitung immer mehr zunutze gemacht (2).
Der stete Wandel auf dem Gebiet der automatischen Datenverarbeitung stellt ständig neue Anforderungen an den Datenschutz. In gleichem Maße wie die aktuellen Verfahrenstechniken laufen auch die bestehenden nationalen und internationalen Regelungen Gefahr, durch den Fortschritt überholt und dadurch in ihrer Anwendungsmöglichkeit eingeschränkt zu werden. Um eine derartige Entwertung des Datenschutzes zu vermeiden, müssen gesetzliche Regelungen flexibel genug sein, technologische Neuerungen mit zu erfassen.

II. Die Datenarten

Aus der Sicht des Datenschutzes sind letztlich nur die personenbezogenen Daten von Interesse, d.h. diejenigen Informationen, die eine natürliche Person bestimmen oder bestimmbar machen (3). Nur die Verarbeitung solcher Daten kann i.d.R. die Belange der be-

----

(1) vgl. etwa Simitis, Rapport Général of the XIVth Colloquy on European law, CJ-PD (85) 1, S.6; Council of Europe, Renewal of the terms of reference of the Committee of experts on data protection, CD-CJ (85) 7, S.4

(2) s. hierzu: Nicholas: TDR, Vol.VIII, No.3, 1985, S.159 ff

(3) Das ist eine allgemein gültige Definition; vgl. 2.Teil, § 5 I, A

treffenden Personen berühren. Zwar machen die personenbezogenen Daten - gemessen am Gesamtvolumen der über die Staatsgrenzen hinweg transferierten Daten - derzeit nur einen sehr geringen Anteil aus (1), dies darf dennoch nicht dazu verleiten, die aus einer unrechtmäßigen Datenverarbeitung resultierenden Gefahren und Beeinträchtigungen für den einzelnen zu unterschätzen. Für den Betroffenen können erhebliche Konsequenzen entstehen.
Ein unrechtmäßiges Verarbeitungsverfahren kann Ursache für die Ablehnung von Kreditanträgen, für die Aufnahme von strafrechtlichen Ermittlungen oder für medizinische Recherchen sein. Außerdem darf nicht außer acht bleiben, daß bei der Verarbeitung anderer Daten auch personenbezogene Daten verarbeitet werden können, die zuvor nicht ausgesondert worden sind. So können im Rahmen von Verwaltungs-, Personal-, Marketing- oder sonstigen planerischen Entscheidungen innerhalb eines supranationalen Unternehmens neben anderen Angaben auch personenbezogene Daten an einem Ort zusammengezogen und ausgewertet werden. Ebenso werden etwa im Rahmen von Flugzeugreservierungen, über den privaten Adressenhandel (2), im Bankenverkehr oder zur Unterstützung polizeilicher Ermittlungstätigkeiten auch Informationen über Staatsgrenzen hinweg weitergeleitet, die Rückschlüsse auf die dahinter stehenden Personen zulassen (3).

III. Die Arten des grenzüberschreitenden Datenverkehrs

Das zeigt schon, welche Schwierigkeiten den Datenschutznormen durch Datenflüsse über die Staatsgrenzen hinweg bereitet werden können. Um der Frage nach der Notwendigkeit einer Regelung dieses Bereiches im Wege internationaler Vereinbarungen nachzugehen, ist es zunächst erforderlich zu erkennen, wodurch die grenzüberschreitende Übermittlung von personenbezogenen Daten veranlaßt wird. Dazu müssen vorab die verschiedenen Übermittlungsprozesse dargestellt werden. Hierbei leisten die von Bergmann (4) und Wochner (5) vorgelegten Arbeiten eine wertvolle Hilfe. Die von

----

(1) vgl. Hondius, Internationale Aspekte des Datenschutzes im öffentlichen Bereich, in: Datenschutz; Probleme, Beispiele, Grundsätze, Erfahrungen, 1982, S.91; Robinson: TDR, Vol.VII, No.7, 1984, S.56; Schwappach: WiVerw 1980, S.31

(2) So wurde dem Verfasser - zu seiner Überraschung - von einem niederländischen Verlag das Verzeichnis der dort veröffentlichten wissenschaftlichen Literatur zugesandt, ohne daß der Verfasser sich zuvor darum bemüht hatte.

(3) Einen Überblick über die verschiedenen Datenarten im grenzüberschreitenden Datenverkehr vermitteln: Hentschel, Schomerus: Arbeitgeber, 1976, S.149 f; Johnson, in: Online - transnational data regulation, S.164 ff; Knoppers: TDR, Vol.VII, No.7, 1984, S.371 f; Norman, in: Online - international data regulation, S.73 ff; Novotny: Stan.J.Int.L. Band 16, 1980, S.156 ff; Schwappach, in: OECD ICCP 1, S.218 ff; Treille, in: OECD ICCP 1, S.163

(4) Bergmann, Grenzüberschreitender Datenschutz, S.27 ff

(5) Wochner, Der Persönlichkeitsschutz im grenzüberschreitenden Datenverkehr, S.49 ff

diesen Autoren vorgeschlagene Klassifizierung, die die Datenströme nach Verarbeitern im öffentlichen und Verarbeitern im privaten Bereich differenziert, hat sich als die anschaulichste Gesamtdarstellung auf diesem Gebiet herausgestellt (1).

A. Der grenzüberschreitende Datenverkehr im privaten Bereich

1. Die Datenverarbeitung innerhalb eines Konzernes

Der grenzüberschreitende Datenverkehr spielt vor allem innerhalb von internationalen Großunternehmen eine wichtige Rolle (2). Die Gründe für einen Transfer können dabei ganz unterschiedlicher Natur sein, da sie im wesentlichen von der Ausrichtung bzw. der Funktion des Konzernes abhängen. Im Rahmen der Aufgabenwahrnehmung verlangt ein effektives Arbeiten u.U. das Zusammenziehen von Daten an einem zentralen Ort oder den jederzeit möglichen Abruf der benötigten Informationen durch die Zweigniederlassungen eines Unternehmens (3).
Es können beispielsweise Lieferanten-, Kunden-, Personal- oder technische Daten zwischen Muttergesellschaft und Tochterunternehmen ausgetauscht oder an einem Ort für den gesamten Konzern verarbeitet werden (4). Aus der Sicht des Datenschutzes ist vor allem die Übermittlung von Personaldaten - etwa zu statistischen Zwecken - von besonderem Interesse, da in diesem Bereich gezielt personenbezogene Daten über Staatsgrenzen hinweg transferiert

----

(1) Bergmann hat jedoch zu Recht darauf hingewiesen, daß diese Unterteilung nur auf eines von vielen denkbaren Unterscheidungskriterien abstellt (Grenzüberschreitender Datenschutz, S.28). Sie ist jedoch am ehesten in der Lage, die einzelnen Verarbeitungsvorgänge umfassend und klar strukturiert darzustellen.

(2) s. Gotlieb, Dalfen, Katz: A.J.I.L. Band 68, 1974, S.233; Lüders: RIW/AWD 1985, S.86; zur grundlegenden Bedeutung des Informationssystemes vgl. auch Schneider, Probleme der Organisation der Leitung internationaler Unternehmungen, S.38 ff

(3) Einen Überblick der daraus resultierenden Problematik für das bundesdeutsche Datenschutzrecht vermitteln: Freise, Wohlgemuth: DVR, 1982, S.285 ff; Höfer: DuD 1982, S.80 ff; Kriependorf: DuD 1977, S.16 ff

(4) s. hierzu die ausführlichen Beiträge von: Bing, in: Online - transnational data regulation, S.21 f; Chamoux, in: Actes du Colloque international informatique et société, Vol.IV, 1980, S.141; Freese: J.Commun. Vol.29, No.3, Summer 1979, S.136; Hentschel, Schomerus: Arbeitgeber, Band 28, 1976, S.149 f; Kroneberg, in: OECD ICCP 1, S.183 ff; Lüders: RIW/AWD 1985, S.86; Mohan, Mohan: India Quart. Band 18, 1982, S.3 ff; Mutter, Persönlichkeitsrecht und Datensicherung, S.151; Nollet, in: Actes du Colloque international informatique et société, Vol.IV, 1980, S.154; Schomerus, in: Online - transnational data regulation, S.223 f; Schwappach, in: OECD ICCP 1, S.217 ff; Wermdalen, in: OECD ICCP 1, S.69 ff

werden (1). Ferner müssen hier etwa das Sammeln von Daten durch internationale Kreditkartenunternehmen zur Erstellung der Kundenabrechnungen (2) oder durch die zentrale Abteilung eines Unternehmens zur Anfertigung der Lohnabrechnungen aller Mitarbeiter (3) sowie das Zusammenziehen von Informationen in einem Versicherungskonzern (4) oder der Austausch von Kundendaten innerhalb von Großbanken mit ausländischen Zweigniederlassungen (5) genannt werden.

2. Die Errichtung internationaler Datennetze

Neben die konzerninternen Datennetze treten seit einiger Zeit vermehrt internationale Kommunikationssysteme, die von Privatunternehmen eines Geschäftsbereichs gemeinsam geschaffen werden. Als rechtlich selbständige Einrichtungen bieten sie den sie tragenden Unternehmen ihr Übermittlungssystem an. So können gegebenenfalls auch personenbezogene Daten über Staatsgrenzen hinweg ausgetauscht werden. Solche meist automatisierten Informationsnetze existieren derzeit im Bereich der Flugreservierung, des Bankenverkehrs und im Versicherungswesen.
Das Informationsvermittlungssystem SITA (Société Internationale pour la Télécommunication Aéronautique) verbindet inzwischen fast 250 Fluggesellschaften miteinander (6). Die SITA ist eine Gesellschaft nach belgischem Handelsrecht und hat ihren Sitz in Paris. Über das SITA-Netz werden von den beteiligten Fluggesellschaften in erster Linie Flugreservierungen vorgenommen, wobei auch Angaben übermittelt werden, die eine Identifizierung der Fluggäste ermöglichen.
SWIFT (Society for Worldwide Interbank Financial Telecommunications), ebenfalls eine Gesellschaft nach belgischem Recht mit Sitz in Brüssel (7), erleichtert den ihr angeschlossenen Banken

----

(1) vgl. Bull: TDR, Vol.IV, 1981, No.1, S.13; Hafli, in: Bing, Selmer: A decade of computers and law, S.71
(2) s. Gotlieb, Dalfen, Katz: A.J.I.L. Band 68, 1974, S.246
(3) s. Drews: DuD 1983, S.251 ff; zu der in diesem Kontext grundlegenden Frage des Persönlichkeitsschutzes im Arbeitsverhältnis durch das bundesdeutsche Recht wird außerdem auf die umfassenden Beiträge von Ehmann verwiesen (NZA 1985, Beilage zu Heft 13/85, S.2 ff und SAE 1985, S.181 ff).
(4) vgl. hierzu Bastin, in: OECD ICCP 1, S.127 ff
(5) s. Hafli, s. Anm.1; Peitzsch: DSWR 1980, S.34 f; Schwappach: WiVerw 1980, S.29 f
(6) s. die ausführlichen Beiträge zum SITA-Datennetz von: Bergmann, Grenzüberschreitender Datenschutz, S.40 ff; Haeck: TDR, Vol.VII, No.5&6, 1984, S.343 ff; Wochner, Der Persönlichkeitsschutz im grenzüberschreitenden Datenverkehr, S.55 ff; N.N.: TDR, Vol.V, No.5, 1982, S.233
(7) s. die ausführlichen Beiträge zu SWIFT von: Bergmann, s. Anm.6; Markoski: Cornell Int. L.J. 1981, S.298 ff; Nacamuli: TDR, Vol.III, No.6, 1980, S.7; Nowak, in: OECD ICCP 1, S.124 ff; Potyka, Datenschutz im Kreditwesen, in: Datenschutz in der Wirtschaft, 1981, S.141; Read, in: OECD ICCP 1, S.141; Strömberg, in: OECD ICCP 1, S.134 ff; Vekeman: TDR, Vol.III,

den grenzüberschreitenden Zahlungsverkehr. Typischerweise werden dabei auch personenbezogene Daten transferiert. Bei Zahlungsaufträgen oder Kontogutschriften werden u.a. die Angaben über Auftraggeber oder Zahlungsempfänger, bei Kreditbestätigungen Auskünfte über den Antragsteller übermittelt.
Auch im Bereich des Versicherungswesens gibt es heute schon zentrale Informationsbüros, die von den sie tragenden Unternehmen benutzt werden. So werden in Nordamerika beispielsweise medizinische Daten, die von US-amerikanischen oder kanadischen Lebensversicherungsunternehmen über die versicherten Personen gesammelt werden, an einen zentralen Ort transferiert, wo sie gespeichert werden, um im Bedarfsfall von jeder angeschlossenen Stelle abgerufen werden zu können (1). Ein derartiges Erfassen personenbezogener Daten über den Gesundheitszustand einer Person birgt jedoch Gefahren in sich. Die Einsichtnahme durch Unbefugte, aber auch die Weitergabe dieser besonders schutzwürdigen Angaben an die angeschlossenen Lebensversicherer kann für den Betroffenen erhebliche Konsequenzen haben. So können falsche oder veraltete Informationen dazu führen, daß der Abschluß einer Lebensversicherung verweigert oder nur zu erheblich schlechteren Konditionen angeboten wird.

3. Internationale Serviceunternehmen

Als letzte Gruppe sind die Serviceunternehmen zu nennen, die ihre grenzüberschreitenden Netzwerke nicht nur einem einzigen Großkonzern oder einer bestimmten Branche, sondern allgemein jedem Interessenten zur Verfügung stellen (2). Die Kunden können die Verarbeitungsanlagen selbst benutzen; sie können die Anbieter aber ebenso mit der Datenverarbeitung beauftragen. Die bekanntesten privatrechtlichen Systeme sind TYMNET (ein System, das alle Städte der Vereinigten Staaten mit den europäischen Hauptstädten verbindet), CYBERNET (ein Verarbeitungsnetz mit Zentralen in Den Haag, Frankfurt/Main, London, Ljubljana, Paris und Stockholm) und SWITCH (ein Netzwerk mit Niederlassungen in 14 Staaten sowie einer Vielzahl von weiteren Verarbeitungszentren) (3).

B. Der grenzüberschreitende Datenverkehr im öffentlichen Bereich

Im gleichen Maße wie im privatrechtlichen Bereich hat auch der grenzüberschreitende Datenfluß im öffentlichen Bereich an Bedeutung gewonnen. Staatliche Stellen suchen aus ganz verschiedenen

----

No.6, 1980, S.7; Wochner, Der Persönlichkeitsschutz im grenzüberschreitenden Datenverkehr, S.64 ff

(1) s. Carroll, in: OECD-Informatics Studies, 1976, S.204; Gotlieb, Dalfen, Katz: A.J.I.L. Band 68, 1974, S.246

(2) s. die ausführlichen Beiträge zu Serviceunternehmen von: Bergmann, Grenzüberschreitender Datenschutz, S.31 f; Bing, in: Online - transnational data regulation, S.16 ff; Keelinger, in: OECD ICCP 1, S.153 ff; Onstad, in: Online - transnational data regulation, S.281 ff; ders., in: OECD ICCP 1, S.179 ff; Ordemann: ÖVD 1977, S.3 f

(3) vgl. hierzu Ordemann: s. Anm.2

Gründen den Informationsaustausch mit den entsprechenden ausländischen Fachbehörden. Insbesondere Finanz-, Steuer-, Zoll- und Polizeibehörden benötigen zur Erfüllung ihrer Aufgaben, etwa zur Aufklärung steuer-, zoll- oder strafrechtlicher Zuwiderhandlungen, u.U. auch personenbezogene Daten aus dem Ausland (1).
Bei der Verfolgung von Straftaten greifen nationale Behörden aber auch auf das von Interpol (Organisation internationale de Police Criminelle) angebotene Spezialnetz zurück, mit dessen Hilfe die über einhundert angeschlossenen Staaten auch die zur Strafverfolgung benötigten personenbezogenen Daten untereinander austauschen können (2).
In den letzten Jahren hat vor allem der Datenfluß zwischen der Europäischen Gemeinschaft (EG) und den ihr angehörenden Nationen erheblich zugenommen. Über das von der EG aufgebaute EURONET-DIANE-System wird jedem Mitgliedstaat der Zugang zu über 250 Datenbanken mit wissenschaftlichen, technischen, juristischen, sozialen und wirtschaftlichen Daten ermöglicht (3). Die ständig wachsenden Aktivitäten in diesem Bereich haben Auswirkungen auf den Datenschutz gezeigt. Der Bundesbeauftragte für den Datenschutz (BfD) sieht durch diese Entwicklung ernsthafte Probleme auf den Individualschutz zukommen, da einige Datentransfers an die EG aus der Sicht des bundesdeutschen Datenschutzrechtes zu beanstanden seien (4). So wurde vor allem die Datenübermittlung der Statistischen Ämter der Mitgliedstaaten an die EG mit der Begründung gerügt, daß eine Identifizierung der statistisch erfaßten Personen nicht ausgeschlossen werden könne, und daß darüber hinaus eine Rechtsvorschrift fehle, die den Umgang mit den erlangten Daten regele. Der Hessische Beauftragte für den Datenschutz (Hess. DSB) verweigerte sogar die Zustimmung zu einem Transfer medizinischer Daten an die EG, da ein gleichwertiger Schutz dieser besonders schutzwürdigen Angaben in einigen Staaten der Gemeinschaft nicht gewährleistet sei (5). Gerade der Daten-

----

(1) Hier kann auf die ausführliche Darstellung des zwischenstaatlichen Informationsaustausch im öffentlichen Bereich von Bergmann (Grenzüberschreitender Datenschutz, S.32 f) verwiesen werden.
(2) s. die ausführlichen Beiträge zum Interpol-Netzwerk von: Bull: TDR, Vol.IV, 1981, No.1, S.13; Hallet, in: OECD ICCP 1, S.106 ff; Schlanitz, in: OECD ICCP 1, S.102 ff; Wochner, Der Persönlichkeitsschutz im grenzüberschreitenden Datenverkehr, S.109 ff
(3) s. die ausführlichen Beiträge zum EURONET-DIANE-System von: Coward: Inform.Priv. Vol.II, January 1980, S.35; Kronz, in: Gefährdet die Informationstechnologie unsere Freiheit?; Jahrestagung 1979 der Deutschen Vereinigung für Datenschutz, 1980, S.26 ff; Lannoy, in: OECD ICCP 1, S.147 ff; Metzger: Archiv P.F. 1983, S.181 ff; Michel, in: Actes du Colloque international informatique et société, Vol.IV, 1980, S.145 ff
(4) s. BfD, 5.Tätigkeitsbericht, 1983, BTDrucks 9/2386, S.58 und 6.Tätigkeitsbericht, 1984, BTDrucks 10/877, S.95 f; s. auch schon Burkert: DANA 1978, Heft 2, S.12
(5) vgl. Simitis, in: Council of Europe, Camera dei Deputati; Legislation and data protection, 1983, S.153

verkehr innerhalb der EG wird den Datenschutz künftig verstärkt beschäftigen, solange nicht alle Mitgliedstaaten einen gleichwertigen Individualschutz gewährleisten, und eine für die EG verbindliche Normierung auf dem Gebiet des Datenschutzes fehlt.

IV. Die Gründe für den grenzüberschreitenden Datenverkehr

Die Ursachen, die den grenzüberschreitenden Datenfluß veranlassen können, sind teilweise bereits ersichtlich geworden. Es zeigt sich, wie notwendig verbindliche Regelungen auf diesem Gebiet sind.

Weder im öffentlichen noch im privaten Bereich kann in der heutigen Zeit auf den grenzüberschreitenden Datenfluß verzichtet werden. Er ist häufig zur effektiven Aufgabenerfüllung staatlicher Stellen unbedingt erforderlich. Bei der Verfolgung von Steuer-, Zoll- oder sonstigen Straftaten müssen die Ermittlungsbehörden mitunter transnational übermittelte personenbezogene Daten in Anspruch nehmen. Auf einen derartigen Informationsfluß ist z.B. auch das Statistische Amt der EG angewiesen, das zur Bewältigung der ihm obliegenden Aufgaben Angaben der Statistischen Ämter der Mitgliedstaaten benötigt.

In erster Linie profitieren jedoch multinationale Konzerne von den Vorteilen des grenzüberschreitenden Datentransfers. Nicht nur die den Konzern insgesamt betreffenden Entscheidungen, wie etwa die Abstimmung der Koordination oder Kooperation der verschiedenen Unternehmensteile (1) oder zentrale Planungsentscheidungen im Personal-, Verwaltungs- oder Marketingbereich (2), sondern auch gezielte Maßnahmen zur Förderung und Unterstützung der Tochtergesellschaften oder Zweigniederlassungen werden dadurch erleichtert. Gleiches gilt für die zentrale Verwaltung der Personaldaten (3) sowie für die Kontrolle des Unternehmens durch die Konzernführung (4).

Ökonomische Erwägungen spielen ebenfalls eine wesentliche Rolle. Ein zentrales Datenverarbeitungssystem arbeitet i.d.R. wesentlich kostengünstiger als mehrere dezentralisierte Systeme innerhalb eines Konzerns (5). Ferner kann es für jedes Unternehmen interessant sein, den eigenen Datenbestand zeitweise ins Ausland zu verlagern, wenn eine Verarbeitung dort billiger als im Inland vorgenommen werden kann (6). Das ist insbesondere dann der Fall, wenn freie Verarbeitungskapazitäten im Ausland unter Ausnutzung des Zeitunterschiedes (etwa zur Nachtzeit) kostengünstig genutzt werden können (7).

----

(1) s. Eger: L.Pol.Int.Bus. Band 10, 1978, S.1058; Johnson, in: Online - transnational data regulation, S.163; Novotny: Stan. J.Int.L. Band 16, 1980, S.156

(2) s. Hentschel, Schomerus: Arbeitgeber, Band 28, 1976, S.149 f

(3) s. Drews: DuD 1983, S.252; Osborn, in: OECD ICCP 1, S.261 ff

(4) s. Grewlich: RIW/AWD 1983, S.664

(5) s. Farnsworth: TDR, Vol.VI, No.5, 1983, S.287

(6) s. Johnson: s. Anm.1; Turn, in: Online - transnational data regulation, S.114

(7) s. Ordemann: ÖVD 1977, S.3; Wochner, Der Persönlichkeitsschutz im grenzüberschreitenden Datenverkehr, S.3

Auch können Gründe der Kostenersparnis dann den Ausschlag für einen Datentransfer ins Ausland geben, wenn das Verarbeitungssystem, an das die Daten übermittelt werden, geographisch wesentlich näher liegt als der nächstliegende inländische Anbieter (1). Ein weiterer Grund für die Datenübermittlung in einen anderen Staat kann die Erkenntnis sein, daß die begehrten Verarbeitungsschritte im Inland nicht vorgenommen werden können, weil entweder die technischen Voraussetzungen fehlen oder das dafür notwendige "know-how" noch nicht vorhanden ist (2).
Die Durchführung von Verarbeitungsschritten kann aber auch deshalb ins Ausland verlegt werden, um den strengeren inländischen Datenschutzregelungen auszuweichen. Durch ihre Ausfuhr werden die Daten i.d.R. dem Geltungsbereich des heimischen Rechts entzogen, und können auswärts u.U. in einer Weise verarbeitet werden, die den inländischen Datenschutzbestimmungen zuwiderläuft. Durch die Wiedereinfuhr der so verarbeiteten Daten wird die Umgehung des nationalen Rechts vollendet.

----

(1) s. Carroll, in: OECD-Informatics Studies, Vol.10, 1976, S.205; Hondius: NILR Band 30, 1983, S.110
(2) Carroll, s. Anm.1, S.203; Epperson: Harv.Int.L.J. 1981, S.162; Hondius, in: OECD-Informatics Studies, Vol.10, 1976, S.212

§ 2 Die Notwendigkeit internationaler Vereinbarungen zur Regelung des grenzüberschreitenden Datenverkehrs

I. Die Gefahren des grenzüberschreitenden Datenverkehrs

Die vorab dargestellte Aufzählung der Vorteile, die der grenzüberschreitende Datenverkehr mit sich bringt, darf nicht darüber hinwegtäuschen, daß das Ausnutzen dieser Vergünstigungen zu erheblichen Konflikten mit anderen Interessen führen kann. Die Verlagerung von Verarbeitungsprozessen ins Ausland kann nicht nur die Rechte der Personen, deren Daten transferiert werden, sondern auch vitale staatliche und wirtschaftliche Anliegen berühren, wie die politische Souveränität, die nationale Sicherheit oder die ökonomische und kulturelle Unabhängigkeit eines Landes (1).

A. Die Gefährdung der nationalen Souveränität und öffentlichen Sicherheit eines Staates

Durch die intensive Datenausfuhr in andere Staaten kann die nationale Souveränität eines Landes gefährdet werden (2). Mit einer derartigen Verlegung der Daten verliert der betroffene Staat nicht nur die unmittelbare Kontrolle über das, was mit diesen Angaben geschieht, darüber hinaus werden die exportierten Datenbestände auch seiner Jurisdiktion entzogen (3).
Auswärtige Verarbeitungsschritte, die die Rechte seiner Bürger oder seine eigenen Belange betreffen, können von ihm i.d.R. nicht mehr aufgehalten werden. Sobald die Daten seinen Hoheitsbereich verlassen haben, verliert der ausführende Staat oftmals sogar den unmittelbaren Zugang zu den Informationen (4). Er ist dann auf die Unterstützung und den "guten Willen" der zuständigen Stellen im Importland angewiesen, um die eigenen Interessen wahrzunehmen und die seiner Bürger zu schützen. Ein einseitiger Datentransfer kann im Extremfall eine weitreichende Abhängigkeit von externen Entscheidungen und Gegebenheiten nach sich ziehen.
Eine derartige Entwicklung ist insbesondere im Verhältnis der Staaten mit ausgeprägten Datenverarbeitungsanlagen zu solchen Staaten zu befürchten, die über diese Mittel noch nicht verfügen, also in erster Linie zwischen Industrienationen und Entwicklungsländern. Erstere erhalten die Möglichkeit des Zugangs zu Informationen, die grundlegende Staatsinteressen betreffen, und können durch entsprechende Eingriffe auf die zur Verwirklichung dieser

----

(1) s. Burgess: TDR, Vol.VIII, No.4, 1985, S.217; Feldman, Garcia: N.C.J.Int.L.Com.Reg. Vol.7, 1982, S.21; Kirby: L.Computer Technol. 1979, Vol.12, No.3, S.57; Turn, in: Online - transnational data regulation, S.114
(2) s. Lindop, in: OECD ICCP 1, S.291; Pipe: Inter Med. Vol.7, No.6, 1979, S.12 f
(3) s. Bortnick: Cornell Int.L.J. 1981, S.339; Lindop: s. Anm.2; Robinson: Inform.Priv. Vol.2, March 1980, S.57; Turn: s. Anm.1, S.115
(4) s. Grewlich: RIW/AWD 1983, S.665; Pipe, in: Online - transnational data regulation, S.235 ff

Prinzipien notwendigen Entscheidungen Einfluß nehmen (1). Dies kann sich insbesondere dann negativ auswirkenn, wenn dem Importland durch die Datenübermittlung der Weg zu Erkenntnissen eröffnet wird, die Schlüsse auf die innere oder äußere Sicherheit des Exportlandes zulassen (2). Ebenso kann die Verschlechterung in den Beziehungen zweier Staaten oder eine Staatskrise im Einfuhrland zu einer Einschränkung oder völligen Unterbindung der Wiedereinfuhr der Daten führen, die zur Verarbeitung exportiert worden waren (3).

B. Die Verfremdung der Kultur eines Staates

Als Folge eines einseitigen Informationsflusses kann die 'kulturelle Landschaft' eines Staates verfremdet werden (4). Die eingeführten Daten können nämlich die gesellschaftlichen Verhaltensregeln und nationalen Eigenarten des Exportlandes wiederspiegeln und Entwicklungen im Importland beeinflussen. So können z.B. durch die Datentransfers von der Zentrale eines supranationalen Unternehmens einer hoch entwickelten Industrienation zu einer Niederlassung in einem Entwicklungsland Entscheidungen zum Ausdruck kommen, die zwar den gesellschaftlichen Gepflogenheiten des Ausfuhrlandes gerecht werden, aber die Besonderheiten des Importlandes unberücksichtigt lassen.
Solche Tendenzen sind jedoch auch innerhalb solcher Staaten zu beobachten, die einen etwa gleichwertigen Entwicklungsstand erreicht haben. So prägt die große Dominanz der USA auf dem Gebiet der Datenverarbeitung den Sprachgebrauch in anderen Staaten. In die deutsche Sprache werden vor allem technische Begriffe aus dem 'Englisch-Amerikanischen' übernommen (5), was auch darauf zurückzuführen ist, daß die Gebrauchsanweisungen für amerikanische Datenverarbeitungsanlagen bis hin zum 'personal computer' lange Zeit ausschließlich in 'englisch-amerikanischer' Sprache verfaßt worden sind. Auch die in vielen anderen Bereichen zu beobachtende 'Amerikanisierung' insbesondere der westeuropäischen Staaten hat ihre Ursache nicht zuletzt in der Ausweitung des Informationsflusses aus den USA.

----

(1) s. Bergmann, Grenzüberschreitender Datenschutz, S.35 f; Novotny: Stan.J.Int.L. Band 16, 1980, S.160 f

(2) s. Schiller: Curr.Res.P.V. Vol.11, No.1, 1979, S.7 ff; Wochner, Der Persönlichkeitsschutz im grenzüberschreitenden Datenverkehr, S.17 f

(3) s. Gotlieb, Dalfen, Katz: A.J.I.L. Band 68, 1974, S.247; Simitis, Grenzüberschreitender Datenaustausch - Notwendige Vorbemerkungen zu einer dringend erforderlichen Regelung, in: Festschrift Ferid (1978), S.370

(4) s. Bergmann, s. Anm.1, S.54 f; Bortnick: Cornell Int.L.J. 1981, S.339; Eger: Computerworld, February 13, 1978, S.15; Gotlieb, Dalfen, Katz: s. Anm.3, S.247 f; Grewlich: RIW/AWD 1983, S.665; Madec: TDR, Vol.IV, No.1, 1981, S.17

(5) so etwa: 'software', 'hardware', 'controller', 'computer'

C. Die Nachteile im wirtschaftlichen Bereich

Für die wirtschaftliche Entwicklung eines Landes kann sich der Datenexport in vielerlei Hinsicht negativ bemerkbar machen. Die Übermittlung von Informationen zur Verarbeitung in einem anderen Staat führt mittelbar zu einem Verlust an Arbeitsplätzen im Ausfuhrland, da im Einfuhrland Arbeitsplätze zur Verarbeitung der auswärtigen Daten geschaffen und unterhalten werden müssen (1). Diese Arbeitsplatzverschiebung durch die Verlagerung der Verarbeitungsverfahren kann beträchtliche Ausmaße annehmen, wie das Beispiel 'USA-Kanada' beweist (2).
Außerdem sind Daten, die ins Ausland übermittelt werden, oft eher als im Inland dem Zugriff Unbefugter ausgesetzt (3). Aus einer Reihe von Gründen kann im Importstaat ein gesteigertes Interesse an einer unrechtmäßigen Verarbeitung der Daten oder an einer ungerechtfertigten Kenntnisnahme des Inhaltes der Datenbestände bestehen. Der Verwirklichung solcher Intentionen können vorhandene unzureichende Anforderungen an die Datensicherung entgegen kommen.
Weitere Probleme können sich daraus ergeben, daß wichtige unternehmerische Entscheidungen nicht im Inland, sondern von außen her getroffen werden. Gerade die zentrale Datenverarbeitung innerhalb eines multinationalen Großunternehmens erfordert auch einen entsprechenden Verwaltungsapparat am Orte, so daß damit auch wichtige Funktionen ins Ausland verlagert werden. Die zentrale Datenverarbeitung, etwa auf dem Gebiet der Personaldatenverwaltung oder im planerischen Bereich, wird zweckmäßigerweise an dem Ort vorgenommen, an dem die Konzernleitung ihren Sitz hat. Daher können nicht nur die Maßnahmen, die den Konzern als Ganzes angehen, sondern auch die Entscheidungen, die lediglich im Hinblick auf die Entwicklung eines Tochterunternehmens getroffen werden, vom Ausland aus und von Ausländern geplant und durchgeführt werden, wobei zusätzlich dortige Interessengruppen ihren Einfluß geltend machen können (4).

D. Die Gefahren für die betroffenen Personen

Diejenigen Personen, deren Daten über die Grenzen hinweg transferiert werden, sind besondere Gefahren ausgesetzt. Im innerstaat-

----

(1) s. Carroll: OECD-Informatics Studies, Vol.10, 1976, S.206; Gliss: TDR, Vol.V, No.6, 1982, S.303 f; Trotter: Rutgers Comp.Tech.L.J. 1983, No.2, S.259
(2) Aufgrund neuerer Untersuchungen belaufen sich die Schätzungen über den Verlust an Arbeitsplätzen, die auf dem Gebiet der automatischen Datenverarbeitung und der daran anknüpfenden Verwaltungstätigkeit zum Nachteil Kanadas an die USA verloren gehen, auf ca. 180.000 (N.N.: TDR, Vol.VII, No.8, 1984, S.439).
(3) Department of Communication, Department of Justice: Privacy and computers, Ottawa, 1972, S.170
(4) s. Gotlieb, Dalfen, Katz: A.J.I.L. Band 68, 1974, S.247; Heintz: J.Commun. Vol.29, No.3, Summer 1979, S.133 f; Robinson: Inform.Priv. Vol.2, March 1980, S.57 f

lichen Bereich werden ihre Rechte gegenüber unrechtmäßigen Verarbeitungsverfahren zwar durch die nationalen Datenschutzregelungen mehr oder weniger gewährleistet, aber mit der Übermittlung ins Ausland verlassen die Daten nicht nur das Hoheitsgebiet, sondern regelmäßig auch den Geltungsbereich der internen Datenschutzbestimmungen, da deren Anwendbarkeit meist an der Staatsgrenze endet (1). Die betroffenen Personen müssen dann auf den Schutz durch die entsprechenden Regelungen im Ausland vertrauen, was riskant sein kann, wenn man bedenkt, daß auch heute noch viele Länder keine oder nur unvollständige Datenschutznormen verabschiedet haben (2). Aber selbst dann, wenn dem Betroffenen gleichwertige oder gar umfangreichere Individualrechte im Exportstaat garantiert sind, stellt sich für den einzelnen die Frage, wie und wo er die ihm zustehenden Rechte im Falle einer unrechtmäßigen Datenverarbeitung im Ausland geltend machen und durchsetzen kann, und welches Recht anwendbar ist (3).

E. Die Verlagerung der Datenverarbeitung in 'Datenoasen'

Ein weiteres Problem ergibt sich aus der Tatsache, daß auch heute noch nicht in allen Staaten Regelungen zum Schutz der von einer Datenverarbeitung betroffenen Personen geschaffen, und die vorhandenen Normierungen inhaltlich teilweise sehr differenziert ausgestaltet worden sind (4). Das Wissen um diese Unterschiede kann Datenverarbeiter dazu verleiten, sämtliche oder zumindest diejenigen Verarbeitungsvorgänge, die gegen das jeweilige innerstaatliche Recht verstoßen, in solchen Staaten durchführen zu lassen, deren Gesetze den betroffenen Personen insoweit keinen ausreichenden Schutz gewähren (5).
Folglich könnten regelrechte Verarbeitungsstrategien erarbeitet werden, um die aus der Sicht der Datenverarbeiter vorhandenen Vergünstigungen der jeweiligen Datenschutznormen gezielt auszunutzen (6). Diese Entwicklung geht zulasten der betroffenen Personen und der Länder, in denen die umfassendsten Schutzvorschrif-

----

(1) Bing: TDR, Vol.III, No.2, 1980, S.20; Carroll: OECD-Informatics Studies, Vol.10, 1976, S.206; Siegbart, in: OECD ICCP 1, S.228; N.N.: TDR, Vol.III, No.2, 1980, S.3

(2) s. Schomerus, in: Online - transnational data regulation, S.224

(3) s. Burkert: DANA 1978, Heft 1, S.7; Hondius: NILR Band 30, 1983, S.110 f

(4) Bednar, Weissenböck, Datenschutzhandbuch, S.204 f; Jacqué, Les droits de l'homme et le développement de l'informatique en Europe, in: Gedächtnisschrift Sasse II (1981), S.911

(5) s. Bing, in: Online - transnational data regulation, S.23 f; Eger: J.Commun. Vol.29, No.3, Summer 1979, S.126; Jacqué: A.F.D.I. 1980, S.774; Samet: Inform. Priv. Vol.1, No.5, 1979, S.232; Siegbart, s. Anm.1; Simitis: SchweizAG 47, 1975, S.9; Taib, in: OECD ICCP 1, S.294; Wochner, Der Persönlichkeitsschutz im grenzüberschreitenden Datenverkehr, S.33 ff

(6) s. auch Bergmann, Grenzüberschreitender Datenschutz, S.55 f; Hondius: s. Anm.3, S.111

ten gelten (1). Zu der ohnehin schon erschwerten Überprüfung der Rechtmäßigkeit von Datenverarbeitungsverfahren im Ausland durch die nationalen Aufsichtsorgane (2) tritt ein weitgehender Verlust von Kontrollmöglichkeiten in Bezug auf Vorgänge ein, die eigentlich vom innerstaatlichen Recht geregelt werden müßten. Die Datenflucht in sog. 'Datenoasen' (3), die ähnlich wie 'Steuerparadiese' über besonders günstige Bedingungen aus der Sicht der Datenverarbeiter verfügen, kann zu einer umfangreichen Umgehung einzelstaatlicher Regelungen führen (4).

II. Die Regelung des grenzüberschreitenden Datenverkehrs durch die nationalen Gesetzgeber

A. Das Ziel der nationalen Regelungen

In Anbetracht der mannigfachen Probleme, die der grenzüberschreitende Datenfluß sowohl den Rechten der Privatpersonen als auch den staatlichen Interessen bereiten kann, sehen sich die innerstaatlichen Gesetzgeber veranlaßt, entsprechende Abwehrmaßnahmen zu ergreifen. Daher enthalten die meisten neueren Datenschutzgesetze Vorschriften, die Beschränkungen des grenzüberschreitenden Datentransfers rechtfertigen oder andere Einwirkungsmöglichkeiten vorsehen (5). Der Datenexport wird i.d.R. einem behördlichen Genehmigungsvorbehalt unterstellt, der die Rechte der von einer Datenverarbeitung betroffenen Personen sicherstellen soll (6). Dagegen wird der Datenimport nur ausnahmsweise von einengenden Normen reguliert (7).
Die Bestimmungen versetzen die nationalen Kontrollinstanzen in die Lage, Kenntnis von den grenzüberschreitenden Datenflüssen zu erhalten und gegebenfalls konkrete Maßnahmen zu ergreifen, um diejenigen Datentransfers zu unterbinden, die Rechte der betroffenen Personen zu beeinträchtigen drohen. So kann die Datenflucht in sog. 'Datenoasen' zur Vornahme von Verarbeitungsschritten, die nach inländischem Recht unzulässig sind, durch die Verweigerung

----

(1) s. Freese: J.Commun. Vol.29, No.3, Summer 1979, S.136
(2) s. Bing, in: Online - transnational data regulation, S.23; Burkert: DANA 1978, Heft 1, S.7; Wittkämper: DuD 1978, S.59
(3) 'paradis de données', 'data havens', 'paradisi informatici'
(4) s. Epperson: Harv.Int.L.J. 1981, S.162 f; Froisini: Riv.dir. Europ. 1984, S.15
(5) vgl. Dänemark: Gesetz über private Register vom 8. Juni 1978, §§ 7, 21; Frankreich: Datenschutzgesetz vom 6. Januar 1978, Art.24; Großbritannien: Datenschutzgesetz vom 12. Juli 1984, Part V, Nr.39; Island: Gesetz über die systematische Aufzeichnung persönlicher Daten vom 5. Juni 1981, Art.21; Norwegen: Gesetz über Personendaten-Register vom 9. Juni 1978, § 36; Österreich: Datenschutzgesetz vom 18. Oktober 1978, Art.2, §§ 32 ff; Schweden: Datengesetz vom 11. Mai 1973, § 11
(6) s. Epperson: s. Anm.4, S.166; eine ausführliche Darstellung der in Betracht kommenden Exportbeschränkungen gibt Wochner (Der Persönlichkeitsschutz im grenzüberschreitenden Datenverkehr, S.222 ff).
(7) so etwa Österreich: Art.2, §§ 33, 34 Abs.2

der für die Ausfuhr notwendigen behördlichen Zustimmung zugunsten des Datenschutzes unterbunden werden (1).
Die Verwirklichung dieser Ziele kann auch dadurch angestrebt werden, daß dem grenzüberschreitenden Datenverkehr Steuern oder Zölle auferlegt werden (2), oder die Benutzung transnationaler Übermittlungssysteme nur zu relativ hohen Kosten gewährt wird. Dadurch erlangte der Staat bzw. der Anbieter eines Datennetzes zwar zusätzliche Einnahmen, ein effektiver Individualschutz kann damit jedoch nicht erreicht werden, da die Übermittlung nur erschwert, nicht aber verhindert werden kann.

B. Die Einschränkung des grenzüberschreitenden Datenverkehrs aus protektionistischen Erwägungen

Die Vorschriften über die Beschränkung der Datenein- und Ausfuhr sind demnach geschaffen worden, damit den inländischen Behörden die Kontrolle darüber erhalten bleibt, was mit den übermittelten Daten geschieht, und so dem Schutz der betroffenen Personen Geltung verschafft werden kann. Allerdings kann die Verschiedenheit der nationalen Datenschutzregelungen und damit auch des gewährten Umfangs des Datenschutzes von den Kontrollinstanzen als Vorwand herangezogen werden, um aus anderen Gesichtspunkten als denen des Individualschutzes den grenzüberschreitenden Datentransfer einzuschränken (3).
Den einzelstaatlichen Kontrollbehörden wird somit die Möglichkeit eröffnet, den Datenschutz zu protektionistischen Zwecken zugunsten der einheimischen Industrie sowohl bei Datenexporten als auch bei -importen zu mißbrauchen (4). Als mißbräuchliche Einschränkung der Datenausfuhr kommt z.B. der Schutz vor möglichen Arbeitsplatzverlusten durch die Verlagerung von umfangreichen Da-

----

(1) s. auch Brown: Proc.Am.Soc.Int.L. 1980, S.188; Stadler, in: Online - transnational data regulation, S.100
(2) s. Brown: s. Anm.1; Gliss: TDR, Vol.V, No.6, 1982, S.305; Gotlieb, Dalfen, Katz: A.J.I.L. Band 68, 1974, S.252; Kirby, in: Actes du Colloque international informatique et société, Vol.IV, 1980, S.169; Knoppers: TDR, Vol.VII, No.5&6, 1984, S.352
(3) Einige Autoren - vorwiegend Interessenvertreter der amerikanischen Industrie - sehen zu Unrecht hinter derartigen Vorschriften in erster Linie Ansatzpunkte für protektionistische Bestrebungen und vergessen dabei, daß diese Normen ursprünglich entwickelt wurden, um den Datenschutz sicherzustellen (s. etwa Eger: J.Commun. Vol.29, No.3, Summer 1979, S.125 f; Epperson: Harv.Int.L.J. 1981, S.166 ff; Farnsworth: TDR, Vol.VI, No.5, 1983, S.288).
(4) Eger: L.Pol.Int.Bus. Band 10, 1978, S.1066; Feldman, Garcia: N.C.J.Int.L.Com.Reg. Vol.7, 1982, S.14; Goldwater, in: Online - transnational data regulation, S.230; Kirby: L.Computer Technol. 1979, Vol.12, No.3, S.57; Kronz, in: Gefährdet die Informationstechnologie unsere Freiheit?, Jahrestagung 1979 der Deutschen Vereinigung für Datenschutz, 1980, S.33; Mc Keaver: Int.Bus.Lawyer 1984, S.161; Pipe, in: Online - transnational data protection, S.237

tenverarbeitungsverfahren ins Ausland in Betracht. Auch kann auf diesem Wege versucht werden, ausländische Konkurrenzunternehmen an einer Verbesserung ihrer Wettbewerbsposition auf Grund der übermittelten Informationen und Erkenntnisse zu hindern (1).
Durch solchermaßen motivierte Einschränkungen wird nicht nur der transnationale Datenverkehr in einer Weise beeinträchtigt, die dem Grundsatz der Informationsfreiheit entgegenarbeitet, sondern auch - gleich dem Falle der Besteuerung importierter Waren - das von der freien Marktwirtschaft proklamierte Prinzip des von staatlicher Seite unbeeinflußten Wettbewerbes zwischen verschiedenen Wettbewerbern einseitig korrigiert (2).

C. Weitere Nachteile der einzelstaatlichen Regelungen des grenzüberschreitenden Datenverkehrs

Die ausschließliche Regelung des grenzüberschreitenden Datenverkehrs durch einzelstaatliche Vorschriften bringt neben der Möglichkeit, den Datenfluß auf Grund ökonomischer Erwägungen zu hindern, auch unmittelbare Nachteile für den einzelnen mit sich, die im wesentlichen darauf beruhen, daß die Abgrenzung der Geltungsbereiche der in Betracht kommenden Datenschutznormen unklar ist (3). Insbesondere ist es möglich, daß sich die Anwendungsbereiche mehrerer nationaler Gesetze überschneiden und sich so auf einen Verarbeitungsvorgang erstrecken können (4). Ebenso ist es mitunter schwierig festzustellen, ob ein Transfer durch das Hoheitsgebiet eines Landes vorliegt, der vom nationalen Recht nicht erfaßt wird, oder ein - wenn auch noch so geringer - Verarbeitungsvorgang vorgenommen wird, der die Datenschutzregelungen dieses Staates einschlägig werden läßt. In diesen Fällen müßten auf multi- oder bilateraler Ebene einheitliche Verfahrensweisen zur Behandlung der anstehenden Fragen vereinbart werden. Nationale Regelungen können nur dann weiterhelfen, wenn die Geltungsbereiche der in Betracht kommenden Gesetze aufeinander abgestimmt werden.
Dennoch bleiben selbst dann die Probleme ungelöst, die aus der von den nationalen Gesetzen gerechtfertigten Beschränkung des transnationalen Datentransfers resultieren, denn die grundsätzliche Limitierung solcher Datenströme kann zu ungerechtfertigten Einschränkungen des Rechts auf Informationsfreiheit führen, während eine prinzipielle Unterlassung solcher Beschränkungen unrechtmäßige Benachteiligungen der betroffenen Personen auslösen kann, wenn die ausgeführten Daten in einer Weise verarbeitet

----

(1) s. Jacqué, Les droits de l'homme et le développement de l'informatique en Europe, in: Gedächtnisschrift Sasse II (1981), S.912; Grewlich: RIW/AWD 1983, S.665
(2) s. Brown: s. Anm.2; Conetti: Riv.dir.int.proc. 1983, S.592; Epperson: Harv.Int.L.J. 1981, S.167; Layton, in: OECD ICCP 1, S.215; Schwappach: WiVerw 1980, S.36; Seipel: TDR, Vol.IV, No.1, 1981, S.37; Siegbart, in: OECD ICCP 1, S.226
(3) s. Harremoes: TDR, Vol.IV, No.2, 1981, S.27
(4) s. Garzon Clariana: TDR, Vol.V, No.5, 1981, S.33; Siegbart: s. Anm.2, S.227; Stadler, in: Online - transnational data regulation, S.100 f

werden, die im Inland untersagt werden würde. Daher wird heute die Notwendigkeit internationaler Vereinbarungen auf dem Gebiet des grenzüberschreitenden Datenverkehrs nicht mehr in Frage gestellt (1).

III. Die Regelung des grenzüberschreitenden Datenverkehrs durch internationale Vereinbarungen

Durch Vereinbarungen auf internationaler Ebene kann ein Kompromiß gefunden werden, der sowohl dem ökonomischen Interesse an einem möglichst ungehinderten transnationalen Datenaustausch als auch den Ansprüchen eines effektiven Datenschutzes gerecht wird (2). Ausgangspunkt derartiger Überlegungen muß die Erkenntnis sein, daß die nationalen Regelungen hierzu ungeeignet sind. Die Beschränkung des grenzüberschreitenden Datenverkehrs durch die einzelstaatlichen Kontrollinstitutionen kommt zwar dem Individualschutz zugute, hemmt jedoch den internationalen Informationsaustausch.
Das Ziel, einen vernünftigen Ausgleich zwischen den beteiligten Interessen herbeizuführen, kann am ehesten dann erreicht werden, wenn die in Frage kommenden Staaten sich verpflichten, inhaltlich übereinstimmende oder zumindest gleichwertige Datenschutzregelungen zu verabschieden oder bestehende Regelungen einem bestimmten Niveau anzugleichen. Dann besteht grundsätzlich kein Anlaß mehr, den grenzüberschreitenden Datenverkehr mit der Begründung einzuschränken, im Importland seien die Rechte der betroffenen Personen nicht im selben Maße wie im Inland geschützt (3).
Eine derartige Rechtsangleichung erfüllt ihren Zweck jedoch nur dann, wenn sie zu einer 'Rechtsverbesserung' führt, d.h. wenn die Gründe dafür, den Datenfluß zu unterbinden, tatsächlich auch entkräftet werden, ohne daß der Schutz der betroffen Personen geschmälert wird (4). Unter diesem Gesichtspunkt müssen die verschiedenen Methoden der Rechtsangleichung (5) in erster Linie betrachtet werden.

A. Das 'Musterdatenschutzgesetz'

Eine möglichst weitreichende Angleichung der Datenschutzrechte

----

(1) s. Hondius, Emerging data protection in Europe, S.251 ff; Schweizer, in: Informatique et protection de la personalité, 1981, S.256 ff; Spieker, in: OECD ICCP 1, S.234; Stadler, in: Online - transnational data regulation, S.109 f; Wochner, Der Persönlichkeitsschutz im grenzüberschreitenden Datenverkehr, S.392
(2) s. Harremoes: TDR, Vol.IV, No.2, 1981, S.27; Schweizer: s. Anm.1, S.257; OECD-Guidelines, Explanatory Memorandum, Nr.7
(3) s. Wittkämper: DuD 1978, S.60
(4) vgl. hierzu die allgemeinen Ausführungen von: Neuhaus, Kropholler: RabelsZ, Band 45, 1981, S.74 f; Riese: ZSR 1967, S.4
(5) Bezüglich der Terminologie und der bei der Rechtsangleichung allgemein zu berücksichtigenden Gesichtspunkte wird auf die grundlegenden Erörterungen von Kropholler (Internationales Einheitsrecht, S.18 ff) verwiesen.

kann dadurch erlangt werden, daß im Rahmen eines Abkommens ein "Musterdatenschutzgesetz" verabschiedet wird, das mit der Transformation des Vertrages in das jeweilige nationale Recht unmittelbar Geltung erlangt (1). Eine solche Maßnahme schafft identische Datenschutzregelungen innerhalb der Vertragsstaaten, wobei schon bestehende Vorschriften notwendigerweise der einheitlichen Regelung angepaßt werden müssen. Damit entfallen die Gründe, die Export- und Importbeschränkungen personenbezogener Daten unter Berufung auf den Schutz der betroffenen Personen rechtfertigen.
Ein solches Vorhaben wird nur schwer zu realisieren sein, denn ein "Musterdatenschutzgesetz" kann die internen Besonderheiten der Vertragspartner kaum berücksichtigen (2). Vor allem diejenigen Staaten, die bereits Datenschutzgesetze verabschiedet und Kontrollinstitutionen mit dem dazugehörenden Verwaltungs- und Personalaufwand eingerichtet haben, werden wenig Neigung zeigen, ihr System umzustrukturieren und einem international gültigen Standard anzupassen. Zum einen werden die erforderlichen Kosten die nationalen Entscheidungsgremien von dieser Umstellung abhalten, zum anderen wird die Einsicht fehlen, einen Verwaltungsapparat ändern zu müssen, der die anfallenden Probleme gerade erst zu greifen beginnt, oder der sich darauf bereits erfolgreich eingestellt hat.
Gleiches gilt für den sachlichen Gehalt der innerstaatlichen Schutznormen, denn die internen Besonderheiten eines Landes können es den verantwortlichen Stellen möglicherweise verwehren, von einer bestimmten Qualität des Datenschutzes zugunsten einheitlicher Normen abzuweichen. Zudem läuft eine dermaßen konkrete Reglementierung ständig Gefahr, mangels nötiger Flexibilität von technischen Neuerungen überrollt zu werden. Die Anpassung veralteter Vorschriften auf neue Entwicklungen muß im Konsens der Vertragspartner erfolgen, und wie schwer die Findung von Kompromißlösungen fällt, zeigt die politische Realität gerade in Europa immer wieder. Diese Schwierigkeiten, mit denen bei der Planung eines "Musterdatenschutzgesetzes" gerechnet werden muß, lassen die Realisierung eines entsprechenden Vorhabens unwahrscheinlich erscheinen.

B. Die Verabschiedung übereinstimmender Mindestanforderungen auf dem Gebiet des Datenschutzes

Inhaltlich übereinstimmende oder einen gleichwertigen Schutz gewährende Datenschutzregelungen können auch dadurch erreicht werden, daß sich die Vertragspartner in einem Abkommen lediglich über die wesentlichen Grundsätze des Datenschutzes einigen, sich aber zugleich verpflichten, den materiellen Gehalt dieser Mindestanforderungen ("minimum rules") im innerstaatlichen Recht zu

----

(1) s. dazu allgemein Graveson: Am.J.Comp.L. Vol.16, 1968/69, S.8; Riese: ZSR 1967, S.15 ff
(2) s. Simitis, Grenzüberschreitender Datenaustausch - Notwendige Vorbemerkungen zu einer dringend erforderlichen Regelung, in: Festschrift Ferid (1978), S.372 f

verwirklichen (1). Derartige Übereinkünfte können nicht das Maß an Rechtssicherheit herstellen, das ein "Musterdatenschutzgesetz" mit sich brächte, denn die konkrete Ausgestaltung sowohl des Wortlautes als auch der zu wählenden Rechtsform bleibt dem nationalen Recht vorbehalten. Ihm werden durch das Abkommen lediglich qualitative Mindestvoraussetzungen abverlangt, während es den zuständigen innerstaatlichen Stellen überlassen bleibt, wie diese Erfordernisse umgesetzt werden (2).
Der Vorteil eines solchen Übereinkommens ist seine Beweglichkeit. Die nationalen Gesetzgeber können den jeweiligen Gegebenheiten und Eigenarten ihres Rechtskreises Rechnung tragen, ohne sich allzu weit von dem in der Übereinkunft getroffenen Konsens zu entfernen (3).
Gerade darin liegt jedoch die besondere Problematik dieses Modells, denn ein Kompromiß, der den Besonderheiten der beteiligten Vertragsparteien so weit wie möglich entgegenkommt, läuft Gefahr, das gesteckte Ziel zu verfehlen (4). Wird lediglich ein Minimalkonsens erlangt, der zahllose Vorbehalte zugunsten einzelstaatlicher Sonderbestimmungen zuläßt, kann von einer effektiven Harmonisierung der Datenschutzvorschriften keine Rede mehr sein. Eine solche Form der Rechtsangleichung wird keine Verbesserung gegenüber dem System der einzelstaatlichen Genehmigungsvorbehalte darstellen. Daher muß bei der Vereinbarung eines Minimalstandards stets darauf geachtet werden, ob die Regelung keine weitläufigen Abweichungen der nationalen Bestimmungen ermöglicht.

C. Der Grundsatz der Reziprozität

Im Rahmen einer internationalen Vereinbarung können sich die Vertragspartner auch wechselseitig (reziprok) dazu verpflichten, innerhalb ihres Hoheitsbereiches solche Datenverarbeitungshandlungen, die die in einem anderen Vertragsstaat wohnhaften Personen betreffen, zu untersagen, wenn diese Verarbeitungen mit dem Recht

----

(1) s. Buguicchio, The work of the Council of Europe in the field of data protection, in: Council of Europe, Camera dei Deputati: Legislation and data protection, 1983, S.230; Hondius, Emerging data protection in Europe, S.253 f; Stadler, in: Online - transnational data regulation, S.107 f; so auch das vom Directorate of Legal Affairs des Europarates vorgelegte Secretariat Memorandum vom 4. November 1976 sowie das vom Europarat eingesetzte Expertenkommitee auf dem Gebiet des Datenschutzes auf seiner ersten Sitzung vom 29. November - 1. Dezember 1976 (Ein genaueres Zitieren der Arbeiten des Europarates auf dem Gebiet des Datenschutzes ist dem Verfasser wegen der Vertraulichkeit der Dokumente verwehrt.)

(2) Hier muß auf die allgemeinen Ausführungen von Graveson (Am.J. Comp.L. Vol.16, 1968/69, S.8) und Riese (ZSR 1967, S.17 f) verwiesen werden.

(3) s. Neuhaus, Kropholler: RabelsZ, Band 45, 1981, S.82 f

(4) s. Neuhaus, Kropholler: s. Anm.3, S.80

jenes Staates nicht vereinbar sind (1). Dieses Modell unterscheidet sich von den beiden zuvor genannten dadurch, daß keine materiellrechtlichen Fragen, sondern lediglich verfahrensrechtliche Regelungen der gegenseitigen Unterstützung durch die Vertragsparteien festgelegt werden.
Der Grundsatz der Reziprozität wird jedenfalls für den grenzüberschreitenden Datenschutz als ungeeignetes Mittel einer Harmonisierung abgelehnt, wobei vor allem darauf hingewiesen wird, daß es zu unbilligen und unübersichtlichen Ergebnissen kommen kann (2). Durch die Anwendung der verschiedenen in Frage kommenden Datenschutznormen kann ein und derselbe Verarbeitungsvorgang - je nach der Qualität der entsprechenden nationalen Regelungen - als rechtmäßig oder als rechtswidrig bewertet werden (3). Die datenverarbeitenden Stellen stehen damit u.U. vor der organisatorisch nur schwer lösbaren Aufgabe, die Datenverarbeitungsverfahren an den Inhalten mehrerer einzelstaatlicher Vorschriften zu messen und die Daten nach diesen Vorgaben zu verarbeiten.
Einige Autoren geben zu bedenken, daß es dem Grundgedanken aller demokratischen Staaten widerspreche, wenn nicht jedermann - unabhängig von seiner Staatsbürgerschaft oder seinem Wohnort - innerhalb der eigenen Staatsgrenzen der gleiche Grundrechtsschutz gewird (4). Ferner ist damit zu rechnen, daß eine derartige Vereinbarung mit dem 'ordre public' in Konflikt geraten kann, wenn Vertragsstaaten verpflichtet werden, bestimmten Ausländern einen umfangreicheren Datenschutz als den in ihrem Hoheitsgebiet ansässigen Personen zu gewähren (5).

D. Die Vereinheitlichung der Anwendbarkeitsregeln

Die Vereinheitlichung der Kollisionsnormen (6) im Rahmen eines Übereinkommens kann keine befriedigende Lösung der Probleme des grenzüberschreitenden Datenverkehrs bewirken. Mit ihr kann zwar die Frage des auf einen Verarbeitungsprozeß anzuwendenden materiellen innerstaatlichen Rechts geklärt werden, die eigentlichen Probleme können durch sie allein jedoch nicht gelöst werden.
Zum einen wird es angesichts der Vielzahl der Rechtsordnungen, deren Eigenarten vorausschauend in Betracht gezogen werden müs-

----

(1) s. Hondius, Emerging data protection in Europe, S.254 f; ders.: Stan.J.Int.L. Band 16, 1980, S.104 f; Schweizer, in: Informatique et protection de la personnalité, 1981, S.262, Anm.27; so auch das vom Directorate of Legal Affairs des Europarates vorgelegte Secretariat Memorandum vom 4. November 1976
(2) s. Garzon Clariana: TDR, Vol.V, No.5, 1981, S.34; Hondius: NILR Band 30, 1983, S.114
(3) s. Garzon Clariana: s. Anm.2
(4) s. Hondius: s. Anm.1; Schweizer: s. Anm.1
(5) s. Hondius: s. Anm.2, S.103 ff
(6) Im Hinblick auf die mit der Rechtsvereinheitlichung von Kollisionsnormen im allgemeinen anfallenden Probleme wird verwiesen auf: David: Am.J.Comp.L. Vol.16, 1968/69, S.13 ff; Neuhaus, Kropholler: RabelsZ, Band 45, 1981, S.85 ff; Riese: ZSR 1967, S.18 ff.

sen, schwerfallen, eine allumfassende Vereinbarung zu treffen (1), zum andern kann eine Rechtsverbesserung deshalb nicht erreicht werden, weil die Ursachen für export- oder importbeschränkende Maßnahmen nicht entfallen. Auch nach der Verabschiedung eines derartigen Abkommens bliebe ein 'Datenschutzgefälle' innerhalb der Vertragsstaaten bestehen, das Datentransfers zur Verarbeitung in 'Datenoasen' veranlassen könnte. Eine kollisionsrechtliche Einigung auf internationaler Ebene hat daher nur dann einen Sinn, wenn zugleich materiellrechtliche Vereinbarungen zum Datenschutz getroffen werden (2).

E. Die Notwendigkeit der Harmonisierung materieller Inhalte

Allein diejenigen internationalen Vereinbarungen, die eine Harmonisierung der nationalen Datenschutzbestimmungen anstreben, machen staatliche Maßnahmen zum Schutz der betroffenen Personen weitgehend entbehrlich und tragen dazu bei, die Gründe für eine Verlagerung der Datenverarbeitung in andere Länder auszuschalten (3). Zudem verliert die Frage an Bedeutung, welches Recht und welcher Gerichtsstand auf einen grenzüberschreitenden Verarbeitungsvorgang Anwendung findet, da in allen Vertragsstaaten jedermann die Durchsetzung seiner Rechte gleichermaßen garantiert werden kann (4). Die zusätzliche Aufnahme von kollisionsrechtlichen Vorschriften und Bestimmungen über die Zusammenarbeit der verschiedenen Datenschutzinstitutionen in den Vertrag vereinfacht wiederum die Realisierung der Individualrechte im Ausland.
Aber auch aus der Sicht der datenverarbeitenden Stellen bringt eine solche Vereinbarung Vergünstigungen mit sich. Die Rechtssicherheit und Voraussehbarkeit wird gefördert, und das umso mehr, desto stärker die Vorschriften des Abkommens die internen Gesetzgeber zu übereinstimmenden Inhalten verpflichten. Der Datenverarbeiter, der Daten über die Staatsgrenzen hinweg übermittelt, kann darauf vertrauen, daß in den Vertragsstaaten alle Verarbeitungsverfahren inhaltlich gleichwertigen Bestimmungen unterworfen sind, und daß die Rechtsstellung der betroffenen Personen überall in gleicher Weise ausgestaltet ist (5). Ferner bringt die Harmonisierung der Datenschutznormen eine Ersparnis an Kosten und Personal mit sich, denn gleiche Datenschutzregelungen verursachen in allen Vertragsstaaten im wesentlichen dieselben Probleme, so daß oftmals eine zentrale Entscheidung für alle verarbeitenden Stellen getroffen werden kann.

----

(1) s. Neuhaus, Kropholler: RabelsZ, Band 45, 1981, S.87
(2) vgl. auch Simitis, Grenzüberschreitender Datenaustausch - Notwendige Vorbemerkungen zu einer dringend erforderlichen Regelung, in: Festschrift Ferid (1978), S.371 f
(3) s. Conetti: Riv.dir.int.proc. 1983, S.592; Schwappach, in: Online - transnational data regulation, S.223
(4) s. Schweizer, in: Informatique et protection de la personalité, 1981, S.257; Siegbart, in: OECD ICCP 1, S.225; s. auch Riese: ZSR 1967, S.22; Zweigert, Wörterbuch des Völkerrechts, Band III, S.74
(5) s. Meister: RIW/AWD 1982, S.486; vgl. auch Zweigert: s. Anm.4

F. Die Unzweckmäßigkeit bilateraler Vereinbarungen

Multilaterale Übereinkommen, die jedem interessierten Staat die Möglichkeit des Beitrittes anbieten, sind bilateralen Abkommen vorzuziehen. Durch letztere können die anstehenden Fragen zwar genauso umfassend wie bei multilateralen Übereinkünften geregelt werden, jedoch erfaßt der Geltungsbereich eines derartigen Abkommens nur die jeweiligen Vertragspartner. Dadurch wird eine universelle Rechtsangleichung erschwert, denn durch ein bilaterales Vorgehen können mehrere autonome Regelungssysteme entstehen, deren Vereinheitlichung außerordentliche Schwierigkeiten mit sich bringen dürfte (1). Da die Probleme des grenzüberschreitenden Datenverkehrs nur bilateral in Angriff genommen werden, bleiben die anstehenden Fragen für Transfers mit Nichtvertragsstaaten ungelöst.
Außerdem können Konflikte zwischen den einzelnen Vereinbarungen nicht ausgeschlossen werden, so wenn ein Verarbeitungsvorgang von dem Geltungsbereich mehrerer Abkommen erfaßt wird, oder wenn Staaten durch mehrere Verträge gebunden sind (2). Damit wird das kollisionsrechtliche Problem im Ergebnis nur auf eine andere Ebene verlagert. Das Ziel einer umfassenden internationalen Harmonisierung der nationalen Regelungen dürfte daher schneller und effektiver mit Hilfe eines multilateralen Abkommens erreicht werden, das beitrittswilligen Staaten jederzeit offen steht (3).

G. Die Zweckmäßigkeit völkerrechtlich bindender Vereinbarungen

Die Effektivität einer Regulierung des grenzüberschreitenden Datenaustausches steigt umso mehr, je verbindlicher die Vertragspartner zur Verabschiedung übereinstimmender Datenschutzregelungen verpflichtet werden. Daher ist ein völkerrechtlich bindender Vertrag - beispielsweise eine Konvention - auf dem Gebiet des Datenschutzes das wirksamste Mittel zur Lösung der anstehenden Fragen. Allerdings wird ein Übereinkommen i.d.R. erst durch die Transformation in das jeweilige innerstaatliche Recht verbindlich - einem Verfahren, das mitunter einen erheblichen Zeitraum in Anspruch nimmt.
Alternativen sind daher Richtlinien, Resolutionen oder Empfehlungen. Diese Rechtsformen können früher als Konventionen praktische Folgen auslösen, da sie keiner Umsetzung in die nationale Rechtsordnung bedürfen. Darüber hinaus unterscheiden sie sich von einem völkerrechtlichen Vertrag insbesondere dadurch, daß sie weder gegenüber den Mitgliedstaaten der für sie verantwortlichen Organisation noch gegenüber den betroffenen Personen eine unmittelbare Bindungswirkung erzielen. Den einzelnen Staaten bleibt es vielmehr vorbehalten, ob sie die Forderungen der Richtlinien, Empfehlungen oder Resolutionen im innerstaatlichen Recht verwirk-

----

(1) s. Mc Keaver: Int.Bus.Lawyer, 1984, S.161
(2) Zur grundsätzlichen Problematik von Konflikten zwischen internationalen Verträgen wird auf die Ausführungen von Majoros (RabelsZ, Band 46, 1982, S.84 ff) und Volken (Konventionskonflikte im Internationalen Privatrecht) verwiesen.
(3) so auch Gassmann, in: OECD ICCP 1, S.58

lichen (1). Ihnen wird allenfalls eine politische Verpflichtung auferlegt, deren Nichtbefolgung jedoch keine rechtlichen Konsequenzen nach sich zieht (2).
Darin liegt aber auch der besondere Nachteil solcher Regelungen. Sowohl die Datenverarbeiter als auch die Kontrollinstitutionen wissen nicht genau, in welcher Weise sich die Staaten, in die Daten ausgeführt werden sollen, durch Richtlinien gebunden fühlen, so daß diese Maßnahmen letztlich keine befriedigende Lösung der Probleme des transnationalen Datentransfers darstellen.

H. Die internationalen Regelungen zum Datenschutz

1. Die OECD-Guidelines

Die Organisation für wirtschaftliche Zusammenarbeit und Entwicklung (OECD) hat am 23. September 1980 als erste supranationale Organisation eine umfassende Reglementierung auf dem Gebiet des transnationalen Datenaustausches verabschiedet. Die Leitlinien für den Schutz des Persönlichkeitsbereiches und den grenzüberschreitenden Verkehr personenbezogener Daten (3) empfehlen den Mitgliedstaaten, die durch sie festgelegten Datenschutzgrundsätze in ihrem nationalen Recht umzusetzen, ungerechtfertigte Hindernisse für den grenzüberschreitenden Datenverkehr zu beseitigen und bei der Verwirklichung der Richtlinieninhalte zusammenzuarbeiten. Über die Rechtsangleichung der Datenschutzregelungen in den Mitgliedstaaten sollen export- oder importbeschränkende Maßnahmen entbehrlich gemacht werden.
Zu diesem Zweck stellen die in Teil 2 der Guidelines enthaltenen Minimalstandards allgemeine Grundregeln auf, die alle Mitgliedstaaten in ihrem Recht verwirklichen sollen. So werden beispielsweise Mindestvoraussetzungen für die Qualität der Datenverarbeitung, für den Umgang mit den verarbeiteten Daten sowie für die Sicherstellung der Rechte der Betroffenen formuliert (4).
Inwieweit diese teilweise recht weit gefaßten Normen zu einer

----

(1) s. BfD, Sechster Tätigkeitsbericht, 1984, BTDrucks 10/877, S.57 f

(2) s. Schweizer, in: Informatique et protection de la personalité, 1981, S.274; Stadler, in: Online - transnational data regulation, S.107

(3) OECD-Guidelines governing the Protection of Privacy and Transborder Flow of Personal Data, OECD-Doc. C (80) 58 (Oct.1 1980), veröffentlicht in: DuD 1981, S.45

(4) Zu Geschichte und Inhalt der Guidelines wird auf folgende ausführliche Darstellungen verwiesen: OECD-Guidelines, Explanatory Memorandum; Becker, Harv.Int.L.J. 1981, S.241 ff; Bergmann, Grenzüberschreitender Datenschutz, S.143 ff; Evans: Am.J.Comp.L. Vol.29/1981, No.4, S.58 ff; Fishman: Stan.J.Int.L. Band 16, 1980, S.18 ff; Focsaneanu: Clunet, 1982, S.69 ff; Gassmann, in: OECD ICCP 1, S.55 ff; Kayser, La protection de la vie privée, S.362 ff; Kirby: Stan.J.Int.L. Band 16, 1980, S.42 ff; Meister: DuD 1980, S.13 ff; Seipel: TDR, Vol.IV, No.1, 1981, S.32 ff; Sieglerschmidt: DuD 1981, S.230 f; N.N.: TDR, Vol.IV, No.7, 1981, S.13 ff

Harmonisierung der nationalen Regelungen führen können, bleibt abzuwarten. Eine unmittelbare Bindungswirkung für das innerstaatliche Recht können sie jedenfalls nicht erzeugen, so daß schon dadurch der Wert der Richtlinien geschmälert wird (1). In dieses Bild paßt auch der Umstand, daß sich insbesondere die USA, die vorherrschende Nation auf dem Gebiet der Datenverarbeitung, gegen eine für die Mitgliedstaaten verbindliche Rechtsform ausgesprochen haben (2) und sich dadurch die Möglichkeit offen gelassen haben, abweichende Entscheidungen zu treffen.
Zudem muß darauf hingewiesen werden, daß einige Regierungen die Guidelines noch nicht angenommen (3), andere dies getan haben, obwohl sie weder eine nationale Datenschutzregelung noch einen entsprechenden Entwurf verabschiedet haben (4). Daher sind große Erwartungen auf einen Erfolg der Guidelines nicht gerechtfertigt, zumal sie das angestrebte Ziel letztlich erst dann erreichen können, wenn der überwiegende Teil der Mitgliedstaaten inhaltlich übereinstimmende Datenschutzregelungen verabschiedet hat.
Dafür spricht auch, daß die Weiterentwicklung der Guidelines seit ihrer Annahme stagniert, und daß sich die OECD-Mitglieder neuerdings eher der Ausweitung und Verbesserung des grenzüberschreitenden Datenverkehrs zuwenden. So wurde von den Regierungen der Mitgliedstaaten am 11. April 1985 eine Erklärung angenommen (5), die den Datenschutzcharakter der Guidelines nurmehr am Rande erwähnt, hingegen dem Ausbau des grenzüberschreitenden Datenverkehrs im Wirtschaftsbereich einen breiten Raum widmet (6).

2. Die Datenschutzresolution des Europäischen Parlamentes

Die EG hat sich seit Anfang der 70er Jahre mit dem Problem des grenzüberschreitenden Datenverkehrs befaßt (7). Nach einer Vielzahl an Vorarbeiten und Diskussionen hat das Europäische Parlament schließlich am 9. März 1982 eine Datenschutzresolution ver-

----

(1) s. auch Brown: Proc.Am.Soc.Int.L. 1980, S.183; Kirby, in: Actes du Colloque international informatique et société, Vol.IV, 1980, S.170; Meister: RIW/AWD 1982, S.485
(2) s. auch Hondius: NILR Band 30, 1983, S.113
(3) Australien, Großbritannien, Irland, Kanada und die Türkei
(4) z.B. Belgien, Finnland, Griechenland, Japan, Portugal und Spanien
(5) veröffentlicht in: DuD 1985, S.284 f
(6) s. auch: Beer: TDR, Vol.VIII, No.4, 1985, S.205; Pipe: TDR, Vol.VIII, No.4, 1985, S.169
(7) In Bezug auf den historischen Ablauf dieser Bemühungen wird auf die folgenden ausführlichen Beiträge verwiesen: Bergmann, Grenzüberschreitender Datenschutz, S.160 ff; Carmody, in: OECD ICCP 1, S.231 f; Karpenstein, Zur Zuständigkeit der Europäischen Gemeinschaften auf dem Gebiet des Datenschutzes, in: Gedächtnisschrift Sasse II (1981), S.889 ff; Layton, in: OECD ICCP 1, S.213 ff; Meister: RIW/AWD 1982, S.487 ff; Mengel: EuGRZ 1981, S.376 ff; Ramsey: Cornell Int.L.J. Band 14, 1981, S.237 ff; Sieglerschmidt: DuD 1981, S.226 ff

abschiedet (1). Diese 'Zweite Entschließung des Europäischen Parlamentes zum Schutz der Rechte des einzelnen angesichts der fortschreitenden technischen Entwicklung auf dem Gebiet der Datenverarbeitung' enthält einige Erklärungen im Hinblick auf die automatische Verarbeitung personenbezogener Daten. Sie bezieht sich in erster Linie auf die Datenschutzkonvention des Europarates vom 28. Januar 1981 (2) und empfiehlt die Ratifizierung dieses Abkommens.
Es werden jedoch auch eigene Regelungen auf dem Gebiet des Datenschutzes für notwendig gehalten, weil wegen des Fehlens von Schutzregelungen in einigen Mitgliedstaaten für den einzelnen Gefahren zu befürchten seien, bzw. die bestehenden nationalen Regelungen voneinander abwichen. Zudem wird die Kommission aufgefordert, eine Empfehlung an die Mitgliedstaaten zu richten und eine Richtlinie für den Fall in Erwägung zu ziehen, daß sich der Individualschutz durch die Europaratskonvention als unzureichend erweise. Vorstellungen über den Inhalt einer solchen Gemeinschaftsrichtlinie werden dagegen nur in ganz vager Form mitgeteilt.
Obwohl die Resolution zu erkennen gibt, daß ein gerechter Ausgleich der Interessen einer Wirtschafts- und Handelsgemeinschaft an einem gut funktionierenden Informationsaustausch einerseits und dem Individualinteresse an einem bestmöglichen Schutz der personenbezogenen Daten andererseits nur über gleichwertige Datenschutzbestimmungen in den Mitgliedstaaten erlangt werden kann, stellt die Datenschutzresolution allenfalls eine Absichtserklärung dar. Eine verbindliche Aufforderung zur Harmonisierung der nationalen Regelungen kann sie nicht sein.
Eine Bindungswirkung könnte durch eine Verordnung oder Richtlinie der Kommission erzielt werden, denn eine EG-Verordnung wird in den Mitgliedstaaten unmittelbar geltendes Recht (Art.189 Abs.2 EWG-Vertrag), während eine EG-Richtlinie in verbindlicher Form zur Angleichung der einzelstaatlichen Datenschutzvorschriften auffordern kann (Art.189 Abs.3 EWG-Vertrag). Die Verabschiedung einer derartigen Maßnahme ist in absehbarer Zeit nicht zu erwarten. Denn seit der Verabschiedung der Resolution sind keine nennenswerten Initiativen der Kommission bekannt geworden, die darauf schließen ließen, daß eine verbindliche Aufforderung zur Harmonisierung der Datenschutznormen beabsichtigt ist.
Hinzu kommt, daß die Zuständigkeit der EG zu Regelungen auf dem Gebiet des Datenschutzes noch ungeklärt ist, da die in Betracht kommende Kompetenznorm des Art.100 EWG-Vertrag nur zu einer Angleichung des Wirtschaftsrechtes, nicht aber des Persönlichkeitsschutzes ermächtigt. Auch die Frage, ob sich die Zuständigkeit aus Art.100 i.V.m. Art.235 EWG-Vertrag ergibt, ist noch nicht be-

----
(1) EG, Abl. Nr. C 87 vom 5. April 1982; s. auch BTDrucks 9/1516; veröffentlicht auch in: DuD 1982, S.189 ff (Berichterstatter: Sieglerschmidt)
(2) Council of Europe, The Convention for the Protection of Individuals with regard to Automatic Processing of Personal Data, CDCJ (80) 28; BGBl. 1985 II, S.538 ff

antwortet worden (1).

3. Andere Initiativen

Weitere konkrete Regelungen zur Harmonisierung des Datenschutzes sind zur Zeit - mit Ausnahme der Datenschutzkonvention des Europarates - nicht erkennbar. Allerdings sind einige internationale Organisationen und Institutionen bemüht, zu einer Lösung der anstehenden Probleme beizutragen. So hat sich etwa die Internationale Handelskammer schon wiederholt mit dem Problem des grenzüberschreitenden Datenverkehrs auseinander gesetzt und verschiedene Positionspapiere und Stellungnahmen verfaßt (2).
Die European Science Foundation (ESF) hat in einer Erklärung vom 12. November 1980 sogar Grundsätze zum Datenschutz und zur Verwendung personenbezogener Daten für Forschungszwecke verabschiedet, die auf einen Ausgleich zwischen Datenschutz und wissenschaftlicher Forschung abzielen (3).
Weitere Aktivitäten auf dem Gebiet des grenzüberschreitenden Datenschutzes werden von dem Intergovernmental Bureau for Informatics (IBI) (4), der Internationalen Fernmeldeunion (ITU) (5) und verschiedenen Unterorganisationen der Vereinten Nationen (6) unternommen.

4. Die Datenschutzkonvention des Europarates

a) Der Interessenschutz durch die Europäische Menschenrechtskonvention

Zu einer umfassenden Lösung der Probleme des grenzüberschreitenden Datenverkehrs kann die Europäische Menschenrechtskonvention nicht beitragen. Zwar ist inzwischen allgemein anerkannt, daß der

----

(1) Zu diesem Problem wird auf folgende Beiträge verwiesen: Bergmann, Grenzüberschreitender Datenschutz, S.163 ff; Karpenstein, Zur Zuständigkeit der Europäischen Gemeinschaften auf dem Gebiet des Datenschutzes, in: Gedächtnisschrift Sasse II (1981), S.899 ff; Meister: DuD 1982, S.12 f; Sieglerschmidt: DuD 1981, S.236 ff
(2) s. etwa Meister: DuD 1980, S.72 f; vgl. auch DuD 1981, S.51; DuD 1983, S.295; TDR, Vol.VII, No.7, S.425 ff; Internationale Handelskammer, Leitfaden zum Datenschutz und Geheimnisschutz, 1985
(3) veröffentlicht in: DuD 1982, S.52 f; deutsche Übersetzung in: Hess. DSB, 9. Tätigkeitsbericht, vorgelegt am 23. Dezember 1980; vgl. auch Council of Europe, Camera dei Deputati: Legislation and data protection, 1983, S.326
(4) s. Bortnick: Cornell Int.L.J. 1981, S.350 f; Feldman: Int. Lawyer, Band 17, 1983, S.87 f; Hondius: NILR Band 30, 1983, S.106; s. auch DuD 1980, S.240
(5) s. Butler, in: OECD ICCP 1, S.197 ff; Onstad, in: Online - transnational data regulation, S.281 f
(6) s. Beer: TDR, Vol.VIII, No.4, 1985, S.205 ff; Bergmann: s. Anm.1, S.167 ff; Bergsten: TDR, Vol.VII, No.5&6, S.327 ff; Diaz: TDR, Vol.VII, No.5&6, S.339 f; Meister: s. Anm.1, S.10

Wortlaut des Art.8 Europ. MRK ('Anspruch auf Achtung des Privat- und Familienlebens') auch den Schutz des einzelnen vor einer unrechtmäßigen Datenverarbeitung umfaßt (1). Da zugleich aber auch das Recht auf Informationsfreiheit in Art.10 Europ. MRK garantiert ist, bleibt unklar, welche Vorschrift dominiert (2). Die Beantwortung dieser Frage wird zusätzlich dadurch erschwert, daß beide Rechte unter bestimmten, im wesentlichen gleichen Voraussetzungen durch den nationalen Gesetzgeber eingeschränkt werden können (3), so daß eine befriedigende Antwort aus dem Wortlaut der Europäischen Menschenrechtskonvention nicht gefunden werden kaänn. Hinzu kommt die Tatsache, daß die Konvention aus dem Jahre 1950 stammt, also in einer Zeit verabschiedet wurde, in der das die Beeinträchtigung des Individualschutzes durch die Datenverarbeitung noch nicht drängend war und daher auch noch nicht in der Fassung der Europäischen Menschenrechtskonvention berücksichtigt werden konnte.
Schon aus Gründen der Rechtssicherheit war es daher notwendig, im Rahmen einer speziellen Datenschutzkonvention einen ausgewogenen Kompromiß zwischen den konkurrierenden Interessen finden. Nur durch detaillierte Regelungen können die spezifischen Fragen des Datenschutzes in Datenverarbeitungsverfahren beantwortet werden (4). Außerdem rechtfertigt die allgemeine Formulierung der Art.8 und 10 Europ. MRK nationale Datenschutznormen, die inhaltlich ganz erheblich voneinander abweichen können, ohne dabei aus dem von Art.8 Abs.2 Europ. MRK gesteckten Rahmen zu fallen. Eine Rechtsangleichung der internen Datenschutzvorschriften ist somit nicht sichergestellt (5).
Weiter ist zu bedenken, daß die Europäische Menschenrechtskonvention als sog. 'geschlossene' Konvention nur die Beteiligung von Mitgliedstaaten des Europarates zuläßt (6). Nichtmitgliedstaaten ist der Zugang zur Konvention verwehrt, so daß eine Harmonisierung der Datenschutzregelungen ohnehin nur unter den Mitgliedern des Europarates durchgeführt werden könnte. Dadurch wird aber vor allem der Transfer nach und von den außereuropäischen Industrienationen, und somit ein ganz erheblicher Teil des internationalen Datenverkehrs, aus dem Schutzbereich der Konvention genommen. Einer Datenflucht in außereuropäische Länder kann nur durch restriktive, den Informationsfluß hemmende Sicherungsvorkehrungen Einhalt geboten werden.
Schließlich ist ein umfassender Schutz auch deshalb nicht sichergestellt, weil Art.8 Europ. MRK nur vor Eingriffen der Träger

----

(1) s. Jacobs, The European Convention on Human Rights, S.126 f; Jacqué: A.F.D.I. 1980, S.776
(2) s. Hondius, in: OECD ICCP 1, S.259; ders.: Stan.J.Int.L. Band 16, 1980, S.92
(3) vgl. Art.8 Abs.2 mit Art.10 Abs.2 Europ. MRK
(4) so die Begründung des Konventionsentwurfes seitens des Expertenkommitees vom 18. August 1979
(5) s. Golsong: Computer Networks, Band 3, 1979, S.216; Jacqué: A.F.D.I. 1980, S.778
(6) s. Council of Europe, Explanatory Report, Nr.19; so auch bereits das Expertenkommitee nach der vierten Sitzung vom 21.-25. Mai 1979

staatlicher Gewalt schützt, hingegen eine Datenverarbeitung durch Private nicht erfaßt (1), da die Vorschriften der Europäischen Menschenrechtskonvention keine "Drittwirkung" entfalten. Sie waren ursprünglich als Abwehrrechte des einzelnen vor staatlicher Willkür konzipiert und sollten nicht etwa als subjektive Rechte gegenüber jedermann verstanden werden (2). Daher steht die Notwendigkeit einer konkreten Datenschutzkonvention außer Frage.

b) Die Geschichte der Konvention des Europarates

Der Europarat wurde im Jahre 1949 als Nachfolgeinstitution des "Brüsseler Paktes" (3) gegründet. Gegenwärtig gehören ihm 21 Staaten an (4).
Ziel des Europarates ist nach Art.1 a der Satzung vom 5. Mai 1949 "eine engere Verbindung zwischen seinen Mitgliedern zum Schutze und zur Förderung der Ideale und Grundsätze, die ihr gemeinsames Erbe bilden, herzustellen und ihren wirtschaftlichen und sozialen Fortschritt zu fördern". Diese Aufgabe soll von den Organen des Europarates - dem Ministerkommitee und der Beratenden Versammlung - wahrgenommen werden.
Schon im Jahre 1968 empfahl die Beratende Versammlung (5), das Ministerkommitee möge prüfen, ob angesichts der modernen Informationstechnologien ein adäquater Datenschutz aus der Europäischen Menschenrechtskonvention vom 4. November 1950 und den nationalen Gesetzen abgeleitet werden könne. Eine daraufhin auf Initiative des Ministerausschusses durchgeführte Untersuchung kam zu dem Ergebnis, daß diese Rechtsvorschriften keinen ausreichenden Schutz gewährleisteten.

----

(1) s. auch Evans: New L.J. Band 13, 1980, S.1067; Hondius, in: OECD ICCP 1, S.259; Vandenberghe, in: OECD ICCP 1, S.251; das Expertenkommitee auf seiner vierten Sitzung vom 21.-25. Mai 1979

(2) Der von Jacqué aufgeworfenen Frage, ob Art.8 Europ. MRK nicht auch dahingehend ausgelegt werden kann, daß der einzelne im Falle einer unrechtmäßigen Datenverarbeitung durch Private von den zuständigen Stellen verlangen kann, seine Rechte zu schützen, kommt keine entscheidende Bedeutung zu, da die Notwendigkeit einer besonderen Datenschutzkonvention auch von diesem Autor nicht bestritten wird (vgl. Conetti: Riv.dir. int.proc. 1983, S.595 f; Hondius: NILR Band 30, 1983, S.126; Jacqué, Les droits de l'homme et le développement de l'informatique en Europe, in: Gedächtnisschrift Sasse II (1981), S.916 f).

(3) Belgien, Frankreich, Großbritannien, Luxemburg und die Niederlande

(4) Das sind die zehn Gründungsmitglieder Belgien, Dänemark, Frankreich, Großbritannien, Irland, Italien, Luxemburg, Niederlande, Norwegen und Schweden, sowie Griechenland und die Türkei seit 1949, Island seit 1950, die Bundesrepublik Deutschland seit 1951, Österreich seit 1956, Zypern seit 1961, die Schweiz seit 1963, Malta seit 1965, Portugal seit 1976, Spanien seit 1977 und Liechtenstein seit 1978.

(5) Recommendation Nr.509

Aus diesem Grund setzte das Ministerkommitee im Jahre 1971 einen Expertenausschuß ein, der Entschließungen zum Datenschutz im privaten und öffentlichen Bereich entwerfen sollte. Als Ergebnis dieser Arbeiten nahm das Ministerkommitee zunächst am 26. September 1973 eine Resolution zum Datenschutz im privaten Bereich (1), dann am 20. September 1974 eine Resolution zum Datenschutz im öffentlichen Bereich (2) an.
Beide Entschließungen sind ihrem Inhalt nach Versuche einer 'prälegislativen Harmonisierung' nationaler Gesetze (3):
Zum einen führen sie in einem Anhang Grundregeln auf, die bei der automatischen Verarbeitung personenbezogener Daten zu beachten sind; zum anderen empfehlen sie den Regierungen der Mitgliedstaaten des Europarates, die erforderlichen Maßnahmen zu treffen, um diesen Grundsätzen Geltung zu verschaffen, wobei es den Mitgliedstaaten überlassen bleibt, wie sie diese Prinzipien in die interne Rechtsordnung einbeziehen.
Aufgabe dieser Resolutionen war es, im Vorfeld nationaler Datenschutzgesetze allgemeine Kriterien mit dem Ziel einzuführen, unnötige Differenzen zwischen den nationalen Regelungen zu vermeiden und eine spätere Harmonisierung auf internationaler Ebene zu vereinfachen (4).
Dieser Zweck wurde erfüllt, denn die in der Folgezeit verabschiedeten nationalen Gesetze (5) stimmten in Zielsetzung und Inhalt ihrer konkreten Regelungen in hohem Maße überein, noch bevor die Datenschutzkonvention des Europarates im Jahre 1981 in Kraft trat.
Gerade der Entwurf einer solchen internationalen Vereinbarung sollte das Ergebnis der Arbeit des Expertenausschusses sein. Die Resolutionen von 1973 und 1974 stellten nur ein Durchgangsstadium auf dem Wege zu einem internationalen Abkommen dar.
Deshalb beschloß das Ministerkommitee im Februar 1976 auf Vorschlag des 'Europäischen Kommitees für Juristische Zusammenarbeit' (CDCJ) (6), einen Expertenausschuß zum Thema Datenschutz

----

(1) Entschließung (73) 22 über den Schutz der Privatsphäre natürlicher Personen gegenüber elektronischen Datenbanken im nichtöffentlichen Bereich
(2) Entschließung (74) 29 über den Schutz der Privatsphäre natürlicher Personen gegenüber elektronischen Datenbanken im öffentlichen Bereich
(3) Hondius: Stan.J.Int.L. Band 16, 1980, S.93
(4) vgl. die Präambel der Resolution (73) 22
(5) Schweden, 1973; Bundesrepublik Deutschland, 1977; Frankreich, Dänemark, Norwegen, Österreich, 1978; Luxemburg, 1979; Island 1981
(6) Das Europäische Kommitee für Juristische Zusammenarbeit (Comité Européen de Cooperation Juridique, European Committee on Legal Cooperation) wurde im Jahre 1963 zur Entlastung des Ministerkommitees und der Beratenden Versammlung gegründet. Es soll insbesondere rechtsvereinheitlichende Vorhaben des Europarates fördern und setzt zu diesem Zweck einen Sachverständigenausschuß ein, der einen entsprechenden Konventionsentwurf erarbeitet. Das CDCJ überwacht die Tätigkeit des Expertenausschusses und legt nach Beendigung der Arbeiten der

einzusetzen, dessen Aufgabe zunächst darin bestand, eine Studie über den grenzüberschreitenden Datenverkehr anzufertigen. Im Juni 1977 wurde das Expertenkommitee beauftragt, eine Konvention zum Datenschutz bei Datenverarbeitung im Ausland und grenzüberschreitender Datenverarbeitung zu entwerfen.
Dem Sachverständigenausschuß gehörten während seiner vier Sitzungen (1) Vertreter aus 19 Staaten an (2). Von ihm wurde eine Arbeitsgruppe gebildet, die Details des Konventionsentwurfes ausarbeiten sollte. In dieser Gruppe trafen sich - erstmals vom 14.-16. Februar 1977 - Experten aus Belgien, der Bundesrepublik Deutschland, Frankreich, Großbritannien, Italien, den Niederlanden, Österreich, Schweden, der Schweiz und Spanien. Als Beobachter nahmen Sachverständige der OECD und der EG teil (3). Die Arbeitsgruppe legte die Ergebnisse ihrer Untersuchungen jeweils dem Expertenkommitee zur Prüfung vor.
Auf seinem letzten Treffen vom 21.-25. Mai 1979 nahm das Expertenkommitee einen Konventionsentwurf zum Schutz des einzelnen bei der automatischen Verarbeitung personenbezogener Daten an (4) und legte ihn dem CDCJ vor. Zugleich wurden die Regierungen der Mitgliedsstaaten um eine Stellungnahme gebeten.
Das CDCJ beschloß daraufhin auf seiner 32. Sitzung, eine weitere Arbeitsgruppe einzusetzen, die nach Auswertung der Stellungnahmen der Regierungen den Konventionsentwurf neu überarbeiten sollte. Dies geschah in der Zeit vom 27.-29. November 1979. Während des Treffens vom 22.-24. April 1980 wurde die Konvention von dem Expertenkommitee nochmals geändert (5).
In seiner 33. Sitzung vom 23.-27. Juni 1980 (6) verabschiedete das CDCJ die Konvention ohne Gegenstimme - lediglich die Bundesrepublik Deutschland enthielt sich der Stimme - und empfahl dem Ministerkommitee die Annahme der Konvention. Nach erfolgter Annahme durch das Ministerkommitee am 17. September 1980 wurde die Konvention am 28. Januar 1981 zur Unterzeichnung ausgelegt (7).

Sachverständigen den Konventionsentwurf dem Ministerkommitee zur Annahme vor.

(1) 29. November - 1. Dezember 1976, 26.-29. September 1977, 16.-19. Oktober 1978 und 21.-25. Mai 1979

(2) Belgien, Bundesrepublik Deutschland, Dänemark, Frankreich, Griechenland, Großbritannien, Irland, Island, Italien, Luxemburg, Niederlande, Norwegen, Österreich, Portugal, Schweden, Schweiz, Spanien, Türkei und Zypern; als Beobachter nahmen zeitweise Sachverständige aus Australien, Finnland, Japan, Kanada, den USA, der OECD, der EG sowie der Haager Konferenz für Internationales Privatrecht teil.

(3) Weitere Treffen folgten vom 1.-3. Juni 1977, 17.-19. Januar 1978, 10.-12. Mai 1978, 16.-18. Januar 1979 und 3.-5. April 1979.

(4) CDCJ (79) 34, veröffentlicht in: TDR, Vol.2, No.3, 1979, S.16 ff

(5) CDCJ (80) 10; vgl. Meister: DuD 1981, S.22

(6) Council of Europe; the Convention for the protection of Individuals with regard to Automatic Processing of Personal Data, CDCJ (80) 28, Strasbourg 1981

(7) Europaratsabkommen Nr.108; vgl. BGBl. 1985 II, S.538 ff

Inzwischen haben 15 Staaten die Konvention unterzeichnet (1). Schweden, Frankreich, Spanien und Norwegen und die Bundesrepublik Deutschland haben sie schon ratifiziert (2). Am 1.Oktober 1985, drei Monate nach der Ratifikation durch den fünften Mitgliedstaat (3), die Bundesrepublik Deutschland, trat die Konvention in diesen fünf Staaten in Kraft (Art.22 Abs.2) (4). In Dänemark, Island, Österreich und Großbritannien wird die Ratifizierung vorbereitet (5). Für jeden weiteren Vertragsstaat tritt die Konvention drei Monate nach der Hinterlegung der eigenen Ratifikationsurkunde in Kraft (Art.22 Abs.3).

---

(1) Die Bundesrepublik Deutschland, Dänemark, Frankreich, Luxemburg, Österreich, Schweden und die Türkei am 28. Januar 1981, Norwegen am 13. März 1981, Großbritannien und Portugal am 14. Mai 1981, Spanien am 28. Januar 1982, Belgien am 7. Mai 1982, Island am 27. September 1982, Griechenland am 17. Februar 1983 und Italien am 2. November 1983

(2) Schweden am 29. September 1982, Frankreich am 24. März 1983, Spanien am 31. Januar 1984, Norwegen am 20. Februar 1984 und die Bundesrepublik Deutschland am 19. Juni 1985; demgegenüber hat Portugal, wie Bergmann zu Unrecht behauptet (Grenzüberschreitender Datenverkehr, S.152, Anm.60), die Konvention bisher nicht ratifiziert.

(3) Die Konventionsentwürfe bis zum Jahre 1979 ließen drei Ratifikationen ausreichen (s. Art.14 des Entwurfes der Expertengruppe nach der Sitzung vom 3.-5. April 1979). Der Europarat kam jedoch zu dem Ergebnis, daß fünf Ratifikationen erforderlich seien, um dem Übereinkommen auf Anhieb einen möglichst weiten räumlichen Geltungsbereich zu verschaffen (Council of Europe, Explanatory Report, Nr.89).

(4) s. BGBl. 1985 II, S.1134 f

(5) s. Buguicchio, Early, TDR: Vol.VI, No.2, 1983, S.65

2.Teil: DIE ALLGEMEINEN BESTIMMUNGEN DER KONVENTION

§ 1 Allgemeines

Die Übereinkunft des Europarates ist das erste verbindliche völkerrechtliche Abkommen auf dem Gebiet des grenzüberschreitenden Datenschutzes (1). Die Konvention will - wie bereits die Resolutionen (73) 22 und (74) 29 - zu einer Harmonisierung der nationalen Datenschutzregelungen in möglichst vielen Staaten führen, um den grenzüberschreitenden Datenverkehr zu erleichtern, ohne daß dadurch der Individualschutz der von der Datenverarbeitung betroffenen Personen geschmälert wird (2).
Daher wird die Konvention im Titel schlicht als 'Übereinkommen', und nicht etwa als 'Europäisches Übereinkommen' oder 'Übereinkommen des Europarates' bezeichnet (3). Schon an dieser Stelle wird deutlich, daß nicht nur Mitgliedstaaten des Europarates der Konvention beitreten können, daß vielmehr diese 'offene Konvention' auch den Beitritt anderer Nationen ermöglicht (4).
Inhaltlich läßt sich das Übereinkommen in fünf Hauptteile untergliedern:

1. allgemeine Begriffsbestimmungen und Festlegung des Geltungsbereiches der Konvention; Kapitel I (Art.1-3);
2. Aufzählung von Datenschutzgrundsätzen, die in den nationalen Datenschutzgesetzen beachtet werden müssen; Kapitel II (Art.4-11);
3. Regelung des grenzüberschreitenden Datenverkehrs; Kapitel III (Art.12);
4. Vorschriften über die Zusammenarbeit der Vertragsparteien; Kapitel IV (Art.13-17) und V (Art.18-2o);
5. technische Vorschriften; Kapitel VI (Art.21) und VII (Art.22-27);

Das erste Kapitel befaßt sich zunächst mit dem Gegenstand und Zweck der Konvention sowie der Erklärung des Begriffes 'Datenschutz' (Art.1). Weiter werden die Begriffe 'personenbezogene Daten', 'Betroffener', 'automatisierte Datei/Datensammlung', 'automatische Verarbeitung' und 'Verantwortlicher für die Datei/Datensammlung' definiert (Art.2). Schließlich legt dieser Teil den materiellen Geltungsbereich der Konvention fest (Art.3). Erfaßt werden lediglich automatische Dateien und Verarbeitungen von personenbezogenen Daten im öffentlichen und privaten Bereich (Art.3 Abs.1). Eine Ausdehnung bzw. Einschränkung des Anwendungsbereiches ist aber möglich (Art.3 Abs.2). Die Mitgliedstaaten können bestimmmen, daß einerseits die Anwendung des Übereinkommens bei gewissen Arten von automatisierten Dateien ausgeschlossen, andererseits auch auf juristische Personen sowie manuelle Datensammlungen ausgeweitet werden kann.

----

(1) s. die Denkschrift zu dem Übereinkommen, BTDrucks 10, 2118, S.19; vgl. auch Auernhammer, DuD 1985, S.7
(2) s. Madec: Les flux transfrontières de données, S.12
(3) Council of Europe, Explanatory Report, Nr.24
(4) näheres hierzu: 2.Teil, § 4 VI

Das Kernstück der Konvention ist Kapitel II. Es beinhaltet die Grundsätze, die die Vertragsstaaten als 'Minimalstandards' in ihrem nationalen Recht verwirklichen müssen, wobei es ihnen freisteht, wie sie die Forderungen der Konvention im nationalen Recht umsetzen (Art.4 Abs.1). Die Durchführung dieser innerstaatlichen Maßnahmen ist jedoch Voraussetzung für den Beitritt zu dem Abkommen (Art.4 Abs.2).
Die einzelnen Datenschutzprinzipien verlangen von den nationalen Gesetzgebern die Verabschiedung von Regelungen über die Qualität der gespeicherten Daten sowie über die Rechtmäßigkeit der Datenverarbeitung (Art.5), über einen geeigneten Schutz besonders 'sensibler' Daten (Art.6), über die Datensicherung der Hard- und Software (Art.7), über die Garantie der Schutzrechte für die betroffenen Individuen (Art.8) und über straf-, verwaltungs- und zivilrechtliche Sanktionen bei Rechtsverstößen gegen die innerstaatlichen Vorschriften, die die Datenschutzgrundsätze verwirklichen (Art.1o).
Kapitel III regelt den grenzüberschreitenden Datenverkehr. Hier wird das Ergebnis der vom Europarat getroffenen Abwägung zwischen dem Recht auf Informationsfreiheit (Art.10 Europ. MRK) und dem Recht auf Achtung des Persönlichkeitsbereiches (Art.8 Europ. MRK) der von der Datenverarbeitung betroffenen Personen wiedergegeben. Nur ausnahmsweise darf der grenzüberschreitende Datenfluß zwischen Vertragsparteien zum Schutz des Persönlichkeitsrechtes behindert werden (Art.12 Abs.2 und 3).
Kapitel IV enthält Vorschriften über die gegenseitige Hilfeleistung der Vertragsstaaten bei der Durchführung der Konvention. Zu diesem Zweck bezeichnet jeder Vertragsstaat eine oder mehrere Behörden, die mit den entsprechenden Behörden der übrigen Vertragsstaaten in Verbindung stehen. Sie sollen die von einer Datenverarbeitung betroffenen Personen gegebenenfalls bei der Wahrnehmung der ihnen nach Art.8 der Konvention zustehenden Rechte unterstützen.
Kapitel V stellt den 'Beratenden Ausschuß' als Einrichtung zur Fortentwicklung der Konvention vor, der sowohl selbst Vorschläge zur Verbesserung der Anwendung des Abkommens machen kann, als auch zu Änderungsvorschlägen von anderer Seite her Stellung nehmen soll.
Die beiden letzten Kapitel befassen sich mit allgemeinen Bestimmungen, wie der Änderung (Art.21), dem Inkrafttreten (Art.22) und der Kündigung (Art.26) des Übereinkommens sowie dem Beitritt von Nichtmitgliedstaaten des Europarates (Art.23), dem räumlichen Geltungsbereich (Art.24) und dem Vorbehaltsverbot (Art.25).

§ 2 Das Ziel der Konvention

Die Präambel stellt in allgemeiner Form die Grundsätze dar, die bei der Erstellung der Konvention von entscheidender Bedeutung waren.
Zuerst wird auf das allgemeine Ziel des Europarates verwiesen, eine engere Verbindung unter den Mitgliedstaaten herbeizuführen. Anschließend werden die Ausdehnung der Rechte und Grundfreiheiten des einzelnen angesichts des wachsenden grenzüberschreitenden Datenverkehrs sowie das Recht auf Informationsfreiheit bekräftigt; schließlich wird die Notwendigkeit eines Ausgleiches zwischen dem freien Informationsaustausch und der Achtung des Persönlichkeitsrechtes hervorgehoben.

I. Die Aufgabe des Europarates

Der erste Absatz der Präambel betont die in Art.1 a der Europaratssatzung (1) normierte Aufgabe des Europarates, 'eine engere Verbindung zwischen den Mitgliedstaaten herzustellen' (2). Der Harmonisierungszweck steht somit an hervorgehobener Stelle dieses Übereinkommens. Dadurch wird unterstrichen, daß dem Bedürfnis nach Vereinheitlichung des Datenschutzes in den Mitgliedstaaten Rechnung getragen werden soll.
Zugleich erneuert dieser Absatz das Bekenntnis der Vertragsstaaten zu den Menschenrechten und Grundfreiheiten, indem klargestellt wird, daß die engere Verbindung der Mitgliedstaaten gerade auf der Achtung dieser Grundsätze beruht. Schon hier ist zu erkennen, in welchem rechtlichen Bereich die der Konvention zugrundeliegende Problematik angesiedelt ist. Bei der Schaffung der Konvention waren insbesondere die Menschenrechte der Art.8 (das Gebot der Achtung der Privatsphäre) (3) und 10 Europ. MRK (die Informationsfreiheit) von Bedeutung (4).

II. Der Schutz der Rechte und Grundfreiheiten des einzelnen

Mit den Rechten und Grundfreiheiten, vor allem der Achtung des Persönlichkeitsbereiches, befaßt sich der Absatz 2 der Präambel. Hier wird darauf hingewiesen, daß diese Rechte gerade 'angesichts des zunehmenden grenzüberschreitenden Verkehrs automatisch verarbeiteter personenbezogener Daten' zu erweitern sind.
Der Schutz des Persönlichkeitsrechtes ('Right of Privacy') gem. Art.8 Europ. MRK ist das Hauptanliegen der Konvention. Dies wurde von dem mit der Ausarbeitung der Konvention befaßten Expertenkommitee immer wieder bekräftigt (5). Die eingesetzten Kommissionen

----

(1) vgl. 1.Teil, § 2 III, H, 4 a
(2) Insoweit handelt es sich um eine für die Präambel eines Europaratsübereinkommen typische Formulierung.
(3) Dies stellte bereits die Präambel der Europaratsresolution (74) 29 fest.
(4) vgl. 1.Teil, § 2 III, H, 4 b
(5) so auf der Sitzung des Expertenkommitees vom 29. November - 1. Dezember 1976; Council of Europe, Explanatory Report, Nr.1

betonten aber, daß allein vom Persönlichkeitsrecht erfaßte Interessen des einzelnen beim grenzüberschreitenden Datenfluß zu beachten sind, während rein wirtschaftliche Erwägungen nicht darunter fallen. Das Expertenkommitee wies auf diesen Umstand ausdrücklich hin und zog es vor, den Begriff 'wesentliche Interessen' ('essential interests') aus der Präambel eines vorläufigen Konventionsentwurfes zu streichen (1). Dieser Entwurf hatte den Schutz wesentlicher Interessen als Rechtfertigung für eine Beschränkung des grenzüberschreitenden Datenverkehrs neben dem Schutz der Rechte, der Grundfreiheiten und des Rechtes auf Achtung des Persönlichkeitsbereiches zugelassen. Durch das Streichen jener Passage wollte der Expertenausschuß erreichen, daß wirtschaftliche Interessen nicht dem Persönlichkeitsrecht gleichgestellt und deshalb auch nicht Gegenstand des Datenschutzes werden können.
Weiter zeigt dieser Teil der Präambel, daß der Europarat eine besondere Gefahr für die Individualrechte gerade in der permanent wachsenden automatischen Verarbeitung personenbezogener Daten sieht (2). Deshalb erachtete man es für notwendig, den individuellen Datenschutz zu stärken, um die durch die ständige Fortentwicklung der automatischen Datenverarbeitung entstehenden Risiken für die betroffenen Personen besser in den Griff zu bekommen und einem eventuellen Mißbrauch vorzubeugen (3).

III. Das Recht auf Informationsfreiheit

Absatz 3 der Konventionspräambel bekräftigt das Recht auf Informationsfreiheit (Art.10 Europ. MRK) ohne Rücksicht auf Staatsgrenzen. Schon im Jahre 1976 hatte das Sekretariat des Directorate of Legal Affairs (beim Europarat) in dem Memorandum zu einem Konventionsentwurf, der als Grundlage für die Arbeit des Expertenkommitees diente, ausdrücklich darauf hingewiesen, daß von jenem Recht, das sogar in der Abschlußakte der Konferenz über Sicherheit und Zusammenarbeit in Europa (KSZE) von Helsinki (4) verbrieft worden ist, auch der grenzüberschreitende Datenverkehr erfaßt wird. Das Expertenkommitee übernahm diese Ansicht (5). Das Recht auf Informationsfreiheit wurde seit dieser Zeit in sämtlichen Konventionsentwürfen als Gegengewicht des Persönlichkeitsrechts genannt.

----

(1) Dies geschah auf der Sitzung vom 16.-19. Oktober 1978.
(2) Ob die Gefahren für den einzelnen bei der maschinellen Datenverarbeitung tatsächlich größer sind als bei einer herkömmlichen manuellen Verarbeitung, wird noch untersucht werden, s. 2.Teil, § 5 II, B.
(3) Council of Europe, Explanatory Report, Nr.25
(4) in den 'Phrasen' 0726 und 0729 der Abschlußakte vom 1.August 1975
(5) so die Zusammenfassung des Berichtes der vom Expertenkommitee gebildeten Arbeitsgruppe nach deren Sitzung vom 10.-12. Mai 1978

IV. Der Ausgleich zwischen Persönlichkeitsrecht und Informationsrecht

Im letzten Absatz der Präambel wird dargelegt, daß das Persönlichkeitsrecht des einzelnen und das Informationsrecht miteinander in Einklang zu bringen sind (1). Bei der Beantwortung der Frage, welchem dieser einander gegenüberstehenden Interessen der Vorzug zu geben ist, ist auch von Bedeutung, was die einzelnen Mitgliedstaaten von einem Übereinkommen des Europarates zum Datenschutz erwartetet hatten. Die skandinavischen Länder stellten den Individualschutz in den Vordergrund und verlangten von einer Konvention des Europarates vor allem eine Stärkung des Schutzes des einzelnen vor den Gefahren einer grenzüberschreitenden Datenverarbeitung (2). Andere Staaten dagegen sahen den Hauptzweck eines Abkommens in der Harmonisierung des Datenschutzes und der damit verbundenen Beseitigung nationaler Barrieren für den internationalen Datenfluß (3).
Daß die Konvention einen wichtigen Beitrag zur Harmonisierung des Datenschutzes darstellt, steht außer Frage (4). Auch spricht sie sich für einen ungehinderten grenzüberschreitenden Datenverkehr aus (5). Eindeutige Priorität wird jedoch dem Recht auf Achtung des Persönlichkeitsbereiches eingeräumt (6). Zwar garantiert die Präambel ausdrücklich auch das Recht auf Informationsfreiheit, sie räumt jedoch ein, daß eine unbegrenzte Ausübung dieses Rechts andere Interessen behindern kann, so daß die Verarbeitung von Informationen - damit ein Gleichgewicht zwischen den verschiedenen Rechten aufrechterhalten wird - gewissen Beschränkungen durch die Persönlichkeitsrechte Dritter unterliegt (7). Eine solche Beeinträchtigung des Rechtes aus Art.10 Europ. MRK ist im Interesse der Rechte anderer zulässig (Art.10 Abs.2 Europ. MRK).
Andererseits unterstreicht die Präambel, daß nur diese individuellen Rechte eine Beschränkung des grenzüberschreitenden Datenverkehrs rechtfertigen können (8). Die Konvention darf nicht etwa dahingehend ausgelegt werden, daß der freie Informationsaustausch aufgrund protektionistischer Maßnahmen (9) zugunsten der inlän-

----

(1) s. Kayser, La protection de la vie privée, S.353
(2) s. Jacobsson: SvJT, Band 66, 1981, S.156
(3) Man wird aber sagen können, daß dieser Aspekt nicht die dominierende Rolle wie bei der Verabschiedung der OECD-Guidelines gespielt hat. Zumindest für die kontinentalen Mitgliedstaaten des Europarates war der Gesichtspunkt dominierend, daß eine umfangreiche Rechtsangleichung auf dem Gebiet des Datenschutzes vor allem die Durchsetzung der Individualrechte in Bezug auf die personenbezogenen Daten über die Staatsgrenzen hinweg sicherstellen solle.
(4) s. 1.Teil, § 3
(5) Art.12 Abs.2 der Konvention
(6) vgl. Meister: DuD 1981, S.22
(7) Council of Europe, Explanatory Report, Nr.25
(8) so der Abschlußbericht der vom Expertenkommitee eingesetzten Arbeitsgruppe auf die Sitzung vom 10.-12. Mai 1978 und Council of Europe, Explanatory Report, Nr.19
(9) vgl. 1.Teil, § 2 II B

dischen Wirtschaft beschränkt werden kann (1). Vielmehr hat der Europarat schon früh die Ansicht vertreten, daß das Europaratsübereinkommen gerade Handelsbarrieren zwischen den Mitgliedstaaten beseitigen soll (2).
Die vom Expertenkommitee eingesetzte Arbeitsgruppe forderte deshalb auf ihrer Sitzung vom 17.-19. Januar 1978 eine strikte Trennung zwischen dem Recht des freien Datenverkehrs und dem Schutz vor protektionistischen Maßnahmen, weil der freie Datenfluß Bestandteil eines Menschenrechtes sei, während der Schutz vor Protektionismus einen Gesichtspunkt des internationalen Handels darstelle. Daher enthielten sämtliche Konventionsentwürfe bis hin zu dem von dem Expertenausschuß am 25. Mai 1979 dem CDCJ vorgelegten Entwurf (3) - neben der auch in der Konvention enthaltenen Bekräftigung der Informationsfreiheit über die Staatsgrenzen hinweg - in einem weiteren Absatz den Hinweis, daß durch die Konvention Hindernisse für den internationalen Handel und die kulturelle und wissenschaftliche Zusammenarbeit gerade beseitigt werden sollen.
Aus dem Umstand, daß dieser Absatz in der endgültigen Fassung fehlt, kann jedoch nicht geschlossen werden, daß nunmehr auch protektionistische Maßnahmen durch die Konvention zugelassen sind. Denn der jetzige vierte Absatz, der anstelle jenes Absatzes in die Präambel aufgenommen wurde, stellt fest, daß ein Ausgleich allein zwischen dem Recht auf Achtung des Persönlichkeitsbereiches einerseits und dem Recht des freien Informationsaustausches andererseits stattzufinden hat. Andere Motive können in diese Abwägung nicht einfließen (4).

----

(1) Council of Europe, Explanatory Report, Nr.25; vgl. auch: Evans: Am.J.Comp.L. Vol.29, 1981, S.578
(2) so die vom Expertenkommitee eingesetzte Arbeitsgruppe auf der Sitzung vom 17.-19. Januar 1978
(3) veröffentlicht in: TDR, Vol.2, Nr.3, 1979, S.16
(4) Council of Europe, Explanatory Report, Nr.25

§ 3 Gegenstand und Zweck der Konvention

I. Die Sicherung des Datenschutzes für jedermann ungeachtet seiner Staatsangehörigkeit oder seines Wohnortes

Eingeleitet wird die Konvention durch eine Vorschrift, die Zweck und Gegenstand festlegt (Art.1). Gegenstand des Übereinkommens ist die Sicherstellung des 'Datenschutzes' in allen Vertragsstaaten. Die Vorschrift wiederholt die allgemeine Forderung der Präambel nach Erweiterung des Schutzes der individuellen Rechte gegenüber automatischer Datenverarbeitung (1). Die Konvention bezweckt, daß dieser in den Grundsätzen der Konvention enthaltene Schutz jedermann ohne Rücksicht auf seine Staatsangehörigkeit oder seinen Wohnsitz in den Vertragsstaaten gewährt wird.
Dieses tragende Anliegen steht nicht ohne Grund an so exponierter Stelle der Konvention. Das Expertenkommitee betonte im Jahre 1979 (2), daß gerade die Datenschutzkonvention - wie eine Vielzahl anderer Europaratsabkommen - mit einer Bestimmung eingeleitet werden müsse, die Gegenstand und Zweck des Übereinkommens vorab klarstelle (3).
Es ist ohnehin sinnvoll, daß ein internationales Übereinkommen von einer Vorschrift eingeleitet wird, die Zweck und Gegenstand bestimmt. Hinzu kommt, daß Art.1 einen geeigneten Übergang von den allgemeinen Erwägungen der Präambel über die der Datenschutzkonvention zugrundeliegende Interessenlage zu den einzelnen materiellen Bestimmungen der Konvention bildet. Art.1 stellt den 'Datenschutz' ('data protection' oder 'protection des données') für den einzelnen in den Vordergrund des Abkommens und spiegelt dadurch die von den Verfassern der Konvention getroffene Entscheidung für das Persönlichkeitsrecht des einzelnen wieder (4).

II. Die Notwendigkeit dieser Regelung

A. Die Beschränkung nationaler Datenschutzgesetze auf den Schutz von Inländern

Zugleich stellt Art.1 eine Absage an solche nationalen Regelungen dar, die den Datenschutz lediglich eigenen Staatsangehörigen oder solchen Personen gewähren, die ihren ständigen Wohnsitz in diesem Land haben oder sich dort rechtmäßig aufhalten (5). Derar-

----

(1) vgl. Absatz 2 der Präambel; s. 2.Teil, § 2 II
(2) auf dem vierten Treffen vom 21.-25. Mai 1979
(3) In den ersten Entwürfen wurde darauf kein großer Wert gelegt. Der erste Konventionsvorschlag des Directorate of Legal Affairs aus dem Jahre 1976 sah eine entsprechende Vorschrift erst als Art.2 vor (im Anschluß an verschiedene Begriffsbestimmungen). Der von der Expertengruppe nach ihrem Treffen vom 3.-5. April 1979 vorgelegte Konventionsentwurf befaßte sich mit der Frage erst in Art.3 Abs.1.
(4) s. 2.Teil, § 2 IV
(5) Turn, in: Online - transnational data regulation, S.114; Stadler: Computer Networks, Band 3, 1979, S.185

tige Klauseln sind mit dem Übereinkommen unvereinbar (1). Sie liefen dem Harmonisierungsvorhaben des Europarates zuwider und könnten zu ungerechtfertigter Benachteiligung der Personen führen, die ihr Persönlichkeitsrecht in den Staaten verletzt sehen, die den Datenschutz auf Inländer beschränken (2).
So schützt § 49 des "Canadian Human Rights Act" vom 14. Juli 1977 nur kanadische Bürger und solche Personen, die zum dauernden Aufenthalt in Kanada berechtigt sind. Andere Personen können sich nicht auf die Bestimmungen des kanadischen "Human Rights Act" berufen. Deshalb wäre ein Beitritt Kanadas zur Konvention derzeit schon aus diesen Gründen nicht möglich (3).
Der Europarat war sich dieser Problematik wohl bewußt, da die bei den Beratungen der Europaratsgremien zur Datenschutzkonvention anwesenden Vertreter der USA und Kanadas großen Wert auf die Beantwortung der Frage legten, ob der Anwendungsbereich inländischer Datenschutzgesetze auf den Schutz eigener Staatsbürger beschränkt werden kann (4). Durch die Fassung des Art.1 hat der Europarat diesen Bestrebungen entschieden entgegengewirkt.

B. Die Ausdehnung des Datenschutzes auf Staatsbürger von Nichtmitgliedstaaten

Die kanadische Beobachter-Delegation war es auch, die mehrmals die Frage aufwarf, ob die Konvention nur Personen schützen soll, die in den Vertragsstaaten leben, oder auch diejenigen erfassen soll, die in einem Nichtmitgliedstaat wohnen (5).
Die Frage wird von der Konvention eindeutig in letzterem Sinne beantwortet. Art.1 gewährt Datenschutz für "jedermann" ungeachtet seiner Staatsangehörigkeit oder seines Wohnortes. Eine Beschränkung auf Angehörige der Vertragsstaaten ist somit ausdrücklich abgelehnt worden. Eine Vertragspartei muß innerhalb ihrer nationalen Grenzen jede Person schützen.
Daß der Datenschutz bewußt auch Bürger von Nichtmitgliedstaaten einschließt, wird auch an anderer Stelle deutlich. Art.14 Abs.1 der Konvention regelt nämlich die Verpflichtung der Vertragsparteien, solche Personen zu unterstützen, die im Ausland wohnen. Auch hier erfolgt keine Beschränkung des Schutzes auf Personen, die in einem Vertragsstaat leben. Art.14 Abs.1 bestimmt vielmehr, daß jeder Betroffene - unabhängig davon, ob er in einem Vertragsstaat oder in einem Drittland wohnt - seine Rechte in jedem Vertragsstaat geltend machen kann (6). Deshalb sieht der Europarat Art.14 Abs.1 auch als Zusatz und praktische Auswirkung des Art.1

----

(1) Council of Europe, Explanatory Report, Nr.26
(2) Rigaux: Rev.crit.dr.i.p. 1980, S.458 f
(3) Dies gilt wohl auch für die USA, denn dort gelten - mit Ausnahme des "Fair Credit Reporting Act", der Personen unabhängig von Nationalität und Aufenthalt schützt - die gleichen Einschränkungen wie in Kanada (z.B.: Privacy Act von 1974, § 552 a, a, 2).
(4) so besonders auf der Sitzung des Expertenkommitees vom 29. November - 1. Dezember 1976
(5) s. Anm.4
(6) Council of Europe, Explanatory Report, Nr.77

der Konvention an (1).

C. Die von Art.1 ungelösten Fragen

Eine andere Frage, die in diesem Zusammenhang auftaucht, wird hingegen von Art.1 der Konvention nicht gelöst.
Die nationalen Datenschutzgesetze haben nur einen begrenzten räumlichen Anwendungsbereich. Datenschutz können sie außerhalb der nationalen Grenzen i.d.R. nicht gewähren (2). Der Anwendungsbereich der Gesetze hängt davon ab, inwieweit eine Datenverarbeitung über Staatsgrenzen hinweg noch dem eigenen Recht zugerechnet wird. Das ist von Land zu Land verschieden (3).
Die damit verbundenen Probleme hinsichtlich der unterschiedlichen Anwendungsbereiche werden von Art.1 nicht erfaßt. Diese Vorschrift will nur gewährleisten, daß die nationalen Datenschutzgesetze allen Betroffenen den gleichen Schutz bieten.
Die Frage, welches Recht über die Rechtmäßigkeit einer Datenverarbeitung entscheidet, ist vorab nach allgemeinen Regeln zu entscheiden.

----

(1) so auf der Sitzung des Expertenkommitees vom 21.-25. Mai 1979
(2) vgl. 1.Teil, § 2 II
(3) Art.3 Abs.2 des luxemburgischen Datenschutzgesetzes vom 31. März 1979 unterstellt dem internen Recht auch solche ausländischen Datenbanken, die von Luxemburg aus über Terminal zugänglich sind; Art.2, § 34 des österreichischen Datenschutzgesetzes vom 18. Oktober 1978 unterwirft den direkten Zugriff vom Bundesgebiet aus auf eine Datei im Ausland einer Genehmigung der Datenschutzkommission.

§ 4 Der Rechtscharakter der Konvention

I. Die Schaffung von Minimalstandards durch die Konvention

Die Konvention ist ein völkerrechtlich verbindlicher Staatsvertrag zur Vereinheitlichung des Datenschutzes (1), der seinem Rechtscharakter nach einige Besonderheiten aufweist.
Die mit der Erstellung der Konvention befaßten Gremien hätten die Rechtsvereinheitlichung auf dem Gebiet des Datenschutzes durch ein Abkommen herbeiführen können, das die Vertragsstaaten völkerrechtlich verpflichtet, die darin enthaltenen Vorschriften als unmittelbar geltende verbindliche Normen ohne Änderung in das nationale Recht zu transformieren. Dann hätte ein solches Übereinkommen im gleichen Umfang wie nationale Datenschutzbestimmungen konkrete Regelungen auf dem Gebiet des Datenschutzes aufstellen müssen. Der Vorteil eines derartigen 'Modellgesetzes' läge in dem hohen Maß an Rechtssicherheit, da innerstaatliche Abweichungen durch die Gesetzgebung oder durch Auslegung seitens der Rechtsprechung kaum möglich sind (2).
Ein im Rahmen einer Europaratskonvention verabschiedetes 'Mustergesetz' mit detaillierten Regelungen war politisch nicht realisierbar (3). Dazu wichen die innerhalb der Mitgliedstaaten vertretenen Standpunkte zu sehr voneinander ab. So sind beispielsweise so grundlegende Fragen wie die der Ausdehnung des Datenschutzes auf juristische Personen oder auf manuelle Verarbeitungsprozesse auch heute noch umstritten (4).
So wendete der Europarat ein anderes Verfahren an, um die angestrebte Harmonisierung auf dem Gebiet des Datenschutzes zu erreichen. Man entwarf ein sog. 'Rahmenabkommen', dessen Inhalte nicht unmittelbar in die Rechtsordnungen der ratifizierenden Staaten einfließen, sondern erst durch konkrete innerstaatliche Regelungen zum Datenschutz umgesetzt werden (Art.4 Abs.1). Auf der Basis eines gemeinsamen Mindeststandards für Datenschutzregelungen soll eine Übereinstimmung der nationalen Rechtsordnungen hergestellt werden.
Aus diesem Grund gibt die Konvention einige allgemeine Richtlinien auf dem Gebiet der Datenverarbeitung vor, deren Inhalt durch konkrete Maßnahmen in die internen Rechtsordnungen eingefügt werden muß. Die Vertragsparteien unterliegen der verbindlichen Rechtspflicht, das innerstaatliche Recht den Erfordernissen der Datenschutzgrundsätze des Kapitels II anzupassen (5).

----

(1) s. 1.Teil, § 2 III, G
(2) Kropholler, Internationales Einheitsrecht, S.94
(3) so bereits Simitis, Grenzüberschreitender Datenaustausch - Notwendige Vorbemerkungen zu einer dringend erforderlichen Regelung, in: Festschrift Ferid (1978), S.372
(4) Andere strittige Fragen werden im Rahmen der Untersuchung der Datenschutzgrundsätze aufgezeigt; s. 3.Teil, § 2 ff
(5) Karpenstein, Die Zuständigkeit der Europäischen Gemeinschaften auf dem Gebiet des Datenschutzes, in: Gedächtnisschrift Sasse II (1981), S.894

Eine solche "Minimumkonvention", wie Kropholler sie nennt (1), ist eine Form der Rechtsvereinheitlichung (2), deren sich der Europarat schon in ähnlicher Weise bedient hat (3). Sie soll zu Lasten einer größeren Rechtssicherheit flexiblere Ergebnisse ermöglichen und führt dazu, daß ein Übereinkommen von den Mitgliedstaaten bereitwilliger ratifiziert wird.

Diesen Weg der Harmonisierung hatten bereits die Resolutionen (73) 22 und (74) 29 vorgezeichnet. Sie enthielten jeweils die Empfehlung an die Mitgliedstaaten des Europarates, alle erforderlichen Maßnahmen zu treffen, um den in ihrem Anhang aufgeführten Datenschutzgrundsätzen im nationalen Recht Geltung zu verschaffen. Vorrangiges Ziel dieser Empfehlungen war schon damals, die Harmonisierung des Datenschutzes mittels eines internationalen Abkommens zu erleichtern (4).

Eine Übereinkunft, die die Vertragsstaaten verpflichtet, Minimalvoraussetzungen zum Datenschutz in ihren innerstaatlichen Rechtsordnungen zu verwirklichen, erschien auch den mit der Ausarbeitung der Datenschutzkonvention beschäftigten Gremien als der bestmögliche Weg zur Bewältigung der anstehenden Probleme (5). Hier ist zu beachten, daß ein eher allgemein gehaltener Wortlaut eine flexiblere Anpassung des Abkommens an technische Neuerungen auf dem Gebiet der automatischen Datenverarbeitung ermöglicht. Demgegenüber laufen konkrete und ausführliche Vorschriften Gefahr, in Anbetracht der raschen Fortentwicklung im technischen Bereich früher oder später zu veralten. Dann müßte mit Interpretations- und Anwendungsproblemen sowie u.U. mit permanenten Änderungen des Konventionstextes gerechnet werden.

Der jetzige Wortlaut des Abkommens grenzt diese Folgen ein. Die anstehenden Fragen können im Beratenden Ausschuß (Art.18-20) mit dem Ziel erörtert werden, Anleitungen für die Anwendung und Auslegung des Übereinkommens an die Vertragsstaaten weiterzugeben. Eine Änderung des Konventionstextes wird nur in wenigen Ausnahmefällen erforderlich sein.

Insoweit sind auch die von den Expertenausschüssen gemachten Überlegungen zum Ausmaß des Mindeststandards aufschlußreich. Ausgangspunkt dieser Erwägungen war der Umfang der in den Datenschutzresolutionen enthaltenen Prinzipien (6). Unklar war eigentlich nur, ob ein eher eingeschränkter oder ein möglichst weit-

----

(1) Kropholler, Internationales Einheitsrecht, S.96

(2) vgl. hierzu Graveson: Am.J.Comp.L. Vol.16, 1968/69, S.8

(3) s. Art.1 des Europäischen Übereinkommens über die Adoption von Kindern vom 24. April 1967, BGBl. 1980 II, S.1094

(4) vgl. 1.Teil, § 3 III, H, 4 a

(5) so die von dem Expertenkommitee eingesetzte Arbeitsgruppe auf ihrer ersten Sitzung vom 14.-16. Februar 1977

(6) Buquicchio, Aspetti internationali della protezione dei dati: Il ruolo svolto dal Consiglio d'Europa, in: Matteucci, Nicola, Privacy e banche dei dati, S.73; Hondius, Internationale Aspekte des Datenschutzes im öffentlichen Bereich, in: Datenschutz; Probleme, Beispiele, Grundsätze, Erfahrungen, S.92 f; vgl. auch die Niederschrift nach der Sitzung der von dem Expertenkommitee eingesetzten Arbeitsgruppe vom 10.-12. Mai 1978

reichender "gemeinsamer Kern" ("common core", "noyau dur") zu bevorzugen sei. Hätte man sich für letzteres - so fürchtete der Europarat - entschlossen, hätten nur wenige Staaten die Erfordernisse der Konvention erfüllt. Deshalb entschied sich das Expertenkommitee für ein Übereinkommen mit eher gemäßigten Forderungen an die nationalen Gesetzgeber (1). Diesem Entschluß lag die Überlegung zugrunde, daß die Chance für ein frühestmögliches Inkrafttreten des Abkommens umso mehr steigt, je allgemeiner und unverbindlicher der individuelle Schutz bei der Datenverarbeitung in einem Übereinkommen gehalten wird (2).
Hierin offenbart sich das Dilemma, vor dem der Europarat bei der Ausarbeitung der Datenschutzkonvention stand. Auf der einen Seite ging es ihm in erster Linie um eine möglichst umfangreiche Garantie des Individualschutzes bei der grenzüberschreitenden Datenverarbeitung (3), auf der anderen Seite sah er die Notwendigkeit, ein internationales Abkommen auf diesem Gebiet innerhalb kürzester Zeit wirksam werden zu lassen, um dem Recht des freien Informationsflusses Geltung zu verschaffen. Der Europarat mußte nach Abwägung beider Gesichtspunkte einen tragfähigen Kompromiß finden. Damit das Übereinkommen in einem möglichst weiten räumlichen Geltungsbereich zur Anwendung kommen kann, war es notwendig, nur allgemeine Datenschutzprinzipien in die Konvention aufzunehmen. Eine inhaltliche Übereinstimmung der nationalen Regelungen - die größtenteils bei Beginn der Arbeiten zur Konvention noch nicht verabschiedet waren (4) - sollte dadurch erleichtert werden (5).
Den nationalen Gesetzgebern blieb so ein gewisser Spielraum hinsichtlich der Qualität des Datenschutzes, zumal Art.11 der Konvention weiterreichende Bestimmungen zum Schutz des einzelnen ausdrücklich zuläßt. Keinem Vertragsstaat ist es verwehrt, den Datenschutz im inländischen Recht über das von der Konvention geforderte Mindestmaß hinaus auszudehnen (6). Ob und inwieweit daraus resultierende Abweichungen der nationalen Gesetze untereinander eine Vereinheitlichung des Datenschutzes erschweren, wird noch zu untersuchen sein.
Tatsache ist, daß die Konvention auch in ihrer allgemeinen Fassung erst von fünf Staaten ratifiziert wurde und daher erst knapp fünf Jahre nach der Auslegung zur Unterzeichnung in Kraft getreten ist. Es liegt auf der Hand, daß ein Übereinkommen mit weitreichenderen und konkreteren Anforderungen an den Datenschutz - oder gar ein Abkommen, das die Vertragsstaaten verpflichtet hätte, die in ihm enthaltenen Vorschriften unverändert als verbindliches Recht in die nationale Rechtsordnung zu übernehmen -

----

(1) auf dem zweiten Treffen der Arbeitsgruppe vom 1.-3. Juni 1977
(2) s. auch Mengel: EuGRZ 1981, S.377
(3) s. 2.Teil, § 2 III, H, 4 a
(4) Nur Schweden und die Bundesrepublik Deutschland hatten zu diesem Zeitpunkt nationale Datenschutzgesetze.
(5) vgl. Simitis, Grenzüberschreitender Datenaustausch - Notwendige Vorbemerkungen zu einer dringend erforderlichen Regelung, in: Festschrift Ferid (1978), S.372
(6) so die von dem Expertenkommitee eingesetzte Arbeitsgruppe auf der zweiten Sitzung vom 1.-3. Juni 1977

auf noch größere Zurückhaltung bei den Mitgliedstaaten des Europarates gestoßen wäre.
Zu einer gewissen Vereinheitlichung des Rechts des Datenschutzes kann die Konvention jedoch insoweit beitragen, als sie zumindest eine grundsätzliche Übereinstimmung über die für den Datenschutz wichtigsten Prinzipien in den nationalen Regelungen durchzusetzen versucht. Immerhin weisen die bis heute verabschiedeten nationalen Gesetze zum Datenschutz - trotz einiger voneinander erheblich abweichender Einzelbestimmungen - einen Grundkonsens in den wichtigsten die automatische Datenverarbeitung betreffenden Rechtsfragen auf. Auch hat der Europarat begonnen, durch die Verabschiedung bereichsspezifischer Empfehlungen zum Datenschutz die allgemeinen Grundsätze des Übereinkommens konkret umzusetzen. Dies muß im Einzelfall untersucht werden.

II. Ein 'non-self-executing-Abkommen'

Schon mehrfach ist der Rechtscharakter der Konvention unter einem anderen Gesichtspunkt erörtert worden. Die von der Datenverarbeitung betroffenen Personen können Rechte nicht unmittelbar aus der Konvention ableiten und geltend machen (1). Unmittelbare Rechte können sich erst aus den nationalen Regelungen ergeben, die in Übereinstimmung mit den Datenschutzprinzipien des Kapitels II der Konvention verabschiedet worden sind (2). Deshalb wird die Konvention auch als 'non-self-executing-Vertrag' bezeichnet (3). Gerade 'Minimumkonventionen', die erst noch einer Umsetzung in das innerstaatliche Recht bedürfen, sind typischerweise solche 'nicht unmittelbar anwendungsfähige Verträge' (4).
Im Grunde waren die gleichen Überlegungen, die nach Ansicht der Verfasser der Konvention für eine 'Minimumkonvention' sprachen, auch bei der Erörterung der Frage von Bedeutung, ob die Konvention als 'self-executing-' oder als 'non-self-executing-treaty' verabschiedet werden sollte. Ausschlaggebend war auch hier letztlich die Befürchtung des Europarates, ein 'self-executing-Vertrag' könnte die Verwirklichung eines einheitlichen Datenschutzes verzögern, da beitrittswillige Staaten einen derartigen Vertrag genauestens auf die besonderen internen Gegebenheiten hin überprüfen würden, bevor sie ihn ratifizierten. Auch die Arbeiten des Europarates wären erschwert worden. Die mitunter recht kontroversen rechtspolitischen Vorstellungen zum Datenschutz wären in den Gremien in noch stärkerem Maße aufeinandergeprallt. Dadurch, daß den nationalen Gesetzgebern eine gewisse Entscheidungsfreiheit hinsichtlich der Regelung des Datenschutzes geblieben ist, erhöh-

----

(1) Council of Europe, Explanatory Report, Nr.38
(2) s. Stadler: DuD 1979, S.171; Focsaneanu: Clunet, 1982, S.84
(3) Conetti: Riv.dir.int.proc. 1983, S.590; Garzon Clariana: Rev.Inst.Eur. Vol.8, Nr.1, 1981, S.18; Auernhammer: DuD 1985, S.8; trotz des eindeutigen Wortlauts der Konvention vertritt Schweizer (in: Informatique et protection de la personnalité, 1981, S.278) die Ansicht, daß Teile von Art.5 und Art.8 des Übereinkommens als 'self-executing' anzusehen sind.
(4) Deutsche Übersetzung nach Kropholler, Internationales Einheitsrecht, S.101

te sich auch die Kompromißbereitschaft der einzelnen Mitgliedstaaten (1).
Zu beachten ist auch, daß in einigen Staaten der Ratifikation eines internationalen Vertrages ein langwieriges Verfahren vorausgeht; erst nach dessen Beendigung wird der Vertrag Bestandteil des nationalen Rechts. So bedarf beispielsweise ein völkerrechtliches Abkommen nach Art.59 Abs.2 Satz 1 GG der Zustimmung des zuständigen staatlichen Organes, damit es nach bundesdeutschem Recht Bindungswirkung gleich einem Bundesgesetz entfalten kann. Hierzu ist die Verabschiedung eines Vertragsgesetzes zu dem entsprechenden Abkommen durch den deutschen Bundestag erforderlich (2). Im Falle der Datenschutzkonvention war zudem noch die Zustimmung des Bundesrates erforderlich (Art.84 Abs.1 GG) (3).
Deshalb lag es auch im Interesse der Verfasser der Konvention, jede Formulierung, die auf einen 'self-executing' Charakter des Übereinkommens hinweisen könnte, zu vermeiden (4). So änderte man im Jahre 1977 den Art.2 Abs.2 eines damaligen Konventionsentwurfes, der eine dem heutigen Art.8 entsprechende Regelung über die Rechte der betroffenen Personen vorsah. Die Fassung enthielt eine Formulierung ("...every person shall have the right..."), die u.U. auf einen direkten Anspruch aus der Konvention hindeutete. Die Streichung des Wortes 'right' nahm der Expertenausschuß zum Anlaß, noch einmal ausdrücklich darauf hinzuweisen, daß jeder mögliche Hinweis auf einen Rechtscharakter als 'self-executing-Abkommen' in dem Text der Konvention zu beseitigen sei (5).

III. Unterschiedliche Maßnahmen zur Verwirklichung der Datenschutzgrundsätze im nationalen Recht

In welcher Form die Vertragsstaaten die in Kapitel II aufgestellten Grundsätze in ihr innerstaatliches Recht umsetzen, bleibt ihnen überlassen (Art.4 Abs.1 der Konvention).
Es ist nicht erforderlich, daß die Länder formelle Gesetze zum Datenschutz erlassen. Ausreichend können auch Verordnungen und Verwaltungsrichtlinien sein (6). Zwar haben die Staaten, die Regelungen zum Datenschutz verabschiedet haben, dies in Form von formellen Gesetzen getan (7) bzw. dem Datenschutz sogar Verfas-

----

(1) Das wird anhand der einzelnen Datenschutzgrundsätze im Kapitel II ausführlich besprochen.
(2) BTDrucks 10, 2118
(3) vgl. die Begründung zu Art.1 des Vertragsgesetzes zur Konvention, BTDrucks 10, 2118, S.5
(4) Hondius: Stan.J.Int.L. Band 16, 1980, S.108
(5) so der Expertenausschuß auf der zweiten Sitzung vom 26.-29. September 1977
(6) Council of Europe, Explanatory Report, Nr.39
(7) Schweden: Gesetz vom 11. Mai 1973; Bundesrepublik Deutschland: Gesetz vom 27. Januar 1977; Frankreich: Gesetz vom 6. Januar 1978; Dänemark: Gesetze vom 8. Juni 1978; Norwegen: Gesetz vom 9. Juni 1978; Österreich: Gesetz vom 18. Oktober 1978; Luxemburg: Gesetz vom 11. April 1979; Island: Gesetz vom 5. Juni 1981; Großbritannien: Gesetz vom 12. Juli 1984;

sungsrang eingeräumt (1), aber auch andere Rechtssetzungsakte sind möglich.
Der Europarat berücksichtigte durch die Rahmenbestimmung des Art.4 Abs.1 die verschiedenen nationalen Besonderheiten auf dem Gebiet der Rechtssetzung (2). Der Beitritt eines Staates zur Konvention sollte nicht daran scheitern, daß dessen den Datenschutz regelnden Bestimmungen nicht den Rang eines formellen Gesetzes haben.
Aus diesem Grunde änderte der Europarat schließlich noch den von dem Expertenkommitee im Jahre 1979 vorgelegten Konventionsentwurf (3). Jener Vorschlag hatte die Parteien verpflichtet, die Maßnahmen zur Verwirklichung des Datenschutzes in ihrer inländischen 'Gesetzgebung' ('legislation') zu treffen. In Art.4 Abs.1 der Konvention wird dagegen von innerstaatlichem 'Recht' ('law') gesprochen. Diese Änderung bekräftigt das Bestreben des Europarates, den Vertragsstaaten bei der innerstaatlichen Regelung des Datenschutzes möglichst freie Hand zu lassen. Die internen Maßnahmen müssen nicht Teil der Gesetzgebung sein. Auch Akte der Exekutive, die ein formales Gesetzgebungsverfahren nicht durchlaufen haben - wie Verordnungen und Verwaltungsrichtlinien, die etwa nach deutschem Recht Akte der ausführenden Staatsgewalt sind - können 'Recht' i.S.v. Art.4 Abs.1 der Datenschutzkonvention sein.
Erforderlich ist aber, daß die Vorschriften verbindlicher Natur sind (4). Freiwillige Maßnahmen, wie berufliche Verhaltensordnungen oder Richtlinien für rechtmäßiges Geschäftsgebaren, können verbindliche Bestimmungen lediglich ergänzen, reichen allein jedoch nicht aus, um den Erfordernissen des Art.4 Abs.1 zu genügen (5).

IV. Der Zeitpunkt zur Durchführung der innerstaatlichen Maßnahmen

Jeder Vertragsstaat muß die nach Art.4 Abs.1 erforderlichen Vorschriften spätestens in dem Zeitpunkt getroffen haben, in dem das Übereinkommen für ihn in Kraft tritt (Art.4 Abs.2).
Diese Bestimmung, die erst kurz vor Verabschiedung in die Konven-

----

in den Niederlanden, Italien, Spanien, Portugal und der Schweiz werden Datenschutzgesetze voraussichtlich in nächster Zeit verabschiedet.

(1) Portugal: Art.35 der Verfassung aus dem Jahre 1976; Spanien: Art.18 Abs.4 der Verfassung von 1978; Österreich: Art.1 des Datenschutzgesetzes, der das 'Grundrecht auf Datenschutz' beinhaltet; Niederlande: Art.1.10 der Verfassung, neu geregelt durch die Verfassungsänderung aus dem Jahre 1983
(2) so die Begründung des vom Directorate of Legal Affairs vorgelegten Konventionsentwurfes aus dem Jahre 1976
(3) s. den vom Expertenkommitee verabschiedeten Konventionsentwurf nach dem Treffen vom 21.-25. Mai 1979 (CDCJ (79) 34); veröffentlicht in: TDR, Vol.2, No.3, 1979, S.16 ff
(4) s. Garzon Clariana: Rev.Inst.Eur. Vol.8, No.1, 1981, S.18
(5) Council of Europe, Explanatory Report, Nr.39

tion aufgenommen wurde (1), soll die Staaten dazu anhalten, vor der Ratifikation des Abkommens nationale Datenschutzregelungen zu treffen. Sie soll der Gefahr vorbeugen, daß einzelne Staaten der Konvention beitreten, die interne Datenschutzgesetzgebung aber nicht ernsthaft vorantreiben. Die damit verbundene Rechtsunsicherheit soll Art.4 Abs.2 vermeiden helfen (2).
Konkreter Anlaß für die Aufnahme dieser Norm in die Konvention war, daß es insbesondere in Großbritannien Bestrebungen gab, die Datenschutzkonvention zu ratifizieren, ohne daß nationale Datenschutzregelungen vorhanden waren. Man erhoffte sich, auf diesem Wege die durch einige Staaten erfolgten Beschränkungen des Datenexportes nach Großbritannien - bekannt wurden vor allem schwedische Exportverbote (3) - umgehen zu können. Durch die Aufnahme des Art.4 Abs.2 in die Konvention - kurz vor Verabschiedung des Übereinkommens - wurde dieses Vorhaben vereitelt.
Diese Regelung war aber kein übergroßes Hemmnis für ein frühestmögliches Inkrafttreten der Konvention dar. Denn die Voraussetzungen für das Inkrafttreten des Abkommens waren schon im Zeitpunkt der Verabschiedung der Konvention gegeben, als bereits in sieben Staaten des Europarates Datenschutzgesetze wirksam geworden waren (4). Diese waren größtenteils nach Erlaß der Resolutionen (73) 22 und (74) 29 verfaßt worden und haben die dort verankerten Datenschutzgrundsätze im wesentlichen berücksichtigt (5).
Zudem können auch Staaten ohne spezielle Datenschutzgesetze die Konvention ratifizieren. So hat Spanien, das den Datenschutz bisher nur durch Art.18 Abs.4 der spanischen Verfassung gewährleistet, diese Bestimmung als ausreichende Verwirklichung der Datenschutzvoraussetzungen im innerstaatlichen Recht angesehen und das Abkommen am 31. Januar 1984 ratifiziert.
Allerdings zeigt gerade dieser Vorgang die mit der weiten Fassung des Art.4 Abs.1 verbundene Problematik auf. Demnach soll eine einzige, allgemein gehaltene Verfassungsnorm (6) ausreichen können, um die in den Datenschutzgrundsätzen enthaltenen speziellen

----

(1) In dem vom Expertenkommitee vorgelegten Entwurf vom 24. Mai 1979 (CDCJ (79) 34 fehlte eine entsprechende Vorschrift noch gänzlich.
(2) Council of Europe, Explanatory Report, Nr.39
(3) Diese Befürchtung äußerte etwa Hondius (NILR, Band 30, 1983, S.105).
(4) In Schweden, der Bundesrepublik Deutschland, Frankreich, Dänemark, Norwegen, Österreich und Luxemburg
(5) So erklärt etwa die Denkschrift zu dem zur Konvention verfaßten Entwurf eines bundesdeutschen Vertragsgesetzes gem. Art.59 Abs.2 GG, daß die Datenschutzprinzipien des Übereinkommens im Datenschutzrecht der Bundesrepublik Deutschland verwirklicht sind und eine Ratifikation keine Änderung des Bundesdatenschutzgesetzes oder anderer datenschutzrechtlicher Regelungen nach sich zieht (BTDrucks 10, 2118, S.18).
(6) Art.18 Abs.4 der spanischen Verfassung lautet: 'Das Gesetz beschränkt den Einsatz der Informatik zwecks Gewährleistung der Ehre sowie der persönlichen und familiären Intimsphäre der Bürger und der vollen Ausübung ihrer Rechte'.

Erfordernisse zum Datenschutz zu verwirklichen. Wenn man sich die konkreten Forderungen zur Datenqualität (Art.5), zum Schutz besonders sensibler Daten (Art.6) oder zur Gewährleistung der Rechte der betroffenen Personen (Art.8) vor Augen hält, kommen erhebliche Zweifel auf, ob die Ratifikation durch Spanien den Erfordernissen des Art.4 Abs.1 genügt (1). Sollten gleichgelagerte Beitritte in Zukunft möglich sein, könnte der Zweck des Art.4 umgangen werden. Die Folge wäre ein erhebliches Maß an Rechtsunsicherheit unter den Vertragsstaaten, da die Verwirklichung der Datenschutzprinzipien durch die Auslegung mitunter einer einzigen Verfassungsnorm festgestellt werden müßte.
Der Grund für das Inkrafttreten des Übereinkommens erst knapp fünf Jahre nach seiner Auslegung liegt in dem oftmals recht schwerfälligen und langwierigen Transformationsverfahren der Mitgliedstaaten, in dessen Verlauf die Vorschriften einer internationalen Vereinbarung zum Teil von mehreren Körperschaften geprüft werden. Hinzu kommt, daß das Phänomen des grenzüberschreitenden Datenflusses und die Notwendigkeit einer internationalen Regelung erst nach und nach in das Bewußtsein der zuständigen Gremien der Mitgliedsstaaten des Europarates gerückt ist und deshalb der Frage auch jetzt erst die nötige politische Bedeutung zugemessen wird.

V. Ausnahmen von der Anwendung der Datenschutzkonvention

Gilt das innerstaatliche Recht für einige automatisierte Datensammlungen (noch) nicht, so bedeutet das nicht, daß der betreffende Staat die Konvention nicht ratifizieren kann. Er kann bei der Unterzeichnung oder der Hinterlegung der Ratifikations- oder Beitrittsurkunde - nach Art.27 der Konvention - bestimmte Dateien mit personenbezogenen Daten von der Anwendung des Übereinkommens ausnehmen (Art.3 Abs.2 a).
So hinterlegte Italien bei der Unterzeichnung der Übereinkunft am 2. Februar 1983 eine Urkunde, deren Inhalt besagt, daß die Datenschutzkonvention bei den automatisierten Polizeizentralregistern nicht gilt. Diese unterliegen dem nationalen Recht und sind nicht Gegenstand des Datenschutzes.
Norwegen erklärte anläßlich der Ratifikation am 20. Februar 1984, daß die Konvention auf private personenbezogene Verzeichnisse, die nicht im privaten Bereich oder von Gesellschaften oder Stiftungen verwendet werden, keine Anwendung findet (2).

VI. Eine 'offene' Konvention

A. Der Beitritt von Nichtvertragsstaaten

Die Datenschutzkonvention ist ein sog. 'offenes' Übereinkommen (3). Nach Art.23 Abs.1 der Konvention können auch solche Staaten, die nicht Mitglied des Europarates sind, eingeladen werden, dem

----

(1) Dem Vernehmen nach wurde der Europarat von dieser Ratifikation mehr oder weniger überrascht.
(2) s. BGBl. 1985 II, S.1135
(3) Council of Europe, Explanatory Report, Nr.90

Übereinkommen nach seinem Inkrafttreten beizutreten.
Die Möglichkeit einer sog. 'geschlossenen' Europäischen Konvention, der sich nur Mitgliedstaaten des Europarates hätten anschließen können, wurde von den Verfassern des Abkommens anfangs ebenfalls in Erwägung gezogen (1). Aber schon bald hatte sich die Auffassung durchgesetzt, daß eine 'offene' Konvention, die den Beitritt von Nichtmitgliedstaaten zuläßt, dem Bestreben nach Harmonisierung des Datenschutzes einen größeren räumlichen Geltungsbereich verschafft (2). Für diese Lösung hatte sich auch das Ministerkommitee eingesetzt (3). Deshalb enthielt auch der im Jahre 1979 von der Arbeitsgruppe dem Expertenkommitee vorgelegte Konventionsentwurf eine dem heutigen Art.23 inhaltlich entsprechende Vorschrift (4).
Die Auffassung des Europarates, den Beitritt von Nichtmitgliedstaaten zuzulassen, wird durch die Formulierung des Titels nachdrücklich unterstrichen. Es wurde Wert darauf gelegt, das Abkommen im Titel nur als 'Übereinkommen', nicht etwa als 'Europäisches Übereinkommen' oder 'Europaratsübereinkommen' zu bezeichnen (5).
Der Hintergrund für diese Entscheidung wird verständlich, wenn man berücksichtigt, daß das Übereinkommen in enger Zusammenarbeit mit der OECD ausgearbeitet wurde. Die OECD und ihre vier nichteuropäischen Mitglieder (Australien, Japan, Kanada und die USA) waren im Expertenausschuß des Europarates durch Beobachter vertreten und haben die Entwicklung der Konvention mit vorangetrieben. Hierbei trat insbesondere die kanadische Delegation hervor (6). Um eine möglichst weitreichende Vereinheitlichung des Datenschutzes zu erreichen, war es erforderlich, gerade den großen Industrienationen der OECD die Möglichkeit offenzulassen, dem Übereinkommen beizutreten (7). Durch einen Beitritt dieser Staaten, insbesondere der im Bereich der Datenverarbeitung dominierenden USA, müßte die Bedeutung des Übereinkommens steigen, weil sich ein Großteil des grenzüberschreitenden Datenverkehrs zwischen den Staaten des Europarates und diesen Nationen abspielt. Allerdings haben gerade die Vereinigten Staaten von Amerika wiederholt Bedenken gegenüber einer verbindlichen Übereinkunft auf dem Gebiet des Datenschutzes geäußert. Nicht zuletzt darauf ist es zurückzuführen, daß die OECD-Guidelines nur unverbindliche Empfehlungen auf dem Gebiet des Datenschutzes enthalten (8).

----

(1) so etwa auf der Sitzung der von dem Expertenkommitee eingesetzten Arbeitsgruppe vom 17.-19. Januar 1978
(2) so auf der Sitzung der von dem Expertenkommitee eingesetzten Arbeitsgruppe vom 1.-3. Juni 1977; vgl. auch den Bericht des Directorate of Legal Affairs zu dem Konventionsentwurf aus dem Jahre 1976
(3) s. die Niederschrift der ersten Sitzung des Expertenkommitees vom 29. November - 1. Dezember 1976
(4) Art.15 des Konventionsentwurfes auf die Sitzung der Arbeitsgruppe vom 3.-5. April 1979 hin
(5) vgl. 2.Teil, § 1
(6) Fishman: Stan.J.I.L. Band 16, 1980, S.17
(7) Council of Europe, Explanatory Report, Nr.90
(8) vgl. 1.Teil, § 2 III, H, 1

B. Der Beitritt von Staatengemeinschaften

Die Frage, ob Art.23 Abs.1 auch den Beitritt von Staatengemeinschaften - wie der EG - deckt, läßt sich aus dem Wortlaut dieser Vorschrift allein nicht beantworten. Art.23 Abs.1 spricht lediglich von 'Nichtmitgliedstaaten' ('state not a member of the Council of Europe', 'état non membre du Conseil de l'Europe').
Dem von den Vertretern der EG-Kommission geäußerten Wunsch, die Konvention solle durch eine geeignete Formulierung der Schlußklauseln auch den Beitritt von Staatengemeinschaften regeln (1), ist der Europarat nicht nachgekommen.
Hier sprechen im wesentlichen die gleichen wirtschaftlichen Gründe, die einen Beitritt der Staaten der OECD befürworten, dafür, Art.23 Abs.1 über seinen Wortlaut hinaus dahingehend auszuweiten, daß sich auch Staatengemeinschaften als solche der Datenschutzkonvention anschließen können (2). Es wurde sogar behauptet, daß die Verabschiedung der Konvention nicht zuletzt deshalb beschleunigt wurde, um den Beitritt der EG zu ermöglichen (3). Deren Vertreter erklärten ihrerseits wiederholt, daß die EG sich als solche dem Übereinkommen anschließen wolle (4).
Das Europäische Parlament bekräftigte die Beitrittsbereitschaft der EG in der 'Zweiten Entschließung zum Schutze der Rechte des einzelnen angesichts der fortschreitenden technischen Entwicklung auf dem Gebiet der Datenverarbeitung' vom 9. März 1982 (5). In der Resolution nahm die EG vorerst Abstand von der ursprünglichen Absicht, selbst ein gemeinschaftseigenes Datenschutzrecht in Form einer Gemeinschaftsrichtlinie zu entwerfen. Dies soll nur dann noch in Erwägung gezogen werden, wenn sich die Datenschutzkonvention nicht als ausreichend erweisen sollte (6).
Die im Zusammenhang mit einem Beitritt der EG auftauchenden Fragen hinsichtlich der Anerkennung als Völkerrechtssubjekt, der Zuständigkeit auf dem Gebiet des Datenschutzes oder der besonderen Beitrittsvoraussetzungen zu einem völkerrechtlichen Vertrag (7) müssen noch geklärt werden. Das Europäische Parlament bejaht jedenfalls die Möglichkeit eines Beitritts der EG.
Wenn auch der Beitritt wirtschaftlich bedeutender Staatengemeinschaften - wie der EG - dem Zweck der Rechtsangleichung des Datenschutzes entgegenkäme, so muß man doch festhalten, daß eine entsprechende Erweiterung des Art.23 Abs.1 nicht vorgenommen wurde, obwohl die mit der Erstellung der Konvention befaßten Gremien um den Wunsch der EG nach Ausdehnung der Beitrittsvorschriften wußten. Da man Art.23 Abs.1 nicht mit einer diesbezüglichen Klausel versehen hat, läßt dies den Schluß zu, daß eine Ausweitung

----

(1) auf der vierten Sitzung des Expertenkommitees vom 21.-25. Mai 1979
(2) vgl. Hondius: Actes du Colloque international informatique et société, Vol.IV, 1980, S.157 ff
(3) vgl. Sieglerschmidt: DuD 1981, S.229
(4) auf der dritten Sitzung des Expertenkommitees vom 16.-19. Oktober 1978
(5) Nr.16 der Entschließung (BTDrucks 9/1516)
(6) vgl. Nr.7 der Entschließung vom 9. März 1982
(7) s. insoweit etwa Sieglerschmidt: DuD 1981, S.237 f

der Vorschrift - etwa auch im Wege der Auslegung - insoweit nicht gewollt war.
Diese Entscheidung ist aus den genannten Gründen zu bedauern, zumal der Datenverkehr zwischen der Europäischen Gemeinschaft und ihren Mitgliedstaaten in den letzten Jahren an Bedeutung gewonnen hat, was neue Probleme für den Datenschutz mit sich bringen wird. Es ist sogar damit zu rechnen, daß der Informationsfluß von einzelnen Staaten unter Berufung auf den Individualschutz eingeschränkt werden wird, denn die Europäische Gemeinschaft hat bis heute noch keine verbindliche Regelung auf dem Gebiet des Datenschutzes verabschiedet. Ebenso fehlen entsprechende Regelungen in einigen Mitgliedstaaten, wie z.B. Belgien, Griechenland, Italien oder Irland. In Anbetracht des weitgefächerten Informationsnetzes innerhalb der Europäischen Gemeinschaft (1) kann daher eine mit dem Erhebungszweck nicht vereinbare Datenweitergabe an diese Staaten nicht ausgeschlossen werden (2).

C. Das Beitrittsverfahren nach Art.23 der Konvention

Art.23 Abs.1 bestimmt zunächst, daß Nichtmitgliedstaaten des Europarates vom Ministerkommitee eingeladen werden, dem Übereinkommen beizutreten. Ein solcher Beschluß bedarf nach Art.2o d der Satzung des Europarates einer Zweidrittelmehrheit der abgegebenen Stimmen und einer einfachen Mehrheit der Stimmen aller Vertreter des Europarates, die einen Anspruch auf einen Sitz im Ministerkommitee haben (3). Außerdem müssen alle Vertragsstaaten, die einen Anspruch auf einen Sitz im Ministerkommitee haben, einstimmig für den Beitritt des betreffenden Staates votieren.
Diese Regelung gewährt den Mitgliedstaaten des Europarates, die sich der Konvention angeschlossen haben, ein Vetorecht. Ohne die Zustimmung all dieser Staaten kann das Ministerkommitee ein Land nicht zum Beitritt einladen. Zugleich wird auch klargestellt, daß allein die Staaten des Europarates, insbesondere jene, die auch Vertragsparteien der Datenschutzkonvention sind, die Macht haben zu entscheiden, wer Vertragsstaat werden kann, und wer die Voraussetzungen hierfür nicht erfüllt. Ein Nichtmitgliedstaat, der Vertragspartei des Abkommens geworden ist, hat hingegen keine rechtlichen Möglichkeiten, den Beitritt eines Landes zur Konvention - etwa im Wege eines Vetorechtes - zu verhindern (4).
Für jeden beitretenden Staat tritt das Übereinkommen drei Monate nach Hinterlegung der Beitrittsurkunde in Kraft (Art.23 Abs.2).

----

(1) Auf Euronet-Diane und die vielen kleineren Netzwerke wurde bereits hingewiesen, vgl. 1.Teil § 1 III, B.
(2) Diesbezügliche Bedenken hat bereits der BfD geäußert (BfD, Siebenter Tätigkeitsbericht, 1985, S.95).
(3) Gemäß Art.14 Abs.1 der Satzung des Europarates entsendet jedes Europaratsmitglied einen Vertreter in den Ministerrat.
(4) Jacqué: A.F.D.I. 1980, S.786

§ 5 Der Geltungsbereich der Konvention

I. Die Beschränkung auf den Schutz natürlicher Personen

Die Anwendung der Datenschutzkonvention ist beschränkt auf den Schutz natürlicher Personen. Schon in Titel und Präambel wird klargestellt, daß der Zweck des Abkommens in erster Linie darin besteht, den Menschen ('individuals', 'personnes') bei der Verarbeitung personenbezogener Daten zu schützen. Der Titel des ursprünglichen Konventionsentwurfes, der das Abkommen schlicht als 'internationale Datenschutzkonvention' bezeichnet hatte (1), wurde deshalb auch geändert. Das Expertenkommitee war der Ansicht, daß der Individualschutz schon im Titel der Konvention betont werden müsse (2).
Der Beitrag der Konvention zum Schutz der Rechte und Grundfreiheiten des Menschen besteht - wie die Präambel feststellt - darin, die den einzelnen betreffenden 'personenbezogenen Daten' zu schützen. Damit ist bereits der Schutz natürlicher Personen angesprochen. Das Übereinkommmen geht sogar so weit, seinen Anwendungsbereich auf natürliche Personen zu beschränken (3). Denn Art.3 Abs.1, der den Geltungsbereich der Konvention festlegt, verpflichtet die Vertragsstaaten, das Übereinkommen auf automatisierte Dateien und automatische Verarbeitungen von 'personenbezogenen Daten' anzuwenden. Art.2 a definiert 'personenbezogene Daten' ('personal data', 'données à caractére personnel') als 'jede Information über eine bestimmte oder bestimmbare natürliche Person' ('individual', 'personne physique') (4). Informationen über juristische Personen sind demnach nicht Gegenstand des von der Konvention gewährten Datenschutzes.

A. Die 'personenbezogenen Daten' i.S.v. Art.2 a

Der insbesondere in den Datenschutzgrundsätzen des Kapitel II immer wieder auftauchende Terminus 'personenbezogene Daten' ist einer der zentralen Begriffe der Konvention. Er setzt eine 'Information' voraus. Herkömmlicherweise wird unterschieden zwischen den Ausdrücken 'data' und 'information' (5). Ersteres ist ein Begriff aus der Computersprache. Danach sind Daten die durch ein

----

(1) vgl. den Entwurf des Directorate of Legal Affairs aus dem Jahre 1976
(2) so das Expertenkommitee auf der zweiten Sitzung vom 26.-29. September 1977 und auf der dritten Sitzung vom 16.-19. Oktober 1978
(3) Die Möglichkeit der Ausdehnung des Schutzbereiches auf juristische Personen gemäß Art.3 Abs.2 b wird später untersucht werden.
(4) Diese Definition stimmt im wesentlichen mit der des § 2 Abs.1 des bundesdeutschen Datenschutzgesetzes überein.
(5) Im Hinblick auf die terminologische Abgrenzung der beiden Begriffe wird auf die ausführlichen Erörterungen von Bergmann (Grenzüberschreitender Datenschutz, S.24 ff) und Hondius (Emerging data protection in Europe, S.84 ff) verwiesen.

Computerprogramm kodierten Zahlen-, Buchstaben- oder Symbolgruppen, die Zustände oder Werte bezeichnen (1). Demgegenüber versteht man unter 'information' die sachliche Bedeutung, die in den Daten enthalten ist (2). Diese strenge terminologische Unterscheidung hielt der Europarat nicht für notwendig. Teilweise wurde sogar vorgeschlagen, die beiden Termini als austauschbare Formulierungen zu verwenden (3).
Tatsächlich ist der 'Datenbegriff' des Art.2 a sehr weit gefaßt. Jede Information über eine bestimmte oder bestimmbare natürliche Person stellt ein 'personenbezogenes Datum' (4) dar. Daß diese Information etwa auf Datenträgern gespeichert sein muß (5), ist keine begriffsnotwendige Voraussetzung. Jede Angabe über eine natürliche Person wird von Art.2 a der Konvention erfaßt, unabhängig davon, auf welchem Träger - sei es Computer, Manuskript oder Fragebogen - sich die Angabe befindet.
Allerdings wird der Schutzbereich durch Art.3 Abs.1 und durch Art.2 a selbst noch weiter eingeschränkt. Wenn Art.2 a bestimmt, daß nur Informationen über natürliche Personen 'personenbezogene Daten' sein können, dann werden durch diese Formulierung in doppelter Hinsicht Einschränkungen gemacht. Zum einen werden nur die Daten mit Personenbezug - im Gegensatz zu sonstigen Daten (6) - in den Schutzbereich der Konvention aufgenommen, zum anderen wird festgestellt, daß Angaben über Personengruppierungen oder juristische Personen nicht unter diese Norm fallen.

1. Die Bestimmbarkeit einer natürlichen Person

Voraussetzung ist also, daß es sich um Informationen einer 'bestimmten oder bestimmbaren' natürlichen Person handelt. Mit der Ausweitung auf die 'Bestimmbarkeit' beabsichtigte man, einem Mißbrauch durch ein bewußtes Umgehen des engen Maßstabes der 'Bestimmtheit' der Person vorzubeugen (7). 'Bestimmbar' ist eine Person dann, wenn sie 'leicht' bestimmt werden kann. Eine Identifizierung, die sehr komplizierte Mittel erfordert, ist nach Ansicht des Europarates von dieser Definition nicht gedeckt (8). Hierbei ist zu beachten, daß alle verarbeiteten Daten, die in einer Beziehung zu einem Individuum stehen, eine Identifizierung dieser Person ermöglichen können. Zwar wird man anhand des

----

(1) s. Hondius, Emerging data protection, S.84
(2) so der Explanatory Report zum Entwurf des Directorate of Legal Affairs aus dem Jahre 1976
(3) Resolution (73) 22, Explanatory Report, Nr.16
(4) 'Das Datum' ist die derzeit richtige, wenn auch kaum verwendete Singularform von 'die Daten'. Die gelegentlich gebrauchte Form 'die Date' ist in den deutschen Sprachschatz noch nicht aufgenommen worden (s. Meyers, Enzyklopädisches Lexikon; Wahrig, Deutsches Wörterbuch).
(5) so Art.2, § 3 Nr.1 des österreichischen Datenschutzgesetzes
(6) vgl. 1.Teil, § 1 II
(7) Recommendation No.R (83) 10, Explanatory Memorandum, Nr.19
(8) Council of Europe, Explanatory Report, Nr.28; so auch das auf die vierte Sitzung des Expertenkommitees vom 21.-25. Mai 1979 verfaßte Secretariat Memorandum

Namens einer Person als alleiniger Information nur bei kleineren Dateien zu einer Identifizierung gelangen können, wenn man aber diese Information mit anderen Daten - wie zum Beispiel Wohnort, Geburtsdatum, Konfession udgl. - in Verbindung bringt, wird die Bestimmung der Identität umso wahrscheinlicher, je mehr Daten hinzugezogen werden können. Durch den Vergleich verschiedener Daten oder Dateien miteinander vermag beispielsweise die Polizei im Rahmen der sog. 'Rasterfahndung' Informationen, die für sich allein eine Personenbestimmung nicht ermöglichen, so miteinander zu kombinieren, daß Personen identifiziert werden können (1). Dies zeigt, daß alle Informationen über eine Person potentielle 'personenbezogene Daten' sind, und daß es allein von äußeren Faktoren - wie der Beschaffenheit der Information, der Größe der Datei oder der Art der Verarbeitung - abhängen kann, ob eine Identifizierung der Person möglich ist.
Auf der Suche nach einem geeigneten Abgrenzungskriterium fand der Europarat eine Kompromißlösung. Eine Information über eine 'bestimmbare Person' sollte nämlich dann nicht vorliegen, wenn die Identifizierung sehr 'komplizierte' Mittel erforderte. Welche Mittel, Maßnahmen oder Verfahren im einzelnen als kompliziert gelten, darüber geben weder die Datenschutzkonvention noch der dazu veröffentlichte Explanatory Report Auskunft.
Einen Anhaltspunkt für den anzulegenden Maßstab bieten aber die Empfehlung des Europarates zum Schutz personenbezogener Daten für die Zwecke der wissenschaftlichen Forschung und Statistik vom 23. September 1983 (2) und der Entwurf der Empfehlung zum Schutz personenbezogener Daten für Zwecke der sozialen Sicherung (3). Nr.1.2. Satz 1 dieser Regelungen enthalten jeweils eine mit dem Art.2 a der Datenschutzkonvention übereinstimmende Definition des Begriffes 'personenbezogene Daten'. Die Sätze 2 dieser Vorschriften erklären eine natürliche Person dann für nicht 'bestimmbar', wenn die Feststellung der Identität einen unverhältnismäßigen Aufwand an Zeit, Kosten und Arbeitskraft erfordert.
Zwar ist etwa die Empfehlung No.R (83) 10 gezielt auf die Belange der wissenschaftlichen Forschung und Statistik ausgerichtet, aber das dazu veröffentlichte Explanatory Memorandum nimmt hier direkten Bezug auf den Inhalt der Datenschutzkonvention (4). Wenn man berücksichtigt, daß die Empfehlung im wesentlichen an der Datenschutzkonvention orientiert ist und die allgemeinen Erfordernisse des Übereinkommens in einem speziellen Bereich umsetzen soll, erscheint es angebracht, die Nr.1.2. Satz 2 der Empfehlung zur Auslegung des Begriffes der 'Bestimmbarkeit' i.S.v. Art.2 a der Konvention heranzuziehen. Das Abstellen auf einen unverhältnismäßigen Aufwand an Zeit, Kosten und Arbeitskraft vermag nur unwesentlich besser als der allgemeine Begriff der 'Kompliziertheit' darzustellen, wann eine Information eine natürliche Person bestimmbar macht. Aber es veranschaulicht immerhin, welche Kriterien bei der Identifizierung einer Person von ausschlaggebender Bedeutung sind.

----

(1) vgl. 1.Teil, § 2 I, D
(2) Recommendation No.R (83) 10
(3) Draft Recommendation, CJ-PD (84) 4
(4) Recommendation No.R (83) 10, Explanatory Memorandum, Nr.19

2. Der Begriff des 'data subject'

Diejenige natürliche Person, deren personenbezogene Daten Gegenstand des Schutzbereiches der Datenschutzkonvention sind, wird von Art.2 a als 'Betroffener' ('data subject', 'personne concernée') bezeichnet. Allerdings wird der deutsche Ausdruck dem Gedanken nicht gerecht, der dadurch in Art.2 a verankert werden soll. Diese Vorschrift will u.a. klarstellen, daß eine natürliche Person ein subjektives Recht bezüglich der sie betreffenden Informationen auch dann hat, wenn diese durch andere Personen zusammengetragen werden (1).
Die von einer Datenverarbeitung betroffene Person ist nicht nur passiver Träger ihrer persönlichen Daten, sondern aktives 'Datensubjekt', das grundsätzlich selbst darüber entscheiden kann, was mit den sie identifizierenden Informationen geschieht (2). Diesem Verständnis kommt die aus den Vereinigten Staaten stammende und im englischen Originaltext der Konvention enthaltene Bezeichnung 'data subject' bei weitem näher als die französische Formulierung 'personne concernée' oder die entsprechende deutsche Übersetzung 'Betroffener'. Dem oben aufgezeigten Verständnis der Stellung der Person, deren persönliche Daten verarbeitet werden, hätte besser die an sich naheliegende Übersetzung 'Datensubjekt' entsprochen.

B. Die Gründe für und gegen eine Beschränkung des Konventionsschutzes auf natürliche Personen

Wie der Europarat - in der Datenschutzkonvention - beschränken einige nationale Gesetzgeber den Anwendungsbereich der innerstaatlichen Datenschutzregelungen auf natürliche Personen (3), andere Staaten weiten ihn hingegen auf juristische Personen und/oder dadurch noch nicht erfaßte Personengruppen aus (4). Vor diesem Hintergrund ist es verständlich, daß die Frage, ob die Datenschutzkonvention auch eine dahingehende Erweiterung des Schutzbereiches erfahren soll, umstritten war und auch noch ist.

1. Die unterschiedlichen Standpunkte in den Staaten des Europarates

In den Mitgliedsstaaten des Europarates werden im wesentlichen drei unterschiedliche Positionen vertreten: Nach der ersten Ansicht sind Personenmehrheiten und juristische Personen den natürlichen Personen auch auf dem Gebiet des Datenschutzes gleichzustellen. Ihre Rechtfertigung findet diese Auffassung in einigen

----

(1) Council of Europe, Explanatory Report, Nr.29
(2) Hondius: Stan.J.Int.L. Band 16, 1980, S.96
(3) Bundesrepublik Deutschland: § 2 Abs.1; Frankreich: Art.4; Großbritannien: Nr.1 Abs.3 und 4; Kanada: § 49; Schweden: § 1; auch die OECD-Guidelines: Nr.1 b
(4) Dänemark: Gesetz für private Register, § 1 Abs.1; Island: Art.1; Luxemburg: Art.2; Norwegen: § 1 Abs.2; Österreich: Art.2, § 3 Nr.2

nationalen Verfassungsnormen, nach denen juristischen Personen die gleichen Rechte wie natürlichen Personen zukommen (1). Ein typischer Vertreter dieser formellen Gleichstellung bei der Verarbeitung personenbezogener Daten ist das österreichische Datenschutzgesetz (2).
Ein völlig entgegengesetzter Standpunkt wird in den Staaten vertreten, die den Datenschutz ausdrücklich auf natürliche Personen beschränken. In erster Linie wird dies damit begründet, daß die Rechtspositionen, die im Rahmen der Datenverarbeitung verletzt werden können, bei natürlichen und juristischen Personen unterschiedlicher Natur sind. Gerade in den letzten Jahren hat man hier versucht, eine Gesetzgebung zu entwickeln, die auf die speziellen Zwecke bestimmter juristischer Personen abgestimmt worden ist. Dieser Entwicklung läuft aber eine formelle Gleichstellung, wie die im österreichischen DSG, zuwider (3).
Eine dritte Auffassung versucht, einen Mittelweg zwischen den beiden aufgezeigten Extremmeinungen zu gehen. Der Ausgangspunkt dieser Ansicht, deren Hauptvertreter das norwegische Datenschutzgesetz ist (4), liegt in der Feststellung, daß politische Gruppierungen, Wohngemeinschaften und ähnliche Personenvereinigungen in gleichem Maße in eigenen Rechten wie die sie tragenden natürlichen Personen verletzt werden können, und deshalb die Verletzung der Rechte auch von ihnen gerügt werden solle (5). Ausgehend von dieser Prämisse verlangt man, die Daten juristischer Personen dann ebenfalls zu schützen, wenn die Interessenlage die gleiche wie bei natürlichen Personen ist. Dies wäre etwa der Fall, wenn ein Unternehmen Daten über Art, Arbeitsweise oder rechtliche und personelle Struktur des Unternehmens an eine staatliche Behörde übermittelt.
Diese drei Standpunkte werden innerhalb des Europarates nach wie vor vertreten. Das hat die vom Europarat und der italienischen Camera dei Deputati im Jahre 1982 in Rom ausgerichtete Konferenz zum Thema 'legislation and data protection' erneut gezeigt. Die Frage, ob auch die Daten juristischer Personen in den Anwendungsbereich von Datenschutzregelungen aufgenommen werden sollen, war einer der zu behandelnden Problemkreise (6). Eine Einigung kam nicht zustande. Auch heute ist eine einheitliche Entscheidung für eine der dargelegten Auffassungen noch nicht erkennbar.

2. Die generelle Ausweitung des Datenschutzes auf juristische Personen

Die Meinung, die eine generelle Ausweitung der Datenschutzregelungen auf den Schutz der Daten juristischer Personen fordert,

----

(1) s. Art.19 Abs.3 des bundesdeutschen Grundgesetzes
(2) Art.2, § 3 Nr.1 des Datenschutzgesetzes
(3) vgl. Simitis in: Council of Europe, Camera dei Deputati: Legislation and data protection, 1983, S.137
(4) § 1 Abs.2 des norwegischen Datenschutzgesetzes
(5) vgl. Foyen, in: Council of Europe, Camera dei Deputati: Legislation and data protection, 1983, S.135
(6) vgl. Council of Europe, Camera dei Deputati: Legislation and data protection, 1983, S.133 ff

stützt sich im wesentlichen auf formelle Gesichtspunkte. Sie stellt fest, daß einige nationale Verfassungsnormen sowie Art.8 Europ. MRK den Schutz der Privatsphäre - und damit der persönlichen Daten - gewährleisten. Die Verletzung dieser Rechte könnten aber sowohl natürliche als auch privatrechtliche juristische Personen geltend machen (Art.25 Abs.1 Europ. MRK) (1). Diese Regelungen basierten auf der Überlegung, daß Beeinträchtigungen juristischer Personen zugleich die Rechte der sie darstellenden natürlichen Personen verletzen könnten (2), denn Informationen über juristische Personen beinhalteten häufig auch Angaben über die sie tragenden natürlichen Personen oder könnten auf diese hinweisen (3). Diese enge Verknüpfung sei gerade bei kleineren Unternehmen zu beobachten.
Diese Bedenken sollen an dem Beispiel der 'Einmann-GmbH' erläutert werden. Eine Privatperson, die nur in geringem Umfang ein Handelsgewerbe betreiben will, kann unter mehreren Organisationsformen wählen. Sie kann sich u.a. der Form einer 'Einmann-GmbH' (4), d.h. einer juristischen Person, bedienen, sie kann aber auch lediglich als Inhaberin einer Handelsfirma (5), d.h. weiterhin als natürliche Person, fungieren. Würde man den Datenschutz auf natürliche Personen beschränken, so könnte sich der Inhaber des Unternehmens bei der Verarbeitung von Geschäftsdaten, die eine Bestimmung seiner Person ermöglichen, nur in letzterem Fall auf Datenschutzvorschriften berufen. Als Inhaber einer 'Einmann-GmbH' bliebe ihm aber der Schutz solcher Daten versagt.
Dieses Ergebnis erscheint unbefriedigend, da letztendlich die als solche auf dem Gebiet des Datenschutzes bedeutungslose Wahl der Rechtsform eines Unternehmens ausschlaggebend für den Umfang der Rechte der von einer Datenverarbeitung betroffenen natürlichen Person ist (6). Auch ist, wenn man bei diesem Beispiel bleibt, eine Unterscheidung zwischen den nicht geschützten Daten, die die GmbH betreffen, und den geschützten personenbezogenen Daten, die den Geschäftsführer als Privatperson betreffen, gelegentlich recht schwierig (7). So dürften die im Rahmen der Aufnahme eines Kredites (für eine 'Einmann-GmbH') von dem Geschäftsführer ge-

----

(1) vgl. Hondius, Emerging data protection in Europe, S.96 f; Tuner: DuD 1985, S.24
(2) Hondius: Stan.J.Int.L. Band 16, 1980, S.100
(3) Tuner: s. Anm.1, S.23 f; Jacqué: A.F.D.I. 1980, S.788; Stadlen: Computer Networks, Band 3, 1979, S.180
(4) vgl. § 1 des bundesdeutschen GmbH-Gesetzes vom 20. April 1892 aufgrund der Änderung vom 4. Juli 1980 (BGBl. 1980 I, S.836)
(5) vgl. § 17 des bundesdeutschen Handelsgesetzbuches vom 10. Mai 1897 (RGBl. 1897 I, S.219), zuletzt geändert am 4.Juli 1980 (BGBL. 1980 I, S.836
(6) vgl. auch Seip: TDR, Vol.V, No.2, 1982, S.106; Bing, Data protection and social policy, Report for the XIV Colloquy on European Law, 1984, S.5
(7) s. Foyen, in: Council of Europe, Camera dei Deputati: Legislation and data protection, 1983, S.136
Seip: s. Anm.5; Wochner, Das Persönlichkeitsrecht im grenzüberschreitenden Datenverkehr, S.245; European Parliament: TDR, Vol.I, No.2, 1978, S.8 f

machten Angaben hinsichtlich der Kreditwürdigkeit weitgehend auch personenbezogene Daten enthalten, die durch Kreditauskunfteien übermittelt oder bekanntgegeben werden könnten. Damit bestünde die Gefahr, daß Daten, die an sich personenbezogen sind, als Firmendaten verarbeitet und somit dem Schutz von Datenschutzregelungen entzogen werden könnten (1). Darüber hinaus darf nicht vergessen werden, daß viele Unternehmen über eine Reihe von besonderen Informationen verfügen, an deren Geheimhaltung sie ein großes Interesse haben und deren Mitteilung - etwa an andere Wettbewerber - zu großen Nachteilen führen könnten (2).

3. Die Beschränkung des Datenschutzes auf natürliche Personen

Die zweite Ansicht, die nur natürlichen Personen Datenschutz gewähren will, hatte ihren Ursprung in den Vereinigten Staaten und dort insbesondere in den Kreisen der Geschäftswelt (3). Sie lehnt eine Ausdehnung des Datenschutzes auf juristische Personen ab, da sie einen Wertungsunterschied zwischen den zu schützenden Rechten der juristischen Personen und der natürlichen Personen erkennt (4). Das beispielsweise durch Art.8 Europ. MRK verbriefte Recht auf Achtung des Persönlichkeitsbereiches ('right to the respect of privacy', 'droit au respect de la vie privée'), dessen Schutz erstes Anliegen des Datenschutzes sei, lasse sich nur schwerlich mit einer juristischen Person in Verbindung bringen (5).
Durch die Verarbeitung der etwa von einem Wirtschaftsunternehmen gelieferten Daten könnten keine Menschenrechte, sondern allenfalls durch Betriebs- oder Geschäftsgeheimnisse geschützte Interessen verletzt werden. Die Weitergabe oder Bekanntgabe von Informationen über die Struktur, das Budget sowie die Aktivitäten eines Unternehmens oder über die Identität der leitenden Personen könnten zwar mitunter beträchtliche wirtschaftliche Nachteile nach sich ziehen (6), dürften aber nicht dazu führen, diese Nachteile auf eine Stufe mit den Folgen einer Verletzung des Rechtes auf Achtung des Persönlichkeitsbereiches zu stellen (7).
Bedenken gegen eine Öffnung des Datenschutzes für juristische Personen werden auch dahingehend geäußert, daß das Geltendmachen

----

(1) Wochner, Der Persönlichkeitsschutz im grenzüberschreitenden Datenverkehr, S.244
(2) Seip: TDR, Vol.V, No.2, 1982, S.1o6; Eoyen, in: Council of Europe, Camera dei Deputati: Legislation and data protection, 1983, S.136
(3) so Hondius: Stan.J.Int.L. Band 16, 1980, S.99
(4) so etwa die Internationale Handelskammer: TDR, Vol.VII, No.7, 1984, S.425 ff
(5) Hondius: s. Anm.3, S.99 f; European Parliament: TDR, Vol.I, No.2, 1978, S.8; so auch die Vertreter der USA auf der dritten Sitzung des Expertenkommitees vom 16.-19. Oktober 1978
(6) Jacqué, Les droits de l'homme et le développement de l'informatique en Europe, in: Gedächtnisschrift Sasse II (1981), S.920
(7) Simitis, in: Council of Europe, Camera dei Deputati: Legislation and data protection, 1983, S.138; vgl. auch OECD-Guidelines, Explanatory Memorandum, Nr.33

der durch die Datenschutzregelungen vorgeschriebenen Auskunftsansprüche zu Wettbewerbsverzerrungen führen könnte. Man könnte nämlich durch die systematische, in regelmäßigen Abständen erfolgende Ausübung des Auskunftrechtes hinsichtlich der eigenen bei einem externen Datenverarbeitungsunternehmen gespeicherten Daten Hinweise und Aufschlüsse über dessen Verkaufsstrategie oder Marketing-Politik erhalten und sich dadurch Wettbewerbsvorteile verschaffen (1).

4. Vermittelnde Standpunkte

In Anbetracht dieser beiden anscheinend unvereinbaren Ansichten suchte man nach vermittelnden Auswegen, die den Bedenken der beiden Auffassungen in größtmöglichem Umfang Rechnung tragen. Ausgangspunkt war jeweils die grundsätzliche Beschränkung des Datenschutzes auf natürliche Personen. Aber in bestimmten Bereichen hielt man eine Ausdehnung auf Personenmehrheiten oder juristische Personen für unerläßlich. Dies wurde u.a. für kleinere Unternehmen (2) und besondere Personengruppierungen (3) gefordert. Simitis, der sich gegen eine abstrakte Einbeziehung der juristischen Personen wendet, warnt aber vor der generellen Einbeziehung solcher Personengruppen oder Unternehmen. Er verlangt von den Gesetzgebern, die eine derartige sektorale Ausdehnung des Geltungsbereiches der Datenschutzregelungen anstreben, eine vorherige ausdrückliche Festlegung der Ausnahmesituation und eine Darlegung der Gründe für die Abweichung von dem Grundsatz der Beschränkung des Datenschutzes auf natürliche Personen (4).

5. Die Regelung der Europaratskonvention

Mögen auch viele Gründe für eine solche situationsgebundene Ausdehnung des Datenschutzes sprechen, so darf nicht übersehen werden, daß trotz dieser Vermittlungsversuche die Frage der Einbeziehung von juristischen Personen oder Personengruppierungen innerhalb der Mitgliedstaaten des Europarates auch heute noch umstritten ist (5).
Angesichts dieser Meinungsvielfalt wundert es nicht, daß der Europarat sich dafür entschied, den Geltungsbereich des Übereinkommens auf den Schutz der natürlichen Personen zu beschrän-

----

(1) Hondius: Stan.J.Int.L. Band 16, 1980, S.100; European Parliament: TDR, Vol.I, No.2, 1978, S.9
(2) so Joinet, in: European Parliament: s. Anm.1, S.8; vgl. auch OECD-Guidelines, Explanatory Memorandum, Nr.31
(3) so bei ethnischen Minderheiten, geistig behinderten Menschen, vgl. OECD-Guidelines, Explanatory Memorandum, Nr.32; aber insbesondere bei Verbraucherverbänden und Interessengemeinschaften, vgl. de Penanster, Council of Europe, Camera dei Deputati: Legislation and data protection, 1983, S.141
(4) Council of Europe, Camera dei Deputati: Legislation and data protection, 1983, S.138
(5) vgl. Buguicchio, Early: TDR, Vol.VI, No.2, 1983, S.66; Council of Europe, Camera dei Deputati: s. Anm.4, S.135 ff;

ken (1). Dadurch sollte ein Mindestmaß an Übereinstimmung der nationalen Regelungen erzielt werden. Den Staaten, deren innerstaatliche Datenschutzregelungen eine entsprechende Einschränkung enthalten, wurde so der Beitritt zur Konvention ermöglicht. Da man andererseits aber auch einen möglichst weitreichenden Datenschutz erzielen wollte, erachteten es die Verfasser der Konvention für unentbehrlich, den Staaten, die nicht nur die personenbezogenen Daten (natürlicher Personen) schützen wollten, die Möglichkeit offen zu halten, den in den Datenschutzgrundsätzen enthaltenen Schutz den juristischen Personen ebenfalls zukommen zu lassen (2).

C. Die Ausnahmeregelung des Art.3 Abs.2 b

1. Die Gründe für diese Regelung

Gemäß Art.3 Abs.2 b kann jeder Vertragsstaat bei der Unterzeichnung sowie bei der Hinterlegung seiner Ratifikations- oder Beitrittsurkunde bekanntgeben, daß er die Datenschutzkonvention auch auf "Informationen über Personengruppen, Vereinigungen, Stiftungen, Gesellschaften, Körperschaften oder andere Stellen anwendet, die unmittelbar oder mittelbar aus natürlichen Personen bestehen, unabhängig davon, ob diese Stellen Rechtspersönlichkeit besitzen oder nicht" (3). Diese Ausnahmevorschrift ist sehr weit gefaßt. Sie ermöglicht es beitrittswilligen Staaten, den Schutzbereich des Abkommens auf alle Betroffenen auszuweiten, die keine natürlichen Personen sind (4).

Diese Vorschrift war auch Gegenstand erheblicher Kritik. Man warf dem Europarat vor, durch eine solch allgemeine Ausnahmeregelung einen Ansatzpunkt für unüberschaubare nationale Abweichungen geschaffen zu haben, die der Absicht des Übereinkommens, eine weitgehende Rechtsangleichung der innerstaatlichen Regelungen zu erreichen, zuwiderlaufe (5).

Diese Argumente enthalten typische Einwände gegen rechtsvereinheitlichende Vorhaben, die eine Harmonisierung im Wege einer Rechtsangleichung nationaler Regelungen herbeiführen wollen. Es ist jedoch zu beachten, daß eine grundsätzliche Ausdehnung des Anwendungsbereiches über natürliche Personen hinaus nicht möglich

----

(1) vgl. den Explanatory Report des von dem Directorate of Legal Affairs verfaßten Konventionsentwurfes aus dem Jahre 1976 und das Expertenkommitee auf seiner zweiten Sitzung vom 26.-29. September 1977

(2) s. den Explanatory Report des von dem Directorate of Legal Affairs verfaßten Konventionsentwurfes aus dem Jahre 1976 sowie die vom Expertenkommitee eingesetzte Arbeitsgruppe auf ihrer dritten Sitzung vom 17.-19. Januar 1978

(3) Eine entsprechende Bestimmung enthält Nr.1.3 der Empfehlung (83) 10 des Europarates vom 23. September 1983 zum Schutz personenbezogener Daten für Zwecke der wissenschaftlichen Forschung und Statistik.

(4) Council of Europe, Explanatory Report, Nr.36

(5) Meister: DuD 1981, S.23; Wochner, Der Persönlichkeitsschutz im grenzüberschreitenden Datenverkehr, S.250

war, um solchen Staaten, die eine Beschränkung des Datenschutzes auf natürliche Personen schon zum Zeitpunkt der Verabschiedung der Konvention vorgenommen hatten (1) oder dies in nächster Zeit beabsichtigten, den Zugang zu dem Übereinkommen nicht zu verwehren. Hätte man es bei dem engen Geltungsbereich belassen und keine Ausnahmeregelung geschaffen, so hätten möglicherweise die Staaten, die auch andere Betroffene als natürliche Personen schützen wollten, Bedenken gehabt, dem Abkommen beizutreten.
Eine Benachteiligung dieser Staaten gegenüber solchen Staaten, die Datenschutz nur natürlichen Personen gewähren, versucht Art.3 Abs.5 der Konvention zu verhindern. Der in dieser Vorschrift enthaltene Gegenseitigkeitsgrundsatz sieht vor, daß eine Vertragspartei, die den Anwendungsbereich der Konvention auf den Schutz natürlicher Personen beschränkt hat, von einem anderen Vertragsstaat, der auch Betroffene schützt, die nicht natürliche Personen sind, nicht verlangen kann, daß dieser das Abkommen auch auf solche Personen anwenden muß (2). Eine völkerrechtliche Bindung hinsichtlich der Ausdehnung des Geltungsbereiches kommt also nur gegenüber den Staaten zustande, die ebenfalls eine dahingehende Ausweitung vorgenommen haben (3). Diese Folge wirkt sich konkret etwa dahin aus, daß das Verbot der Beschränkung des grenzüberschreitenden Datenverkehrs gem. Art.12 Abs.2 im Hinblick auf den Schutz juristischer Personen nur gegenüber solchen Staaten gilt, die ebenfalls eine Erklärung nach Art.3 Abs.2 b abgegeben haben (4).
In diesem Zusammenhang ist anzumerken, daß die Konvention bereits sowohl von Staaten, die nur natürliche Personen schützen (5), als auch von Staaten, die eine insofern weitreichendere nationale Regelung verabschiedet haben (6), ratifiziert worden ist, wobei Norwegen am 20. Februar 1984 eine Erklärung gem. Art.3 Abs.2 b abgegeben hat, nach deren Inhalt die Normen der Konvention auch auf Informationen über Vereinigungen ("associations") oder Stiftungen ("foundations") Anwendung finden (7).

2. Das formelle Verfahren

Nach Art.3 Abs.3 des Übereinkommens kann ein Vertragsstaat, der durch eine Erklärung nach Art.3 Abs.2 b den Schutzbereich der Konvention auch auf andere Betroffene als natürliche Personen ausgedehnt hat, erklären, daß die Erweiterung nur für bestimmte Arten von Dateien gilt. Ein Verzeichnis dieser Dateien muß hinterlegt werden. Die Erklärung kann später eingeschränkt oder ganz zurückgenommen werden (Art.3 Abs.6 Satz 2).

----

(1) Schweden, Österreich, Luxemburg
(2) Council of Europe, Explanatory Report, Nr.36
(3) Council of Europe, Explanatory Report, Nr.65; Kotschy: DuD 1983, S.255
(4) vgl. 4.Teil, § 2 I
(5) Schweden, Frankreich, Bundesrepublik Deutschland
(6) Norwegen
(7) s. BGBl. 1985 II, S.1135

II. Die Beschränkung des Anwendungsbereiches der Konvention auf die automatische Datenverarbeitung

A. Die Gründe für diese Einschränkung

Der Anwendungsbereich des Übereinkommens ist begrenzt auf automatische Datenverbeitungsvorgänge. Darauf wird an mehreren Stellen der Konvention hingewiesen. So bekräftigen sowohl der Titel als auch Art.1 der Konvention den Schutz des einzelnen gegenüber der automatischen Verarbeitung personenbezogener Daten. Art.3 Abs.1 greift diesen Gedanken auf und besagt, daß die Datenschutzkonvention nur auf automatisierte Dateien/Datensammlungen und automatische Verarbeitungen von personenbezogenen Daten ('automated personal data files and automatic processing of personal data', 'fichiers et traitements automatisés de données à caractère personnel') anzuwenden ist.
Der Europarat sieht den einzelnen gerade in dieser Art der Datenverarbeitung gefährdet (1). Der Einsatz von Computern ermöglicht ein wesentlich effektiveres Arbeiten im Umgang mit persönlichen Daten, als dies mit manuellen Hilfsmitteln der Fall ist. Wegen der erheblich größeren Speicherkapazität von elektronischen Datenverarbeitungsgeräten können deren Betreiber umfangreichere und detailliertere 'Akten' über Einzelpersonen anlegen (2). Die so erstellten Dateien können mit anderen Systemen wiederum verbunden werden, so daß nach und nach Daten über konkrete Personen an einem Ort zusammengezogen werden können (3). Das kann dann zur Erstellung von sog. 'Persönlichkeitsprofilen' führen und somit die Belange des einzelnen in erheblichem Maße beeinträchtigen Hinzu kommt die Geschwindigkeit der Datenübermittlung, die einen Datenabruf innerhalb kürzester Zeit auch über große Entfernungen hinweg ermöglicht. So bedienen sich staatliche Verwaltungen, aber insbesondere private Unternehmen (wie Banken, Kreditkartenunternehmen, Reisebüros, Auskunfteien, Großkonzerne udgl.), umfangreicher, zum Teil sogar internationaler Datennetze und Verbundsysteme (4), um personenbezogene Daten, die für die Entscheidungsfindung in gewissen Bereichen - wie beispielsweise der Personalpolitik, der Kundenbetreuung oder der Marktforschung - erforderlich sind, zu sammeln und auszuwerten.
All dies zeigt, daß das automatisierte Behandeln von persönlichen Daten heutzutage weitgehend ein alltäglicher Vorgang ist. Begriffe wie Verbundsystem, Terminaldirektzugriff oder Routineabfrage belegen, welche technischen Möglichkeiten Computersysteme in unserer Zeit bieten und in welchem Maße sie ein 'Spielen' mit persönlichen Daten zulassen.
Hierin sieht der Europarat die besondere Gefahr, die von einer automatischen Datenverarbeitung ausgeht; sie wird immer mehr zu einer routinemäßigen Arbeit, die zudem durch ständige technische

----

(1) Council of Europe, Explanatory Report, Nr.1
(2) Burnand: Ann.A.A.A. La Haye, 1975/76, S.36 f; Forstmoser, SJZ 1974, S.220 f
(3) Jacqué, Les droit de l'homme et développement de l'informatique en Europe, in: Gedächtnisschrift Sasse II (1981), S.909
(4) vgl. 1.Teil, § 1 III, A

Neuerungen vereinfacht wird. Nur allzu leicht könnten die mit der Bedienung von Computern befaßten Personen oder die verantwortlichen Stellen übersehen, welche Macht und andererseits auch Verantwortung sie gegenüber den betroffenen Personen haben (1). Da eine weitere Zunahme der elektronischen Datenverarbeitung in den nächsten Jahren zu erwarten ist, steigt auch das damit für Privatpersonen verbundene Risiko. Deshalb hielt es der Europarat für notwendig, das Persönlichkeitsrecht des einzelnen gegenüber der rasanten technologischen Entwicklung durch ein internationales Abkommen zu schützen (2).
Der Umgang mit persönlichen Daten mittels automatischer Verfahren darf nicht zu einer Schwächung der Position derer führen, deren Daten verarbeitet werden (3). Die Betreiber von automatisierten Dateien sind in besonderem Maße dazu aufgerufen, dem Datenschutz durch geeignete Maßnahmen Geltung zu verschaffen. Sie sollen die in Kapitel II der Konvention aufgestellten Erfordernisse erfüllen, also etwa dafür Sorge tragen, daß persönliche Daten nur für solche Zwecke verarbeitet werden, für die sie erhoben wurden, oder daß die Daten vor dem unberechtigten Zugriff Dritter geschützt werden. Den mit der Datenverarbeitung befaßten Personen soll bewußt werden, daß gewisse 'sensible' Daten für den einzelnen eine größere Bedeutung haben können als andere Daten, und daß sie deshalb auch eines besonderen Schutzes bedürfen.
Wenn man sich über die Gründe klar ist, aus denen der Europarat das Übereinkommen gerade auf automatische Datenverarbeitungsvorgänge anwenden wollte, bleibt zu erörtern, was der Europarat unter 'automatisierter Datei/Datensammlung' bzw. 'automatischer Verarbeitung' personenbezogener Daten versteht.

1. Die 'automatische Verarbeitung' gem. Art.2 c

a) Der Geltungsbereich der Norm

Art.2 c legt fest, welche Tätigkeiten die Konvention als 'automatische Verarbeitung' von Daten ansieht. Enumerativ aufgezählt werden das Speichern von Daten ('storage of data', 'enregistrement des données'), das Durchführen logischer und/oder rechnerischer Operationen mit diesen Daten ('carrying out of logical and/or arithmetical operations on those data', 'application a ces données d'opérations logiques et/ou arithmétiques'), das Verändern ('alteration', 'modification'), das Löschen ('erasure', 'effacement'), das Wiedergewinnen ('retrieval', 'extraction') oder das Bekanntgeben ('dissemination', 'diffusion') von Daten. Hierbei ist ausschlaggebend, daß diese Tätigkeiten 'ganz oder teilweise mit Hilfe automatisierter Verfahren durchgeführt werden'.
Der Anwendungsbereich dieser Norm wurde bewußt so weitgehend formuliert. Der Europarat hielt dies für ratsam, um angesichts der steten Entwicklung im Bereich der Datenverarbeitung eine flexible Auslegung der Vorschrift zu gewährleisten (4). Dadurch, daß die

----

(1) Hondius: Stan.J.Int.L. Band 16, 1980, S.98
(2) Council of Europe, Explanatory Report, Nr.1
(3) Council of Europe, Explanatory Report, Nr.2
(4) Council of Europe, Explanatory Report, Nr.31

Verarbeitung eine 'automatische' sein muß, wird klargestellt, daß auch andere automationsunterstützte Verfahren als die der Computertechnik unter den Anwendungsbereich der Konvention fallen (1). Solche Verfahren wären beispielsweise optische oder elektro-chemische Verarbeitungsvorgänge (2). Auch die immer weiter voranschreitende Datenverarbeitung mit Hilfe digitaler Verfahren wird von der Formulierung des Art.2 c erfaßt (3). Deshalb hatte schon der erste vom Directorate of Legal Affairs im Jahre 1976 dem Expertenkommitee vorgelegte Konventionsentwurf statt 'electronic data processing' den Begriff 'automatic data processing' gewählt (4).
Auch die Bestimmung, daß nicht der gesamte Verarbeitungsvorgang mit Hilfe automatischer Verfahren durchgeführt werden muß, führt zu einer erheblichen Ausdehnung des Anwendungsbereiches der Konvention. Sie verhindert aber auf der anderen Seite unnötige Abgrenzungsschwierigkeiten dahingehend, ob ein teils manuell, teils maschinell ablaufender Verarbeitungsvorgang noch als automatische Verarbeitung i.S.d. Konvention anzusehen ist. Durch die allgemeine Formulierung des Art.2 c unterstellt der Europarat dem Schutzbereich des Übereinkommens auch solche Verarbeitungsverfahren, die in überwiegendem Maße manuell ausgeführt werden.

b) Die Ausnahme des 'collection of information'

Wenn man die Tätigkeiten betrachtet, die der Europarat als Datenverarbeitungsvorgänge ansieht, fällt auf, daß das Sammeln ('gathering') von Informationen in dieser Auflistung fehlt. In dem vom Directorate of Legal Affairs im Jahre 1976 vorgelegten Konventionsentwurf hatte das Verarbeiten ('processing') die Handlung des 'Beschaffens' ('collection') noch mitumfaßt. Doch schon 1978 sprachen sich sowohl der Expertenausschuß (5) als auch die von ihm eingesetzte Arbeitsgruppe (6) dagegen aus, das Beschaffen von Information weiterhin im Geltungsbereich der Konvention zu belassen. Aus dem damaligen Entwurf eines Übereinkommens wurde der Begriff 'collection of data' daraufhin gestrichen. Allerdings war diese Frage im Expertenausschuß nicht ganz unumstritten gewesen. Einige Sachverständige hatten dafür plädiert, die Definition 'automatic processing' möge auch das 'collection of data' erfassen (7). Mehrheitlich war man jedoch anderer Auffassung. Das Beschaffen von Informationen sei i.d.R. ein rein manuelles Ver-

----

(1) so das Expertenkommitee auf der Sitzung vom 21.-25. Mai 1979, oder das CDCJ in dem Explanatory Report zu dem Konventionsentwurf (79) 34
(2) vgl. Stadler: Computer Networks, Band 3, 1979, S.178
(3) Zu der neueren Entwicklung auf dem Gebiet der Digitaltechnik sowie der damit verbundenen Probleme für den Datenschutz wird auf Nicholas (TDR, Vol.VIII, No.3, 1985, S.159 ff) und auf das Positionspapier des Business and Industry Advisory Committee (DuD 1982, S.45) verwiesen.
(4) vgl. den Explanatory Report zu dem Entwurf CDCJ (79) 34
(5) auf der dritten Sitzung vom 16.-19. Oktober 1978
(6) auf der dritten Sitzung vom 17.-19. Januar 1978
(7) s. Anm.5

fahren. Es könne daher nicht als automatischer Verarbeitungsvorgang - oder als Teil eines solchen - angesehen werden. Das sei auch der Grund, warum die meisten nationalen Datenschutzgesetze das Beschaffen der Daten nur indirekt regelten (1).
Diese Entscheidung war Gegenstand einiger Kritik. Wochner (2) weist z.B. darauf hin, es sei nicht klar, ob der Begriff 'collection of information' ('collecte d'information') nur das Sammeln oder auch das Erfassen von Daten beinhalte (3). Die amtliche Übersetzung des Explanatory Reports zur Datenschutzkonvention vermag zu einer Klärung dieser Frage nicht beizutragen. Sie definiert 'collection of informations' als Beschaffen von Informationen (4).
In der Tat ist eine begriffliche Abgrenzung zwischen dem Sammeln der Daten und ihrem Erfassen nicht ganz einfach. Sie wird dadurch erschwert, daß es keine einheitliche Terminologie für diese Verarbeitungsvorgänge gibt (5). Zudem ist der Übergang zwischen beiden Handlungsabschnitten oft fließend, so daß mitunter nicht genau festgestellt werden kann, ob Daten noch gesammelt oder schon erfaßt und damit gespeichert werden. Diese Schwierigkeit hat der Europarat wohl gesehen, denn er zieht andere Kriterien bei der Beurteilung der Frage heran, ob eine Datenbehandlung schon in den Schutzbereich des Abkommens fällt, oder ob lediglich eine Vorbereitungshandlung der Datenverarbeitung vorliegt.
Eine Vielzahl von Datenträger, wie Manuskripte, Handzettel oder bestimmte Arten von Fragebögen, können heute noch nicht unmittelbar automatisch verarbeitet werden (6). Dieses manuelle Sammeln von Informationen auf nicht maschinenlesbaren Datenträgern fällt nicht in den Anwendungsbereich der Konvention. Werden die Datenträger aber - etwa im Wege der Kodierung - maschinell aufbereitet, um einer automatischen Verarbeitung zugeführt werden zu können, ist Art.2 c anwendbar.
Problematischer ist es aber, wenn personenbezogene Daten auf solchen Datenträgern gesammelt werden, die unmittelbar Gegenstand einer automatischen Verarbeitung sein können, wie dies beispielsweise bei bestimmten Arten von Magnetbändern, Lochkarten und -bändern der Fall ist. Der Wortlaut des Art.2 c scheint hier dafür zu sprechen, daß dieser Vorgang noch nicht von dem Anwendungsbereich der Konvention erfaßt wird, da keine der dort als Verarbeitung bezeichneten Tätigkeiten in Betracht kommt (7). Gleichwohl wird man eine Anwendung des Übereinkommens hier bejahen müssen. Nur diese Auslegung wird der vom Europarat geäußerten Ansicht zu Art.2 c gerecht. Entscheidend ist nämlich,

----

(1) vgl. Hondius, Emerging data protection in Europe, S.87
(2) Wochner, Der Persönlichkeitsschutz im grenzüberschreitenden Datenverkehr, S.248
(3) Wochner zeigt auf, daß eine Abgrenzung dieser Begriffe voneinander dann von Bedeutung sein kann, wenn auch das Erfassen von Daten automatisiert vollzogen wird, etwa durch Verfahren, die fähig sind, Handschriften unmittelbar zu erfassen.
(4) vgl. Nr.31 des Explanatory Reports, BTDrucks. 10/2118, S.25
(5) s. Hondius: s. Anm.1
(6) vgl. Louis, Grundsätze des Datenschutzrechtes, 1981, S.19 f
(7) vgl. Wochner, s. Anm.; Eocsaneanu: Clunet, 1982, S.81

daß hier das Sammeln von Daten mit dem Übertragen in maschinenlesbare Form in einem Arbeitsgang verbunden wird, wobei die Übertragung in aller Regel maschinell getätigt wird. Der Europarat hat aber in erster Linie deshalb davon Abstand genommen, das Beschaffen von Informationen unter Art.2 c zu subsumieren, weil es normalerweise manuell durchgeführt wird. Wird dieser Vorgang mit einem Verfahren verknüpft, das die auf dem Datenträger gesammelten Daten maschinenlesbar macht, also etwa eine nachträgliche Kodierung nicht mehr notwendig ist, um die Daten automatisch verarbeiten zu können, so verlangt der Schutz des einzelnen die Anwendung der Datenschutzkonvention, da zu dem Sammeln der Informationen bereits eine erste automatische Verarbeitungsphase hinzutritt (1).
Der Grundsatz, daß das 'Beschaffen von Informationen' aus dem Geltungsbereich der Konvention ausgeklammert ist, wird aber an zwei Stellen der Konvention durchbrochen. So bestimmt Art.5 a u.a., daß personenbezogene Daten nach Treu und Glauben und auf rechtmäßige Weise beschafft ('obtained', 'obtenues') sein müssen. Die Vorschrift des Art.12 ist auch dann anwendbar, wenn personenbezogene Daten, die für eine automatische Verarbeitung beschafft worden sind, über Staatsgrenzen hinweg weitergegeben werden (Art.12 Abs.1).
Daß der Europarat die Ausnahme des Art.5 a zugelassen hat, ist zu verstehen, wenn man berücksichtigt, an welcher Stelle des Übereinkommens sich diese Vorschrift befindet. Sie ist Bestandteil des 'common core', der von den Vertragsparteien im innerstaatlichen Recht verwirklicht werden muß. Danach sollen sich die nationalen Datenschutzregelungen auch mit der 'Qualität der Daten' befassen. Dies erfordert, daß personenbezogene Daten nach Treu und Glauben und rechtmäßig beschafft werden müssen. Einen über diese Regelung hinausgehenden Schutz des einzelnen bei der Datenbeschaffung hat der Europarat ausdrücklich abgelehnt.
Die Ausnahme des Art.12 Abs.1 wurde als notwendig angesehen, um zu gewährleisten, daß Art.12 auch dann angewendet wird, wenn Daten in einem Land beschafft und in ein anderes Land zur Verarbeitung weitergegeben werden. Ansonsten bestünde in diesen Fällen die Gefahr einer Umgehung der Konvention (2).

c) Die 'Datenverarbeitung' i.S.d. Art.2 c

Art.2 c zählt die typischen Datenverarbeitungsschritte auf, die mit automatischen Mitteln vorgenommen werden: Das Speichern der Daten, das Durchführen logischer und/oder rechnerischer Operationen mit diesen Daten, das Verändern, Löschen, Wiedergewinnen und Bekanntgeben von Daten. Zu einer Erklärung und Auslegung dieser Begriffe sah sich der Europarat nicht genötigt. Insoweit kann auf die Kommentare der nationalen Gesetze Bezug genommen werden. Lediglich die 'Bekanntgabe' ('dissemination', 'diffusion') von Daten bedarf einiger Erläuterungen. Der erste Konventionsentwurf

----

(1) so das Expertenkommitee auf seiner vierten Sitzung vom 21.-25. Mai 1979; vgl. auch Louis, Grundzüge des Datenschutzrechtes, 1981, S.19 f; Schaffland, Wiltfang, BDSG, § 2, Anm.25-35
(2) Council of Europe, Explanatory Report, Nr.64

des Directorate of Legal Affairs aus dem Jahre 1976 enthielt den Ausdruck 'dissemination' noch nicht. Statt seiner sah der Vorschlag den 'transfer of data' vor, der die Übermittlung, Enthüllung, Verbreitung und Bekanntgabe ('communication') von Daten umfaßte. Im herkömmlichen Sprachgebrauch bedeutete 'communication' aber einen Datentransfer von einer Stelle zu einer anderen. Um sprachliche Unklarheiten zu vermeiden, ersetzte man daher schon 1977 den Begriff 'transfer' durch 'dissemination' (1). Bekanntgabe i.S.d. Art.2 c bedeutet heute zweierlei. Sie liegt sowohl dann vor, wenn Informationen an eine (oder mehrere) Personen weitergegeben werden, als auch dann, wenn Personen die Möglichkeit erhalten, die Informationen einzusehen (2).

2. Die 'automatisierte Datei/Datensammlung' nach Art.2 b

Gemäß Art.2 b der Konvention ist eine 'automatisierte Datei/Datensammlung' ('automated data file', 'fichier automatisé') jede zur automatischen Verarbeitung erfaßte Gesamtheit von Informationen. Eine 'automatische Datenverarbeitung' gem. Art.2 c ist Voraussetzung dafür, daß Art.2 b einschlägig ist. Mit der recht allgemeinen Definition des Art.2 c will der Europarat auch die technischen Neuentwicklungen erfassen. Die gleichen Gründe, die für die Ausweitung des Art.2 c sprachen, waren auch hier von entscheidender Bedeutung.
Deshalb ersetzte man auch den Ausdruck 'elektronische Datenbank' ('electronic data bank', 'banque de données electroniques') der Datenschutzresolutionen (73) 22 und (74) 29 (3). Zum damaligen Zeitpunkt hatte man unter Datei eine Sammlung gespeicherter Daten in einem körperlichen Gegenstand an einem Standort verstanden (4). Angesichts neuer technologischer Entwicklungen auf dem Gebiet der Datenverarbeitung wurde es aber notwendig, auch den Wortlaut der Datenschutzkonvention den geänderten Verhältnissen anzupassen. Auch der Begriff 'elektronische Datenbank' (5) mußte ausgetauscht werden, da sich einerseits die Bedeutung dieses Ausdrucks im Laufe der Zeit gewandelt hatte, und andererseits neuere Verarbeitungstechniken nur schwerlich unter diesem Begriff hätten erfaßt werden können. Dateien sind heute nicht mehr nur zentral geführte Gesamtheiten von Informationen, die in einer Einheit gespeichert sind. Die Entwicklung ist auch hier weitergegangen. Weit verbreitet sind Datensysteme, die an unterschiedlichen Orten einzelne Speichereinheiten unterhalten und über ein automatisiertes Verbundsystem an einem Ort zu Verarbeitungszwecken zusammengezogen werden können (6). Moderne Datensysteme ermöglichen auch über weit verzweigte Datennetze den Zugriff auf einen Datenbe-

----

(1) s. die Niederschrift der zweiten Sitzung der von dem Expertenkommitee eingesetzten Arbeitsgruppe vom 1.-3. Juni 1977
(2) Council of Europe, Explanatory Report, Nr.31
(3) Council of Europe, Explanatory Report, Nr.3o
(4) vgl. Hondius: NILR, Band 30, 1983, S.115
(5) Elektronische Datenbanken i.S.d. Resolutionen (73) 22 und (74) 29 waren alle Systeme elektronischer Datenverarbeitung, die zur Verarbeitung dieser Daten benutzt werden.
(6) s. Hondius: s. Anm.4

stand von Terminals aus. Diese Vorgänge werden von dem jetzigen Art.2 b des Übereinkommens erfaßt, haben aber mit dem Datenbank-Begriff der Resolutionen (73) 22 und (74) 29 nur noch wenig gemeinsam (1).
Auch hat sich die Bedeutung des Wortes 'Datenbank' in den letzten Jahren geändert. Heute versteht man unter 'Datenbank' einen Datenbestand, der mehreren Benutzern zugänglich ist (2).
Deshalb sah sich der Europarat gezwungen, den Begriff 'elektronische Datenbank' zu ersetzen. Erste Konventionsentwürfe enthielten stattdessen den Ausdruck 'automated record' (3), der definiert wurde als 'jede Gesamtheit ('set') oder jedes System strukturierter Information, das automatisch verarbeitet wird'. Im Jahre 1979 erfolgte eine Änderung in 'automated data file', wobei die Definition im wesentlichen unverändert übernommen wurde. Der Grund für diese letzte Umformulierung lag darin, daß der Europarat einen Begriff verwenden wollte, der noch in keinem Datenschutzgesetz enthalten und zugleich weit genug gefaßt war, um alle nationalen Regelungen abzudecken (4). Dies war umso notwendiger, als die innerstaatlichen Regelungen zum Datenschutz eine recht unterschiedliche Terminologie verwenden.
Schweden unterstellt seinem Datengesetz 'personal register' (5), die dänischen Datenschutzgesetze sprechen schlicht von 'register' (6). Das norwegische Gesetz, das bisher 'personal data registers' erfaßte (7), wurde kürzlich geändert. Jetzt nennt das Gesetz stattdessen 'collection, storage and utilisation of personal information' (8). Auch Frankreich und Großbritannien verzichten auf die Definition eines dem 'data file' äquivalenten Begriffes. Das französische Gesetz regelt nur die 'elektronische Datenverarbeitung' (9). Der britische 'Data Protection Act' von 1984 definiert nur das 'processing' (10). Das kanadische Gesetz spricht von 'information bank' (11), das luxemburgische Gesetz von 'banque de données' (12), das isländische Gesetz von 'syste-

----

(1) s. den Explanatory Report zu dem Konventionsentwurf des Directorate of Legal Affairs aus dem Jahre 1976
(2) Council of Europe, Explanatory Report, Nr.30; Hondius: Stan. J.Int.L. Band 16, 1980, S.93
(3) vgl. den Konventionsentwurf nach der vierten Sitzung der von dem Expertenkommitee eingesetzten Arbeitsgruppe vom 10.-12. Mai 1978
(4) Hondius: NILR, Band 30, 1983, S.115
(5) § 1 des Datengesetzes vom 11. Mai 1973; s. Simitis, Dammann, Mallmann, Reh: Dokumentation zum BDSG, 1981, D 9.1
(6) § 6 Abs.1 des Gesetzes über private Register vom 8. Juni 1978 und § 1 Abs.1 des Gesetzes über die Register der Behörden vom 8. Juni 1978; s. Anm.5, D 1.1, 1.2
(7) § 1 des Gesetzes über Personenregister, s. Anm.5, D 7.1
(8) s. Foyen, in: Council of Europe, Camera dei Deputati, Legislation and data protection, 1983, S.217
(9) Art.1 des Gesetzes vom 6. Januar 1978; s. Anm.5, D 4.1
(10) Nr.1 Abs.7 des Gesetzes vom 6. Januar 1984 (DuD 1984, S.299)
(11) § 49 des Human Right Act vom 14. Juli 1977; s. Anm.5, D 10.1
(12) Art.2 des Gesetzes über die Verwendung persönlicher Daten in der Datenverarbeitung vom 31. März 1979; s. Anm.5, D 14.1

matic recording' (1) und das entsprechende israelische Gesetz von 'data base' (2). Der Definition des Europarates am nächsten kommen das deutsche Bundesdatenschutzgesetz vom 27. Januar 1977 und die schweizerischen Richtlinien vom 16. März 1981 für die Bearbeitung von Personendaten in der Bundesverwaltung. § 2 Abs.3 Nr.3 des Bundesdatenschutzgesetzes unterstellt dem Anwendungsbereich des Gesetzes 'Dateien'. Nr.2.4 der schweizerischen Richtlinien spricht von 'Datensammlungen'.
In diesem Zusammenhang ist auch interessant, daß der Europarat selbst von der Terminologie der Datenschutzkonvention abgewichen ist. So befassen sich die am 23. Januar 1981 verabschiedeten Empfehlungen des Ministerkommitees über medizinische Datenbanken mit 'data banks' (3).
All dies zeigt, daß eine breitgefächerte Definition des Art.2 b notwendig war, um zu gewährleisten, daß von ihr möglichst viele nationale Regelungen erfaßt werden. Dieses Bestreben wird auch aus der Entscheidung des Europarates ersichtlich, die Konvention nicht nur auf grenzüberschreitende, sondern auf alle Datenverarbeitungssysteme anzuwenden. Jede zur automatischen Datenverarbeitung erfaßte Gesamtheit von Informationen fällt in den Geltungsbereich des Abkommens, unabhängig davon, ob es sich um rein nationale oder internationale Datensysteme handelt (4).

B. Kritik an der Beschränkung auf die automatische Datenverarbeitung

Die Begrenzung des Anwendungsbereiches der Konvention auf die automatische Datenverarbeitung war und ist Gegenstand erheblicher Kritik. Aus einer Vielzahl von Gründen wird eine Ausdehnung des Geltungsbereiches auf manuelle Verarbeitungen befürwortet.
Das Persönlichkeitsrecht sei bei manueller Datenverarbeitung den gleichen Gefahren wie bei automatischer Behandlung der Daten ausgesetzt (5), und ein effektiver Datenschutz erfordere deshalb auch in beiden Bereichen adäquate Regelungen (6). Auch könne der Bürger nicht recht einsehen, daß ihm einmal Rechtsschutz bei automatischen Verarbeitungen gewährt, ein andermal aber nur deshalb verweigert werde, weil der entsprechende Datenbestand nicht automatisiert geführt werde. Eine solche Differenzierung werde vom Bürger als willkürlich empfunden (7).

----

(1) Art.1 des Gesetzes über die systematische Aufzeichnung persönlicher Daten vom 5. Juni 1981; s. S.84, Anm.5, D 17.1
(2) § 7 des Protection of Privacy Law vom 23. Februar 1981; s. S.84, Anm.5, D 16.1
(3) Empfehlung über 'regulations for automated medical data banks', Recommendation No. R (81) 1
(4) vgl. die Sitzung der Arbeitsgruppe vom 14.-16. Februar 1977
(5) Wochner, Der Persönlichkeitsschutz im grenzüberschreitenden Datenverkehr, S.246; Buquicchio, Early: TDR, Vol.VI, Nr.2, S.65; Jacqué: A.F.D.I. 1980, S.788, ders., Les droits de l'homme et le développement de l'information en Europe, in: Gedächtnisschrift Sasse II (1981), S.9o9, 919
(6) Wochner, s. Anm.5, S.247, Anm.30
(7) BfD, Fünfter Tätigkeitsbericht, BTDrucks 9/2386, S.116

Einige Autoren weisen auf die Gefahr einer Umgehung des Schutzbereiches der Konvention hin. Dateien, die normalerweise automatisiert angelegt würden, könnten deshalb auf manuelle Hilfsmittel verlagert werden (1). Auch liege es nahe, daß Betreiber automatisierter Datenverarbeitungsanlagen auf manuelle Verfahren auswichen, um sich den entsprechenden Datenschutzregelungen zu entziehen (2). Dies sei auch schon geschehen. So hätten schwedische Banken einen Antrag auf Genehmigung für die Einführung einer Komputerdatei über solche Personen gestellt, die bereits Straftaten gegen Banken verübt hätten. Nach Ablehnung des Antrages hätten die Antragsteller die Datenverarbeitung auf manuelle Verarbeitungsprozesse umgestellt (3).
Oftmals sei auch eine klare Unterscheidung zwischen manueller und automatischer Datenverarbeitung schwierig. Man müsse nur an gemischte Verfahren sowie einzelne Verarbeitungsabschnitte denken, die möglicherweise, aber nicht unbedingt, zu einer automatischen Verarbeitung führen könnten (4).
Diese Argumente waren den Verfassern der Datenschutzkonvention bekannt. Gleichwohl war der Europarat der Auffassung, die Konvention müsse den einzelnen insbesondere gegenüber der automatisierten Datenverarbeitung schützen (5). Man sah vor allem in der rasanten technologischen Entwicklung auf dem Gebiet der automatischen Datenverarbeitung eine Bedrohung für das Persönlichkeitsrecht (6). Von einer Ausdehnung der Konvention sah man außerdem ab, um auch den Beitritt der Staaten zu ermöglichen, die nur die automatische Datenverarbeitung regeln. Eine solche Einschränkung enthalten die Gesetze in Schweden (7), Österreich (8), Luxemburg (9) und Großbritannien (10), aber auch die Empfehlung des Europarates zu medizinischen Datenbanken vom 23. Januar 1981 (11) sowie der Entwurf der Empfehlung zum Schutz personenbezogener Daten für die Zwecke der sozialen Sicherung (12). Demgegenüber regeln die Gesetze in Frankreich (13), Norwegen (14), Island (15) und

----

(1) Wochner, Der Persönlichkeitsschutz im grenzüberschreitenden Datenverkehr, S.247 f; Seipel, TDR: Vol.IV, No.1, 1981, S.38; Garzon Clariana: Rev.Inst.Eur. Vol.8, No.1, 1981, S.16
(2) Eocsaneanu: Clunet, 1982, S.80
(3) s. Stadlen: Computer Networks, Band 3, 1979, S.178
(4) Eocsaneanu: s. Anm.2; Hondius: Stan.J.Int.L. Band 16, 1980, S.98; OECD-Guidelines, Explanatory Memorandum, Nr.35
(5) Council of Europe, Explanatory Report, Nr.1 und 2
(6) vgl. 1.Teil, § 2 I, D
(7) § 1 des schwedischen Datengesetzes
(8) Art.2, § 3 Nr.6 des österreichischen Datenschutzgesetzes
(9) Art.1 des luxemburgischen Gesetzes über die Verwendung von personenbezogenen Daten bei der Datenverarbeitung
(10) Nr.1 Abs.2 des Data Protection Act
(11) Nr.1.1 der Recommendation No.R (81) 1
(12) Nr.1.1 der Draft Recommendation, CJ-PD (84) 4
(13) Art.45 des französischen Datenschutzgesetzes
(14) § 1 Abs.1 Satz 3 des norwegischen Gesetzes über Personendatenregister
(15) Art.1 des Gesetzes über die systematische Aufzeichnung personenbezogener Daten

der Bundesrepublik Deutschland (1) sowie die OECD-Guidelines (2) mit einigen Abweichungen voneinander auch die manuelle Verarbeitung von persönlichen Daten. Dänemark differenziert danach, ob persönliche Daten im privaten oder öffentlichen Bereich verarbeitet werden. Im ersteren Fall erfaßt das Gesetz sowohl automatische als auch manuelle Systeme (3), im öffentlichen Bereich dagegen nur die automatisierten Verarbeitungsprozesse (4).
Wiederum wurde der Europarat mit dem allgemeinen Problem konfrontiert, einen geeigneten Ausgleich zwischen einem Mindestmaß an Übereinstimmung der nationalen Regelungen und der weitestgehendsten Verbriefung des Datenschutzes in der Konvention herzustellen. Da es schon zum Zeitpunkt der Verabschiedung absehbar war, daß die Ausweitung des Anwendungsbereiches der Konvention auf manuelle Verfahren den Beitritt einiger Staaten - damals lagen bereits die Gesetze in Schweden und Österreich sowie vergleichbare Gesetzesentwürfe, etwa in Luxemburg, vor - unmöglich gemacht hätte, zog es der Europarat vor, den Geltungsbereich der Konvention vorerst auf die automatische Datenverarbeitung zu beschränken.
Da man aber auf der anderen Seite einen möglichst umfangreichen Schutz des einzelnen im Auge hatte, war es notwendig, den Vertragsstaaten die Möglichkeit zu eröffnen, den in den Grundsätzen des Kapitel II der Konvention verankerten Datenschutz auch gegenüber manuellen Verarbeitungsschritten zu gewährleisten. Das Ergebnis dieser Erwägungen fand seinen Niederschlag an zwei Stellen der Konvention. Zum einen dehnt Art.2 c den Begriff der 'automatischen Datenverarbeitung' auch auf solche Verarbeitungsmaßnahmen aus, die nur teilweise maschinell durchgeführt werden. Damit werden die angesprochenen Abgrenzungsschwierigkeiten weitgehend beseitigt. Zum anderen können die Vertragsstaaten den Anwendungsbereich der Datenschutzkonvention nach Art.3 Abs.2 c auf rein manuelle Verarbeitungsabschnitte ausweiten.

C. Die Ausnahmeregelung des Art.3 Abs.2 c

1. Die Gründe für diese Ausnahme

Nach Art.3 Abs.2 c kann jeder Staat bei der Unterzeichnung, Ratifikation oder zu einem späteren Zeitpunkt bekanntgeben, daß er das Übereinkommen auch auf Dateien/Datensammlungen mit personenbezogenen Daten anwendet, die nicht automatisch verarbeitet werden (5). Die Einfügung dieser Bestimmung, die vor allem die Staa-

----

(1) § 2 Abs.3 Nr.3 des Bundesdatenschutzgesetzes
(2) vgl. Nr.3 c der OECD-Guidelines
(3) § 1 Abs.1 des Gesetzes über private Register
(4) § 1 Abs.2 des Gesetzes über die Register bei Behörden
(5) Frankreich erklärte am 16. Mai 1983, daß die Konvention auch auf manuell geführte Dateien mit personenbezogenen Daten angewendet wird (s. BGBl. 1985 II, S.1135). Demgegenüber beabsichtigt die Bundesregierung nicht, eine dementsprechende Erklärung abzugeben (BTDrucks 10/2118, S.19). Ein solcher Vorschlag stieß deshalb auf Bedenken, da man Schwierigkeiten bei der Anwendung bereichsspezifischer Regelungen befürchtete.

ten ansprechen soll, die beide Verarbeitungstechniken einer nationalen Regelung unterwerfen, wurde teilweise kritisiert. Man warf dem Europarat vor, er ordne dem Bestreben, Voraussetzungen für den Beitritt möglichst vieler Staaten zu schaffen, eine weitreichende Übereinstimmung der nationalen Gesetze unter. Die Regelungen in der Konvention gewährten zuviele Ansatzpunkte für nationale Abweichungen. Dies laufe aber dem Ziel, eine Angleichung der internen Datenschutzregelungen zu erreichen, zuwider (1).
Wie bereits angesprochen (2), waren einer Harmonisierung des Datenschutzes über eine Rechtsangleichung der nationalen Regelungen enge Grenzen gesetzt. Die Datenschutzkonvention stellt einen Kompromiß dar, der allen Mitgliedsstaaten des Europarates die Möglichkeit der Ratifikation offenlassen soll. Einer Benachteiligung der Staaten, die auch die manuelle Datenverarbeitung regeln, gegenüber solchen Ländern, die den einzelnen nur bei automatischen Datenverarbeitungsverfahren schützen, versucht Art.3 Abs.5 entgegenzuwirken. Der dort enthaltene Gegenseitigkeitsgrundsatz bestimmt, daß eine Vertragspartei, die den Anwendungsbereich der Konvention nicht auf manuelle Verarbeitungsschritte ausgedehnt hat, von einem anderen Vertragsstaat, der seinerseits für eine solche Ausweitung gesorgt hat, nicht verlangen kann, daß dieser das Übereinkommen auch auf manuelle Verfahren anwenden muß (3).
Immerhin hat dieser 'kleinste gemeinsame Nenner' des Datenschutzes schon die Ratifikation des Abkommens durch Staaten, deren Datenschutz auf automatische Verfahren beschränkt ist (4), sowie durch solche Staaten ermöglicht, die manuelle und automatisierte Datenverarbeitungen regeln (5).
Eine Tendenz des Europarats zu einer einheitlichen Ausdehnung des Datenschutzes auch auf den manuellen Bereich für die Zukunft - etwa in den speziellen Empfehlungen - ist nicht zu erkennen. Zwar sprachen sich die Vertreter der im Jahre 1982 vom Europarat (in Rom) mitorganisierten Konferenz zum Datenschutz dafür aus, die innerstaatlichen Datenschutzregelungen sowohl auf manuelle als auch auf automatische Datensammlungen zu erstrecken (6). Bemerkenswert ist auch, daß die am 23. September 1983 von dem Ministerkommitee des Europarates verabschiedete Empfehlung 'zum Schutz personenbezogener Daten für Zwecke der wissenschaftlichen Forschung und Statistik' (7) für automatische und manuelle Verarbeitungsmethoden gilt (8). Die Ausweitung auf beide Verarbeitungsarten wird pauschal damit begründet, daß die wissenschaftliche Forschung dies erfordere, und daß die Datenschutzkonvention eine Ausdehnung auf manuelle Daten ausdrücklich gestatte (9).

----

(1) Wochner, Der Persönlichkeitsschutz im grenzüberschreitenden Datenverkehr, S.250; Focsaneanu: Clunet, 1982, S.80; Meister: DuD 1980, S.13
(2) 2.Teil, § 4
(3) Council of Europe, Explanatory Report, Nr.36
(4) Schweden am 29. September 1982
(5) Frankreich am 24. März 1983, Norwegen am 20. Februar 1984
(6) Buquicchio, Early: TDR, Vol.VI, No.2, 1983, S.65
(7) Recommendation No.R (83) 10
(8) Nr.1.1 der Recommendation No.R (83) 10
(9) Nr.18 des Explanatory Memorandum

Dies zeigt, daß der Europarat es in diesem Bereich für angebracht hielt, beide Verarbeitungsarten in den Schutzbereich der Empfehlung aufzunehmen. Darin ist jedoch keine Entscheidung für eine generelle Gleichstellung beider Vorgänge in der Zukunft zu sehen. Vielmehr sollen die Empfehlungen zu den einzelnen Datenverarbeitungsbereichen daraufhin untersucht werden, ob eine Einbeziehung der manuellen Datenverarbeitung in den Schutzbereich der Empfehlung erforderlich ist oder nicht. So mag es nicht verwundern, daß sowohl die Empfehlung zu den medizinischen Datenbanken (1), als auch der Entwurf der Empfehlung zum Schutz der personenbezogenen Daten für die Zwecke der sozialen Sicherung (2) grundsätzlich nur auf automatische Datenverarbeitungsvorgänge Anwendung finden, wobei der Entwurf eine dem Art.3 Abs.2 c der Datenschutzkonvention entsprechende Ausweitung auf den manuellen Bereich vorsieht (3).

2. Das formelle Verfahren

Gemäß Art.3 Abs.3 der Konvention kann ein Staat, der durch eine Erklärung nach Art.3 Abs.2 c den Anwendungsbereich der Konvention auf manuelle Verarbeitungsverfahren ausgedehnt hat, bekanntgeben, daß die Erweiterung nur für bestimmte Arten von Dateien mit persönlichen Daten gilt. Er hinterlegt ein Verzeichnis dieser Dateien. Die Erklärung kann später eingeschränkt oder ganz zurückgenommen werden (Art.3 Abs.6 Satz 2).

III. Der Schutz des einzelnen gegenüber einer Datenverarbeitung im öffentlichen und privaten Bereich

A. Der Geltungsbereich des Art.3 Abs.1

Art.3 Abs.1 der Datenschutzkonvention verpflichtet die Vertragsstaaten, das Abkommen auf automatisierte Dateien und Verarbeitungen im öffentlichen und privaten Bereich anzuwenden. Das Übereinkommen und die darin verankerten Datenschutzprinzipien gelten also sowohl für den öffentlichen als auch für den privaten Bereich (4).
Ursprünglich hatte der Europarat diese beiden Bereiche getrennt behandelt. Das Ministerkommitee hatte zunächst am 26. September 1973 die 'Empfehlung (73) 22 über den Schutz der Privatsphäre natürlicher Personen gegenüber elektronischer Datenbanken nichtöffentlichen Charakters' verabschiedet, weil es der Ansicht war, eine internationale Regelung des Datenschutzes gegenüber privaten Dateien müsse vorrangig erarbeitet werden. Das Persönlichkeitsrecht sei wegen des wesentlich größeren und ständig zunehmenden Umfangs des internationalen Datenverkehrs im privaten Bereich von dieser Seite her stärker bedroht (5). Erst ein Jahr später, am

----

(1) Nr.1.1 der Recommendation No.R (81) 1
(2) Nr.1.1 der Draft Recommendation, CJ-PD (84) 4
(3) Nr.1.3 der Draft Recommendation, CJ-PD (84) 4
(4) Council of Europe, Explanatory Report, Nr.33
(5) Hondius, Internationale Aspekte des Datenschutzes im öffentlichen Bereich, in: Datenschutz; Probleme, Beispiele, Grundsätze, Erfahrungen, 1982, S.86 f

20. September 1974, wurde die entsprechende Empfehlung (74) 29 für den öffentlichen Bereich verabschiedet.
Von der Unterscheidung 'öffentlicher/privater Sektor' nahm der Europarat schon zu Beginn der Beratungen zur Datenschutzkonvention Abstand (1). Der von dem Directorate of Legal Affairs im Jahre 1976 vorgelegte Konventionsentwurf umfaßte beide Bereiche (2). Dies wurde damit begründet, daß ein sachlicher Grund für eine differenzierte Regelung im Rahmen eines internationalen Abkommens zum Datenschutz nicht vorliege. Die Datenschutzresolutionen hätten keine grundsätzliche Trennung der beiden Bereiche festschreiben sollen. Dies ergebe sich schon daraus, daß beide Empfehlungen im wesentlichen die gleichen Bestimmungen enthielten. Ausschlagebend dafür, daß die Resolution (73) 22 früher verabschiedet worden sei, sei allein die Erkenntnis gewesen, daß der Datenschutz wegen der angedeuteten Gefahren einer schnellstmöglichen Regulierung im privaten Bereich bedurft hätte (3).
Sowohl das Expertenkommitee (4) als auch die von ihm eingesetzte Arbeitsgruppe (5) äußerten in der Folgezeit die Ansicht, die Datenschutzkonvention solle auf den privaten und den öffentlichen Bereich gleichermaßen angewendet werden. Die Gründe für diese Entscheidung liegen auf der Hand. Das Persönlichkeitsrecht kann von privaten wie auch von öffentlichen Dateien beeinträchtigt werden (6). Gefahren für den einzelnen sind bei der Datenübermittlung miteinander verbundener staatlicher Verwaltungsstellen ebenso denkbar wie bei der Datenübermittlung zwischen Großunternehmen, Banken oder Arbeitgebervereinigungen (7).
Auch ist die Abgrenzung zwischen beiden Bereichen mitunter recht schwierig. Die Begriffe 'öffentlicher Bereich' und 'Privatbereich' können in verschiedenen Staaten eine unterschiedliche Bedeutung haben (8), oder die zur Unterscheidung herangezogenen Kriterien können von Land zu Land verschieden sein (9). Zudem können staatliche und private Datenverarbeitungssysteme Daten

----

(1) Hondius: Stan.J.Int.L. Band 16, 1980, S.93
(2) Art.2 Abs.1 des damaligen Entwurfes
(3) so der Explanatory Report zum Konventionsentwurf des Directorate of Legal Affairs aus dem Jahre 1976
(4) auf der Sitzung vom 26.-29. September 1977
(5) auf der Sitzung vom 14.-16. Januar 1977
(6) vgl. Hondius: Stan.J.Int.L. Band 16, 1980, S.93; Jacqué, Les droits de l´homme et le développement de l´informatique en Europe, in: Gedächtnisschrift Sasse II (1981), S.919; Council of Europe, Recommendation No.R (81) 1, Explanatory Memorandum, Nr.25
(7) Rigaux: Riv.crit.dr.i.p. 1980, S.444 f; Hondius: Actes du Colloque international informatique et société, 1980, S.158
(8) Council of Europe, Explanatory Report, Nr.33; Hondius, Internationale Aspekte des Datenschutzes im öffentlichen Bereich, in: Datenschutz; Probleme, Beispiele, Grundsätze, Erfahrungen, 1982, S.87
(9) so das Explanatory Memorandum des Konventionsvorschlages aus dem Jahre 1976; auch die Arbeitsgruppe auf der Sitzung vom 14.-16. Februar 1977; ebenso OECD-Guidelines, Explanatory Memorandum, Nr.44

untereinander austauschen, wobei sowohl private als auch öffentliche Netze zur Verfügung stehen (1). So werden Daten von staatlichen Verwaltungen an private Serviceunternehmen übermittelt, um dort verarbeitet zu werden. In diesen Fällen wird es schwer fallen, die öffentlichen von den privaten Datenverarbeitungsvorgängen klar zu trennen. Hinzu kommt, daß die gleichen Verarbeitungen in einem Staat von öffentlichen, in einem anderen Staat von privaten Institutionen durchgeführt werden können. So nehmen beispielsweise - von Land zu Land verschieden - entweder staatliche Behörden, private Rechtsträger oder entsprechende Mischformen die Aufgaben der sozialen Sicherung und den damit verbundenen Umgang mit persönlichen Daten wahr (2).
Die gegen eine einheitliche Regelung des öffentlichen und privaten Bereichs gemachten Einwendungen übersehen diese Probleme. Ihnen ist jedoch insoweit zuzustimmen, daß sich die rechtlichen Grundsätze, nach denen sich eine im Rahmen einer internationalen oder nationalen Amtshilfe erfolgte Datenübermittlung zwischen staatlichen Behörden bestimmt, grundlegend von den Regeln zu trennen sind, die etwa über die Weitergabe personenbezogener Daten von einer (inländischen) Tochter- an die (ausländische) Muttergesellschaft oder die Übermittlung von Auskünften über potentielle Kreditnehmer eines Kreditinstutes durch eine (ausländische) Agentur entscheiden. Ein wirksamer Schutz des einzelnen setzt deshalb Vorschriften voraus, die auf die Besonderheiten des jeweiligen Sachverhaltes Rücksicht nehmen (3).
Diesen Forderungen konnte die Datenschutzkonvention aber nicht gerecht werden. Es war notwendig, zunächst einen allgemeinen Konsens über den Inhalt von Datenschutzvorschriften zu erreichen. Auf der Basis dieser 'minimum rules' konnte der Europarat besondere Empfehlungen zu bestimmten Bereichen der Datenverarbeitung ausarbeiten (4). Weitere Empfehlungen - zu Polizeicomputern, Arbeitnehmerdaten, zum 'direkt marketing' oder zum Adressenhandel - sollen erlassen werden. Der inhaltliche Umfang der bereits vorliegenden Empfehlungen und die zum Teil beträchtlichen Abweichungen voneinander zeigen, daß eine Differenzierung zwischen den einzelnen Bereichen der Datenverarbeitung im Rahmen der Datenschutzkonvention nicht möglich war.
Neben den bereits dargelegten Abgrenzungsschwierigkeiten erweist sich eine Abgrenzung 'private/öffentliche Datei' als untaugliches Kriterium. Dies haben die vom Europarat bereits verabschiedeten

----

(1) Recommendation No.R (81) 1, Explanatory Memorandum, Nr.25

(2) Draft Recommendation, CJ-PD (84) 4, Explanatory Memorandum, Nr.16

(3) so Simitis, Grenzüberschreitender Datenaustausch - Notwendige Vorbemerkungen zu einer dringend erforderlichen Regelung, in: Festschrift Ferid (1978), S.373

(4) so die Empfehlungen über medizinische Datenbanken vom 23. Januar 1981 (Recommendation No.R (81) 1) und zum Schutz personenbezogener Daten für Zwecke der wissenschaftlichen Forschung und Statistik vom 23. September 1983 (Recommendation No.R (83) 10) sowie der Entwurf der Empfehlung zum Schutz der personenbezogenen Daten für die Zwecke der sozialen Sicherung (Draft Recommendation, CJ-PD (84) 4)

Empfehlungen bewiesen. Sie regeln bestimmte sachlich zusammenhängende Bereiche, unabhängig davon, ob private oder öffentliche Datensammlungen vorliegen (1). Eine Unterscheidung zwischen privaten und öffentlichen Dateien ist dann nicht sinnvoll, wenn sachlich identische Verarbeitungsvorgänge beispielsweise in einem Staat von einer staatlichen Behörde, in einem anderen Staat aber von einem privaten Unternehmen durchgeführt werden.
Darauf ist es zurückzuführen, daß die Verfasser der Datenschutzkonvention sowohl private als auch öffentliche Dateien bzw. Datenverarbeitungsvorgänge dem Geltungsbereich des Übereinkommens unterstellten (2). Auch war man der Auffassung, daß die Vertragsstaaten die Konvention nicht nur auf einen Bereich anwenden können (3). Auf den ersten Blick scheint die Konvention durch die Fassung des Art.3 Abs.1 diesem Willen Rechnung zu tragen. Allerdings ist bei Betrachtung dieser Vorschrift Art.3 Abs.2 a zu beachten.

B. Die Ausnahmeregelung des Art.3 Abs.2 a

Gemäß Art.3 Abs.2 a kann jeder Staat bei der Unterzeichnung oder Hinterlegung der Ratifikations- bzw. Beitrittsurkunde bekanntgeben, daß er die Konvention auf bestimmte Arten von automatischen Verarbeitungen oder automatisierten Dateien nicht anwendet (4). Auf Grund dieser Vorschrift können auch solche Staaten der Konvention beitreten, die Datenschutz nur in einigen Bereichen gewähren (5). Vor allem den USA, die den einzelnen bei einer Datenverarbeitung im privaten Bereich nur sektoral schützen (6), sollte durch Art.3 Abs.2 a die Möglichkeit eines Beitrittes zur Kon-

---

(1) so Nr.1.1 der Recommendation No.R (83) 10 und der Draft Recommendation, CJ-PD (84) 4

(2) Eine Trennung zwischen privatem und öffentlichem Bereich wird nur von einigen nationalen Datenschutzgesetzen vorgenommen. Dänemark hat am 8. Juli 1978 zwei Datenschutzgesetze - eines über die privaten Register und eines über die Register der Behörden - verabschiedet. In den USA und Kanada wird ein umfassender Datenschutz nur im öffentlichen Bereich gewährt, während der einzelne gegenüber privaten Dateien nur sektoral geschützt ist. Die europäischen Datenschutzgesetze gelten - mit Ausnahme von Dänemark - für beide Bereiche: Schweden: § 1; Bundesrepublik Deutschland: § 1 Abs.2; Frankreich: Art.2 und 5; Norwegen: § 1 Abs.3; Luxemburg: Art.2; Island: Art.1 Abs.2; Österreich: Art.2, § 3 Nr.3; Großbritannien: Part I, Nr.1

(3) so die Arbeitsgruppe auf der Sitzung vom 14.-16. Februar 1977

(4) Italien und Norwegen hinterlegten solche Urkunden, vgl. 2.Teil, § 4 V

(5) Buquicchio, Aspetti internationali della protezione dei dati: Il ruolo svolto dal Consiglio d'Europa, in: Matteuci, Nicola: Privacy e banche dei dati, S.72

(6) Der 'Right to Financial Privacy Act' regelt nur die Weitergabe von Kundendaten durch Finanzinstitute an Behörden, der 'Fair Credit Reporting Act' lediglich die Übermittlung von personenbezogenen Angaben durch Auskunfteien.

vention eröffnet werden (1).
Daß solche 'Sollbruchstellen' für nationale Abweichungen der Rechtsangleichung der innerstaatlichen Regelungen abträglich sind, wurde bereits dargestellt (2). Hier ist von Bedeutung, daß die Ausnahme des Art.3 Abs.2 a natürlich auch bei der Nichtanwendung der Konvention auf öffentliche oder private Dateien eine Rolle spielen kann (3). Eine konsequente Anwendung dieser Norm kann dazu führen, daß ein beitrittswilliger Staat den Rahmen der Konvention auf einen der hier behandelten Bereiche beschränken kann. Der entsprechende Staat muß lediglich ein Verzeichnis der Dateien hinterlegen, auf die er die Konvention nicht anwendet (Art.3 Abs.2 a Satz 1). Erforderlich ist nur, daß alle Ausnahmen eindeutig präzisiert werden, um Auslegungsprobleme bei der Durchführung des Abkommens zur vermeiden (4). Auch dürfen nur solche Dateien von der Anwendung der Konvention ausgeschlossen werden, die dem inländischen Datenschutzrecht (noch) nicht unterliegen (Art.3 Abs.2 a Satz 2).
Diese letztere Vorschrift macht es den Staaten, die sowohl den privaten als auch den öffentlichen Bereich der Datenverarbeitung regeln, natürlich unmöglich, einen vollständigen Ausschluß eines dieser Sektoren von der Anwendung der Konvention zu erreichen. Aber diejenigen Staaten, die - wie die USA - ein Gebiet nur vereinzelten Datenschutzregelungen unterwerfen oder überhaupt nicht regeln, können die in Art.3 Abs.1 enthaltene Verpflichtung der Vertragsstaaten, die Konvention auf automatische Dateien und Verarbeitungen im privaten wie im öffentlichen Bereich anzuwenden, über Art.3 Abs.2 a in erheblichem Umfang umgehen (5). Die von Art.3 Abs.1 erhobene Forderung verliert somit an Bedeutung.

IV. Der räumliche Geltungsbereich der Konvention

Der räumliche Geltungsbereich des Abkommens wird von Art.24 festgelegt. Danach kann jeder Staat bei der Unterzeichnung oder bei der Hinterlegung seiner Ratifikations-, Annahme-, Genehmigungs- oder Beitrittsurkunde sowie zu jedem späteren Zeitpunkt durch eine an den Generalsekretär des Europarates gerichtete Erklärung die Hoheitsgebiete bezeichnen, auf die sich das Übereinkommen erstrecken soll (Art.24 Abs.1 und 2) (6). Ebenso kann eine nach

----

(1) so die von dem Expertenkommitee eingesetzte Arbeitsgruppe auf der dritten Sitzung vom 17.-19. Januar 1978; vgl. auch Hondius, in: Actes du Colloque international informatique et société, Vol.IV, 1980, S.164; ders.: NILR Band 30, 1983, S.115
(2) vgl. 2.Teil, § 5 I und II
(3) Council of Europe, Explanatory Report, Nr.33
(4) Council of Europe, Explanatory Report, Nr.35
(5) so auch Meister: DuD 1980, S.13; Mengel: EuGRZ 1981, S.377
(6) Mit der Ratifikation der Konvention am 20. Februar 1984 hat Norwegen zugleich erklärt, daß 'Svalbard' (d.h. Spitzbergen, die Bäreninsel und einige kleinere Inseln) von dem Anwendungsbereich der Konvention nicht erfaßt werden sollen (s. BGBl. 1985 II, S.1135). Die Bundesrepublik Deutschland hat in Art.2 des Vertragsgesetzes zu dem Übereinkommen (BGBl. 1985

Art.24 Abs.1 und 2 abgegebene Erklärung in Bezug auf jedes darin bezeichnete Hoheitsgebiet durch eine Erklärung gegenüber dem Generalsekretär des Europarates wieder zurückgenommen werden (Art.24 Abs.3). Mit der Aufnahme dieser Bestimmungen in die Übereinkunft können beitrittswillige Staaten die Anwendung des Übereinkommens über das eigene Mutterland hinaus auch auf entfernte überseeische Territorien ausdehnen, die der Hoheitsgewalt des jeweiligen Staates unterstehen, oder in deren Namen ein Staat Verpflichtungen eingehen kann (1).

Die Regelung des Art.24 erhält ihre praktische Bedeutung aus dem Umstand, daß nationale Datenverarbeiter bestimmte Verarbeitungsvorgänge oder -verfahren bewußt in derartige überseeische Hoheitsgebiete verlagern können, um die damit verbundenen Vergünstigungen zu nutzen. Vor allem die Aussicht auf geringere Lohnkosten wegen billigerer Arbeitskräfte oder andere ökonomische Erwägungen, z.B. eine kostengünstige Nutzung der Zeitverschiebung, können datenverarbeitende Stellen zu einem derartigen Schritt bewegen (2). Der heutige Stand der Technik ermöglicht innerhalb kürzester Zeit den Transfer der benötigten Informationen in die entlegensten Territorien, wenn die entsprechenden Übermittlungswege vorhanden sind.

Gerade die Übermittlung von personenbezogenen Daten in diese Gebiete bietet für Beeinträchtigungen der Individualrechte der betroffenen Personen viele Angriffspunkte. Daher ist die strikte Einhaltung des jeweils einschlägigen Datenschutzrechtes gerade hier notwendig. Dazu ist es unbedingt erforderlich, daß innerstaatliche Vorschriften auch Datentransfers in die vom Mutterland entfernt gelegenen nationalen Hoheitsgebiete oder dort vorgenommene Verarbeitungsprozesse erfassen, und damit den Schutz des einzelnen in dem von der Konvention geforderten Ausmaß auch im Hinblick auf diese Tätigkeiten garantieren.

Fallen demgegenüber solche Handlungen nicht unter den Schutzbereich des nationalen Datenschutzrechtes, muß ein Vertragsstaat einen Vorbehalt im Hinblick auf den räumlichen Geltungsbereich gem. Art.24 der Konvention vornehmen. In Kenntnis dieser Einschränkung wären die Vertragspartner in der Lage, die zum Schutz des einzelnen erforderlichen Vorsorgemaßnahmen, wie beispielsweise Genehmigungsvorbehalte oder gar Exportverbote i.S.v. Art.12 Abs.3, zu treffen, wenn das nationale Recht des Importlandes seinerseits keine entsprechenden Sicherungsvorkehrungen zum Schutz der betroffenen Personen vorsieht. Nur so könnte die Entstehung von 'data havens' innerhalb des Konventionsgebietes wirksam verhindert werden.

Das würde aber gegebenfalls zu einer Beschränkung des grenzüberschreitenden Datenflusses unter den Vertragspartnern führen, was wiederum den Zielen der Konvention zuwiderliefe. Daher ist es

----

II, S.538) ausdrücklich klargestellt, daß sich der Geltungsbereich der Konvention auch auf das Land Berlin erstreckt und diesen Standpunkt anläßlich der Ratifikation des Abkommens am 19. Juni 1985 nochmals betont.

(1) Council of Europe, Explanatory Report, Nr.91; Jacqué: A.F.D.I. 1980, S.788

(2) s. Anm.1

notwendig, daß das jeweilige nationale Recht der Vertragsstaaten sich entweder auf sämtliche Datenverarbeitungsprozesse in dem gesamten Hoheitsgebiet erstreckt oder durch entsprechende Regelungen sicherstellt, daß die personenbezogenen Daten nicht in solche überseeischen Territorien übermittelt werden dürfen, die nicht unter den Anwendungsbereich des innerstaatlichen Datenschutzrechts fallen.

V. Das Vorbehaltsverbot

Art.25 untersagt den Vertragsstaaten die Erklärung von Vorbehalten zu dem Übereinkommen. Das wird vom Europarat mit der Begründung gerechtfertigt, die in der Übereinkunft enthaltenen Bestimmungen stellten die grundlegensten Bestandteile eines wirksamen Datenschutzes dar, gegenüber denen ein Vorbehalt nur in den von der Konvention selbst vorgesehenen Fällen erlaubt sei (1). Diese Klarstellung dient in erster Linie dem Interesse der betroffenen Personen.
Gleichwohl darf nicht übersehen werden, daß die Konvention eine Vielzahl von ausdrücklichen und versteckten Vorbehalten enthält. So kann beispielsweise schon der Anwendungsbereich des Abkommens gem. Art.3 Abs.2 a auf bestimmte Arten von Dateien beschränkt werden. Ferner läßt Art.9 der Konvention weitreichende einzelstaatliche Ausnahmevorschriften zu, durch die umfangreiche und ganz unterschiedliche Abweichungen von den in Art.5, 6 und 8 des Übereinkommens verbrieften Minimalanforderungen gerechtfertigt sein können. Dadurch wird die in Art.25 vorgenommene Klarstellung wieder entwertet.

----
(1) Council of Europe, Explanatory Report, Nr.92

3.Teil: DIE GRUNDSÄTZE DES DATENSCHUTZES

§ 1 Allgemeines

Kapitel II der Datenschutzkonvention zählt die bereits in den Datenschutzresolutionen (73) 22 und (74) 29 enthaltenen Grundsätze des Datenschutzes ('basic principles for data protection', 'principes de base pour la protection des données') auf (1), die von den Vertragsparteien gem. Art.4 Abs.1 in ihrem innerstaatlichen Recht verwirklicht werden müssen (2). Mit der Festlegung von Mindestanforderungen auf dem Gebiet des Datenschutzes verfolgten die Verfasser der Konvention mehrere Ziele.
Zum einen sollte eine gewisse Harmonisierung der nationalen Datenschutzregelungen dadurch erreicht werden, daß die Vertragsstaaten den von den Datenschutzprinzipien geforderten Mindestschutz bei der Datenverarbeitung personenbezogener Daten in ihre innerstaatliche Gesetzgebung aufnehmen (3). Zum anderen war beabsichtigt, unter den Vertragsstaaten die Grundlage für ein Vertrauen in die Qualität der Datenschutzregelungen der Vertragspartner zu schaffen. Das Mißtrauen gegenüber den Staaten mit nur unzureichenden Datenschutznormen hatte zu Beschränkungen des grenzüberschreitenden Datenverkehrs - etwa durch Genehmigungsvorbehalte in einigen datenexportierenden Ländern - geführt. Die Staaten, in denen die Konvention Geltung erlangt, sollten dazu veranlaßt werden, künftig gegenseitig auf derartige Hindernisse zu verzichten (4). Der Grundsatz des freien Informationsflusses sollte nicht durch protektionistische Maßnahmen in Frage gestellt werden (5). Schließlich war durch die Rechtsangleichung der nationalen Datenschutzregelungen beabsichtigt, Normenkollisionen und Zuständigkeitsprobleme innerhalb der Vertragsstaaten zu verringern (6).
Selbstverständlich führt die Verpflichtung der Vertragsstaaten, den Inhalt der Datenschutzprinzipien im innerstaatlichen Recht zu verwirklichen, zu einer gewissen Rechtsvereinheitlichung des Datenschutzes. Allerdings muß darauf geachtet werden, daß ein der

---

(1) vgl. Council of Europe, Explanatory Report, Nr.20; <u>Kirby</u>: Stan.J.Int.L. Band 16, 1980, S.41; <u>Buguicchio</u>, Aspetti internationali della protezione dei dati: Il ruolo svolto dal Consiglio d'Europa, in: Matteucci, Nicola: Privacy e banche dei dati, S.73
(2) vgl. 2.Teil, § 4 I und III
(3) Council of Europe, Explanatory Report, Nr.20; <u>Wochner</u>, Der Persönlichkeitsschutz im grenzüberschreitenden Datenverkehr, S.250; BfD, Erster Tätigkeitsbericht, 1979, BTDrucks 8/2460, S.64
(4) Dies bestimmt Art.12 Abs.2 der Datenschutzkonvention.
(5) Council of Europe, Explanatory Report, Nr.20; vgl. auch <u>Wochner</u>: s. Anm.3; BfD, Fünfter Tätigkeitsbericht, 1983, BTDrucks 9/2386, S.116
(6) Council of Europe, Explanatory Report, Nr.20, 23; <u>Hondius</u>: NILR, Band 30, 1983, S.116

Konvention beitretendes Land dementsprechende Maßnahmen auch tatsächlich durchführt. Angesichts der Ratifikation durch Spanien - einem Staat, der lediglich über eine allgemein gehaltene Verfassungsnorm zum Datenschutz verfügt (1) - kommen Zweifel darüber auf, ob eine dahingehende Prüfung der Beitrittsvoraussetzungen überhaupt vorgenommen wird. Wenn auch künftig Staaten mit derartig dürftigen und unpräzisen Datenschutzregelungen der Konvention beitreten können, verlieren Art.4 Abs.1 und damit auch der Inhalt der Datenschutzgrundsätze an Wert. Vergleicht man Art.18 Abs.4 der spanischen Verfassung mit dem sachlichen Gehalt umfangreicher Datenschutzgesetze, wie etwa dem bundesdeutschen oder schwedischen Gesetz, so wird man kaum von einer Harmonisierung der Inhalte sprechen können. Was könnte man der schwedischen Genehmigungsbehörde denn entgegenhalten, wenn sie den grenzüberschreitenden Datenverkehr nach Spanien grundsätzlich unter einen Genehmigungsvorbehalt stellen wollte? Durch Art.12 Abs.3 der Konvention könnte ein solches Verhalten ohne Zweifel gerechtfertigt werden.

Damit wäre man aber genauso weit wie vor dem Inkrafttreten der Datenschutzkonvention. Um dieser Gefahr vorzubeugen, ist es erforderlich, die Datenschutzregelungen eines beitrittswilligen Staates genauestens daraufhin zu untersuchen, ob sie die Datenschutzprinzipien tatsächlich in das nationale Recht umsetzen.

Eine gewisse Kontrolle wird durch Art.23 Abs.1 der Konvention gewährleistet. Nichtmitgliedstaaten des Europarates können nämlich nur aufgrund eines Beschlusses des Ministerkommitees eingeladen werden, dem Übereinkommen beizutreten (2). Vor einem derartigen Beschluß wird man die Datenschutznormen des eingeladenen Staates einer eingehenden Überprüfung unterzogen haben.

Dies ist vor dem Beitritt eines Mitgliedstaates des Europarates aber nicht sichergestellt, da eine dem Art.23 Abs.1 entsprechende Vorschrift fehlt. Solange jedoch die nationalen Gesetzgeber beitrittswilliger Mitgliedstaaten des Europarates selbst darüber entscheiden, ob das innerstaatliche Recht den Anforderungen der Europaratskonvention entspricht, wird es sich nicht vermeiden lassen, daß - wie im Falle Spaniens - auch Staaten mit unzureichenden Datenschutzvorschriften die Konvention ratifizieren können. Allein Interventionen auf politischem Wege reichen letztlich nicht aus, um in Zukunft solche Beitritte verhindern zu können. Hier muß eine - wie auch immer geartete - Kontrollinstanz mit einem entsprechenden Sachverstand geschaffen werden, damit nicht der Zweck des Übereinkommens, über eine Harmonisierung der nationalen Regelungen dem Gebot des freien Informationsflusses Geltung zu verschaffen, verfehlt wird.

Der Beratende Ausschuß (Art.18-20) könnte beispielsweise mit derartigen Kontrollrechten ausgestattet werden. In diesem Gremium könnten die kritischen Punkte schon im Vorfeld eines Beitrittes erörtert und eventuelle Bedenken im Hinblick auf die Übereinstimmung des jeweiligen nationalen Rechts mit dem von der Konvention geforderten Mindeststandard offenbart werden. Darüber hinaus müßte der Beratende Ausschuß berechtigt sein, den Beitritt eines

----

(1) vgl. 2.Teil, § 4 IV
(2) vgl. 2.Teil, § 4 VI, C

Staates, der das eigene innerstaatliche Recht den Anforderungen der Konvention nicht anpassen will, durch sein Veto zu verhindern. Ein solches Verfahren mag zwar politisch nicht opportun sein, sollte aber als 'ultima ratio' zur Verfügung gestellt werden, damit die von der Konvention angestrebte Harmonisierung auf dem Gebiet des Datenschutzes nicht unterlaufen wird.
Ähnliche Probleme können selbst dann auftreten, wenn Vertragsstaaten umfangreiche Datenschutzgesetze verabschiedet haben. Denn die Datenschutzkonvention selbst akzeptiert erhebliche Unterschiede der nationalen Regelungen. Zum einen sind die Datenschutzgrundsätze sehr allgemein gefaßt worden, zum anderen können die Vertragsstaaten den innerstaatlichen Datenschutz über das von den Prinzipien des Kapitel II geforderte Maß hinaus ausdehnen (Art.11 der Konvention) (1) oder demgegenüber einschränken (Art.9 der Konvention). Beides ist der Vereinheitlichung auf dem Gebiet des Datenschutzes nicht förderlich.
Von ausschlaggebender Bedeutung ist auch hier wieder die Entscheidung des Europarates gegen ein 'Musterdatenschutzgesetz' und für ein 'Rahmenabkommen' (2). Da es die Verfasser der Konvention vorzogen, den Vertragsstaaten die Verwirklichung der in den Art.5-11 verankerten Forderungen zu überlassen, konnten lediglich allgemeine Vorschriften in das Abkommen aufgenommen werden, um die verschiedenen Datenschutzgesetze zu erfassen. Dies soll am Beispiel des Art.8 a verdeutlicht werden. Diese Vorschrift regelt im wesentlichen, wie die von einer Datenverarbeitung betroffene Person von dem Vorhandensein einer Datei, von deren Zweck und Inhalt sowie von den Angaben über den Verantwortlichen dieser Datensammlung Kenntnis erlangen kann. Durch den allgemein gefaßten Wortlaut dieser Norm wurde berücksichtigt, daß in einigen Staaten Dateien mit personenbezogenen Daten in öffentlichen Verzeichnissen geführt werden, während in anderen Staaten Mitteilungen über das Vorhandensein solcher Datensammlungen nur auf Verlangen der betroffenen Person gemacht werden (3).
Dieses Beispiel, dessen Ergebnis sinngemäß auf die übrigen Datenschutzprinzipien übertragen werden kann, belegt, daß die Datenschutzkonvention - in der vom Europarat gewählten Form - den nationalen Regelungen Rechnung tragen mußte. Deren mitunter sehr unterschiedlich ausgestalteten Inhalte ließen lediglich 'Generalklauseln' auf dem Gebiet des Datenschutzes zu. Einerseits ermöglichen diese einen weitreichenden Anwendungsbereich der Konvention, da viele Staaten die von den Datenschutzprinzipien geforderten Maßstäbe erfüllen. Andererseits erhöht sich die Gefahr von Auslegungsstreitigkeiten über den Inhalt der Grundsätze (4).

----

(1) so die von dem Expertenkommitee eingesetzte Arbeitsgruppe auf ihrer zweiten Sitzung vom 1.-3. Juni 1977
(2) Über die Hintergründe dieser Entscheidung wurde bereits unter 2.Teil, § 4 I berichtet.
(3) vgl. Council of Europe, Explanatory Report, Nr.51
(4) Zwar kann der von den Vertragsparteien eingesetzte Beratende Ausschuß gem. Art.19 d der Konvention auf Ersuchen einer Vertragspartei zu Fragen hinsichtlich der Anwendung der Konvention Stellung nehmen. Ob dadurch aber tatsächlich Auslegungskonflikte beigelegt werden können, muß abgewartet werden.

Dies mindert aber deren Wert (1).
Auch das zweite Ziel des Europarates, nämlich das Recht des freien Informationsflusses über die Staatsgrenzen hinweg ohne nationale Beschränkungen zu garantieren, ist nur teilweise erreicht worden. So können Staaten, die den Datenschutz in bestimmten Bereichen i.S.v. Art.11 ausgeweitet haben, den Export personenbezogener Daten in die Vertragsstaaten, die einen gleichwertigen Schutz nicht vorsehen, verbieten oder von einer Genehmigung abhängig machen. Dies erlaubt Art.12 Abs.3 a des Abkommens (2). Das gleiche Recht steht den Vertragsparteien, die die Datenschutzprinzipien ohne Einschränkungen verwirklichen, gegenüber solchen Vertragsstaaten zu, die eine Begrenzung nach Art.9 der Konvention vorgenommen haben. Es zeigt sich damit, daß in bestimmten Fällen sogar der Datenverkehr zwischen Vertragsstaaten eingeschränkt werden kann.
In diesem Zusammenhang muß auch festgestellt werden, daß nur in Einzelfällen - wenn die betroffenen Staaten etwa über einen gleichwertigen Datenschutz verfügen - Normen- und Zuständigkeitskollisionen eine untergeordnete Rolle spielen können. Wenn aber ein Staat die Grundsätze des Kapitel II des Übereinkommens entweder i.S.v. Art.11 ausgedehnt oder i.S.v. Art.9 eingeschränkt hat, kann die Frage der Zuständigkeit wieder von entscheidender Bedeutung sein (3). Die ebenso wichtige Frage nach dem anwendbaren Recht ist von den Verfassern der Konvention ohnehin nicht geregelt worden. Die Entscheidung des Europarates, den Vertragsstaaten die Verwirklichung der Datenschutzprinzipien zu überlassen, erreicht also nur in beschränktem Maße die mit der Datenschutzkonvention bezweckten Ziele. Dies soll im folgenden anhand der einzelnen Datenschutzgrundsätze verdeutlicht werden.

---

(1) so auch Simitis, Grenzüberschreitender Datenaustausch - Notwendige Vorbemerkungen zu einer dringend erforderlichen Regelung, in: Festschrift Ferid (1978), S.372
(2) Council of Europe, Explanatory Report, Nr.69
(3) ebenso Wochner, Der Persönlichkeitsschutz im grenzüberschreitenden Datenverkehr, S.250

§ 2 Der Grundsatz der Qualität der Daten

I. Allgemeines

Der erste der von den Vertragsstaaten im innerstaatlichen Recht zu verwirklichenden Datenschutzgrundsätze (Art.5 der Konvention) befaßt sich mit der Qualität der Daten ('quality of data', 'qualité des données'). Danach müssen personenbezogene Daten, die automatisch verarbeitet werden,

a) nach Treu und Glauben und auf rechtmäßige Weise beschafft sein und verarbeitet werden,
b) für festgelegte und rechtmäßige Zwecke gespeichert sein und dürfen nicht so verwendet werden, daß es mit diesen Zwecken unvereinbar ist,
c) den Zwecken, für die sie gespeichert sind, entsprechen, dafür erheblich sein und dürfen nicht darüber hinausgehen,
d) sachlich richtig und wenn nötig auf den neuesten Stand gebracht sein und
e) so aufbewahrt werden, daß der Betroffene nicht länger identifiziert werden kann, als es die Zwecke, für die sie gespeichert sind, erfordern.

Die Bestimmungen dieser Norm, die bereits Gegenstand der Datenschutzresolutionen (73) 22 (1) und (74) 29 (2) waren, lassen sich inhaltlich in zwei Gruppen einteilen. Ein Teil der Vorschriften (Art.5 a, b, e) beschäftigt sich mit der Rechtmäßigkeit der Beschaffung, Verarbeitung, Verwendung und Aufbewahrung personenbezogener Daten. Der andere Teil (Art.5 c, d) legt in allgemeiner Form Mindestanforderungen an die inhaltliche Beschaffenheit der Daten fest (3).

II. Die Anforderungen an den Umgang mit den Daten

A. Das rechtmäßige Beschaffen und Verarbeiten der Daten

Art.5 a stellt insoweit eine Ausnahmevorschrift dar, als er Bestimmungen nicht nur über die Verarbeitung, sondern auch für das Beschaffen ('obtain', 'obtenir') personenbezogener Daten enthält (4). Auch das Sammeln solcher Informationen, die automatisch verarbeitet werden sollen, muß nach 'Treu und Glauben' ('fairly', 'loyalement') sowie in rechtmäßiger Weise ('lawfully', 'licitement') erfolgen (5).
Ein Grund dafür, die Vertragsstaaten zu verpflichten, den an sich vom Geltungsbereich der Konvention nicht erfaßten Vorgang des

----

(1) vgl. Nr.1-5 der Entschließung
(2) vgl. Nr.2-4 der Entschließung
(3) s. Council of Europe, Explanatory Report, Nr.4o; Garzon Clariana: Rev.Inst.Eur. Vol.8, No.1, 1981, S.18
(4) vgl. insoweit die Ausführungen zu 2.Teil, § 5 II, A, 1 b
(5) Entsprechende Vorschriften enthalten Nr.7, 2.Halbsatz der OECD-Guidelines, Art.25 des französischen Datenschutzgesetzes und Art.14 des luxemburgischen Datenschutzgesetzes.

Datensammelns (1) insoweit im nationalen Recht zu regeln, wird aus den Stellungnahmen der mit der Ausarbeitung des Abkommens beschäftigten Gremien nicht ersichtlich (2). Es ist anzunehmen, daß es dem Europarat darauf ankam, durch die Vorschrift des Art.5 a ausdrücklich klarzustellen, daß das Beschaffen der Daten, obwohl es nicht in den Geltungsbereich des Übereinkommens fällt, zumindest den allgemeinen Rechtmäßigkeitsvoraussetzungen des entsprechenden innerstaatlichen Rechts unterworfen ist (3). Der Vorgang des Datensammelns darf kein gänzlich ungeregelter Bereich bleiben, in dessen Rahmen die verantwortlichen Personen keinerlei Beschränkungen durch die nationalen Normen unterliegen. Mit Art.5 a wäre es beispielsweise unvereinbar, wenn innerstaatliche Vorschriften eine durch Drohung oder aufgrund einer Täuschung erfolgte Erhebung personenbezogener Daten nicht sanktionierten.
Wesentlicher Bestandteil der Grundbegriffe des Rechtes und des 'Treu und Glaubens' ist die Kenntnis oder Zustimmung der Person hinsichtlich der entsprechenden Handlungen. Sie ist grundsätzlich Voraussetzung für den Umgang mit personenbezogenen Daten durch Dritte (4).
Die Europaratskonvention enthält keine ausdrückliche Vorschrift, die - wie etwa Nr.7, 2.Halbsatz der OECD-Guidelines - bestimmt, daß 'Daten gegebenenfalls mit Wissen oder Zustimmung des Betroffenen beschafft werden sollen'. Offenbar war man der Ansicht, daß eine entsprechende Formulierung entbehrlich sei, da der in Art.5 a enthaltene Grundsatz dieses Erfordernis mit einschließe. Eine Datensammlung oder -verarbeitung ist also prinzipiell dann nicht in rechtmäßiger Weise erfolgt, wenn sie ohne Beteiligung der betroffenen Person stattgefunden hat (5). Allerdings sind von diesem Grundsatz dann Ausnahmen zu machen, wenn besondere politische oder praktische Erwägungen gegen eine Beteiligung der betroffenen Person sprechen, oder eine Gefahr für den einzelnen nicht zu erwarten ist (6). Als Beispiele sind die polizeilichen Ermittlungstätigkeiten oder das routinemäßige Überprüfen von Adressenlisten zu nennen. Die Ausgestaltung solcher Sonderfälle bleibt den nationalen Regelungen vorbehalten.
Derartige Ausnahmen dürfen aber nicht zu einer Aushöhlung des

----

(1) s. Art.3 Abs.1 und Art.2 c der Konvention
(2) vgl. etwa das Expertenkommitee auf der vierten Sitzung vom 21.-25. Mai 1979
(3) Eine derartige Ausweitung wird teilweise für Datenschutzregelungen gefordert (vgl. u.a. Iuro, in: Online - transnational data regulation, S.119, 123; Study Committee on the protection of privacy: DVR Band 12, 1983, S.152 f).
(4) vgl. etwa Bundesrepublik Deutschland: § 3 Satz 1 Nr.2; Dänemark: § 16 des Gesetzes über die Register der Behörden, § 3 Abs.2, § 4 Abs.1 und 2 des Gesetzes über private Register; Frankreich: Art.26, 27; Island: Art.4 Abs.1 Satz 2, Art.16 Abs.1; Österreich: Art.2, § 7 Abs.1 Nr.2; Schweden: § 7 Satz 2 Nr.3
(5) Corell, Technological development and its consequences for data protection, Report for the XIV Colloquy on European Law, 1984, S.8
(6) vgl. Focsaneanu: Clunet, 1982, S.86; Corell: s. Anm.5, S.9

Grundsatzes der Beteiligung der betroffenen Personen führen, die ansonsten Gefahr laufen, die Kontrolle darüber zu verlieren, was mit den sie betreffenden personenbezogenen Daten geschieht. Aus diesem Grund sind die in Skandinavien zu beobachtenden Tendenzen bedenklich, aus Kostengründen und Praktikabilitätserwägungen verschiedene Datenbestände, die zu unterschiedlichen Zwecken angelegt worden sind, ohne Beteiligung der betroffenen Personen miteinander zu verbinden und zu vergleichen (1). Diese Verfahren bergen besondere Gefahren für den einzelnen in sich, zumal der Umfang der Informationen auf maschinenlesbaren Datenträgern weiter zunimmt, und deshalb durch ein geschicktes Verbinden von Datenbeständen beträchtliche Datensammlungen angelegt werden können, die teilweise auch Informationen enthalten, die überholt, sachlich unrichtig oder für den der Datei zugrunde liegenden Zweck unerheblich sind. Auf solche Entwicklungen müssen nationale Datenschutzregelungen reagieren.
Von der Europaratskonvention können diese Aufgaben nicht wahrgenommen werden. Die in Art.5 a enthaltenen Mindestanforderungen an das Beschaffen und Verarbeiten personenbezogener Daten sollen lediglich einen Grundkonsens innerhalb der nationalen Regelungen zu diesen Fragen herstellen. Daß die nationalen Gesetzgeber die anstehenden Probleme möglicherweise auf unterschiedlichen Wegen zu lösen versuchen, ist der Preis dafür, daß ein konkreteres Abkommen, etwa im Rahmen eines 'Mustergesetzes', vom Europarat nicht verwirklicht werden konnte. Gerade deshalb muß besonders darauf geachtet werden, daß sich die innerstaatlichen Regelungen noch im Rahmen der Prinzipien des Datenschutzes bewegen.
In diesem Zusammenhang können die vom Europarat bereits verabschiedeten und noch beabsichtigten Empfehlungen zum Datenschutz bedeutsam werden. Die dort enthaltenen Regelungen setzen die allgemeinen Forderungen der Datenschutzgrundsätze in spezifische Vorschriften für einzelne Verarbeitungszweige um. So enthalten die Empfehlungen zu medizinischen Datenbanken (2), im Bereich der wissenschaftlichen Forschung und Statistik (3) und der Entwurf der Empfehlung hinsichtlich der sozialen Sicherung (4) auch Vorschriften, die die Forderungen des Art.5 a konkretisieren. Diese Normierungen könnten Anhaltspunkte für die innerstaatliche Regelung bestimmter Verarbeitungsbereiche liefern. Ob dies tatsächlich im innerstaatlichen Recht umgesetzt wird, bleibt aber wegen des unverbindlichen Charakters der 'recommendations' abzuwarten.

B. Das Speichern der Daten zu festgelegten Zwecken

Art.5 b beinhaltet das sog. 'purpose specification principle', was besagt, daß personenbezogene Daten nur zu festgelegten und rechtmäßigen Zwecken gespeichert und lediglich im Rahmen dieser Zwecke verwendet werden dürfen. Nationale Regelungen müssen also

----

(1) vgl. Corell, Technological development and its consequences for data protection, Report for the XIV Colloquy on European Law, 1984, S.9
(2) Nr.4.1.a der Recommendation No.R (81) 1
(3) Nr.3 und 5 der Recommendation No.R (83) 10
(4) Nr.2.1 und 3 der Draft Recommendation CJ-PD (84) 4

die Datenverarbeiter verpflichten, den mit der Datenerhebung verfolgten Zweck spätestens bei der Durchführung des Speichervorganges anzugeben. Eine Speicherung personenbezogener Daten ohne die Angabe des verfolgten Zweckes ist mit Art.5 b nicht vereinbar (1). Dem innerstaatlichen Recht bleibt es vorbehalten, die Art und Weise der Kundgabe des Zweckes zu regeln. Denkbar wären beispielsweise Maßnahmen der Exekutive oder der Legislative, öffentliche Erklärungen oder eine individuelle Bekanntmachung gegenüber der von der Datenverarbeitung betroffenen Person (2).
Auffallend ist, daß der Zweck erst mit Beginn des Speichervorganges und nicht schon zum Zeitpunkt des Sammelns der Daten festgelegt sein muß. Die OECD-Guidelines enthalten demgegenüber eine umfassendere Regelung. Nach Nr.9 der Guidelines sollen die Zwekke, für die personenbezogene Daten gesammelt werden, spätestens bei der Datenbeschaffung angegeben werden. Dies wird auch allgemein als notwendige Bedingung angesehen, um den einzelnen angemessen vor Datenerhebungen zu schützen, deren spezielle Zwecke verborgen bleiben (3).
Obwohl der Europarat Kenntnis von der weitergehenden Normierung der OECD-Guidelines hatte, hielt er es gleichwohl nicht für notwendig, eine entsprechende Regelung in die Datenschutzkonvention aufzunehmen (4). Dies war aus einer Reihe von Gründen eine bedenkliche Entscheidung.
Der Schutz des einzelnen verlangt eine möglichst frühzeitige Aufklärung über den Zweck der Datenverarbeitung. Für eine betroffene Person kann es bedeutsam sein, daß sie schon bei Kundgabe der sie betreffenden personenbezogenen Daten weiß, was mit diesen Daten geschehen soll. Erhält der Betroffene erst nach der Erfassung der Daten Kenntnis von dem Verarbeitungszweck, droht die Gefahr, daß die Daten - trotz seiner u.U. berechtigten Einwände - auch im Falle einer unrechtmäßigen Datenerhebung verarbeitet werden. Mit dem Hinweis auf ihm zustehende Rechtsbehelfe ist dem Betroffenen nur unzureichend gedient, da zumindest bis zur Geltendmachung der Ansprüche Daten verarbeitet werden können und damit ein irreparabler Schaden eingetreten sein kann. Insoweit macht es schon einen Unterschied, ob die von einer Datenverarbeitung betroffene Person im Hinblick auf einen ihr bekannten Verarbeitungszweck entscheiden kann, ob sie personenbezogene Daten preisgibt, oder erst nachträglich Kenntnis davon erlangt, daß von ihr abgegebene Informationen möglicherweise für unrechtmäßige Zwecke verarbeitet werden.
Durch eine den OECD-Guidelines entsprechende Regelung hätten die aufgezeigten Probleme zugunsten eines präventiven Schutzes des einzelnen gelöst werden können. Die Aufklärung der betroffenen Personen schon zum Zeitpunkt des Sammelns der Daten ist ein wich-

----

(1) Council of Europe, Explanatory Report, Nr.41
(2) vgl. OECD-Guidelines, Explanatory Report, Nr.54; Becker: Harv.Int.L.J. 1981, S.243
(3) Becker: Harv.Int.L.J. 1981, S.243; Kirby: L.ComputerTechnol. Vol.12, No.3, 1979, S.60; Turn, in: Online - transnational data regulation, S.119
(4) vgl. das Expertenkommitee auf der vierten Sitzung vom 21.-25. Mai 1979

tiger Bestandteil eines wirksamen Datenschutzes. Grundsätzlich muß der einzelne in Kenntnis der mit einer Datenerhebung verfolgten Zwecke entscheiden können, ob und in welchem Umfang er personenbezogene Daten preisgibt. Natürlich muß es auch Ausnahmen von diesem Grundsatz geben, wenn höherrangige Interessen - etwa i.S.v. Art.9 Abs.2 der Konvention - eine andere Entscheidung verlangen. Ein sachlicher Grund für die in Art.5 b getroffene Einschränkung ist angesichts dieser Überlegungen nicht erkennbar.

C. Die Verwendung der Daten im Rahmen der festgelegten Zwecke

Der zweite in Art.5 b verankerte Grundsatz ist das sog. 'use limitation principle' (1). Personenbezogene Daten, die automatisch verarbeitet werden, dürfen nicht so verwendet werden, daß dies mit den (spätestens bei der Speicherung) festgelegten Zwecken unvereinbar ist. Dies ist ein allgemein anerkanntes Datenschutzprinzip (2), das grundsätzlich auf jede automatische Verarbeitung personenbezogener Daten Anwendung findet.
Ob die bundesdeutschen Datenschutzregelungen diese Voraussetzungen durchgehend erfüllen (3), muß bezweifelt werden. Der Zweckbindungsgrundsatz ist im Bereich der privaten Datenverarbeitung für eigene Zwecke (§§ 23-25 BDSG) sowie in einigen bereichsspezifischen Datenschutzvorschriften (4) zwar verwirklicht, aber die Vorschriften über die Verarbeitung im privaten Bereich für fremde Zwecke (§§ 32,33 BDSG) und im öffentlichen Bereich (§§ 8-12 BDSG) enthalten - abgesehen von einigen Ausnahmen - keine entsprechenden Regelungen. Gleichwohl stellt die Denkschrift zur Datenschutzkonvention fest, 'daß die Zweckbindung gespeicherter Daten sich letzten Endes nach der innerstaatlichen Regelung in den einzelnen Mitgliedsstaaten richtet'; die entsprechenden Bestimmungen des Datenschutzrechts in der Bundesrepublik Deutschland seien mit Art.5 b vereinbar (5).
Dem kann nicht gefolgt werden (6). Gerade bei der Beurteilung der Rechtmäßigkeit einer Datenverarbeitung im öffentlichen Bereich zieht das bundesdeutsche Datenschutzrecht andere als die von Art.5 b geforderten Kriterien heran. So stellt beispielsweise § 9 BDSG entscheidend auf die rechtmäßige Aufgabenerfüllung ab. Hier mag die Zweckbindung auch eine Rolle spielen, aber sie ist nicht von ausschlaggebender Bedeutung. In bestimmten Bereichen bleibt das bundesdeutsche Datenschutzrecht also hinter den Erfordernis-

----

(1) Eine entsprechende Regelung enthält Nr.9 der OECD-Guidelines.
(2) vgl. Nonnenmacher: Ann.A.A.A. La Haye, 1975/76, S.12; Kirby: Actes du Colloque international informatique et société, Vol.IV, 1980, S.172; Study Committee on the protection of privacy: DVR Band 12, 1983, S.151 f; Becker: Harv.Int.L.J. 1981 S.243
(3) so die Denkschrift zu dem Übereinkommen, BTDrucks 10/2118, S.19
(4) s. § 3 Melderechtsrahmengesetz
(5) s. Anm.3
(6) Hier zeigt sich wieder die im 3.Teil, § 1 angesprochene Problematik.

sen des Art.5 b des Übereinkommens zurück (1).
Inhaltlich ist die Bindung des Datenverarbeiters an den festgelegten Zweck ein wichtiger Gesichtspunkt auf dem Gebiet des Datenschutzes. Der von einer Datenverarbeitung Betroffene soll dann, wenn er personenbezogene Daten aus seinem Bereich freigibt, darauf vertrauen dürfen, daß die Daten nur im Rahmen des festgelegten, ihm bekannten Zweckes verarbeitet oder verwendet werden. Ohne seine Zustimmung dürfen personenbezogene Daten grundsätzlich nicht zur Verfolgung solcher Ziele verwendet werden, die mit dem ursprünglichen Zweck unvereinbar sind. Gerade dieser Begriff der "Unvereinbarkeit" offenbart erneut die Schwächen des Datenschutzabkommens, da er als Generalklausel Ansatzpunkte für eine Vielzahl von Auslegungsschwierigkeiten bietet.
Vorab muß festgehalten werden, daß sich eine Änderung des ursprünglichen Erhebungszweckes personenbezogener Daten grundsätzsätzlich ebenfalls an den in Art.5 b vorgeschriebenen Kriterien messen lassen muß. Aus diesem Grund muß der geänderte Zweck der Datei mit dem ursprünglichen Zweck vereinbar sein. Eine anderweitige Auslegung liefe dem Sinn des Art.5 b zuwider (2).
Die Grenzziehung zwischen einer Verwendung der Daten, die noch mit dem ursprünglichen Zweck vereinbar ist, und einer Verwendung, die damit bereits unvereinbar ist, kann recht schwierig sein. Aus der Konvention und dem dazu verfaßten Explanatory Report lassen sich keine Anhaltspunkte für eine Differenzierung entnehmen. Das Datenschutzabkommen muß sich im Rahmen der Minimalstandards mit allgemeinen Merkmalen wie der "Unvereinbarkeit des Verwendungszweckes" begnügen. Es kann keine konkreten, für alle Arten der automatischen Datenverarbeitung gleichermaßen verbindlichen Unterscheidungsmerkmale anbieten. Dies hängt mit der Verschiedenartigkeit der Zwecke zusammen, für die Daten automatisch gespeichert werden können. Die Konvention kann nur sicherstellen, daß Daten für solche Zwecke, die offensichtlich mit den ursprünglichen Zwecken keine Gemeinsamkeit aufweisen, nicht verwendet werden dürfen. Eine exakte, allgemein gültige Formulierung für alle Verarbeitungsbereiche kann sie nicht liefern.
Insoweit sind die bereichsspezifischen Empfehlungen des Europarates von Bedeutung. Sie setzen die allgemeine Forderung des Art.5 b jeweils in einem konkreten Bereich der Datenverarbeitung um. Damit legen sie auch fest, was innerhalb dieser Bereiche noch mit den ursprünglichen Zwecken vereinbar ist und was nicht mehr darunter fällt (3).
Vor allem den Bestrebungen, die aus Kostengründen oder Praktikabilitätserwägungen voneinander getrennte Datenbestände mit unterschiedlichen Zwecken - ohne die Personen, deren Daten verarbeitet werden, zuvor zu informieren - miteinander verbinden

----

(1) so auch der BfD im Zweiten Tätigkeitsbericht, 1980, BTDrucks 8/3570, S.75, und im Siebten Tätigkeitsbericht, 1985, BTDrucks 10/2777, S.94; Schomerus: ZRP 1981, S.293

(2) vgl. auch Seipel: TDR Vol.IV, No.1, 1981, S.40; Hondius, Emerging data protection in Europe, S.139 f; OECD-Guidelines, Explanatory Report, Nr.54

(3) s. Recommendation No.R (81) 1, Nr.5; Recommendation No.R (83) 1o, Nr.4; Draft Recommendation, CJ-PD (84) 4

oder vergleichen wollen, ist Einhalt zu gebieten. Diese Verfahren verstoßen möglicherweise dann gegen Art.5 b, wenn die Zusammenziehung der Daten zu Zwecken erfolgt, die mit dem Erfassungszweck unvereinbar sind (1). Ausnahmen sind ansonsten nur unter den in Art.9 Abs.2 genannten Gesichtspunkten möglich.

D. Die Aufbewahrung der Daten

Das in Art.5 e der Konvention geregelte 'storage limitation principle' stellt klar, daß personenbezogene Daten, die automatisch verarbeitet werden, so aufbewahrt werden müssen, daß der Betroffene nicht länger identifiziert werden kann, als es die Zwecke, für die sie gespeichert worden sind, erfordern.
Wie die Verwendung personenbezogener Daten muß sich auch die Aufbewahrung der Informationen, die eine natürliche Person identifizierbar machen, nach dem Zweckbindungsgrundsatz richten. Ein wirksamer Datenschutz verlangt, daß personenbezogene Daten, die ihren Zweck erfüllt haben, unabhängig davon, ob sie sachlich richtig oder unkorrekt sind (2), vernichtet oder jedenfalls in einem Maße 'anonymisiert' werden, daß eine Bestimmung des Datensubjektes nicht mehr möglich ist.
Die Speicherung von Daten über die Zweckerfüllung hinaus ist mit einigen Gefahren verbunden. Gelegentlich können Datenverarbeiter das Interesse und auch die Kontrolle an den Daten verlieren, die nicht mehr gebraucht werden (3). Es könnten beträchtliche Bestände an personenbezogenen Daten, etwa auf Magnetbändern oder Lochkarten, in Archiven verschwinden und in Vergessenheit geraten. Diese unkontrollierten Datenbestände erhöhen aber das Risiko unrechtmäßiger Maßnahmen, beispielsweise durch Wegnahme der Datenträger, durch unautorisiertes Kopieren dieser Datensammlungen oder durch eine spätere Verwendung der Daten seitens des Datenverarbeiters zu mit dem Speicherzweck nicht übereinstimmenden Zwecken.
Auch darf nicht übersehen werden, daß der Datenverarbeiter selbst möglicherweise ein Interesse daran haben kann, die ihm gelieferten personenbezogenen Daten auch über den konkreten Erhebungszweck hinaus aufzubewahren. So können die einem Unternehmen von einem Arbeitnehmer offenbarten persönlichen Informationen von dem Arbeitgeber auch noch nach Beendigung des Arbeitsverhältnisses - etwa zu statistischen Zwecken oder als Grundlage für künftige Personalentscheidungen - benutzt werden. Die in einer Kundendatei befindlichen personenbezogenen Daten können für ein Unternehmen auch noch nach Beendigung der vertraglichen Beziehung mit dem Kunden von Bedeutung sein. Derartige Daten und insbesondere die fixierten Gründe, die für die Entscheidung des Kunden oder des Unternehmens, das Vertragsverhältnis zu beenden, ausschlaggebend waren, können wertvolle Hinweise zur Verbesserung von Verkaufsstrategien und Marketing-Entscheidungen geben.
Aufgrund der damit verbundenen Gefahren für den einzelnen sollten

----

(1) s. auch Bull, Ziele und Mittel des Datenschutzes, S.44
(2) vgl. Hondius, Emerging data protection in Europe, S.118
(3) Focsaneanu: Clunet, 1982, S.87; OECD-Guidelines, Explanatory Report, Nr.54

die personenbezogenen Daten nach Erfüllung des Zweckes gelöscht (1), vernichtet oder "anonymisiert", d.h. so bearbeitet werden, daß eine Identifizierung des Betroffenen nicht mehr möglich ist (2). Das scheint auch durch den Wortlaut des Art.5 e bestätigt zu werden. Nach Ansicht des Europarates aber ist Art.5 e nicht so zu verstehen, daß die Daten von dem Namen der Person, auf die sie sich beziehen, unwiderruflich getrennnt werden sollen. Es sei nur erforderlich, die Möglichkeit zu beseitigen, "die Daten und die Identifikationsmerkmale leicht zu verknüpfen" (3). Unter welchen Voraussetzungen eine "Verknüpfung leicht möglich" ist, wird nicht geklärt.

Die Verfasser der Konvention wären mit der Regelung solcher Einzelheiten überfordert gewesen. Sie müssen sich aber fragen lassen, ob nicht eine Regelung, die die Datenverarbeiter zu einer unwiderruflichen Trennung von Information und Identifikationsmerkmalen verpflichtet hätte, zu einer besseren Lösung der anstehenden Probleme geführt hätte.

Hierfür sprechen zum einen die Gründe eines möglichst weitreichenden Datenschutzes des einzelnen. Dessen Rechte sind dann am besten geschützt, wenn eine Identifizierung nicht mehr möglich ist. Die von einer Datenverarbeitung betroffene Person kann darauf vertrauen, daß es ausgeschlossen ist, daß die von ihr preisgegeben Daten zu einem späteren Zeitpunkt ohne ihr Wissen zu anderen als den ihr bekannten Zwecken verwendet werden. Solange eine Verknüpfung der Daten und Identifikationsmerkmale, und sei es nur unter Aufwendung erheblicher Mittel und Kosten, droht, kann der Betroffene nicht sicher sein, daß seine Daten nicht mißbraucht werden können.

Auch vermindern sich durch die hier vorgeschlagene Auslegung die Interpretationsprobleme. Der Datenverarbeiter muß gewährleisten, daß eine Person, über die Daten gespeichert sind, nicht mehr bestimmt werden kann. Im Vergleich zu dem vom Europarat gewählten Unterscheidungskriterium dürften weit weniger Abgrenzungsschwierigkeiten zu erwarten sein.

Höherrangige Interessen, wie etwa die Sicherheit des Staates, die öffentliche Sicherheit oder eine wirksame Bekämpfung von Straftaten, sowie betroffene Rechte Dritter können u.U. ein Aufbewahren der personenbezogenen Daten über ihren Erhebungszweck hinaus rechtfertigen. Eine deratige Abweichung von Art.5 e wird aber auch von der Konvention in Art.9 Abs.2 vorgenommen (4). Damit können gewichtige Interessenskonflikte von den nationalen Gesetzgebern auch zum Nachteil der Datensubjekte gelöst werden. Darüber hinaus überwiegt aber das Recht des von der Datenverarbeitung Betroffenen gegenüber dem Interesse des Datenverarbeiters, die von ihm gespeicherten Daten in einer Form aufzubewahren, die eine Identifizierung wieder möglich macht. Der Wortlaut des Art.5 e sollte deshalb nicht in der vom Europarat vorgenommenen Weise interpretiert werden.

----

(1) so etwa Haeck: TDR, Vol.VII, No.5&6, 1984, S.344

(2) Jacqué: A.F.D.I. 1980, S.780; Seipel: TDR Vol.IV, No.1, 1981, S.40

(3) Council of Europe, Explanatory Report, Nr.42

(4) vgl. 3.Teil, § 7 II

Ausnahmen von dem in Art.5 e enthaltenen Grundsatz sind insbesondere aus Gründen der Statistik und der wissenschaftlichen Forschung zu machen. Diese rechtfertigen es ausnahmsweise (1), auch Daten in nicht anonymisierter Form aufzubewahren. Allerdings muß darauf geachtet werden, daß die Daten dann auch nur zu Statistik- und Forschungszwecken verwendet werden (2). Daten dürfen nicht nur aus wissenschaftlicher Neugierde gesammelt und gespeichert werden. Außerdem sind die Datenverarbeiter zu verpflichten, adäquate Sicherungsmaßnahmen im Soft- und Hardware-Bereich zu treffen (3).

III. Die inhaltliche Qualität der personenbezogenen Daten

Erst die Vorschriften des Art.5 c und d befassen sich im eigentlichen Sinne mit der Qualität der Daten. Beide stellen nämlich Mindestanforderungen an die Beschaffenheit der personenbezogenen Daten auf.

A. Die Bedeutung des Speicherzweckes für die verarbeiteten Daten

Art.5 c bestimmt, daß die personenbezogenen Daten, die automatisch verarbeitet werden, einmal den Zwecken entsprechen müssen, für die sie gespeichert worden sind, zum andern dafür erheblich sein müssen und schließlich nicht über den Speicherzweck hinausgehen dürfen. Art und Umfang der gespeicherten Daten werden also entscheidend von dem Zweck geprägt, für den die Informationen erfaßt worden sind. Nach ihm richtet sich in erster Linie der Maßstab für die Entscheidung der Frage, welche Daten für einen bestimmten automatischen Verarbeitungsvorgang gespeichert werden dürfen. Diese Erwägungen sind auch bei der Interpretation der in Art.5 c enthaltenen Begriffe von ausschlaggebender Bedeutung.
Automatisch verarbeitete Daten entsprechen dann den Zwecken, für die sie gespeichert worden sind, wenn sie hierfür geeignet sind (4). So dürften die anläßlich eines Kreditantrages verarbeiteten Daten über die Kreditfähigkeit des Antragsstellers, also etwa über Einkommen, Vermögen, Verbindlichkeiten oder Vorstrafen wegen Vermögens- oder Eigentumsdelikten, dem Zweck ihrer Speicherung entsprechen, was man hingegen von Angaben über bisherige Erkrankungen des Antragstellers nur bedingt sagen kann. Auch dürfte die Übermittlung einer nach Telefonnummern geordneten Adressenliste den Zwecken des Adressenhandels nicht entsprechen.
Erheblich für den Zweck, für den sie gespeichert worden sind, sind die Daten, die im Hinblick auf diesen Zweck wesentlich und relevant sind. Dies kann etwa bei der Speicherung von Telefonnummern im Zusammenhang mit einer Volkszählung verneint werden. Allerdings muß das nicht so sein. Ausschlaggebend ist der mit der Volkszählung beabsichtigte Zweck der Datenerfassung. Dieser kann gegebenfalls die Angabe der Telefonnummer erfordern, wenn mit der

----

(1) vgl. Recommendation No.R (83) 10, Nr.2.2
(2) vgl. Recommendation No.R (83) 10, Nr.4
(3) s. Recommendation No.R (81) 1, Nr.7.2; Draft Recommendation, CJ-PD (84) 4, Nr.9.3
(4) so auch Hondius, Emerging data protection in Europe, S.115

Volkszählung etwa auch der Zweck verfolgt wird, der Bundespost eine Überprüfung der Fernmeldeanschlüsse zu ermöglichen. Hier zeigt sich erneut, wie wichtig die exakte Festlegung des Zweckes einer Datenspeicherung ist (1).
Das Merkmal der 'Erforderlichkeit' dient vor allem dazu, den einzelnen vor den bereits an anderer Stelle erwähnten Gefahren durch große, ohne einen konkreten Zweck errichtete Datensammlungen zu schützen (2). Insoweit wird auch die Quantität der gespeicherten Daten limitiert. Dem Bestreben gewisser Datenverarbeiter, aus wirtschaftlichen oder praktischen Erwägungen möglichst viele Informationen zu speichern, wird eine im Interesse der betroffenen Personen notwendige Grenze gesetzt. Personenbezogene Daten dürfen über den konkreten Zweck hinaus, für den sie gespeichert worden sind, nicht verarbeitet werden.
Die den Vertragsstaaten durch Art.5 c auferlegten Verpflichtungen werden vom Europarat jetzt nach und nach im Hinblick auf die einzelnen Verarbeitungsbereiche konkretisiert (3). Der Empfehlungsentwurf zum Schutz personenbezogener Daten für die Zwecke der sozialen Sicherung drückt dies am deutlichsten aus. Nach Nr.3.1 dieses Entwurfes sollte die Beschaffung und Speicherung personenbezogener Daten für Zwecke der sozialen Sicherung auf dasjenige Maß beschränkt sein, das notwendig ist, um den Institutionen der sozialen Sicherung die Durchführung ihrer Aufgaben zu ermöglichen.

B. Die sachliche Richtigkeit der verarbeiteten Daten

Art.5 d verlangt von den Verarbeitern personenbezogener Daten, daß die verarbeiteten Daten sachlich richtig ('accurate', 'exactes') und wenn nötig auf den neuesten Stand gebracht ('kept up to date', 'mises a jour') sein müssen.
Die Aufnahme einer Norm diesen Inhalts in die Datenschutzkonvention war notwendig, um den einzelnen vor den mit einer Verarbeitung unrichtiger Daten verbundenen Gefahren wirksam zu schützen. Automatisch verarbeitete Daten tragen den Anschein besonderer Zuverlässigkeit in sich, so daß fehlerhafte Informationen in besonderem Maße Nachteile für den Betroffenen verursachen können. So können beispielsweise von Kreditsicherungsinstituten übermittelte fehlerhafte Informationen über die Kreditwürdigkeit einer Person dazu führen, daß dieser Person ein dringend benötigter Kredit nicht gewährt wird. Daraus können beträchtliche Schäden für den Antragsteller entstehen.
Sachlich unrichtig können auch solche Informationen sein, die unvollständig sind. Nr.8 der OECD-Guidelines verlangt sogar ausdrücklich, daß die personenbezogenen Daten sachlich richtig, vollständig ('complete') und auf den neuesten Stand gebracht sind. Aus einer dementsprechenden Vorschrift des Konventionsentwurfes des Directorate of Legal Affairs aus dem Jahre 1976 wurde später das Erfordernis der Vollständigkeit gestrichen, da die

----

(1) vgl. 3.Teil § 2 II, B
(2) vgl. 3.Teil § 2 II, D
(3) vgl. Recommendation No.R (81) 1, Nr.4.1.b; Draft Recommendation, CJ-PD (84) 4, Nr.3.1

Gremien des Europarates der Ansicht waren, diese Bestimmung stelle eine zu große Belastung für den Datenverarbeiter dar (1). Sie versetze die Individuen in die Lage, von dem Betreiber einer Datei auch nur unwesentliche Veränderungen des Datenbestandes verlangen zu können. Der Schutz des einzelnen sei durch andere Kriterien ausreichend gewährleistet.
Diese Entscheidung zugunsten der Datenverarbeiter kann jedoch nur dann akzeptiert werden, wenn die Auslegung anderer Bestimmungen des Art.5 einen zumutbaren Ausgleich im Interesse der Betroffenen zuläßt. Sachlich richtig ist ein 'unvollständiger' Datenbestand nur dann, wenn er aus sich heraus objektiv zutreffende Informationen vermittelt. Sind etwa weitere Angaben erforderlich, damit die verarbeiteten Informationen richtig verstanden werden können, so liegt ein Verstoß gegen Art.5 d vor. Somit kommt es entscheidend auf den konkreten Datenverarbeitungsvorgang und hier insbesondere auf den damit verfolgten Zweck an. Das Fehlen bestimmter Angaben kann für einige Empfänger ohne Bedeutung sein, bei anderen Empfängern wiederum zu Mißverständnissen führen (2). Beispielsweise ist die Weitergabe der Information, daß die geschiedene Ehefrau des von der Datenverarbeitung Betroffenen wieder geheiratet hat, grundsätzlich ohne Bedeutung. Übermittelt aber ein Kreditsicherungsinstitut einem Kreditunternehmen, bei dem der Betroffene einen Kreditantrag gestellt hat, diese Tatsache nicht, so kann das im Hinblick auf die mutmaßlichen Unterhaltszahlungen des Antragstellers an seine geschiedene Ehefrau zur Ablehnung des Kredites führen. Hier läge eine sachlich unrichtige, weil unvollständige Information vor.
Entsprechendes muß auch für die Verpflichtung des Datenverarbeiters gelten, die Daten auf dem neuesten Stand zu halten. Auch hier muß der konkrete Verarbeitungszweck entscheiden, wann es nötig ist, einen Datenbestand zu überprüfen. Die Kenntnis einer neuen Information ist nicht für jeden Verarbeitungsvorgang gleichermaßen notwendig. Allerdings wird man von einem Datenverarbeiter verlangen können, daß er die Richtigkeit seiner Datenbestände in periodischen Abständen auf sachliche Veränderungen hin überprüft (3).
Dies sollte aber unter Mitwirkung der betroffenen Personen stattfinden. Ein mit automatischen Mitteln durchgeführter, periodischer Vergleich mit anderen Datenbeständen kann nämlich u.U. Gegenteiliges bewirken. Sachlich richtige Dateien können dadurch unrichtige Informationen über bestimmte Personen erhalten. So muß die automatische Übernahme von Gerichtsentscheidungen oder von Entscheidungen von Vollstreckungsbehörden in die Dateien von Kreditsicherungsinstituten mit besonderer Vorsicht gehandhabt werden. Erforderlich wäre etwa ein Vermerk, ob die Entscheidungen in Rechtskraft erwachsen sind. Die Aufhebung solcher Entscheidungen

----

(1) so die von dem Expertenkommitee eingesetzte Arbeitsgruppe auf ihrer ersten Sitzung vom 14.-16. Februar 1977

(2) Karst: L.Contemp.Prob. Band 31, 1966, S.354

(3) Corell, Technological development and its consequences for data protection, Report to the XIV Colloquy on European Law, 1984, S.10; Iuco, in: Online - transnational data regulation, S.124;

in einem Rechtsbehelfsverfahren ist gerade für diese Dateien von erheblicher Bedeutung (1).
Nur wenn man in dieser Weise die Vorschrift des Art.5 d auslegt, wird man den Interessen der Datenverarbeiter und der betroffenen Personen gleichermaßen gerecht. Da auch hier der Zweck der Verarbeitung von entscheidender Bedeutung ist (2), sind zusätzliche Auslegungsprobleme im Rahmen des Art.5 d nicht zu erwarten.

----
(1) vgl. auch Forstmoser: SJZ 1974, S.219 f
(2) vgl. Recommendation No.R (81) 1, Nr.4.1.d

§ 3 Die Besonderheiten bei der Verarbeitung 'sensibler' Daten

I. Die Gründe für und gegen eine Sonderbehandlung 'sensibler' Datenarten im innerstaatlichen Recht

Schon mehrmals ist darauf hingewiesen worden (1), daß bei der automatischen Verarbeitung personenbezogener Daten letztendlich der konkrete Verarbeitungsvorgang und -zweck, und nicht etwa der Inhalt der betreffenden Daten über die Rechtmäßigkeit einer Maßnahme entscheidet. Dennoch hielten es die Verfasser der Konvention für angebracht, bestimmte Arten von Informationen ohne Rücksicht auf weitere Voraussetzungen zu schützen. Nach Art.6 des Abkommens dürfen personenbezogene Daten, welche die rassische Herkunft, politische Anschauungen oder religiöse oder andere Überzeugungen erkennen lassen, die Gesundheit und das Sexualleben betreffen, sowie personenbezogene Daten über Strafurteile nur automatisch verarbeitet werden, wenn das innerstaatliche Recht einen geeigneten Schutz gewährleistet.
Eine Vielzahl der europäischen Datenschutzregelungen enthalten inhaltlich vergleichbare, teilweise aber erheblich voneinander abweichende Sondervorschriften (2). Lediglich in den Datenschutzgesetzen der Bundesrepublik Deutschland und Österreichs fehlen entsprechende Bestimmungen (3). Auch die OECD-Guidelines verzichten auf einen ausdrücklichen besonderen Schutz bestimmter Datenarten. Dies wird im wesentlichen damit begründet, daß personenbezogene Daten aus sich heraus nicht besonders 'sensitiv' sind, dies aber durch eine bestimmte Verwendung werden können (4). Das Maß der 'Sensibilität' - und damit der konkreten Bedeutung für den Betroffenen - hänge von der Art der Verarbeitung oder des Gebrauchs der Daten sowie dem Zweck der Verwendung ab, nicht aber von der Beschaffenheit der Information als solcher. Daher sei eine Norm, die bestimmte Datenarten im besonderen schütze, eine untaugliche Maßnahme auf dem Gebiet des Datenschutzes. Auch sei zu beachten, daß in einigen Ländern personenbezogene Daten als besonders 'sensitiv' angesehen werden könnten, die in anderen

----

(1) vgl. insbesondere 3.Teil, § 2 II, B, C, III, A
(2) Dänemark, §§ 3 Abs.2 und 4 Abs.1 des Gesetzes über private Register und § 9 Abs.2 des Gesetzes über Behördenregister; Frankreich, Art.31; Großbritannien, Part I, Nr.2 Abs.3; Island, Art.4; Norwegen, §§ 6, 9, 16, 26; Schweden, § 4; vgl. auch Nr.3 Abs.2 der Draft Recommendation, CJ-PD (84) 4
(3) Obwohl das bundesdeutsche Datenschutzrecht im allgemeinen keine Differenzierung der personenbezogenen Daten nach dem Grad ihrer Empfindlichkeit kennt, stellt die Denkschrift zu dem Übereinkommen ohne weiteres fest, daß das innerstaatliche Datenschutzrecht die Anforderungen des Art.6 der Konvention verwirklicht (BTDrucks. 10/2118, S.19). Es wird lediglich darauf hingewiesen, daß solche Daten zunehmend durch bereichsspezifische Regelungen geschützt würden.
(4) s. OECD-Guidelines, Explanatory Report, Nr.50; Becker: Harv. Int.L.J. 1981, S.243, Anm.15; Seipel: TDR, Vol.IV, No.1, 1981, S.36

Staaten diese Bedeutung nicht hätten. Jene Staaten sähen wiederum andere Daten als besonders schutzwürdig an. Eine allgemeine Sonderstellung bestimmter Datenarten - wie in Art.6 - sei deshalb abzulehnen.
Obgleich den mit der Ausarbeitung der Konvention befaßten Gremien diese Stellungnahmen bekannt waren, hielten sie es im Rahmen des Datenschutzabkommens für unentbehrlich, die nationalen Gesetzgeber zu verpflichten, gewissen Datenarten ausdrücklich einen besonderen Schutz zukommen zu lassen. In Ausnahmefällen könne nämlich schon die Verarbeitung bestimmter Angaben an sich zu Verletzungen der Rechte und Interessen des einzelnen führen (1).
Dem Europarat ist insoweit zuzustimmen, daß die Verarbeitung einiger personenbezogener Daten - etwa die Speicherung von Informationen über politische Anschauungen oder religiöse Überzeugungen - für den einzelnen erhebliche Risiken in sich birgt. Geraten diese Angaben in 'falsche Hände', droht u.U. ein beträchtlicher Schaden. Aus diesem Grund ist es durchaus sinnvoll, wenn die nationalen Gesetzgeber von vorne herein verpflichtet sind, besondere Vorkehrungen zum Schutz dieser Daten zu treffen, um sicher zu stellen, daß sich die Gefahren für die Individuen nicht realisieren.
Spezielle Schutzvorschriften können dies bewirken. Sie erwecken bei den Datenverarbeitern zumindest ein Bewußtsein um die besondere Bedeutung, die bestimmten Informationen beigemessen werden muß.

II. Die Verwirklichung im innerstaatlichen Recht

Auf welche Weise das innerstaatliche Recht einen geeigneten Schutz der 'sensiblen' Datenarten i.S.v. Art.6 des Übereinkommens gewährleistet, bleibt ihm überlassen. Formellgesetzliche Vorschriften sind nicht erforderlich, auch Rechtsverordnungen, Verwaltungsrichtlinien oder andere Maßnahmen der Exekutive können ausreichen (2). Allerdings müssen sie verbindliche Regelungen enthalten (3) und tatsächlich den notwendigen Schutz für diese Daten sicherstellen.
Auslegungsprobleme sind in erster Linie im Hinblick darauf zu erwarten, unter welchen Bedingungen nationale Vorschriften einen 'geeigneten' Schutz 'sensibler' Daten darstellen (4). Dies kann durch eine allumfassende, allgemeingültige Formulierung nicht erreicht werden. Entscheidend ist auch hier der konkrete Verwendungszweck der Daten. Von ihm dürfte es entscheidend abhängen, unter welchen Voraussetzungen ein 'geeigneter' Schutz 'sensibler' Daten durch eine nationale Regelung gewährleistet ist. So stellt etwa eine zu Verwaltungszwecken angelegte Datensammlung einer Partei mit Angaben über die Parteimitglieder keine große Gefahr

----

(1) so Council of Europe, Explanatory Report, Nr.43; vgl. auch Hondius: NILR Band 30, 1983, S.116; Forstmoser: SJZ 1974, S.223
(2) Council of Europe, Explanatory Report, Nr.46
(3) Insoweit kann auf die Ausführungen zu 2.Teil, § 4 III Bezug genommen werden.
(4) vgl. auch Evans: New L.J. Band 13, 1980, S.1067

für diese dar. Der nationale Gesetzgeber muß jedoch dafür Sorge tragen, daß von den verantwortlichen Personen Maßnahmen ergriffen werden, die Unbefugten den Zugang zu diesen Daten ohne Zustimmung der betroffenen Parteimitglieder unmöglich machen.
Es zeigt sich, daß die Geeignetheitsprüfung sinnvollerweise für jeden Verarbeitungsvorgang gesondert vorgenommen werden sollte. Dadurch kann festgestellt werden, ob ein nationaler Gesetzgeber den Begriff der Geeignetheit mit den ihm zur Verfügung stehenden innerstaatlichen Mitteln in ausreichendem Maße berücksichtigt hat. Es muß aber unabhängig davon, auf welche Weise und in welchem Umfang die einzelnen in Art.6 genannten sensitiven Datenarten im nationalen Recht der jeweiligen Staaten geschützt werden, gewährleistet sein, daß die mit der Verarbeitung dieser Informationen verbundenen Gefahren beachtet werden, und daß der Inhalt der Datenschutzregelungen demnach den einzelnen vor drohenden Schäden wirksam bewahrt. Versteht man Art.6 des Übereinkommens so, wird verhindert, daß der weite Spielraum, der dem nationalen Recht durch den Begriff der 'Geeignetheit' des Schutzes eingeräumt wird, zu einer gefahrvollen Einengung des Individualschutzes führt.
Der Wortlaut der Datenschutzkonvention läßt erkennen, daß das innerstaatliche Recht die Verarbeitung der 'sensitiven' Daten untersagen kann, aber nicht muß (1). Durch ein Verarbeitungsverbot wäre dem Individualschutz zwar am ehesten gedient, als generelle Forderung im Rahmen des Abkommens wäre eine solche Extremlösung aber ein unangemessenes Mittel zur Erreichung eines effektiven Individualschutzes. Vielmehr sprachen gute Gründe dafür, die Verarbeitung 'sensibler' Daten in gewissem Umfang und zu einem bestimmten Zweck zuzulassen. So wäre es unsinnig, etwa einer politischen Partei oder einer Religionsgemeinschaft die Speicherung von Informationen über ihre Mitglieder zu verbieten (2). Zur Erfüllung bestimmter, genau umrissener Aufgaben kann es durchaus zweckmäßig sein, auch 'sensible' Daten zu verarbeiten (3). Jedoch müssen von dem Datenverarbeiter dann besondere Vorkehrungen im Hinblick auf einen möglichen Mißbrauch dieser Daten getroffen werden. So ist Art.6 der Datenschutzkonvention zu verstehen.
Bedenken ergeben sich aber daraus, daß Art.6 die besonderen Regelungen erst für den ersten automatischen Verarbeitungsvorgang fordert (4). Das manuelle Sammeln der Daten - wie auch alle sonstigen manuellen Verarbeitungsschritte - fallen nicht unter den Anwendungsbereich der Norm. Dies mag die konsequente Fortsetzung des in Art.2 c der Konvention verankerten Ausschlusses des Beschaffungsvorganges aus dem Geltungsbereich des Übereinkommens sein. Wenn man aber die Begründungen der Europaratsgremien zu

----

(1) vgl. Hondius: NILR Band 30, 1983, S.116; Jacqué, Les droits de l'homme et le développement de l'informatique en Europe, in: Gedächtnisschrift Sasse II (1981), S.921
(2) s. auch Bull, Ziele und Mittel des Datenschutzes, S.40
(3) vgl. Hondius, Emerging data protection in Europe, S.121
(4) Focsaneanu: Clunet 1982, S.83; Wochner, Der Persönlichkeitsschutz im grenzüberschreitenden Datenverkehr, S.253

Art.2 c und Art.6 (1) miteinander vergleicht, zeigt sich ein Widerspruch in der Arumentation.
Als Grund für den generellen Ausschluß der Datenbeschaffung wird angeführt, daß die Konvention nur automatische Verarbeitungsvorgänge erfasse, die Beschaffung jedoch im allgemeinen manuell vorgenommen werde, so daß dem einzelnen keine besonderen Gefahren drohten (2). Gerade dies ist aber nach Auffassung der Europaratsgremien bei 'sensiblen' Daten anders. Denn die besonderen Schutzmaßnahmen für bestimmte Datenarten wurden deshalb für notwendig erachtet, weil deren Verarbeitung an sich schon zu Verletzungen der Rechte und Interessen der Individuen führen könne (3). Dann verlangt aber doch ein wirksamer Individualschutz die Einbeziehung des Datensammelns sensibler Daten, da schon in dem Augenblick, in dem der Betroffene die Informationen aus seinem Bereich preisgibt, die Rechtsverletzungen drohen. Die von den Verfassern der Konvention angeführte Rechtfertigung für die Schaffung des Art.6 hätte also viel eher für die Einbeziehung der Beschaffung der sensiblen Daten gesprochen.
Eine Ausnahmeregelung - wie etwa Art.5 a des Abkommens - wäre auch den bedrohten Interessen des einzelnen besser gerecht geworden. Allerdings wäre dann denjenigen Staaten, deren Datenschutzgesetze die personenbezogenen Daten nur bei automatischen Verarbeitungsverfahren und damit i.d.R. erst mit der Speicherung schützen, der Zugang zu dem Abkommen erschwert worden. Es ist daher anzunehmen, daß sich im Wortlaut des Art.6 wiederum die engen Grenzen widerspiegeln, die einem wirksamen und vollständigen Datenschutz durch das politisch Machbare und Durchsetzbare gesetzt wurden.

III. Der Umfang der zu schützenden 'sensiblen' Daten

Im Hinblick auf das Ausmaß der personenbezogenen Daten, die eines besonderen Schutzes durch das innerstaatliche Recht bedürfen, gab es unter den Mitgliedstaaten des Europarates teilweise Meinungsverschiedenheiten. Zwar war man sich weitgehend darüber einig, daß Daten, die rassische Herkunft sowie politische oder religiöse Anschauungen erkennen lassen, eines besonderen Schutzes durch das nationale Recht bedürften, hinsichtlich anderer Datenkategorien waren die Auffassungen jedoch geteilt (4).
So wurde ein belgischer Vorschlag (5), personenbezogene Daten, die die Mitgliedschaft in einer Gewerkschaft betreffen, in Art.6 aufzunehmen, im Jahre 1980 im Expertenkommitee mit knapper Mehr-

----

(1) Council of Europe, Explanatory Report, Nr.31 und 43
(2) vgl. insoweit 2.Teil, § 5 II, A, 1, b
(3) Council of Europe, Explanatory Report, Nr.43
(4) s. Hondius, Internationale Aspekte des Persönlichkeitsschutzes im öffentlichen Bereich, in: Datenschutz; Probleme, Beispiele, Grundsätze, Erfahrungen, 1982, S.93; Karpenstein, Zur Zuständigkeit der Europäischen Gemeinschaften auf dem Gebiet des Datenschutzes, in: Gedächtnisschrift Sasse II (1981), S.895
(5) Der Vorschlag wurde unterstützt von den Experten aus Italien, Frankreich und der Türkei.

heit abgelehnt (1). Auch Daten über Alkoholmißbrauch sollten nach Ansicht einiger Mitgliedstaaten ausdrücklich in den Schutzbereich des Art.6 aufgenommen werden, während andere Staaten dies nicht für notwendig erachteten (2).
Schließlich einigte man sich auf einen Minimalkonsens. Art.6 zählt die Datenkategorien auf, die in allen Mitgliedstaaten als sensitiv und besonders schutzwürdig betrachtet werden (3). Im übrigen steht es den Vertragsstaaten frei, weitere Datenarten im innerstaatlichen Recht in besonderem Maße zu schützen. Dies ergibt sich aus Art.11 des Übereinkommens.

A. Daten über Rasse, politische Anschauungen und religiöse Überzeugungen

Schon früh waren sich die mit der Verabschiedung der Konvention befaßten Gremien darüber einig, daß personenbezogenen Daten, die die rassische Herkunft, politische Anschauungen sowie religiöse oder andere Überzeugungen erkennen lassen, im innerstaatlichen Recht ein besonderer Schutz zukommen muß (4). Deshalb enthielten sämtliche Konventionsentwürfe seit dem auf der vierten Sitzung der Arbeitsgruppe vom 10.-12. Mai 1978 verfaßten Entwurf eine entsprechende Regelung. Innerhalb der Staaten des Europarates herrschte auch Einverständnis darüber, daß der Schutz der Daten, die die Rasse, politische Anschauungen sowie religiöse oder andere Überzeugungen erkennen lassen, auch den Schutz der Informationen über die Tätigkeiten mit umfaßt, die sich aus diesen Anschauungen und Überzeugungen ergeben (5).

B. Daten, die die Gesundheit oder das Sexualleben betreffen

Im Gegensatz zu der ersten Gruppe der 'sensitiven' Daten bestand innerhalb des Expertenkommitees lange Unklarheit darüber, ob auch personenbezogene Daten, die die Gesundheit oder das Sexualleben betreffen, durch das nationale Recht besonders geschützt werden sollten (6). In den Konventionsentwürfen bis zum Jahre 1979 (7)

----

(1) Auf der Sitzung des Expertenausschusses vom 22.-24. April 198o waren acht Mitglieder gegen eine Aufnahme der Angaben über die Gewerkschaftszugehörigkeit in Art.6 der Konvention, sechs waren für eine Aufnahme, und drei enthielten sich der Stimme.
(2) s. <u>Hondius</u>, Internationale Aspekte des Datenschutzes im öffentlichen Bereich, in: Datenschutz; Probleme, Beispiele, Grundsätze, Erfahrungen, 1982, S.93
(3) vgl. Council of Europe, Explanatory Report, Nr.43
(4) so die von dem Expertenkommitee eingesetzte Arbeitsgruppe auf ihrer ersten Sitzung vom 14.-16. Februar 1977 sowie das Expertenkommitee selbst auf seinem dritten Treffen vom 16.-19. Oktober 1978
(5) Council of Europe, Explanatory Report, Nr.44
(6) s. etwa die Diskussion der vom Expertenkommitee eingesetzten Arbeitsgruppe auf deren Sitzung vom 17.-19. Januar 1978
(7) so zuletzt der vom Expertenkommitee auf der vierten Sitzung vom 21.-25. Mai 1979 verabschiedete Entwurf

fehlte eine entsprechende Vorschrift. Sie wurde erst im Jahre 1980 - auf einen belgischen Vorschlag (1) - in die Konvention aufgenommen. Dem ging eine eingehende Prüfung durch den Sachverständigenausschuß voraus.
In diesem Zusammenhang ist von Bedeutung, daß das Expertenkommitee neben der Arbeitsgruppe, die den Entwurf der Datenschutzkonvention entwerfen sollte, eine zweite Arbeitsgruppe eingesetzt hatte, die eine gesonderte Empfehlung auf dem Gebiet automatischer medizinischer Datenbanken entwerfen sollte. Das Ergebnis dieser Arbeiten wurde am 23. Januar 1981, einige Tage vor der Datenschutzkonvention, verabschiedet (2). Die Empfehlungen zu medizinischen Datenbanken nehmen direkten Bezug auf Art.6 der Konvention (3).
Allerdings geht die Regelung des Art.6 weiter als der von der Empfehlung geregelte Bereich. Diese ist die erste vom Europarat verabschiedete bereichsspezifische Empfehlung auf dem Gebiet des Datenschutzes und schützt personenbezogene Daten nur in einem speziellen Verarbeitungssektor. Es werden lediglich personenbezogene Daten in medizinischen Datenbanken geschützt, nicht aber Angaben über den Gesundheitszustand von Personen in 'nicht-medizinischen' Dateien, wie beispielsweise in Datensammlungen einer Krankenversicherung oder der Personalabteilung eines Unternehmens (4). Der Begriff des Art.6 umfaßt hingegen alle Informationen über den früheren, gegenwärtigen und zukünftigen körperlichen oder seelischen Gesundheitszustand einer kranken, gesunden oder verstorbenen Person (5). An einem umfangreichen Schutz dieser Daten vor einem eventuellen Mißbrauch besteht ein beträchtliches Interesse der betroffenen Personen. In ihrem Interesse liegt die weite Auslegung des Begriffes des Gesundheitszustandes. Insbesondere sind auch Daten über Alkoholmißbrauch oder Drogenkonsum personenbezogene Daten, die die Gesundheit betreffen (6).

C. Daten über Strafurteile

Über das besondere Schutzbedürfnis der Informationen, die einen Bezug zwischen einer Person und einem Strafurteil herleiten, war man sich innerhalb der mit der Ausarbeitung des Abkommens befaßten Gremien schnell einig (7). Seit 1978 enthalten alle Konventionsentwürfe eine entsprechende Klausel. Strafurteile i.S.v. Art.6 sind aufgrund des Strafrechtes und im Rahmen eines

----

(1) auf der Sitzung des Expertenkommitees vom 22.-24. April 1980
(2) Council of Europe, Recommendation No.R (81) 1
(3) Recommendation No.R (81) 1, Explanatory Memorandum, Nr.23
(4) s. Recommendation No.R (81) 1, Explanatory Memorandum, Nr.23
(5) Council of Europe, Explanatory Report, Nr.45
(6) Council of Europe, Explanatory Report, Nr.45; vgl. auch Hondius, Internationale Aspekte des Datenschutzes im öffentlichen Bereich, in: Datenschutz; Probleme, Beispiele, Grundsätze, Erfahrungen, 1982, S.94
(7) so etwa die Arbeitsgruppe auf ihrer dritten Sitzung vom 17.-19. Januar 1978 oder der Expertenausschuß auf seiner vierten Sitzung vom 21.-25 Mai 1979

Strafverfahrens zustande gekommene Verurteilungen (1). Darunter fallen also weder andere strafrechtliche Verfahrensbeendigungen, wie Bußgeldbescheide oder Einstellungsverfügungen, noch alle zivil- oder verwaltungsrechtlichen Entscheidungen. Nach Auffassung des Europarates kommt den darin enthaltenen Informationen nicht die besondere Schutzbedürftigkeit der personenbezogenen Daten in Strafurteilen zu.

D. Weitere besonders 'sensible' Daten

Neben den in Art.6 der Konvention aufgezählten Datenkategorien können die Vertragsstaaten auch andere Datenarten im innerstaatlichen Recht einem besonderen Schutz unterstellen. Art.6 enthält keine erschöpfende Regelung (2). Weitere Verarbeitungsverbote oder -beschränkungen werden durch Art.11 der Konvention gestattet (3). Diese Ausnahmeregelung berücksichtigt, daß nicht alle europäischen Staaten dieselben Datenarten als besonders schützenswert erachten (4).
Über den in Art.6 aufgeführten Minimalkonsens hinaus hängt der Grad der 'Sensitivität' von Datenarten entscheidend von dem rechtlichen und soziologischen Gefüge des betreffenden Staates ab (5). Darauf ist es wohl auch zurückzuführen, daß Informationen über die Gewerkschaftszugehörigkeit nicht in den Katalog des Art.6 aufgenommen wurden. In einigen Staaten - etwa in Frankreich - birgt die Verarbeitung dieser Daten für den einzelnen die gleiche Gefahr wie die Verarbeitung von Informationen, die eine politische Anschauung erkennen lassen. Mit der Angabe der Gewerkschaftszugehörigkeit wird zugleich erkennbar, welcher politischen Anschauung die betreffende Person nahesteht, da viele politische Organisationen eigene Gewerkschaftsverbände haben (6). In anderen

----

(1) Council of Europe, Explanatory Report, Nr.47
(2) Council of Europe, Explanatory Report, Nr.48
(3) Council of Europe, Explanatory Report, Nr.48; Jacqué: A.F.D.I. 1980, S.781
(4) So werden beispielsweise über das von Art.6 geforderte Mindestmaß hinaus besonders geschützt: Angaben über die Gewerkschaftszugehörigkeit (in Luxemburg: Art.15 Abs.2 und in Frankreich: Art.31 Abs.1), Daten über philosophische Ansichten (in Luxemburg: Art.15 Abs.1 a und in Frankreich: Art.31 Abs.1), Angaben über Verfahren nach dem Ausländergesetz (in Schweden: § 4) und Informationen über familiäre Angelegenheiten, über Verwandtschaftsverhältnisse, Familienstand, oder Güterstandsvereinbarungen zwischen Ehegatten (in Norwegen: §§ 9, 6, 16, 26).
(5) Council of Europe, Explanatory Report, Nr.48; s. auch Alpa: Foro it. 1981, Part V, S.30; Wochner, Der Persönlichkeitsschutz im grenzüberschreitenden Datenverkehr, S.252
(6) so auch die Begündung der von dem Expertenausschuß eingesetzten Arbeitsgruppe auf ihrer dritten Sitzung vom 17.-19. Januar 1978; vgl. auch Buguicchio, Aspetti internationali della protezione dei dati: Il ruolo svolto dal Consiglio d'Europa, in: Matteuci, Nicola: Privacy e banche dei dati, 1981, S.74

Staaten - etwa der Bundesrepublik Deutschland - kann aus dem Umstand der Gewerkschaftszugehörigkeit einer Person ein derartiger Schluß hingegen nicht gezogen werden, so daß ein ausdrücklicher besonderer Schutz dieser Angaben nicht erforderlich ist. Im übrigen wird ein besonderer Schutz für Informationen über die Gewerkschaftszugehörigkeit jedenfalls dann durch Art.6 der Konvention gefordert, wenn die Daten in Verbindung mit politischen oder religiösen Anschauungen stehen und deshalb solche Überzeugungen erkennen lassen (1).

IV. Kritische Würdigung des Art.6

Aus der Sicht des mit der Datenschutzkonvention verfolgten Harmonisierungsgedankens ist Art.6 der Konvention eine problematische Vorschrift. Natürlich kann diese Norm nicht für jeden Einzelfall bestimmen, in welchen Verarbeitungsvorgängen ein konkretes Schutzbedürfnis für bestimmte Datenarten besteht, oder in welchem Umfang und auf welche Weise dieser Schutz bewerkstelligt werden soll. Das kann mit 'minimum rules' nicht erreicht werden. Auch dürfte die allgemeine Fassung der Vorschrift einer Subsumtion einzelner Informationen unter die Datenkategorien des Art.6 keine allzu großen Schwierigkeiten bereiten, sondern dem eher entgegenkommen.

Erhebliche Probleme sind jedoch hinsichtlich der mitunter sehr bedeutungsvollen Feststellung zu erwarten, unter welchen Bedingungen ein innerstaatliches Recht für 'sensitive' Daten einen geeigneten Schutz gewährleistet. Denn bei der Auslegung der 'Geeignetheit' spielen die jeweiligen politischen oder persönlichen Auffassungen der Personen oder Institutionen, die mit der Beantwortung dieser Fragen befaßt werden, eine entscheidende Rolle. Ob ein Vertragsstaat einen geeigneten Schutz gewährt, kann etwa von einer den Datenexport in einen anderen Staat überprüfenden Behörde anhand der von ihr für wichtig erachteten Kriterien oder der im internen Recht üblicherweise herangezogenen Bewertungsmaßstäbe untersucht werden. Unkenntnis oder falsche Bewertung der Datenschutzbestimmungen im Importland können schwerwiegende Folgen haben. Gelangt die betreffende Behörde etwa zu der Auffassung, daß ein gleichwertiger Datenschutz im Importland nicht vorliegt, kann sie den Datenexport gem. Art.12 Abs.3 a beschränken oder sogar verbieten.

Zusätzliche Probleme werden dadurch aufgeworfen, daß besondere Datenarten über den in Art.6 geregelten Bereich hinaus im nationalen Recht besonders geschützt werden können (2). Wird dieses Recht von einzelnen Vertragsstaaten in Anspruch genommen, so drohen ebenfalls Beeinträchtigungen des grenzüberschreitenden Datenverkehrs. Diejenigen Vertragsstaaten, die über das von Art.6 geforderte Maß hinaus besondere Schutzvorschriften für andere Datenkategorien verabschiedet haben, sind nämlich nach Art.12 Abs.3 a dazu berechtigt, den Datenexport in solche Vertragsstaaten, die einen gleichwertigen Datenschutz nicht vorsehen, zu ver-

----

(1) vgl. Council of Europe, Explanatory Report, Nr.48
(2) s. Art.11: 3.Teil, § 8

bieten oder von einer besonderen Genehmigung abhängig zu machen (1). Andererseits können diejenigen Vertragsstaaten, die Art.6 der Konvention ohne Einschränkungen anwenden, den grenzüberschreitenden Datenfluß in die Vertragsstaaten, die aus den in Art.9 Abs.2 aufgeführten Gründen von den Anforderungen des Art.6 abweichen, gem. Art.12 Abs.3 a ebenfalls begrenzen (2).

----

(1) Council of Europe, Explanatory Report, Nr.69
(2) vgl. 3.Teil, § 7 II und 4.Teil, § 4 I, B

§ 4 Der Grundsatz der Datensicherung

I. Allgemeines

Mit den von den nationalen Datenschutzregelungen zu gewährleistenden Sicherungsmaßnahmen auf dem Gebiet der automatischen Datenverarbeitung befaßt sich Art.7 des Übereinkommens. Die Vorschrift bestimmt, daß für den Schutz personenbezogener Daten, die in automatisierten Dateien gespeichert sind, geeignete Sicherungsmaßnahmen gegen die zufällige oder unbefugte Zerstörung, gegen den zufälligen Verlust sowie den unbefugten Zugang, gegen unbefugte Veränderung oder unbefugtes Bekanntgeben getroffen werden müssen. Damit verpflichtet die Konvention die Vertragsstaaten, einerseits Maßnahmen zum Schutz der Soft- und Hardware zu ergreifen, andererseits Bestimmungen zur Kontrolle der Personen, die Zugang zu den personenbezogenen Daten haben, zu treffen (1). Hierunter fällt auch die Überwachung eventueller Geheimhaltungspflichten des Datenverarbeitungspersonals (2).

II. Die Notwendigkeit dieser Regelung

Die in automatischen Dateien gespeicherten Daten müssen aus ganz verschiedenen Gründen gesichert werden (3). Zunächst müssen Einwirkungen durch zufällige Ereignisse, wie Feuer, Überschwemmungen, Stromausfälle, technische Pannen in der Hardware oder Fehler in den Programmen einkalkuliert werden. Ferner muß mit Eingriffen von unbefugten Dritten wie auch von Personen, die mit der Verarbeitung der Daten befaßt sind, gerechnet werden. Denkbar sind die vorsätzliche oder fahrlässige Zerstörung der Einrichtungen oder Anlagen, bewußte oder unbewußte Einwirkungen auf Computerprogramme sowie deren Verwendung zur Begehung strafbarer Handlungen. Schließlich können durch den Zugang unbefugter Personen zu den Datenbeständen oder durch die unrechtmäßige Bekanntgabe von personenbezogenen Angaben erhebliche Schäden für die betroffenen Personen verursacht werden.
Aufgabe der nationalen Gesetzgeber muß es sein, all diese Eingriffe und Einwirkungen zu verhindern. Den Datenverarbeitern müssen also durch die innerstaatliche Rechtsordnung entsprechende Pflichten auferlegt werden. Durch konkrete Maßnahmen muß sichergestellt werden, daß die personenbezogenen Daten ausreichend geschützt sind.

----

(1) so die vom Expertenkommitee eingesetzte Arbeitsgruppe auf ihrer ersten Sitzung vom 14.-16. Februar 1977
(2) vgl. die vom Expertenkommitee eingesetzte Arbeitsgruppe auf ihrer ersten Sitzung vom 14.-16. Februar 1977; s. auch OECD-Guidelines, Explanatory Memorandum, Nr.56
(3) s. Corell, Technological development and its consequences for data protection, Report to the XIV Colloquy on European Law, 1984, S.12, 22; Hondius, Emerging data protection in Europe, S.182 f; Seidel, Datenbanken und Persönlichkeitsrecht, S.172 ff; Turn, in: Online - transnational data regulation, S.125 f;

Als Vorgaben hierzu dienen die allgemein gehaltenen Begriffe des Art.7 der Konvention. Die Bestimmung bietet Anhaltspunkte dafür, welche Gefahren für die Dateien bei der Wahl der Sicherungsmaßnahmen berücksichtigt werden müssen. Unter 'zufälliger oder unbefugter Zerstörung' ist vor allem die Unbrauchbarmachung von Datenverarbeitungsanlagen zu verstehen. Darunter fallen aber auch die bewußte oder unbewußte unrechtmäßige Vernichtung der Datenbestände. 'Zufälliger Verlust' meint demgegenüber insbesondere das unabsichtliche Löschen von Daten (1). Maßnahmen gegen 'unbefugten Zugang' sind solche, die nichtberechtigten Personen sowohl den Zugang zu den Verarbeitungsanlagen als auch den Zugriff auf die darin gespeicherten Daten verwehren sollen (2). Unter 'unbefugten Veränderungen' sind insbesondere zu Unrecht erfolgte, verändernde Eingriffe in die Soft- oder Hardware, aber auch in die gespeicherten Daten unmittelbar zu verstehen. Eine 'unbefugte Bekanntgabe' liegt dann vor, wenn Informationen an eine nichtberechtigte Person weitergegeben werden, bzw. solchen Personen die Möglichkeit gewährt wird, die Daten einzusehen.
Die zu ergreifenden Maßnahmen i.S.v. Art.7 können ganz unterschiedlich sein. In Betracht kommen beispielsweise physische Schutzvorkehrungen - wie besonders gesicherte Türen oder spezielle Erkennungskarten für die Personen, die Zugang zu den Verarbeitungsanlagen und -einrichtungen haben -, ferner organisatorische Maßnahmen - wie Vorschriften über den berechtigten Zugang zu Dateien, die Verpflichtung des Datenverarbeitungspersonals zur Verschwiegenheit (3) und die Überwachung des Personals - und schließlich technische Hilfsmittel - wie die Verschlüsselung der Daten und die Erschwerung des Zuganges durch Kennwörter oder andere Software-Befehle.
In Anbetracht der Vielfalt möglicher Maßnahmen begnügten sich die nationalen Gesetzgeber bisher damit, in allgemeiner Form von den Datenverarbeitern zu verlangen, daß diese wirksame Vorkehrungen auf dem Gebiet der Datensicherung treffen (4). Der inhaltliche Umfang der nationalen Normen, der teilweise sogar noch allgemeiner als der des Art.7 gehalten ist, läßt bereits erkennen, welche Schwierigkeiten eine konkrete Normierung auf dem Gebiet der Datensicherung bereitet.

----

(1) s. hierzu auch OECD-Guidelines, Explanatory Memorandum, Nr.56
(2) so Nr.13 des Explanatory Reports des im Jahre 1976 von dem Directorate of Legal Affairs vorgelegten Konventionsentwurfes
(3) Ebenso können andere zugangsberechtigte Personen zur Verschwiegenheit verpflichtet werden. Zu Recht fordert z.B. Nr.8 der Empfehlung über 'regulations for medical data banks', Recommendation No.R (81) 1, die Auferlegung von Verschwiegenheitspflichten auch für die Ärzte und die Organe der Gesundheitsfürsorge, die Einblick in Dateien mit personenbezogenen Daten nehmen können.
(4) vgl. Bundesrepublik Deutschland: § 6; Dänemark: § 12 des Gesetzes über Behördenregister und § 6 Abs.4 des Gesetzes über private Register; Frankreich: Art.29; Island: Art.7 Abs.1; Luxemburg: §§ 26 Abs.2, 27; Norwegen: § 24; Österreich: Art.2, § 21

III. Der Wortlaut des Art.7

Eine allumfassende und zugleich konkrete Regelung war im Rahmen der Konvention nicht möglich. Hierfür sind mehrere Gründe verantwortlich. Zum einen mußte eine flexible Regelung geschaffen werden, die auch neue technologische Entwicklungen im Bereich der Datenverarbeitung berücksichtigen konnte. Gerade in den letzten Jahren hat beispielsweise die Benutzung von Computern zur Begehung von Straftaten rapide zugenommen. Auch hat sich die technische Entwicklung entscheidend verlagert. Dezentralisierte Datensysteme haben Zentralcomputer abgelöst (1). In diesem Zusammenhang entstehen völlig neue Sicherungsprobleme durch den Datenzugriff über weit voneinander entfernte Terminals oder durch die Kommunikation zwischen verschiedenen Datennetzen.
Da sich insoweit auch stets die Gefahren für die personbezogenen Daten verändern, mußte ein rechtlicher Rahmen geschaffen werden, der flexibel genug ist, von den Datenverarbeitern geeignete Schutzmaßnahmen auch im Hinblick auf technische Neuerungen fordern zu können (2). Eine solche Regelung gewährleistet, daß eine Fülle unterschiedlichster Datenverarbeitungsvorgänge erfaßt werden kann. Das ist auch notwendig, da jeder einzelne Verarbeitungsvorgang gegenüber anderen Datenverarbeitungen ganz unterschiedliche Maßnahmen zur Gewähr einer größtmöglichen Datensicherung erfordern kann (3).
So werden das Ausmaß sowie die Art und Weise der zu ergreifenden Schutzvorkehrungen entscheidend abhängen von der Menge der gesammelten Daten, von deren 'Sensibilität', dem Zweck der Verarbeitung, dem Umfang des Datensystems oder von den zu erwartenden Gefahren (4). Diese Faktoren bestimmen letztendlich, in welcher Zusammensetzung die aufgezeigten Schutzmaßnahmen konkret einen bestmöglichen Datenschutz gewährleisten. Deshalb sind für jede Datei spezifische Datensicherungsmaßnahmen zu ergreifen (5). In diesem Kontext sind auch die bereits durch andere Vorschriften der Konvention geforderten Maßnahmen des Individualschutzes von ausschlaggebender Bedeutung. So ist die Dauer der Speicherung ebenfalls als Beurteilungskriterium heranzuziehen, da die Gefahr für den einzelnen umso geringer ist, je kürzer die personenbezogenen Daten aufbewahrt werden (6). Auch verlangen besonders 'sensitive' Daten einen noch umfangreicheren Schutz als andere

----

(1) vgl. Simitis: TDR Vol.VIII, No.2, 1985, S.96
(2) vgl. Council of Europe, Explanatory Report, Nr.49; Wochner, Der Persönlichkeitsschutz im grenzüberschreitenden Datenverkehr, S.253
(3) s. auch Corell, Technological development and its consequences for data protection, Report to the XIV Colloquy on European Law, 1984, S.22; Turn, in: Online - transnational data regulation, S.125 ff
(4) Council of Europe, Explanatory Report, Nr.49; Weise: DuD 1985, S.141
(5) Hondius spricht in diesem Zusammenhang zu Recht von 'maßgeschneiderten Datensicherungsmaßnahmen' (Hondius, Emerging data protection in Europe, S.183).
(6) s. 3.Teil, § 2 II, D

Informationen (1).
Auf die Vielzahl der verschiedenartigen Datensicherungsaufgaben in zum Teil völlig unterschiedlichen Datenverarbeitungsprozessen ist es auch zurückzuführen, daß noch nicht einmal Standardlösungen für die einzelnen Verarbeitungsbereiche vorgegeben werden konnten. Das Expertenkommitee legte auch ausdrücklich Wert auf die Feststellung, daß Art.7 Maßnahmen ('measures') und nicht Standards auf dem Gebiet der Datensicherung festlegen soll (2). Im übrigen fehlt einer Lösung im letzteren Sinne, die ohnehin wegen des Fehlens allgemeingültiger internationaler Standards im Bereich der Datensicherung zur Zeit nicht realisiert werden kann (3), ebenso die nötige Flexibilität (4). Daß auch innerhalb der einzelnen Verarbeitungsbereiche eine spezifische, alle Einzelfälle erfassende Bestimmung über die zu ergreifenden Sicherungsmaßnahmen nicht sinnvoll ist, belegen die allgemein gehaltenen Formulierungen der speziellen Datenschutzresolutionen des Europarates (5).
Die in Art.7 der Konvention vorgelegte Regelung stellt dem Datenverarbeiter einen weiten Spielraum zur Verfügung, um die Anforderungen der Konvention (bzw. der nationalen Gesetze) im Bereich der Datensicherung zu verwirklichen (6). Dies war aus den genannten Gründen unvermeidbar. Das kann jedoch wiederum nicht bedeuten, daß die Datenverarbeiter bei der Wahl der Schutzvorkehrungen völlig freie Hand haben.

IV. Die Problematik 'geeigneter' Sicherungsmaßnahmen

Immerhin sind die Datenverarbeiter verpflichtet, durch 'geeignete' Maßnahmen den in Art.7 umrissenen Gefahren vorzubeugen. Das bedeutet vorab, daß nur solche Maßnahmen in Betracht kommen, die nach der spezifischen Funktion der Datei ausgerichtet worden sind und die damit konkrete, in Bezug auf die jeweilige Datensammlung typischerweise auftretende Gefahren wirksam bekämpfen können (7). Unklar ist aber, ob Art.7 verlangt, daß die bestmögliche Form der Datensicherung auch dann gewählt werden muß, wenn dies mit außerordentlich hohen, den erstrebten Nutzen kaum rechtfertigenden Kosten verbunden ist. Der Wortlaut der amtlichen deutschen Übersetzung spricht von 'geeigneten' Maßnahmen (8). Als eine solche könnte man auch eine mit unvertretbar hohen Kosten verbundene Sicherungsvorkehrung verstehen.
Auch das Heranziehen des englischen und französischen Originaltextes kann nicht zu einer abschließenden Klärung der Frage beitragen, da die entsprechenden Begriffe 'appropriate' bzw. 'approprié' sich als ebenso unergiebig wie der deutsche Terminus

----

(1) s. 3.Teil, § 3
(2) auf der zweiten Sitzung vom 26.-29. September 1977
(3) s. Turn, in: Online - transnational data regulation, S.125 ff
(4) Weise: DuD 1985, S.140 f
(5) s. Recommendation No. R (81) 1, Nr.8; Recommendation No. R (83) 1o, Nr.7; Draft Recommendation, CJ.PD (84) 4, Nr.7
(6) Das bemängelt Evans (Am.J.Comp.L. Vol.29/1981, No.2, S.579).
(7) Council of Europe, Explanatory Report, Nr.49
(8) vgl. die amtliche deutsche Übersetzung, BTDrucks 10/2118, S.9

'geeignet' erweisen. Jedoch kann die Entwicklung des Wortlautes des Art.7 während der Beratungen der Expertengremien gewisse Anhaltspunkte dafür liefern, welche Interpretation dem Willen der Verfasser der Konvention am ehesten gerecht wird.
Der im Jahre 1976 vom Directorate of Legal Affairs vorgelegte Konventionsentwurf verlangte lediglich eine vernünftige, zumutbare ('reasonable') Datensicherung (1). Dies wurde im wesentlichen damit begründet, daß außerordentlich scharfe Sicherungsvorkehrungen interessierte Personen von einem durchaus sinnvollen Einsatz von Computern abschrecken könnten (2). Später wurde von einigen Experten sogar vorgeschlagen, den Kosten-Nutzen-Aspekt ausdrücklich in der Konvention oder dem dazugehörenden Explanatory Report zu fixieren (3). Nach deren Ansicht sollten die Sicherungsmaßnahmen und die damit verbundenen Kosten im Hinblick auf den Verarbeitungszweck vernünftig, angemessen ('reasonable') sein.
Gleichwohl ist der Ausdruck 'reasonable' durch den engeren Begriff 'appropriate' ersetzt worden, was dafür spricht, daß die 'ökonomische' Ansicht sich im Expertenkommitee nicht hat durchsetzen können. Vielmehr ist anzunehmen, daß in dieser Änderung des Wortlautes der Wille der Expertenmehrheit verkörpert ist, der Kostenumfang (4) solle bei der Datensicherung grundsätzlich kein zu berücksichtigender Faktor sein (5).
Dieser Standpunkt ist zu begrüßen. Prinzipiell muß der Datenverarbeiter doch deshalb für einen bestmöglichen Schutz der Daten sorgen, da er die betroffenen Personen erst in eine Situation bringt, in der sie besonderen Risiken ausgesetzt werden. Dann ist es aber auch gerechtfertigt, daß er - wenn nötig - sogar dazu verpflichtet werden muß, Maßnahmen zu ergreifen, die aus seiner Sicht wirtschaftlich nicht vertretbar sind. In der Auslegung des Begriffes der 'Geeignetheit' muß dem Datenschutz eindeutig Vorrang vor subjektiven wirtschaftlichen Einschätzungen eingeräumt werden.
Damit wird gleichermaßen mißbräuchlichen oder laxen Verfahrensweisen vorgebeugt sowie verhindert, daß den Datenverarbeitern allein die Entscheidung überlassen wird, unter welchen Voraussetzungen sie eine bestmögliche Sicherung noch akzeptieren, und wann wirtschaftliche Gesichtspunkte wieder den Ausschlag für eine anderweitige Entscheidung geben. Der Umfang der 'geeigneten' Sicherungsmaßnahmen muß daher allein nach dem Maßstab ausgerichtet werden, der durch die möglichen Gefahren für das Individuum und den konkreten Verarbeitungszweck objektiv gefordert wird.

----

(1) Art.2 Abs.2 g dieses Entwurfes
(2) vgl. Explanatory Report zu diesem Entwurf, Nr.14
(3) so insoweit das Expertenkommitee auf seiner zweiten Sitzung vom 26.-29. September 1977
(4) Darunter fallen insbesondere Investitionskosten und laufende Unterhaltungskosten.
(5) Demgegenüber vertreten Hondius (Emerging data protection in Europe, S.183 f) und Wochner (Der Persönlichkeitsschutz im grenzüberschreitenden Datenverkehr, S.253) den Standpunkt, daß von den Datenverarbeitern prinzipiell keine unvertretbaren Vermögensopfer verlangt werden dürfen.

V. Kritik an der Regelung des Art.7

Wenn man die Notwendigkeit einer allgemein gehaltenen Formulierung des Art.7 auch hinnehmen muß, so muß andererseits festgestellt werden, daß der Individualschutz in einer Hinsicht einer ungerechtfertigten Einschränkung durch die Konvention unterliegt. Das ist darauf zurückzuführen, daß Art.7 geeignete Sicherungsmaßnahmen erst ab dem Zeitpunkt der Speicherung in automatisierten Dateien verlangt. Bis zu diesem Moment müssen die Datensammler - wie im übrigen die Verantwortlichen von rein manuellen Datensammlungen während der gesamten Datenverarbeitung - keine besonderen Schutzvorkehrungen nach Art.7 vornehmen. Diese Einschränkung ist nicht gerechtfertigt (1), denn die Daten sind den Gefahren durch zufällige Ereignisse oder ein unrechtmäßiges Eingreifen Dritter schon von dem Augenblick an ausgesetzt, in dem sie von der betreffenden Person preisgegeben werden. Insoweit hätte man auch im Hinblick auf den Beschaffungsvorgang adäquate Sicherungsmaßnahmen fordern müssen.
Allerdings wären dann die Staaten, die den Datenschutz auf automatische Datenverarbeitungsvorgänge beschränken, bei der Ratifizierung der Konvention auf Schwierigkeiten gestoßen, da sie die Erfordernisse des Art.7 nicht voll verwirklicht hätten. Auch hier wirkt sich die bereits mehrfach angesprochene politische Kompromißlösung des Europarates zulasten eines umfangreichen Individualschutzes aus.

----

(1) so auch <u>Eocsaneanu</u>: Clunet, 1982, S.90

§ 5 Der Grundsatz der Beteiligung der betroffenen Personen

I. Allgemeines

Kernstück der Datenschutzprinzipien ist Art.8 der Konvention (1). Diese Vorschrift verpflichtet die nationalen Gesetzgeber, der von einer Datenverarbeitung betroffenen Person die Möglichkeit zu gewähren, ihre Interessen gegenüber den automatisierten Dateien zu wahren und durchzusetzen. Aus diesem Grund müssen die innerstaatlichen Normen Regelungen enthalten, die den Individuen subjektive Rechte zur Wahrung ihrer Interessen einräumen. Art.8 konkretisiert vier verschiedene Ansprüche. Die betroffene Person muß

1. Kenntnis von dem Vorhandensein einer automatisierten Datensammlung erlangen können (Art.8 a),
2. Auskunft hinsichtlich des in einer automatisierten Datei über sie gespeicherten Datenbestandes erhalten können (Art.8 b),
3. die Berichtigung bzw. Löschung unrichtiger oder zu Unrecht gespeicherter Daten erwirken können (Art.8 c) und
4. einen Rechtsbehelf ergreifen können, wenn einem der vorstehenden Begehren nicht entsprochen wird (Art.8 d).

Diese Rechte können jedoch nicht unmittelbar aus Art.8 hergeleitet werden, da die Konvention ein 'non-self-executing-Abkommen' darstellt, das lediglich die Umsetzung der von ihm geforderten Mindestvoraussetzungen von den einzelstaatlichen Rechtsordnungen verlangt (2). Erst aus den dies berücksichtigenden, konkreten innerstaatlichen Regelungen können sich unmittelbar Ansprüche für die Individuen ergeben (3).

II. Das Recht, Kenntnis von der Existenz einer automatisierten Datei zu erlangen

A. Die Notwendigkeit dieser Regelung

Das in Art.8 verankerte Publizitätsprinzip ('openess principle') fordert, daß jedermann die Möglichkeit haben muß, 'das Vorhandensein einer automatisierten Datei/Datensammlung mit personenbezogenen Daten, ihre Hauptzwecke sowie ihre Bezeichnung und den gewöhnlichen Aufenthaltsort oder den Sitz des Verantwortlichen für die Datei/Datensammlung festzustellen'. Hauptzweck dieser Regelung ist es, die Errichtung geheimer Datenbestände zu verhindern (4). Aus diesem Grund enthielten einzelne Konventionsentwürfe sogar eine ausdrückliche Vorschrift, die die Vertragsstaaten verpflichtete, eine automatische Datenverarbeitung auf ihrem Territorium solange nicht zuzulassen, bis der Verantwortliche der Da-

----

(1) s. das Expertenkommitee auf der zweiten Sitzung vom 26.-29. September 1977
(2) vgl. insoweit die Ausführungen in 2.Teil, § 4 II
(3) Council of Europe, Explanatory Report, Nr.50
(4) so das Expertenkommitee auf seiner vierten Sitzung vom 21.-25. Mai 1979

tei bezeichnet worden ist (1).
Letztlich war das Expertenkommitee von der Notwendigkeit dieser Norm jedoch nicht überzeugt, so daß sie aus der Endfassung der Konvention gestrichen wurde. Man war der Auffassung, die Gefahr geheimer Datenbestände sei durch die jetzige Regelung des Art.8 a in ausreichendem Maße gebannt, die Bestimmung gewährleiste, daß die Identität des Verantwortlichen jederzeit offenbart werden könne (2).
Für den einzelnen ist es besonders wichtig, die Existenz einer Datei mit personenbezogenen Daten feststellen zu können. Die Kenntnis vom Vorhandensein einer automatisierten Datensammlung und von der Identität des für sie Verantwortlichen sind nämlich die Voraussetzungen dafür, daß der Betroffene die ihm zustehenden Auskunfts- und Berichtigungsrechte überhaupt geltend machen kann (3). Ohne Kenntnis davon, ob, in welchem Umfang und von wem personenbezogene Daten verarbeitet werden, ist die Verwirklichung der übrigen Rechte, die dem Betroffenen zur Verfügung stehen, nicht möglich (4).

B. Die Arten der Kenntniserlangung

Art.8 a ist eine sehr allgemein gehaltene Vorschrift. Sie sagt nichts darüber aus, auf welche Weise die nationalen Regelungen den betroffenen Personen die Möglichkeit einer Kenntnisnahme gewähren sollten. Mit der unbestimmten Formulierung nahmen die Verfasser der Konvention Rücksicht auf die zum Teil erheblich voneinander abweichenden innerstaatlichen Bestimmungen im Bereich der von Art.8 a behandelten Problematik (5).

1. Die Benachrichtigung durch den Datenverarbeiter

Eine Reihe nationaler Regelungen verpflichtet die Datenverarbeiter, selbst die von der Datenverarbeitung betroffenen Personen zu benachrichtigen. Dies gilt beispielsweise in der Bundesrepublik Deutschland grundsätzlich für die erstmalige Datenspeicherung im nicht-öffentlichen Bereich (6) oder in Dänemark für Kreditaus-

----

(1) So etwa Art.3 Abs.2 d des Konventionsentwurfes, der nach der vierten Sitzung vom 10.-12. Mai 1978 der von dem Expertenkommitee eingesetzten Arbeitsgruppe von dem Directorate of Legal Affairs ausgearbeitet wurde.
(2) so das Expertenkommitee auf der vierten Sitzung vom 21.-25. Mai 1979
(3) s. die Ergebnisse der ersten Sitzung der vom Sachverständigenausschuß eingesetzten Arbeitsgruppe vom 14.-16. Februar 1977
(4) vgl. die OECD-Guidelines, Explanatory Memorandum, Nr.57
(5) so das Expertenkommitee schon auf der zweiten Sitzung vom 26.-29 September 1977; vgl. auch Council of Europe, Explanatory Report, Nr.51
(6) Vgl. die §§ 26 Abs.1 und 34 Abs.1 des Bundesdatenschutzgesetzes, die aber beide eine Ausnahme von der Benachrichtigungspflicht für den Fall vorsehen, daß der Betroffene auf andere Weise Kenntnis von der Speicherung erlangt hat.

kunftsbüros bei der Speicherung bestimmter Datenarten (1). Die Mitteilungspflicht wird den Datenverarbeitern jedoch nur in Ausnahmefällen auferlegt, da der damit verbundene Kosten- und Verwaltungsaufwand lediglich ausnahmsweise gerechtfertigt ist. Eine generelle Informationspflicht des Datenverarbeiters wäre unzumutbar, zumal seitens des Betroffenen oftmals ein entsprechendes Aufklärungsbedürfnis nicht vorhanden ist (2).

2. Die Auskunft nach Anfrage der betroffenen Personen

Im Gegensatz zu den eben genannten Vorschriften bestimmt das nationale Recht gelegentlich, daß dem Betroffenen nur auf einen von ihm gestellten Antrag hin Auskunft über die zu seiner Person gespeicherten Daten erteilt werden muß. Dieses Auskunftsrecht wird von Art.8 b des Abkommens geregelt.

3. Die öffentliche Bekanntmachung der Datenverarbeitung

Grundsätzlich sind die Datenverarbeiter nach den einzelstaatlichen Gesetzen dazu verpflichtet, über die von ihnen geführten Datensammlungen öffentlich Rechenschaft abzulegen. Zweck einer solchen Regelung soll es sein, zulasten der Individuen und zugunsten der Datenverarbeiter entstehende Ungleichgewichte auszugleichen. Durch die Offenbarungsspflicht wird letzteren die Möglichkeit genommen, "geheime Datensammlungen" anzulegen. In welcher Weise dieser Pflicht genügt werden muß, wird im nationalen Recht sehr unterschiedlich geregelt.
Teilweise müssen die Datenverarbeiter nach dem ersten Speichervorgang in amtlichen Veröffentlichungsblättern Angaben über die von ihnen vorgenommenen Datenverarbeitungen machen (3). Art.8 des luxemburgischen Datenschutzrechtes verlangt sogar, daß dem Staat unterliegende Datenbanken mit personenbezogenen Daten nur aufgrund eines Gesetzes oder einer großherzoglichen Verordnung eingerichtet und betrieben werden dürfen. Im übrigen werden von den Datenschutzbehörden (4) Register über die datenverarbeitenden Stellen geführt, in die die jeweils betroffene Person Einsicht nehmen kann (5).

----

(1) § 10 Abs.1 des Gesetzes über private Register
(2) s. Hondius, Emerging data protection in Europe, S.153
(3) Dies wird für bestimmte öffentlich-rechtliche Dateien von § 12 Abs.1 des bundesdeutschen Datenschutzgesetzes, Art.3 (e) Nr.4 des United States Privacy Act sowie § 51 des Canadian Human Rights Act gefordert.
(4) Datenschutzbehörden können im staatlichen Verwaltungsaufbau integrierte oder aber rechtlich verselbständigte Behörden sein (vgl. hierzu etwa Burkert: Computer L.J. Vol.III, 1981, S.176 ff; Gliss: TDR, Vol.V, No.6, 1982, S.304), die grundsätzlich weisungsfrei und unabhängig sind. Dies ist notwendig, da sie auch Verarbeitungsvorgänge im öffentlichen Bereich überwachen, und somit Konflikte mit übergeordneten Behörden entstehen könnten.
(5) vgl. Bing: CompLYB Vol.2, 1978, S.176; Hondius: Stan.J.Int.L. Band 16, 1980, S.101

In diese Register werden diejenigen Verarbeiter aufgenommen, die der ihnen durch das nationale Recht auferlegten Anmeldungs- oder Genehmigungspflicht nachgekommen sind. Einige Regelungen verpflichten die Datenverarbeiter, die beabsichtigte Einrichtung eines Datenverarbeitungssystemes zunächst genehmigen zu lassen (1). Eine Datenverarbeitung ohne diese Genehmigung wäre rechtswidrig. Andererseits lassen es die internen Vorschriften in vielen Fällen ausreichen, daß der Datenverarbeiter die geplante Errichtung einer Datenverarbeitungsanlage bei der zuständigen Datenschutzbehörde lediglich anmeldet (2).

C. Die Gründe für die allgemeine Regelung des Art.8 a

In Anbetracht dieser unterschiedlichen innerstaatlichen Regelungssysteme, die teilweise schon in Gesetzesform zum Zeitpunkt der Beratungen der Europaratsgremien vorlagen bzw. als Entwürfe vorhanden und daher dem Expertenausschuß bekannt waren, kann der allgemeine Wortlaut des Art.8 a nicht überraschen. Im Sachverständigenausschuß herrschte Übereinstimmung darüber, daß es nicht sinnvoll sei, im Rahmen des Art.8 a in einem Katalog konkrete Maßnahmen aufzuzählen, die dem Betroffenen die Möglichkeit der Kenntnisnahme zusichern, und die von den einzelstaatlichen Vorschriften erfüllt werden sollten.
Gegen eine solche Lösung sprachen mehrere Erwägungen. Zum einen war es wegen der Vielfalt der innerstaatlichen Regelungen unmöglich, im Rahmen der Konvention eine Art Musterbestimmung zu verabschieden. Eine derartige Modellösung wäre auf den Widerstand derjenigen nationalen Gesetzgeber gestoßen, deren internes Recht mit diesem Modell nicht in Einklang stünde. Denn diese hätten sich wohl wegen der mitunter tiefgreifenden Änderungen des 'Verwaltungsapparates' und der dadurch entstandenen beträchtlichen Kosten geweigert, ihr eigenes, teilweise mit hohem Personal- und Kostenaufwand betriebenes Datenschutzsystem auf ein anderes Verfahren zur Sicherung der Kenntnisnahme von der Existenz einer Datei umzustellen.
Zum anderen ist die Verabschiedung eines allumfassenden Kataloges, der alle denkbaren nationalen Regelungen berücksichtigt, auch ein ungeeignetes Mittel, um die Rechte des einzelnen sicherzustellen. In Anbetracht der unterschiedlichen nationalen Datenschutzvorschriften besteht die Gefahr, daß dieser Katalog

----

(1) Dänemark: §§ 4 Abs.1, 6 Abs.1 und 7 Abs.1 des Gesetzes über Behördenregister, § 3 Abs.3 des Gesetzes über private Register; Frankreich: Art.15 Abs.1; Großbritannien: Part II, Nr.5; Luxemburg: Art.4; Norwegen: §§ 9, 14, 25, 31, 36; Schweden: § 2; s. auch Nr.17 der Zweiten Entschließung des Europäischen Parlamentes zum Schutze der Rechte des einzelnen angesichts der fortschreitenden technischen Entwicklung auf dem Gebiet der Datenverarbeitung vom 9. März 1982

(2) Bundesrepublik Deutschland: § 19 Abs.4 Satz 3; Dänemark: §§ 8, 20 Abs.1 des Gesetzes über private Register; Frankreich, Art.16; Österreich: Art.2, § 8; Schweden: § 2 a; s. auch Nr.17 der Zweiten Entschließung des Europäischen Parlamentes vom 9. März 1982

mit jeder neuen Regelung auf dem Gebiet des Datenschutzes unvollständig werden kann. Auch liefe eine derartige Bestimmung dem Bestreben nach Rechtsvereinheitlichung zuwider, denn sie fördert sogar - ebenso wie ein Abkommen ohne eine dahingehende Norm - verschiedene Modelle der Kenntniserlangung.
Aus diesen Gründen entschied sich das Expertenkommitee schon früh dafür, daß die Konvention lediglich eine allgemein formulierte Forderung enthalten sollte, die es den nationalen Gesetzgebern überläßt, auf welche Weise diese den Betroffenen es ermöglichen sollten, das Vorhandensein einer automatisierten Datensammlung feststellen zu können (1).
Immerhin müssen die nationalen Gesetzgeber sicherstellen, daß dem Betroffenen die Möglichkeit der Kenntnisnahme - auf welchem Weg auch immer - offen steht. Ob dies im Wege einer unmittelbaren Benachrichtigung durch den Datenverarbeiter, einer öffentlichen Bekanntmachung bzw. Registrierung oder durch eine Mitteilung auf Antrag hin geschieht, ist, aus der Sicht des Datensubjektes gesehen, zwar nicht gleichgültig, da der letztere Weg ein selbständiges Tätigwerden des Betroffenen erforderlich macht. Man wird jedoch nicht sagen können, daß der in Art.8 a aufgestellte Minimalkonsens einseitig zulasten der von einer Datenverarbeitung betroffenen Personen erreicht wurde. Er stellt vielmehr einen gerechten Ausgleich zwischen den wirtschaftlichen Interessen der Datenverarbeiter und dem Informationsbedürfnis der betroffenen Personen dar.
Die vom Europarat gewählte Formulierung gewährt den nationalen Gesetzgebern eine angemessene Entscheidungsfreiheit, wenn diese aufgrund der mittlerweile gesammelten Erfahrungen im Bereich der Datenverarbeitung ihr internes Recht umstrukturieren wollen. Der technische Fortschritt im Bereich der Datenverarbeitung erfordert auch eine ständige Weiterentwicklung der nationalen Datenschutzregelungen. So ist man in Schweden - einem Land, dessen Datenschutzgesetz ein ausgeprägtes System an Genehmigungsverfahren vorgesehen hatte - mittlerweile weitgehend vom Lizensierungszwang abgekommen. Die Erfahrungen des schwedischen 'Data Inspection Board' haben gezeigt, daß die Aufrechterhaltung eines strikten Genehmigungssystemes aufgrund der ständig steigenden Zahl der Genehmigungsverfahren auf erhebliche Schwierigkeiten stößt (2), und daß in vielen Fällen eine Anzeige über die Errichtung einer Datenverarbeitungsanlage ausreicht (3). Aus diesem Grund wurde das schwedische Datenschutzgesetz entsprechend geändert (4). Dies hat aber im Hinblick auf die Übereinstimmung des schwedischen Datenschutzrechts mit den Forderungen des Art.8 a keine Konsequenzen, da auch das geänderte schwedische Datenschutzgesetz noch gewährleistet, daß ein Betroffener Kenntnis von der Existenz vor-

----

(1) so der Expertenausschuß auf seiner zweiten Sitzung vom 26.-29. September 1977
(2) vgl. Corell, Technological development and its consequences for data protection, Report to the XIV Colloquy on European Law, 1984, S.13
(3) s. Corell, in: Council of Europe, Camera dei Deputati, S.100
(4) vgl. BfD, Fünfter Tätigkeitsbericht, 1983, BTDrucks 9/2386, S.116

handener Dateien erhalten kann (1).
Durch die von Art.8 a vorgeschlagene Lösung sind nationale Gesetzgeber in der Lage, entsprechend den eigenen innerstaatlichen Bedürfnissen durch variable, auf die einzelnen Datenverarbeitungszweige besonders zugeschnittene Regelungen in allen Gebieten der Datenverarbeitung einen gerechten Ausgleich zwischen den spezifischen Interessen der Datenverarbeiter und denen der betroffenen Individuen herzustellen. So beinhaltet beispielsweise das Bundesdatenschutzgesetz einige voneinander abweichende Möglichkeiten der Kenntnisnahme. Teilweise muß der Betroffene unmittelbar von dem Datenverarbeiter benachrichtigt werden (2), teilweise sind die Datenverarbeiter verpflichtet, ihre Datensammlungen anzumelden (3) oder in bestimmten Veröffentlichungsblättern bekanntzugeben (4).

D. Der Umfang des Art.8 a

Wenn es Art.8 a auch den nationalen Gesetzgebern überläßt, wie sie das Recht des einzelnen auf Kenntnisnahme von der Existenz einer Datei in den internen Rechtsordnungen verwirklichen, so beschreibt diese Norm doch ziemlich genau, welche Kenntnisse durch das nationale Recht vermittelt werden müssen. Neben der Bekanntgabe der Existenz einer Datensammlung mit personenbezogenen Daten ist vor allem die Mitteilung des gewöhnlichen Aufenthaltsortes oder Sitzes des Verantwortlichen der Datei von erheblicher Bedeutung. Denn die Feststellung der Identität des Verantwortlichen ist eine wichtige Voraussetzung dafür, daß eine betroffene Person die in Art.8 b-d geregelten Ansprüche überhaupt geltend machen kann.

E. Der Verantwortliche für die Datei/Datensammlung

Von besonderer Wichtigkeit ist in diesem Zusammenhang der Begriff des Verantwortlichen für die Datei/Datensammlung ('controller of the file', 'maître du fichier') (5). Nach der Legaldefinition des Art.2 d des Übereinkommens ist darunter jede natürliche oder juristische Person, jede Behörde, Einrichtung oder andere Stelle zu verstehen, 'die nach dem innerstaatlichen Recht zuständig ist, darüber zu entscheiden, welchen Zweck die automatisierte Datei/Datensammlung haben soll, welche Arten personenbezogener Daten gespeichert und welche Verarbeitungsverfahren auf sie angewendet werden sollen'.
Letztendlich enthält also das einzelstaatliche Recht die maßgeblichen Vorschriften darüber, wer für eine Datei verantwortlich ist (6). Die Datenschutzkonvention liefert lediglich die zur Be-

----

(1) s. § 6 a des schwedischen Datenschutzgesetzes
(2) §§ 26 Abs.1, 34 Abs.1 des Bundesdatenschutzgesetzes
(3) § 19 Abs.4 Satz 3 des Bundesdatenschutzgesetzes
(4) § 12 Abs.1 Satz 1 des Bundesdatenschutzgesetzes
(5) Er wird im bundesdeutschen Recht durch den Begriff 'speichernde Stelle' ersetzt (s. die Denkschrift zum Übereinkommen des Europarates, BTDrucks 10/2118, S.19).
(6) Council of Europe, Explanatory Report, Nr.32

stimmung des Verantwortlichen heranzuziehenden Kriterien, mit deren Hilfe das nationale Recht die zuständige Person bestimmen muß. Wie die unter Beachtung des Art.2 d ermittelte Stelle konkret ausgestaltet wird, ist Sache des innerstaatlichen Gesetzgebers. Zieht man jedoch die nationalen Regelungen heran, so muß man feststellen, daß diese Normen, sofern überhaupt eine entsprechende Regelung besteht (1), i.d.R. noch allgemeiner als Art.2 d des Übereinkommens formuliert worden sind. In einer Vielzahl von Datenschutzvorschriften fehlt eine Definition völlig (2). Für diese Staaten liefert Art.2 d Auslegungskriterien bei der Beantwortung der Frage, welche Gesichtspunkte bei der Identifizierung des Verantwortlichen von Bedeutung sind.
Der Verantwortliche muß gem. Art.2 d konkrete Entscheidungsbefugnisse hinsichtlich der betreffenden Datei haben. Ihm obliegt die Entscheidungsgewalt darüber, zu welchem Zweck eine Datensammlung angelegt wird, welche Datenarten in der Datei gespeichert werden und auf welche Weise die Daten verarbeitet werden. Der Verantwortliche entscheidet also über all die im Zusammenhang mit der Errichtung und Leitung einer Datei wichtigen Fragen. Das unterscheidet ihn von anderen, am Datenverabeitungsprozeß beteiligten Personen.
Damit wird klargestellt, daß das Personal, das aufgrund der Weisungen eines anderen Datenverarbeitungen vornimmt, nicht als Verantwortlicher i.S.d. Konvention anzusehen ist (3). Solchen Personen fehlt es an der begriffsnotwendigen Entscheidungsbefugnis. Sie führen lediglich die Anweisungen des Verantwortlichen für die Datei aus (4).
Auch sog. Serviceunternehmen, die Datenverarbeitungen als Dienstleistungen anbieten, fallen grundsätzlich nicht unter den Begriff des Art.2 d. Denn sie führen Datenverarbeitungen regelmäßig im Auftrag und nach Weisung ihrer Kunden aus. Letztere entscheiden darüber, welche Datenbestände dem Serviceunternehmen zur Verarbeitung übergeben werden. Onstad hat dieses Verhältnis sehr anschaulich mit der Beziehung zwischen einer Bank und einem Kunden verglichen, der ein Schließfach mietet (5). Nur der Bankkunde kann den Inhalt des Schließfaches kontrollieren und bei Bedarf jederzeit verändern. Die Bank trägt lediglich die Verantwortung für die äußere Sicherheit des Schließfaches. Ebenso kann ein Serviceunternehmen auf dem Gebiet der automatischen Datenverarbeitung lediglich für die äußere Sicherheit der Datenbestände verantwortlich gemacht werden. Dagegen bleibt die i.S.v. Art.2 d ausschlaggebende Entscheidungsgewalt über die verarbeiteten Daten bei den Auftraggebern (6). Gleiches gilt für diejenigen Stellen, die - wie etwa die Deutsche Bundespost - gegen Entgelt ihre Lei-

----

(1) vgl. etwa Bundesrepublik Deutschland: § 2 Abs.3 Nr.1; Großbritannien: Part 1, Nr.1 Abs.5; Luxemburg: Art.2; Österreich: Art.2, § 3 Nr.3; Schweden: § 1
(2) so in Dänemark, Frankreich, Island, Norwegen
(3) Council of Europe, Explanatory Memorandum, Nr.32
(4) so die vom Expertenkommitee eingesetzte Arbeitsgruppe auf der zweiten Sitzung vom 1.-3. Juni 1977
(5) s. Onstad, in: Online - transnational data regulation, S.285
(6) so auch Onstad, in: OECD ICCP 1, S.181

tungen für den Datentransfer zur Verfügung stellen (1).
Der Grund dafür, daß die Konvention Abgrenzungskriterien aufstellt, und es nicht etwa den innerstaatlichen Rechtsordnungen überläßt, welche Gesichtspunkte sie bei der Festlegung des Verantwortlichen der Datei für ausschlaggebend erachten, liegt im Harmonisierungszweck des Übereinkommens. Die nationalen Rechtsordnungen sollten im Hinblick auf die Zuständigkeit einer Stelle für eine Datensammlung den einheitlichen Maßstab der Entscheidungsbefugnis anwenden. Diese Einheitlichkeit kann die ansonsten zu erwartenden Konflikte im Falle einer Datenübermittlung in das Ausland lösen helfen (2). Legen nämlich die nationalen Datenschutzregelungen einheitliche Kriterien bei der Beantwortung der Frage, wer als verantwortliche Stelle anzusehen ist, zugrunde, so dürften folglich die im konkreten Fall betroffenen Datenschutzvorschriften nur auf eine einzige entscheidungsbefugte Stelle hinweisen, andere Stellen aber nur als weisungsgebundene Verarbeitungseinrichtungen ansehen. Voraussetzung für dieses Ergebnis ist aber, daß die nationalen Gesetzgeber auch tatsächlich die von der Konvention vorgegebenen Kriterien im nationalen Recht anwenden. In Anbetracht der - falls überhaupt vorhandenen - unterschiedlichen innerstaatlichen Regelungen zu dieser Frage scheinen die verschiedentlich vorgetragenen Bedenken (3) zur Entstehung möglicher Meinungsverschiedenheiten über die zuständige verantwortliche Stelle berechtigt.
Ein weiteres Problem resultiert aus der Tatsache, daß heutzutage in integrierten Datenverarbeitungsnetzen über mehrere Staaten hinweg eigenständige Datenverarbeitungssysteme miteinander gekoppelt werden können. Mit der Eingabe der Daten in ein Datennetz kann jede angeschlossene Stelle auf diese Daten zurückgreifen. Die Frage, welche der Stellen, die ihrerseits für die einzelnen Systeme verantwortlich sind, im Falle eines Datentransfers über ein Einzelsystem hinaus die verantwortliche ist, kann i.S.v. Art.2 d nur dahingehend beantwortet werden, daß derjenigen Stelle, die Daten eingibt, die Entscheidungsbefugnis hinsichtlich der in ihrem Netz vorhandenen Daten obliegt. Sie muß also auch im Falle eines Datenabrufes von einer außerhalb des Datennetzes liegenden Stelle verantwortlich i.S.v. Art.2 d sein. Denn sie entscheidet letztlich über die Verwendung der Daten innerhalb eines integrierten Datenverarbeitungsnetzes (4).

F. Die Würdigung der Art.2 d und 8 a

Auch und gerade die Art.2 d und 8 a des Übereinkommens zeigen

----

(1) vgl. insoweit die OECD-Guidelines, Explanatory Memorandum, Nr.40, für die entsprechende Vorschrift der Guidelines
(2) so das Expertenkommitee auf der zweiten Sitzung vom 26.-29. September 1977
(3) so Wochner, Der Persönlichkeitsschutz im grenzüberschreitenden Datenverkehr, S.249
(4) Dieser Gesichtspunkt wurde auch schon im Hinblick auf Datenübermittlungen innerhalb des 'Interpol-Systemes' als wesentlich erachtet (vgl. BfD, Zweiter Tätigkeitsbericht, 1980, BTDrucks 8/3570, S.76 f).

erneut, daß eine genaue Auslegung der Bestimmungen des Übereinkommens keine unlösbare Aufgabe sein muß. Werden die Forderungen des Abkommens konsequent im nationalen Recht umgesetzt, dann können, wie die Ausführungen zu Art.2 d zeigen, grenzüberschreitende Probleme bewältigt werden. Oftmals liegt die eigentliche Problematik - und das wird in diesem Zusammenhang wieder deutlich - darin, daß die einzelstaatlichen Regelungen die Forderungen der Konvention nicht ausreichend erfüllen. Dadurch drohen die mit der Konvention verfolgten Absichten des Europarates behindert zu werden. In diesem Zusammenhang darauf hingewiesen werden, daß das durch Art.8 a verbriefte Recht auch den Beschränkungen des Art.9 der Konvention unterworfen werden kann (1).

III. Die Möglichkeit, Kenntnis über den Inhalt einer Datei zu erlangen

A. Das Auskunftsrecht: 'The Golden Rule of Data Protection'

Im Gegensatz zu Art.8 a, der dem Individuum die Möglichkeit der Kenntnisnahme von der Existenz einer Datei zusichert, befaßt sich das von Art.8 b der Konvention geregelte Auskunftsrecht mit dem konkreteren Anspruch auf Kenntnisnahme des Inhalts etwaiger, in einer bestimmten Datei gespeicherter Angaben über den Betroffenen. Nach Art.8 b sind die nationalen Rechtsordnungen verpflichtet, jedem Betroffenen durch interne Vorschriften die Möglichkeit zu bieten, 'in angemessenen Zeitabständen und ohne unzumutbare Verzögerung oder übermäßige Kosten die Bestätigung zu erhalten, ob Daten über ihn in einer automatisierten Datei/Datensammlung mit personenbezogenen Daten gespeichert sind, sowie zu erwirken, daß ihm diese Daten in verständlicher Form mitgeteilt werden'.
Das Auskunftsrecht (2) wird allgemein als das wichtigste Datenschutzrecht, als die 'golden rule of data protection' der von einer Datenverarbeitung betroffenen Person angesehen (3). Es ist nicht nur Voraussetzung für die Ausübung der Ansprüche aus Art.8 c und d, vielmehr erlaubt es dem Datensubjekt auch, sich über die zu seiner Person gespeicherten Angaben zu informieren. Zugleich verpflichtet es den Verantwortlichen der Datei, Auskunft über den Umfang der das Individuum betreffenden personenbezogenen Daten zu geben. Die Gewährung dieses Rechtes soll bestehende Datensammlungen transparent machen. Den aus Dateien möglicherweise resultierenden Gefahren für die Rechte und Interessen der Betroffenen soll vorgebeugt werden (4). Insoweit hat schon die bloße Gewährung des Rechtes eine präventive Wirkung, da solche Datenverarbeiter, die sich einer Kontrolle der von ihnen durchgeführten Verarbeitungsprozesse entziehen wollen, mit der Ausübung des Auskunftsrechtes rechnen müssen.

----

(1) vgl. 3.Teil, § 7 II und III
(2) Oft wird es allgemeiner als das 'right of access' bezeichnet.
(3) vgl. etwa OECD-Guidelines, Explanatory Memorandum, Nr.58; Kirby: Stan.J.Int.L. Band 16, 1980, S.29
(4) vgl. 3.Teil, § 2 II, B, D

B. Der Anspruchsgegner

Wenn Art.8 b auch das Auskunftsrecht garantiert, so läßt die Norm offen, von wem die Auskunft, ob und in welchem Umfang Daten über den Auskunftsuchenden gespeichert worden sind, erteilt werden soll. Die Frage muß von den nationalen Datenschutzvorschriften geregelt werden. Eine einheitliche Bestimmung derjenigen Stelle, die die Auskunft erteilen soll, scheiterte an der Verschiedenartigkeit der hierzu verabschiedeten nationalen Gesetze (1). Zwar ist in den meisten einzelstaatlichen Bestimmungen das Auskunftsbegehren unmittelbar an den Verantwortlichen der Datei zu richten, über deren Bestand die Auskunft verlangt wird (2), gelegentlich schreiben einzelstaatliche Vorschriften aber vor, daß das Auskunftsrecht nur durch Vermittlung der Aufsichtsbehörde ausgeübt werden kann (3).
Auch in dieser Frage konnte also die Aufnahme einer einheitlichen Regelung in die Konvention nicht durchgesetzt werden. Erneut wurde auf die Unterschiede der zum Zeitpunkt der Verabschiedung des Übereinkommens bestehenden oder absehbaren nationalen Vorschriften Rücksicht genommen, um die Beitrittsbereitschaft der Mitgliedstaaten zu erhöhen. Dennoch wird man auch hier - wie schon bei Art.8 a - sagen können, daß die offene Frage, gegen wen das Auskunftsbegehren des einzelnen nach dem innerstaatlichen Recht zu richten ist, nicht zu einer unzumutbaren Benachteiligung des Individuums führt. Aus dessen Sicht ist es wichtig, daß der Auskunftsanspruch als solcher von der Konvention garantiert wird. Ob der Anspruch nach dem nationalen Recht unmittelbar gegenüber dem Datenverarbeiter oder ausnahmsweise durch Vermittlung der zuständigen Datenschutzbehörde geltend gemacht werden muß, hat - vom Standpunkt eines möglichst vollständig garantierten Datenschutzes aus betrachtet - nur einen sekundären Stellenwert.

C. Der Umfang des Auskunftsrechtes

Aus der Sicht des Betroffenen ist es von entscheidender Bedeutung, unter welchen Bedingungen das Auskunftsrecht ausgeübt werden kann, und welchen Beschränkungen es unterliegt. Zunächst enthält Art.8 b keine Bestimmung darüber, ob der Betroffene Auskunft nur auf eine entsprechende Eigeninitiative hin erhalten soll, oder ob das innerstaatliche Recht den Datenverarbeiter auch verpflichten kann, von sich aus die betroffenen Personen über die sie betreffenden Datenverarbeitungsvorgänge zu informieren. Den Gesetzgebern steht es frei, auf welche Weise sie in ihrem Recht

----

(1) vgl. Council of Europe, Explanatory Report, Nr.52; Nr.23 des Explanatory Memorandum nach der Sitzung des Expertenkommitees vom 21.-25. Mai 1979
(2) Bundesrepublik Deutschland: §§ 13 Abs.1, 26 Abs.2, 34 Abs.2; Dänemark: § 13 Abs.1 des Gesetzes über Behördenregister und § 5 Abs.1 des Gesetzes über private Register; Frankreich: Art.34; Großbritannien: Part III, Nr.21; Island: Art.10; Luxemburg: Art.20 Abs.1; Österreich: Art.2, § 11 Abs.1, § 25 Abs.1; Schweden: § 10 Abs.1 Satz 1
(3) s. etwa Frankreich: Art.39

sicherstellen, daß dem Betroffenen entsprechende Mitteilungen gemacht werden (1).

1. Die Präzisierung des Auskunftsbegehrens

In Art.8 b fehlt eine Beschreibung der einzelnen Anforderungen, die an ein Auskunftsbegehren gestellt werden müssen. So wird beispielsweise nicht geregelt, inwieweit die betroffene Person ein von ihr geltend gemachtes Auskunftsrecht präzisieren muß. Um etwaige Schwierigkeiten für die beteiligten innerstaatlichen Stellen in dieser Frage zu vermeiden, hat die Bundesrepublik Deutschland deshalb anläßlich der Ratifikation des Abkommens am 19. Juni 1985 erklärt, daß einem Auskunftsverlangen nach Art.8 b nicht entsprochen werden kann, wenn der Betroffene nicht imstande ist, sein Auskunftsverlangen hinreichend zu spezifizieren (2). Die Frage, ob diese Erklärung im Widerspruch zu Art.8 b der Konvention steht, hängt entscheidend davon ab, wie ihr Wortlaut auszulegen ist, und ob das Ergebnis noch mit dem Sinn des Art.8 b vereinbar ist.
Nach Art.8 b muß der Datenverarbeiter imstande sein, die Auskunft verlangende Person aufgrund ihrer Angaben identifizieren zu können (3). Das setzt voraus, daß ein Auskunftsersuchen grundsätzlich zumindest die allgemeinen Erkennungsmerkmale, wie Name, Vorname, Geburtsdatum und Anschrift, enthalten muß (4). Mit Art.8 b ist es daher vereinbar, daß einem Auskunftsbegehren dann nicht entsprochen werden kann, wenn eine Identifizierung der Person wegen unzureichender Angaben nicht möglich ist.
Versteht man die Erklärung der Bundesrepublik Deutschland so, daß der Betroffene über die allgemeinen Erkennungsmerkmale hinaus seinen Antrag noch weiter konkretisieren muß, also etwa darstellen muß, welche Informationen er zu erhalten wünscht, dann liefe dies dem Sinn und Zweck des Art.8 b zuwider. Oftmals hat der Betroffene nämlich keine Vorstellung davon, in welchem Umfang ihn betreffende Daten überhaupt gespeichert worden sind. Auch weiß er i.d.R. nicht, welche weiteren Informationen der Datenverarbeiter zu einer Identifizierung der Person des Antragstellers benötigt. Aus diesen Gründen können weitere Angaben grundsätzlich nicht verlangt werden.
Diese Auslegung wird auch dem Wortlaut des Art.8 b gerecht. Die Vorschrift verlangt von den nationalen Bestimmungen, daß sie den Betroffenen ermöglichen müssen, die Bestätigung zu erlangen, ob über sie personenbezogene Daten gespeichert worden sind. Art.8 b schützt also nicht nur das auf eine konkrete Auskunft gerichtete Verlangen, sondern auch das Recht des einzelnen, bei jeder auto-

----

(1) vgl. 3.Teil, § 5 II, B
(2) s. BGBl. 1985 II, S.1134
(3) s. Turn, in: Online - transnational data regulation, S.121 f
(4) Bisweilen kann es dem Betroffenen auch zugemutet werden, daß er darüber hinaus etwa seine Personalnummer (beispielsweise als Beamter bei Auskunftsanfragen gegenüber solchen Behörden, die ihn unter dieser Personalnummer erfaßt haben) oder die ihn betreffende Vertragsnummer (etwa bei Auskunftsbegehren gegenüber Versicherungen oder Bausparkassen) angeben muß.

matisierten Datei nachfragen zu können, ob ihn betreffende personenbezogene Daten gespeichert sind. Es kann von dem Betroffenen lediglich verlangt werden, daß er die genannten zur Identifizierung erforderlichen Merkmale in seinem Auskunftsbegehren liefert. Weitergehende Informationen sind nicht nötig. Der Datenverarbeiter muß die von ihm geführte Datei eben so anlegen, daß eine Personenbestimmung anhand der allgemeinen Erkennungsmerkmale möglich ist. Ein entsprechendes Auskunftsbegehren muß also auch i.S.d. Erklärung der Bundesrepublik Deutschland als hinreichend spezifiziert angesehen werden. Eine anderweitige Auslegung der Erklärung wäre mit Art.8 b nicht in Einklang zu bringen.

2. Die Form der Mitteilung gegenüber dem Betroffenen

Hinsichtlich der dem Betroffenen gegenüber abzugebenden Bestätigung verlangt Art.8 b von den innerstaatlichen Rechtsordnungen nur, daß sie dem einzelnen die Möglichkeit einräumen, die ihn betreffenden Daten in verständlicher Form zu erhalten. Aus dem Bestätigungsschreiben muß der Betroffene also entnehmen können, welche Daten über ihn gespeichert worden sind. Unübersichtliche oder unlesbare Mitteilungen, wie manche Computerausdrucke, muß er nicht gelten lassen.

3. Die Beschränkungen des Auskunftsrechtes im Rahmen des Art.8 b

Innerhalb des Expertenkommitees war man sich darüber einig, daß das Auskunftsrecht nicht schrankenlos gewährleistet werden dürfe, weil dies zu einer ungerechtfertigten Überlastung der Datenverarbeiter führen müsse. Wenn beispielsweise durch gezielte Aktionen ständig Auskünfte verlangt werden würden, werde der normale Geschäftsbetrieb einer datenverarbeitenden Stelle in unzumutbarer Weise beeinträchtigt. Ein angemessener Schutz der Interessen der Datenverarbeiter machte es daher erforderlich, in Art.8 b Beschränkungen des Auskunftsrechtes anzusprechen. Zum einen müssen die einzelstaatlichen Vorschriften das Auskunftsrecht nur in angemessenen Zeitabständen gewährleisten, zum anderen können sie auch Bestimmungen enthalten, die den Datenverarbeiter berechtigen, Gebühren für die Erfüllung eines Auskunftsanspruches zu erheben.

a) Die Mittteilung in angemessenen Zeitabständen und ohne unzumutbare Verzögerung

Bestätigungen über Datenverarbeitungsprozesse müssen nur in 'angemessenen Zeitabständen' mitgeteilt werden. Diese allgemeine Formulierung kommt einer Harmonisierung der nationalen Regelungen auf dem Gebiet des Datenschutzes nicht entgegen. Von Vorteil ist aber, daß dadurch sowohl die auf Initiative der Betroffenen hin erteilten Auskünfte als auch die periodisch erfolgenden Mitteilungen der datenverarbeitenden Stellen erfaßt werden. Daher kann es u.U. gerechtfertigt sein, ein Auskunftsersuchen mit der Begründung abzulehnen, der Betroffene erhalte in absehbarer Zeit ohnehin im Rahmen der periodischen Auskünfte des Datenverarbei-

ters Kenntnis über die gespeicherten Daten (1).
Bei der Beurteilung, innerhalb welchen Zeitraums eine Auskunft erteilt werden muß, sind im wesentlichen der Grad der Sensibilität der Daten, etwaige Änderungen des Datenbestandes, der Umfang der gespeicherten personenbezogenen Daten und die Häufigkeit der durchgeführten Verarbeitungsprozesse von ausschlaggebender Bedeutung. Diese Kriterien entscheiden über die 'Angemessenheit' eines Zeitabstandes.
Ferner ergibt sich aus Art.8 b, daß die betroffene Person Verzögerungen der Auskunftserteilung in Kauf nehmen muß. Diese dürfen für den einzelnen aber nicht unzumutbar sein. Bei der Beurteilung der Zumutbarkeit der Frist muß auch beachtet werden, daß sich die Beantwortung eines Auskunftsbegehrens über einen von Fall zu Fall unterschiedlichen Zeitraum hinziehen kann. So hängt die Dauer beispielsweise von der Art des konkreten Datenverarbeitungsprozesses, von der geographischen Entfernung zwischen der verantwortlichen Stelle und dem abzufragenden Datenbestand oder davon ab, ob ein Verarbeitungsverfahren schon abgeschlossen oder noch im Gange ist (2).

b) Die Kosten der Durchführung des Auskunftsverfahrens

Die einzelstaatlichen Gesetzgeber sind berechtigt, die Erledigung des Auskunftsbegehrens mit einer Kostenlast für den Antragsteller zu verknüpfen. Auf der anderen Seite sind sie aber verpflichtet, darauf zu achten, daß keine übermäßigen Kosten ('excessive expense', 'frais excessifs') von der Stelle, die das Auskunftsersuchen bearbeitet, verlangt werden können. Als Kosten i.S.d. Art.8 b sind die von der Auskunft gewährenden Stelle geltend gemachten Gebühren anzusehen (3).
Durch das Recht, die Beantwortung eines Ersuchens mit der Erhebung von Gebühren zu verbinden, sollen insbesondere mißbräuchliche oder schikanöse Auskunftsverlangen verhindert werden (4). Das darf jedoch nicht dazu führen, daß die datenverarbeitenden Stellen durch unangemessen hohe Gebühren die betroffenen Personen von der Wahrnehmung ihrer Rechte abschrecken können (5). Daher enthalten einzelne Datenschutzgesetze Bestimmungen, die die Exekutive oder die Datenschutzbehörde ermächtigen, die gebührenpflichtigen Tatbestände und die Höhe der Gebühr verbindlich zu regeln (6), sowie Vorschriften, die verlangen, daß gewisse Informationen gebührenfrei erteilt werden müssen (7).

----

(1) so auch OECD-Guidelines, Explanatory Memorandum, Nr.59
(2) vgl. u.a. OECD-Guidelines, Explanatory Memorandum, Nr.59
(3) Council of Europe, Explanatory Report, Nr.53
(4) vgl. auch <u>Bing</u>: CompLYB, Vol.2, 1978, S.149 ff
(5) so auch <u>Rodotà</u>, Policies and perspectives for data protection, Report for the XIV Colloquy on European law, 1984, S.11
(6) s. Bundesrepublik Deutschland: § 13 Abs.4; Frankreich: Art.35 Abs.2; Island: Art.15 Abs.2; Luxemburg: Art.19; Österreich: Art.2, § 11 Abs.3; Schweden: § 10 Abs.2
(7) vgl. Bundesrepublik Deutschland: §§ 13 Abs.4 Satz 4, 26 Abs.3 Satz 2, 34 Abs.3 Satz 2; Schweden: § 10 Abs.2 Satz 1

c) Sonstige Einschränkungen

Weitere Ansatzpunkte für Einschränkungen des Auskunftsrechtes liefern Art.9 Abs.2 und 3 der Konvention (1). Diese Vorschriften ermöglichen Abweichungen zum Schutze der öffentlichen Sicherheit oder des Betroffenen selbst (zum Beispiel bei Auskünften gegenüber medizinischen Datenbanken) sowie bei Auskünften gegenüber Dateien, die Zwecken der Statistik oder wissenschaftlichen Forschung dienen.
Darüber hinaus muß festgestellt werden, daß der Individualschutz nur unvollkommen ist, da das Auskunftsrecht nur im Hinblick auf in automatisierten Dateien gespeicherte Daten garantiert ist. Die nationalen Rechtsordnungen müssen ein Auskunftsrecht im Hinblick auf den Vorgang des Datensammelns sowie den gesamten Bereich der manuellen Datenverarbeitung nicht regeln.

IV. Der Anspruch auf Berichtigung und Löschung

A. Der Berichtigungs- und Löschungsanspruch, ein subjektives Recht

Aufgrund von Art.8 c sind die nationalen Datenschutzgesetze verpflichtet, jedermann die Möglichkeit einzuräumen, die über ihn in einer automatisierten Datei mit personenbezogenen Daten gespeicherten Informationen dann berichtigen oder löschen zu lassen, wenn sie entgegen denjenigen innerstaatlichen Vorschriften verarbeitet worden sind, welche die Grundsätze der Art.5 und 6 des Übereinkommens verwirklichen. Durch diese Formulierung wird festgelegt, daß den betroffenen Personen im jeweiligen nationalen Recht ein eigenständiges, subjektives Recht auf Berichtigung und Löschung zustehen muß (2).
Die Resolutionen des Europarates (73) 22 und (74) 29 hatten ursprünglich ein subjektives Berichtigungsrecht nicht vorgesehen (3). Es wurde den Gesetzgebern lediglich empfohlen, geeignete Maßnahmen zu treffen, damit unrichtige Daten berichtigt und unangemessene, unerhebliche, veraltete oder in unerlaubter Weise erlangte Daten gelöscht werden. Die Verpflichtung, entsprechende Maßnahmen zu ergreifen, sollte in erster Linie den Datenverarbeitern auferlegt werden (4).
Die mit der Ausarbeitung der Konvention befaßten Experten waren schon zu Beginn ihrer Arbeit (5) davon überzeugt, daß die Ausgestaltung eines Berichtigungs- bzw. Löschungsrechtes als subjek-

----

(1) vgl. hierzu 3.Teil, § 7 II und III
(2) Nr.15 des Explanatory Report zu dem von dem Directorate of Legal Affairs im Jahre 1976 vorgelegten Konventionsentwurf; vgl. auch Council of Europe, Explanatory Report, Nr.50
(3) vgl. Resolutionen (73) 22, Nr.7 und (74) 29, Nr.2 Satz 2
(4) s. Nr.15 des Explanatory Report zu dem von dem Directorate of Legal Affairs im Jahre 1976 vorgelegten Konventionsentwurf
(5) s. Nr.15 des Explanatory Report zu dem von dem Directorate of Legal Affairs im Jahre 1976 vorgelegten Konventionsentwurf; so auch die von dem Expertenkommitee eingesetzte Arbeitsgruppe auf ihrer ersten Sitzung vom 14.-16. Februar 1977

tiver Anspruch unentbehrlich sei. Seither fordern sämtliche Konventionsentwürfe bis zu der verabschiedeten Fassung hin von den nationalen Gesetzgebern, daß diese den Betroffenen neben einem subjektiven Auskunftsrecht auch einen Berichtigungs- und Löschungsanspruch zur Verfügung stellen. Dies war im Hinblick auf einen effektiven Individualschutz notwendig.

B. Der Anspruchsgegner

Die Konvention sagt nichts darüber aus, wer zur Berichtigung verpflichtet ist. Die meisten Staaten gewähren einen unmittelbaren Anspruch gegen den für die Datei Verantwortlichen (1), in einigen Staaten kann das Berichtigungsrecht aber nur durch Vermittlung der zuständigen Datenschutzbehörde ausgeübt werden (2). Wegen der Vor- und Nachteile dieser Regelung kann inhaltlich auf die Ausführungen zum Auskunftsrecht verwiesen werden (3).

C. Der Umfang des Berichtigungsanspruches

Ein Recht auf Berichtigung oder Löschung muß dem Betroffenen nach der innerstaatlichen Rechtsordnung zustehen, wenn der Datenverarbeiter gegen Vorschriften verstoßen hat, die die Forderungen der Art.5 und 6 des Übereinkommens im nationalen Recht verwirklichen. In Betracht kommen solche Vorschriften, die die Rechtmäßigkeit des Datenbeschaffungs- und des Datenverarbeitungsvorganges sowie die inhaltliche Rechtmäßigkeit des Datenbestandes regeln, oder solche Normen, die für die Verarbeitung 'sensibler' Daten besondere Schutzvorkehrungen vorsehen. Datenbestände, die entgegen diesen Vorschriften geführt werden, müssen von den verantwortlichen Stellen korrigiert werden.
Die Frage, ob dem Verantwortlichen der Datei darüber hinaus die Pflicht obliegt, die vorgenommenen Berichtigungen oder Löschungen gegebenenfalls den Empfängern der ursprünglichen Informationen zur Kenntnis zu bringen, ist von Art.8 c offen gelassen worden. Der Europarat stellt hierzu lediglich fest, daß entsprechende innerstaatliche Regelungen bzw. Praktiken existieren (4). Tatsächlich verpflichten einige Datenschutzgesetze den Verantwortlichen einer Datei, nach einer auf ein entsprechendes Ersuchen hin erfolgten Berichtigung oder Löschung von personenbezogenen Daten die Korrektur all denjenigen Stellen, an die die Daten ur-

----

(1) Bundesrepublik Deutschland: §§ 14 Abs.1, 27 Abs.1, 35 Abs.1 (ein subjektives Recht ergibt sich zwar nicht zwingend aus den Vorschriften, ist aber allgemein anerkannt); klarer insoweit: Frankreich: Art.36 Abs.1 und 2; Island: Art.12 Abs.1, Art.13 Abs.1; Luxemburg: Art.22 Abs.1; Österreich: Art.2, § 12 Abs.1, Abs.2 Nr.2, § 26 Abs.1, § 27; Schweden: § 8
(2) vgl. etwa Dänemark: §§ 5 Abs.1, 15 Abs.2 des Gesetzes über private Register; wohl auch Dänemark: §§ 9 Abs.3, 11 Satz 2 des Gesetzes über Behördenregister; Norwegen: § 8
(3) vgl. 3.Teil, § 5 III, B
(4) vgl. Council of Europe, Explanatory Report, Nr.54

sprünglich weitergegeben worden sind, mitzuteilen (1).
Die Fixierung dieser Verpflichtung in nationalen Normen ist nicht nur aus dem Gesichtspunkt eines umfassenden Individualschutzes notwendig, sie konkretisiert zugleich den von Art.8 c geforderten Mindestschutz. Die Vorschrift verlangt, daß dem Betroffenen die Möglichkeit gegeben wird, Daten berichtigen und löschen zu lassen. Diesem Verlangen wird aber nicht immer mit einer Korrektur der Daten in der Datensammlung des Verantwortlichen allein ausreichend genügt. Die Betroffenen müssen ebenfalls erwirken können, daß die Daten überall dort berichtigt werden, wohin sie weitergeleitet worden sind. Eine erneute Geltendmachung des Berichtigungsanspruches ihrerseits gegenüber den jeweiligen Empfängerdateien ist den betroffenen Personen nicht zuzumuten. Außerdem fehlt ihnen i.d.R. die Kenntnis der einzelnen Empfänger. Für die Durchführung berichtigender Maßnahmen ist derjenige, der für die Datenweitergabe verantwortlich ist, am ehesten geeignet.
Die Ablehnung dieses Rechtes mit dem Hinweis, der einzelne sei durch ihm zustehende Schadensersatzansprüche gegen den Verantwortlichen für die Weitergabe falscher Daten angemessen abgesichert, führt zu einer ungerechtfertigten Verlagerung des Problemes auf Kosten des Individualschutzes. Das hängt insbesondere damit zusammen, daß ein Schadensersatzanspruch wegen der Verletzung von Datenschutzvorschriften nicht von allen Datenschutzgesetzen anerkannt ist, und daß im übrigen offene Rechtsfragen, wie die des Rechtsgrundes des Schadensersatzanspruches oder die der Beweislastverteilung, noch umstritten sind und daher zu einer unangemessenen Erhöhung des Risikos zulasten des Betroffenen führen können (2).
Schließlich muß darauf hingewiesen werden, daß die Konvention das Berichtigungs- und Löschungsrecht des einzelnen aus einem anderen Grund nicht vollständig garantiert. Zur Gewährleistung dieser Rechte sind die nationalen Gesetzgeber erst dann verpflichtet, wenn die Daten in einer automatischen Datei gespeichert sind. Der Umgang mit den gesammelten Daten vor der Speicherung sowie im Rahmen des gesamten manuellen Verarbeitungsverfahrens wird von Art.8 c nicht erfaßt. Auch hier macht sich die schon mehrmals angesprochene Einschränkung des Anwendungsbereiches des Abkommens auf automatisierte Dateien und automatische Verarbeitungsprozesse zum Nachteil der Betroffenen bemerkbar (3). Zudem können die von Art.8 c garantierten Rechte unter bestimmten Bedingungen nach Art.9 Abs.2 und 3 der Konvention eingeschränkt werden (4).

V. Die Rechtsbehelfe gegen ablehnende Entscheidungen

Art.8 d verpflichtet die einzelstaatlichen Rechtsordnungen, dem Betroffenen ein Rechtsmittel zur Verfügung zu stellen, "wenn sei-

----

(1) vgl. Dänemark: §§ 14, 15 Abs.2 des Gesetzes über private Register; Frankreich: Art.38; Luxemburg: Art.23; Norwegen: § 8 Abs.1 Satz 2; Österreich: Art.2, § 12 Abs.7; Schweden: § 8 Abs.2
(2) vgl. hierzu 3.Teil, § 6 IV
(3) so auch Eocsaneanu: Clunet, 1982, S.89
(4) vgl. 3.Teil, § 7 II und III

ner Forderung nach Bestätigung oder gegebenenfalls nach Mitteilung, Berichtigung oder Löschung i.S.d. Buchstaben b und c nicht entsprochen wird". Einige Datenschutzgesetze enthalten besondere Vorschriften über die dem Individuum zustehenden Rechtsbehelfe gegenüber einer ablehnenden Entscheidung des Datenverarbeiters (1). Diese Bestimmungen verweisen die Betroffenen i.d.R. auf ein Beschwerderecht bei der zuständigen Datenschutz- oder Aufsichtshörde. Andere Gesetze enthalten keine besonderen Rechtsbehelfe. Hier kann sich der einzelne nach Ablehnung seines Begehrens unmittelbar an die zuständigen Gerichte wenden, um seine Rechte - gegebenfalls unter Inanspruchnahme des normalen Instanzenzuges - geltend zu machen.
Die Verankerung des Rechtes des einzelnen in dem Übereinkommen, über die Gründe einer ablehnenden Entscheidung unterrichtet zu werden (2), hielt das Expertenkommitee nicht für erforderlich (3), da die Mitteilung der für die Ablehnung entscheidenden Gründe selbstverständlich sei und keiner ausdrücklichen Normierung bedürfe. Dem kann man zustimmen, wenn eine Ablehnung ohne Angabe von Gründen im nationalen Recht einer unverständlichen Erklärung gleichgestellt wird und somit erfolgreich angegriffen werden kann. Stünde demjenigen Betroffenen, dessen Auskunfts- oder Berichtigungsverlangen ohne die Angabe von Gründen abgelehnt worden ist, hingegen kein Rechtsbehelf zu, so wäre dies mit Art.8 d nicht vereinbar.

----

(1) Dänemark: § 5 Abs.1 des Gesetzes über private Register; Island: §§ 12 Abs.2, 13 Abs.3; Österreich: Art.2 § 14 Abs.1; s. auch die Empfehlung des Europarates zu medizinischen Datenbanken (81) 1, Nr.6.2.2
(2) so Nr.13 c der OECD-Guidelines
(3) so das Expertenkommitee auf seiner vierten Sitzung vom 21.-25. Mai 1979

§ 6 Sanktionen und Rechtsmittel

I. Allgemeines

Über den von Art.8 der Konvention geforderten Umfang der Gewährleistung von Individualrechten hinaus verlangt Art.10 zusätzlich von den nationalen Rechtsordnungen, geeignete Sanktionen und Rechtsmittel für Verletzungen der Vorschriften des innerstaatlichen Rechts festzulegen. Die Verknüpfung der von den Datenschutzgrundsätzen dem Verantwortlichen auferlegten Pflichten mit Rechtsbehelfen für die betroffenen Personen und Sanktionen durch das nationale Recht war nach Meinung der Verfasser der Konvention unerläßlich, um einen wirksamen Datenschutz durch das Übereinkommen gewährleisten zu können (1). Gerade die im Zusammenhang mit fehlerhaften Kreditauskünften drohenden umfangreichen Schädigungen der Betroffenen veranschaulichen, daß Strafandrohungen bzw. Kompensationsnormen erforderlich sind. Daher wurde eine dahinzielendende Norm in den Text des Abkommens aufgenommen, die sowohl die Datenschutzresolutionen (73) 22 und (74) 29 als auch die ersten Konventionsentwürfe noch nicht vorgesehen hatten (2).

II. Der Rechtscharakter der Norm des Art.10

Da die in Kapitel II der Konvention entwickelten Grundsätze keine unmittelbaren subjektiven Rechte für die Betroffenen festschreiben, enthält auch Art.10 keine genaue Bestimmung des von den nationalen Gesetzgebern zu gewährleistenden Rechtsumfanges. Die konkrete Ausgestaltung der Sanktionen und Rechtsbehelfe bleibt den einzelnen Rechtsordnungen vorbehalten (3). Lediglich aus deren Vorschriften können sich unmittelbar geltende Rechtsmittel und Sanktionen für die Verletzung der Vorschriften ergeben, die die Datenschutzgrundsätze der Konvention verwirklichen.
In Betracht kommen zivilrechtliche, verwaltungsrechtliche oder strafrechtliche Bestimmungen (4). Die meisten Datenschutzgesetze enthalten spezielle strafrechtliche Sonderregelungen zur Ahndung der Verletzung nationaler Datenschutznormen (5). Einige Vorschriften ermächtigen aber auch staatliche oder Datenschutzbehörden dazu, einem Datenverarbeiter dann eine Geldstrafe aufzuerlegen, wenn er für die Verletzung gewisser Datenschutzbestimmungen verantwortlich ist (6). Ferner gewährt ein Teil der Datenschutzgesetze den betroffenen Personen unter gewissen Voraus-

----

(1) Council of Europe, Explanatory Report, Nr.60
(2) vgl. etwa die von der Expertenkommission eingesetzte Arbeitsgruppe auf der dritten Sitzung vom 17.-19. Januar 1978
(3) s. Anm.1
(4) s. Anm.1
(5) Bundesrepublik Deutschland: §§ 41, 42; Dänemark: § 29 des Gesetzes über Behördenregister, § 27 des Gesetzes über private Register; Frankreich: Art.41 ff; Island: Art.28, 29; Luxemburg: Art.32 ff; Norwegen: §§ 38, 39; Österreich: Art.2, §§ 48, 49; Schweden: §§ 2o, 21
(6) Österreich: Art.2, § 50; Schweden: § 24

setzungen Schadensersatz- (1) sowie Unterlassungsansprüche (2).

III. Verwaltungs- und Strafvorschriften

Daß Strafnormen in aller Regel ein geeignetes Mittel sind, um die Datenverarbeiter davon abzuhalten, gegen Datenschutzvorschriften zu verstoßen, wird von den Datenschutzgesetzen allgemein berücksichtigt. Sie sind wegen der darin enthaltenen Androhungen von Freiheits- oder erheblichen Geldstrafen für die Aufrechterhaltung eines weitgehenden Datenschutzes notwendig (3). Demgegenüber ist die Androhung von Geldstrafen durch staatliche oder Datenschutzbehörden ein vergleichbar mildes Mittel, das von den Gesetzgebern zusätzlich für vermeintlich harmlosere Gesetzesüberschreitungen eingesetzt wird.
Die Formulierung des Art.10 der Konvention ermöglicht im Einzelfall erheblich voneinander abweichende Regelungen (4). So droht beispielsweise Tätern, die gegen Vorschriften über die Erhebung, Speicherung oder Aufbewahrung personenbezogener Daten verstoßen haben, in Frankreich eine Haftstrafe von bis zu fünf Jahren (5), in Luxemburg hingegen nur von bis zu einem Jahr (6). Es zeigt sich, daß der Maßstab zur Gewährleistung der in Kapitel II des Übereinkommens verankerten Datenschutzgrundsätze von Land zu Land ganz verschieden angelegt werden kann. Ausschlaggebend für den Umfang der Strafandrohung sind letztlich die Einschätzungen der nationalen Gesetzgeber, welche Strafandrohung für einen wirksamen Individualschutz notwendig ist. Zu einer einheitlichen Bewertung der Notwendigkeit des Individualschutzes, und damit zu einer internationalen Übereinstimmung der Strafrahmen vermag Art.10 nicht beizutragen. Auch wird es anhand einer im Rahmen dieser Norm vorgenommenen Überprüfung einzelstaatlicher Vorschriften schwerfallen, darüber zu entscheiden, ob diese konkreten nationalen Regelungen noch geeignete Rechtsmittel und Sanktionen zur Verfügung stellen, oder ob sie den Anforderungen der Konvention schon nicht mehr genügen.
Die einzelstaatlichen Abweichungen voneinander können für einen potentiellen Datenverarbeiter bei der Erwägung, in welchem Staat er eine Datenverarbeitungsanlage errichten soll, eine wichtige Rolle spielen. In Staaten, in denen drastische Strafen drohen, wird der Datenverarbeiter weit weniger geneigt sein, Verstöße gegen Datenschutzbestimmungen einzukalkulieren, als in Staaten mit verhältnismäßig milden Strafnormen. Das kann zur Folge haben, daß riskante oder gar unrechtmäßige Datenverarbeitungsverfahren bewußt in letztere Staaten verlagert werden, um im Falle der Auf-

----

(1) Großbritannien: Part II, Nr.22, 23; Norwegen: § 40; Schweden: § 23; aber auch § 87 des niederländischen Gesetzentwurfes (s. insoweit: <u>Schindel</u>, DuD 1983, S.15 ff) sowie der schweizerische Gesetzesentwurf für den Datenschutz in der Bundesverwaltung und im privaten Bereich sehen Schadensersatznormen vor.
(2) Österreich: Art.2, § 28 Abs.2
(3) s. <u>Nonnenmacher</u>: Ann.A.A.A. La Haye, 1975/76, S.62
(4) vgl. auch <u>Evans</u>: Am.J.Comp.L. Vol.29/1981, No.4, S.579
(5) Art.42 des französichen Datenschutzgesetzes
(6) Art.33 des luxemburgischen Datenschutzgesetzes

deckung des Rechtsverstoßes keine übermäßigen Sanktionen befürchten zu müssen.

IV. Schadensersatznormen

Jene Gefahr droht aber auch wegen der verschiedenartigen nationalen Schadensersatzregelungen bei unrechtmäßigen Verarbeitungsvorgängen. Schadensersatznormen sind wegen der angedrohten wirtschaftlichen Folgen für den Datenverarbeiter mitunter sogar ein wirksameres Mittel zur Aufrechterhaltung der Individualrechte als Strafnormen (1). Allerdings erlaubt Art.10 eine völlig unterschiedliche Ausgestaltung der einzelstaatlichen Schadensersatzvorschriften.
Nur in einigen wenigen Datenschutzgesetzen werden den Datenverarbeitern besondere Schadensersatzverpflichtungen auferlegt, wenn sie gegen Datenschutzvorschriften verstoßen. In anderen Staaten - wie der Bundesrepublik Deutschland (2), Österreich (3) oder den USA (4) - wird dem Datensubjekt Schadensersatz über die allgemeinen Deliktsnormen unter den Gesichtspunkten der Verletzung des allgemeinen Persönlichkeitsrechtes (5) oder der Verletzung von in den Datenschutzgesetzen enthaltenen Schutznormen zugebilligt (6). Art.10 schreibt nicht ausdrücklich vor, daß das nationale Recht überhaupt eine Schadensersatzregelung enthalten muß. Andere Sanktionen oder Rechtsbehelfe können nach dem Wortlaut dieser Regelung ausreichen, um einen 'geeigneten' Individualschutz zu gewährleisten. Art.10 überläßt den nationalen Gesetzgebern die Entscheidung, ob Schadensersatznormen überhaupt erforderlich sind, oder ob nicht etwa Strafnormen ausreichende Sanktionen beinhalten.
Einzelheiten hinsichtlich der konkreten Ausgestaltung und tatbestandlichen Voraussetzungen der Schadensersatzansprüche legt Art.10 erst recht nicht fest. In den verschiedenen Rechtsordnungen fehlen einheitliche Regelungen darüber, ob ein Verschulden des Datenverarbeiters - und sei es lediglich ein Organisations- oder Auswahlverschulden hinsichtlich des Bedienungspersonals -

----

(1) vgl. hierzu Kirby: Computer Networks, Band 3, 1979 ,S.159 f
(2) vgl. etwa Auernhammer: BDSG, Einführung, Rdnr.47 ff; Hörle/Wronka: BDSG, S.14 f; Ordemann/Schomerus: BDSG, § 4, Nr.2; Simitis, in: Simitis/Dammann/Mallmann/Reh: § 4, Rdnr.26 ff
(3) s. Bednar/Weissenböck: Datenschutzhandbuch, S.187 ff; Hanreich, Zivilrechtliche Probleme des DSG, in: Datenschutz in der Wirtschaft, 1981, S.93 ff
(4) vgl. etwa Kamlah, Datenschutz im Spiegel der anglo-amerikanischen Literatur, BTDrucks VI/3826, S.210
(5) Zum dogmatischen Streit, wie das sonstige Recht i.S.v. § 823 Abs.1 BGB , in das durch unrechtmäßige Datenverarbeitungsprozesse eingegriffen werden kann, zu nennen ist, kann auf die umfangreichen Ausführungen von Meister (Datenschutz im Zivilrecht, S.90 ff sowie in: DuD 1983, S.163 ff m.w.N.) verwiesen werden.
(6) s. Klippel: BB 1983, S.407 ff; Knabben, Die deliktische Datenhaftung von Unternehmensleitung und Datenschutzbeauftragten; Louis: Grundzüge des Datenschutzrechtes, Rdnr.283 ff

erforderlich ist, oder ob nicht eher eine Garantiehaftung eingreift (1). Auch die damit verbundene Frage, ob der Betroffene ein Verschulden des Datenverarbeiters beweisen muß, oder ob sich nicht die Beweislast - wie bei der Produzentenhaftung - umkehrt, ist noch nicht übereinstimmend entschieden worden (2). Ferner bestehen Meinungsunterschiede im Hinblick auf den Schadensumfang. Einige Bestimmungen ersetzen jeden Schaden, also auch einen reinen Vermögensschaden (3), andere Vorschriften gehen nicht so weit (4).

V. Kritik an Art.10

Diese Unterschiede der in einem internen Recht zusammenwirkenden Sanktionen und Rechtsbehelfe laufen dem Harmonisierungszweck des Übereinkommens zuwider. Sie können Spekulationen der Datenverarbeiter zum Nachteil des einzelnen verursachen. Aus der Sicht des Datenverarbeiters stellen sich einige Rechtsordnungen wegen der angedrohten Sanktionen als weit weniger gefährlich als andere dar. Der Datenverarbeiter wird daher bestrebt sein, riskante Verarbeitungsprozesse in Staaten mit eher gemäßigten Sanktionen vorzunehmen. Dies arbeitet aber den mit der Harmonisierung beabsichtigten Zielen der Konvention entgegen.
Daher hätte Art.10 konkreter gefaßt werden müssen. Zumindest wäre es erforderlich gewesen, in allgemeiner Form einen spezifischen Schadensersatzanspruch wegen Datenschutzverletzungen festzuschreiben. Die von Art.10 angebotene Lösung ermöglicht zu starke Abweichungen der einzelstaatlichen Regelungen voneinander.

----

(1) s. etwa *Garzon Clariana*: TDR, Vol.IV, No.5, 1981, S.33; *Knabben*, Datenhaftung, S.38 f; *Simitis*: VersR 1981, S.198 ff
(2) s. etwa *Auernhammer*: BDSG, Einführung, Rdnr.47 ff; *Meister*, Datenschutz im Zivilrecht, S.181; *Simitis*, in: *Simitis/Dammann/Mallmann/Reh*: BDSG, § 4, Rdnr.46
(3) Norwegen: § 40; Schweden: § 23
(4) so etwa § 823 Abs.1 BGB (vgl. *Ordemann/Schomerus*: BDSG, § 4 Nr.2.2.4; *Simitis*, in: *Simitis/Dammann/Mallmann/Reh*: BDSG, § 4, Rdnr.51)

§ 7 Die Ausnahmen und Einschränkungen

I. Allgemeines

Im Hinblick auf das mit dem Abkommen verfolgte Ziel einer Harmonisierung der nationalen Datenschutzgesetze ist Art.9 eine problematische Vorschrift, da sie Abweichungen von den Art.5, 6 und 8 der Konvention zuläßt. Nach Art.9 Abs.2 kann eine Vertragspartei von jenen Bestimmungen abweichen, wenn dies durch ihr Recht vorgesehen und in einer demokratischen Gesellschaft eine notwendige Maßnahme ist

a) zum Schutz der Sicherheit des Staates, der öffentlichen Sicherheit sowie der Währungsinteressen des Staates oder zur Bekämpfung von Straftaten,
b) zum Schutz des Betroffenen oder der Rechte und Freiheiten Dritter.

Darüber hinaus erlaubt Art.9 Abs.3, daß die Ausübung der Rechte nach Art.8 b-d durch Gesetz für automatisierte Dateien/Datensammlungen mit personenbezogenen Daten eingeschränkt werden kann, die Zwecken der Statistik oder der wissenschaftlichen Forschung dienen, wenn offensichtlich keine Gefahr besteht, daß der Persönlichkeitsbereich der Betroffenen beeinträchtigt wird.

II. Die Ausnahmevorschrift des Art.9 Abs.2

Der Wortlaut von Art.9 Abs.2 wurde den jeweiligen zweiten Absätzen der Art.8, 9, 10 und 11 der Europäischen Menschenrechtskonvention nachgebildet (1). Demnach können die in Art.5, 6 und 8 des Übereinkommens enthaltenen Grundprinzipien des Datenschutzes nur dann eingeschränkt werden, wenn dies zur Aufrechterhaltung bestimmter Grundwerte (2) einer demokratischen Gesellschaft erforderlich ist.

A. Die Ausnahmen im innerstaatlichen Recht

Ob die Beschränkungen in Form eines Gesetzes erfolgen müssen, wie dies die angesprochenen Ausnahmevorschriften der Europ. MRK vorschreiben, oder ob auch andere Regelungen ausreichen, ist nicht ohne weiteres ersichtlich. Art.9 Abs.2 verlangt lediglich, daß die Abweichung durch das Recht ('by the law') der entsprechenden Vertragspartei vorgesehen sein muß. Im Gegensatz dazu bestimmt Art.9 Abs.3, daß die Ausübung der Rechte aus Art.8 b-d nur durch Gesetz ('by law') eingeschränkt werden darf.
Die unterschiedlichen Formulierungen sowohl der deutschen Übersetzung als auch des englischen Originaltextes sprechen eigentlich dafür, daß die Verfasser der Konvention die Voraussetzungen für eine Eingrenzung nach Art.9 Abs.3 bewußt enger als die des

----

(1) vgl. Hondius. NILR, Band 30, 1983, S.117; in Nr.55 des Explanatory Reports zur Datenschutzkonvention wird zu Unrecht auch auf Art.6 Abs.2 Europ. MRK hingewiesen.
(2) Die wesentlichen Grundwerte werden von Art.9 Abs.2 a und b aufgezählt.

Art.9 Abs.2 gefaßt haben (1). Diese Auslegung ließe sich auch mit Art.4 des Abkommens in Einklang bringen. Wenn es nach dieser Norm den nationalen Rechtsordnungen überlassen bleibt, auf welche Weise sie die Datenschutzgrundsätze des Kapitel II im internen Recht verwirklichen, so liegt die Vermutung nahe, daß Einschränkungen der Datenschutzprinzipien grundsätzlich in derselben Form im innerstaatlichen Recht geregelt werden können, solange die entsprechenden Ausnahmebestimmungen verbindlicher Natur sind (2).
Allerdings ist nicht recht einzusehen, warum die Ausnahmebestimmungen des Art.9 Abs.3 durch Gesetz geregelt werden müssen, während die auf Art.9 Abs.2 beruhenden Einschränkungen nicht in Gesetzesform erfolgen müssen. Letztere können Grundlage für weit gravierendere Eingriffe in die Individualrechte sein. Abgesehen davon, daß aufgrund von Art.9 Abs.2 mehr Datenschutzprinzipien eingeschränkt werden, können die aus diesen Ausnahmeregelungen resultierenden Gefahren für den einzelnen mindestens in gleichem Maße wie die nach Art.9 Abs.3 erfolgten Einschränkungen bedrohlich werden. Gerade das Speichern von personenbezogenen Daten in polizeilichen Dateien kann für den einzelnen erhebliche Beeinträchtigungen mit sich bringen. Hier kann auch das Kriterium der Notwendigkeit einer Maßnahme zum Schutz der demokratischen Grundwerte - wie gesehen - kein durchschlagendes Korrektiv zugunsten des Persönlichkeitsrechtes der Betroffenen sein.
Daher ist davon auszugehen, daß die Einschränkungen des Art.9 Abs.2 ebenso wie die des Art.9 Abs.3 nur durch ein formelles Gesetz gerechtfertigt werden können (3). Der einzelne soll vor einschränkenden Maßnahmen der Exekutive verschont werden. Wegen der Bedeutung der Eingriffe in die subjektiven Rechte des Betroffenen ist es aus dessen Sicht nicht unwichtig, daß der Gesetzgeber über solche Maßnahmen entscheidet. Dadurch wird gewährleistet, daß die Öffentlichkeit über das parlamentarische Gesetzgebungsverfahren schon vor der Verabschiedung der Ausnahmevorschriften informiert wird.

B. Die 'notwendigen Maßnahmen' zum Schutz der demokratischen Grundwerte

Die Vorschriften müssen 'notwendige Maßnahmen' zum Schutz bestimmter Grundwerte einer demokratischen Gesellschaft darstellen (4). Mit dieser allgemeinen Formulierung berücksichtigen die Verfasser der Konvention, daß die Maßnahmen in den einzelnen Staaten ganz unterschiedlich ausfallen können. Allgemeingültige Kriterien sollten nicht für alle Staaten und für alle Zeiten festgeschrie-

----

(1) so auch Hondius: NILR, Band 30, 1983, S.117; anders aber der Entwurf der Empfehlung zum Schutz personenbezogener Daten für die Zwecke der sozialen Sicherung, Draft Recommendation, CJ-PD (84) 4, Explanatory Memorandum, Nr.38
(2) vgl. 2.Teil, § 4 III
(3) Diese Auslegung wurde dem Verfasser von Experten bestätigt, die an der Ausarbeitung der Konvention mitgewirkt haben.
(4) Diese Formulierung kritisiert Evans (New L.J. Band 13, 1980, S.1068).

ben werden (1).
Der Maßstab für die Notwendigkeit einer Ausnahmeregelung richtet sich im wesentlichen nach der jeweiligen Entwicklung der demokratischen Strukturen innerhalb der einzelnen Staaten. Je weiter diese Entwicklung vorangeschritten ist, desto ausgeprägter werden auch die Individualrechte ausfallen und desto weniger werden Maßnahmen erforderlich sein, um anderen demokratischen Grundwerten Geltung zu verschaffen. Diese Differenzierung ermöglicht es beitrittswilligen Staaten, deren demokratischer Entwicklungsprozeß noch nicht abgeschlossen ist, nach und nach staatliche Sicherheitsinteressen abzubauen, und das eigene Datenschutzrecht schrittweise dem von den Datenschutzgrundsätzen geforderten Standard anzupassen.
Auf der anderen Seite setzt diese Formulierung die nationalen Gesetzgeber in den Stand, konkrete Maßnahmen zum Schutz bestimmter demokratischer Grundwerte jederzeit ergreifen zu können, um bedrohlichen Entwicklungen besser entgegensteuern zu können. So mußten im Zuge der Terrorismusbekämpfung in der Bundesrepublik Deutschland Abstriche im Bereich des Datenschutzes zugunsten der staatlichen Sicherheitsinteressen hingenommen werden, um beispielsweise im Wege der 'Rasterfahndung' extremistische Gewalttäter besser ermitteln zu können (2).

C. Die Einschränkungen zum Schutz staatlicher Interessen

Diejenigen Staatsinteressen, die Einschränkungen der Datenschutzprinzipien rechtfertigen können, werden in Art.9 Abs.2 a des Abkommens aufgezählt. Durch die Spezifizierung der Ausnahmen sollte vermieden werden, daß die Staaten in der allgemeinen Anwendung des Übereinkommens einen allzu großen Spielraum haben (3). Ob dieses Ziel mit der Formulierung des Art.9 Abs.2 a tatsächlich erreicht worden ist, hängt vor allem davon ab, ob und inwieweit die einzelnen aufgeführten Begriffe Auslegungsprobleme mit sich bringen.

1. Die Maßnahmen zum Schutz der Sicherheit des Staates und der öffentlichen Sicherheit

Der Begriff der 'Sicherheit des Staates' wird als Schutz der nationalen Souveränität gegen innere und äußere Bedrohungen, einschließlich des Schutzes der internationalen Beziehungen des Staates, definiert (4). Von dieser generellen Formulierung werden sowohl polizeiliche Maßnahmen, etwa zur Terrorismusbekämpfung, als auch geheimdienstliche oder militärische Maßnahmen im Hinblick auf solche Bedrohungen erfaßt, die auf einen Staat von außerhalb einwirken. Insofern bleibt die inhaltliche Begriffsbestimmung noch überschaubar.
Dennoch dürfen gewisse Auslegungsschwierigkeiten nicht übersehen

----

(1) Council of Europe, Explanatory Report, Nr.55
(2) vgl. Bing, Data protection and social policy, Report to the XIV Colloquy on European Law, 1984, S.7 ff
(3) Council of Europe, Explanatory Report, Nr.56
(4) s. Anm.3

werden. Zunächst muß festgestellt werden, daß eine Vielzahl von Behörden oder Einrichtungen, deren Aufgabenbereiche sich grundsätzlich voneinander unterscheiden können, auch zum Schutz der staatlichen Sicherheit tätig werden (1). Diesen Behörden stehen wiederum viele Eingriffsmöglichkeiten in die von Art.5, 6 und 8 garantierten Grundsätze zur Verfügung. So können bestimmte Behörden beispielsweise von wesentlichen Mitteilungspflichten gegenüber den betroffenen Personen entbunden werden (2). Auch können Verarbeitungsverfahren, die in Widerspruch zu dem Erhebungszweck der personenbezogenen Daten durchgeführt werden, oder Datenspeicherungen über den konkreten Verwendungszweck der Daten hinaus - zum Beispiel zur Unterstützung polizeilicher Ermittlungstätigkeiten - gerechtfertigt werden.
Diese Fülle an denkbaren Ausnahmeregelungen ermöglicht erhebliche Abweichungen der nationalen Datenschutzgesetze voneinander. Berücksichtigt man zusätzlich, daß in den verschiedenen Vertragsstaaten aufgrund der internen Gegebenheiten ganz unterschiedliche Auffassungen dahingehend entwickelt werden können, welche Maßnahmen zur Verteidigung der staatlichen Sicherheit erforderlich sind, dann können erhebliche Beeinträchtigungen für die Harmonisierung des Datenschutzes in den Vertragsstaaten nicht ausgeschlossen werden.
Dieselben Bedenken sind im Hinblick auf das Kriterium der 'öffentlichen Sicherheit' angebracht. Unter öffentlicher Sicherheit versteht man gemeinhin die Unverletzlichkeit der subjektiven Rechte und Rechtsgüter des einzelnen sowie die Garantie der objektiven Rechtsordnung und der Einrichtungen des Staates. In den Vertragsstaaten können recht unterschiedliche Meinungen darüber vorherrschen, welche Individualrechte gegenüber dem Interesse des einzelnen vorrangig behandelt werden müssen (3), oder inwieweit Vorbehalte zugunsten der nationalen Rechtsordnung, deren Umfang zudem von Staat zu Staat ganz unterschiedlich ausgestaltet sein kann, gemacht werden müssen. Die dadurch möglicherweise entstehenden Abweichungen der nationalen Datenschutzgesetze sind Hindernisse für die von der Konvention beabsichtigte Rechtsvereinheitlichung auf dem Gebiet des Datenschutzes.

2. Die Maßnahmen zum Schutz der Währungsinteressen des Staates

Der Begriff der 'Währungsinteressen des Staates' ('monetary interests', 'intérêts monétaires') erfaßt alle verschiedenen Mittel der Finanzierung staatlicher Maßnahmen und bezieht sich daher insbesondere auf die Erfordernisse der Steuereinziehung und auf die Devisenkontrolle (4). Damit können Maßnahmen gerechtfertigt werden, die die staatlichen Interessen vor Steuerstraftaten oder Zoll- und Devisenvergehen bewahren sollen. Daß darüber hinaus weitere Gründe Einschränkungen der Rechte aus Art.5, 6 und 8 unter dem Gesichtspunkt der Währungsinteressen rechtfertigen kön-

----

(1) vgl. etwa § 12 Abs.2 Nr.1 des Bundesdatenschutzgesetzes
(2) vgl. etwa Bundesrepublik Deutschland: §§ 12 Abs.2 Nr.1, 13 Abs.2 und 3; Österreich: Art.2, § 4 Abs.3
(3) vgl. 3.Teil, § 7 II, B
(4) Council of Europe, Explanatory Report, Nr.57

nen, ergibt sich aus der Tatsache, daß eine eigens zur wirksamen Bekämpfung der Steuer- und Finanzstraftaten verfaßte Einschränkung der Datenschutzgrundsätze keine ausdrückliche Normierung erfordert hätte, da Art.9 Abs.2 a Ausnahmen zur Bekämpfung von Straftaten ohnehin vorsieht (1). Daher können auch sonstige notwendige Maßnahmen für eine effektive Steuereinziehung oder Devisenkontrolle unter den Bereich der Norm fallen, wenn die Rechte der betroffenen Personen gewahrt bleiben.
Bis zu welchem Punkt die in den Datenschutzprinzipien zum Schutz des einzelnen aufgestellten Vorschriften eingeschränkt werden können, um die fiskalischen Interessen des Staates zu verwirklichen, wird von Art.9 Abs.2 a offen gelassen (2). Auch die Entwicklung der Vorschrift während der Beratungen in den Europaratsgremien kann keinen Aufschluß in dieser Frage geben. Ursprünglich fehlte eine Bestimmung, durch die den Währungsinteressen des Staates Vorrang vor den Individualinteressen eingeräumt werden konnte (3). Der dann in einige Entwürfe aufgenommene Begriff der Finanzinteressen des Staates ('financial interests of the state') (4) wurde später von dem Expertenkommitee durch den Terminus der fiskalischen Interessen des Staates ('fiscal interests') mit der Begründung ersetzt, dies sei ein präziserer Begriff (5). Erst die endgültige Fassung des Konventionstextes sah statt dessen Ausnahmen zum Schutz von Währungsinteressen des Staates vor.
Aus dieser letzten Korrektur kann aber nicht geschlossen werden, daß fiskalische Interessen keine Ausnahmen nach Art.9 Abs.2 a rechtfertigen können, da der zur Konvention verfaßte Explanatory Report (6) die Erfordernisse der Steuereinziehung mit einbezieht. Wenn sich aus diesen Gründen schon nicht sicher fetstellen läßt, welche Interessen Währungsinteressen des Staates sind, so kann diese Formulierung erst recht nicht klarstellen, welche Maßnahmen nach der Auffassung der jeweiligen nationalen Gesetzgeber zum Schutz dieser Interessen notwendig sind, und welche bereits nicht mehr unter den Bereich des Art.9 Abs.2 a fallen. Diese Auslegungsschwierigkeiten können zu erheblichen Abweichungen der einzelstaatlichen Regelungen führen, die die Rechtsangleichung auf dem Gebiet des Datenschutzes behindern.

3. Die Maßnahmen zur Bekämpfung von Straftaten

Der Ausdruck 'Bekämpfung von Straftaten' erfaßt sowohl die strafrechtlichen Ermittlungen als auch die Verfolgung von Straftaten

----

(1) vgl. auch Hondius: NILR, Band 30, 1983, S.117
(2) vgl. auch Wochner, Der Persönlichkeitsschutz im grenzüberschreitenden Datenverkehr, S.255
(3) So etwa der Konventionsentwurf, der im Hinblick auf die vierte Sitzung der von dem Expertenkommitee eingesetzten Arbeitsgruppe vom 10.-12. Mai 1978 verfaßt wurde.
(4) So der Konventionsentwurf, der im Hinblick auf die Sitzung der von dem Expertenkommitee eingesetzten Arbeitsgruppe vom 3.-5. April 1979 verfaßt wurde.
(5) so das Expertenkommitee auf der vierten Sitzung vom 21.-25. Mai 1979
(6) Council of Europe, Explanatory Report, Nr.57

(1). Demgegenüber können Maßnahmen zur Vorbeugung und Verhütung von Straftaten durch Art.9 Abs.2 a nicht gerechtfertigt werden (2). Allerdings ist die Abgrenzung zwischen Maßnahmen, die noch unter die strafrechtliche Ermittlungstätigkeit fallen, und generellen Überwachungsmaßnahmen zur Vorbeugung strafbarer Handlungen mitunter recht schwierig. So können im Rahmen von polizeilichen Observierungen nicht nur Angaben über die Personen, die im Verdacht stehen, Straftaten begangen zu haben, sondern zugleich auch Informationen über Personen, die einen zufälligen Kontakt zu dem Verdächtigen hatten, in die polizeilichen Zentraldateien gelangen. Die Sammlung weiterer Daten über diese Personen aus dem Umfeld der observierten Person kann im Hinblick auf die Bekämpfung von Straftaten als notwendig erachtet werden, so daß im Rahmen der Verfolgung solcher Spuren nach und nach Persönlichkeitsbilder über unschuldige Personen ohne deren Wissen entstehen können, deren Aufbewahrung in polizeilichen Dateien über einen gewissen Zeitraum möglich ist. Diese Daten können dann bei jeder Routinekontrolle anläßlich eines Grenzübertritts oder einer Überprüfung im Straßenverkehr abgerufen werden und wegen der angeblichen Beziehung der betreffenden Personen zu verdächtigen Straftätern Anlaß für genauere Überprüfungen und Untersuchungen sein.
Daher müssen die Daten spätestens mit dem Zeitpunkt, in dem sich die verfolgte Spur als unzutreffend herausgestellt hat, gelöscht werden. Dem polizeilichen Interesse, möglichst viele Angaben über potentielle Straftäter - und das können im Prinzip alle Bürger sein - zu sammeln, muß auf diese Weise zugunsten der Individualrechte Einhalt geboten werden, denn spätestens in diesem Augenblick wird die Datenspeicherung nicht mehr mit einer Ermittlungstätigkeit, sondern mit der vorbeugenden Straftatenbekämpfung gerechtfertigt. In diesen Fällen muß wieder das Individualinteresse Vorrang haben.

D. Die Einschränkungen zum Schutz privater Interessen

1. Die Ausnahmen zum Schutz des Betroffenen selbst

Nach Art.9 Abs.2 b können die von den Art.5, 6 und 8 des Übereinkommens verbrieften Datenschutzgrundsätze durch Maßnahmen eingeschränkt werden, die zum Schutz der Privatpersonen selbst notwendig sind. Wie alle Normen, die statt der Betroffenen selbst darüber entscheiden, welche Maßnahmen zur Wahrnehmung der Individualinteressen der Bürger ergriffen werden müssen, ist diese Bestimmung vorsichtig und zurückhaltend auszulegen. Allzu leicht werden dem Betroffenen unter dem Deckmantel des Schutzes der eigenen Interessen aus anderen Erwägungen Rechte vorenthalten, über deren Wahrnehmung er selbst besser entscheiden kann.
Hauptanwendungsfall in diesem Bereich dürfte das Vorenthalten wichtiger Informationen über den Gesundheitszustand einer Person sein. So kann etwa nach Nr.6.1.3.b der Empfehlungen des Europarates zu medizinischen Datenbanken (3) ein Auskunftsersuchen von

----

(1) Council of Europe, Explanatory Report, Nr.57
(2) vgl. Hondius: NILR, Band 30, 1983, S.117
(3) Recommendation No.R (81) 1

einer medizinischen Datenbank mit der Begründung abgelehnt werden, die Mitteilung bestimmter medizinischer Angaben könne bei dem Datensubjekt zu ernsten Gesundheitsschädigungen führen.
Natürlich kann eine vollständige ärztliche Aufklärung über den Gesundheitszustand einer Person bei dieser erhebliche physische oder psychische Störungen auslösen oder vorhandene Schädigungen verschlechtern (1). Dennoch muß dem Aufklärungsinteresse der Betroffenen gegenüber dem Interesse an der Vertraulichkeit medizinischer Datenbestände grundsätzlich Vorrang eingeräumt werden (2). Von diesem Grundsatz sollte nur ausnahmsweise abgewichen werden, wenn konkrete Anhaltspunkte dafür vorliegen, daß sich der Gesundheitszustand einer Person infolge der Kenntniserlangung bestimmter Krankheitsbilder voraussichtlich verschlechtern wird. Prinzipiell ist aber davon auszugehen, daß der Betroffene die Wahrheit über seinen Gesundheitszustand erfahren will und eine Aufklärung verkraften kann. Daher wird man Personen, die an 'Aids' erkrankt sind, grundsätzlich davon informieren müssen, wenn sie betreffende Daten in ein Spezialregister aufgenommen werden.
Gerade die Abwägung zwischen dem Informationsrecht des einzelnen und der Pflicht zur Vertraulichkeit bestimmter Informationen kann in den innerstaatlichen Gesetzen zu unterschiedlichen Rechtsnormen führen. So wird beispielsweise der Umfang des Auskunftsrechtes gegenüber medizinischen Datenbanken im wesentlichen davon abhängen, welches der beiden betroffenen Interessen nach Ansicht der jeweiligen politischen Mehrheiten vorrangig behandelt werden muß. Von daher können Beeinträchtigungen für die Harmonisierung des Datenschutzes nicht ausgeschlossen werden.

2. Die Ausnahmen zum Schutz der Rechte und Freiheiten Dritter

In Art.9 Abs.2 b wird außerdem berücksichtigt, daß notwendige Maßnahmen zum Schutz der Rechte und Freiheiten Dritter die Datenschutzprinzipien der Art.5, 6 und 8 einschränken können. Da diese Begriffe sehr allgemein gehalten worden sind, kommt auch eine Vielzahl von Anwendungsbereichen in Betracht.
So können Ausnahmen zum Schutz der Pressefreiheit gerechtfertigt sein (3). Aufgrund einer Interessenabwägung muß etwa die Dauer der Aufbewahrung personenbezogener Daten in Datensammlungen von Presseorganen über den konkreten publizistischen Verwendungszweck hinaus überprüft werden. Die Wahrung der Pressefreiheit kann es nur ausnahmsweise rechtfertigen, derartige Informationen auch weiterhin in den Dateien zu behalten. Gleiches gilt für die Auskunftsbegehren gegenüber Presseorganen. Nur ausnahmsweise muß das Informationsrecht des Antragstellers dem Interesse der Presse an der Geheimhaltung der ihr zur Verfügung stehenden personenbezoge-

----

(1) s. etwa Nonnenmacher: Ann.A.A.A. La Haye, 1975/76, S.63; Nr.14 des Explanatory Memorandums des Entwurfes der Empfehlungen zu medizinischen Datenbanken vom 8. November 1976
(2) Recommendation No.R (81) 1, Explanatory Memorandum, Nr.49; s. auch Westin, in: OECD ICCP 1, S.118
(3) Council of Europe, Explanatory Report, Nr.58; Frosini, Riv. dir.europ. 1984, S.14

nen Informationen weichen.
Ähnliche Probleme resultieren aus dem Arbeitgeber-Arbeitnehmer-Verhältnis (1). Die Aufbewahrung personenbezogener Arbeitnehmerdaten in den Dateien des Arbeitgebers nach Kündigung des Arbeitsverhältnisses ist prinzipiell abzulehnen, weil mit der Kündigung der Speicherzweck entfallen ist. Ein effektiver Datenschutz verlangt daher aus den in Art.5 c und e entwickelten Gesichtspunkten die Löschung der betreffenden Daten. Nur ausnahmsweise ist eine weitere Aufbewahrung gerechtfertigt. In Betracht kommen etwa Regreßprozesse gegen den ehemaligen Mitarbeiter oder künftige personalpolitische Entscheidungen. In letzterem Fall sind die Daten aber zu anonymisieren, so daß eine Identifizierung der Person nicht mehr möglich ist.
Auch das Auskunftsverlangen muß grundsätzlich erfüllt werden. Der Arbeitnehmer muß wissen, inwieweit sein Arbeitgeber Informationen über ihn gesammelt hat, und zu welchen Zwecken sie verwendet werden. Ihm muß ebenso das Recht gewährt werden, die Berichtigung oder Löschung solcher Daten erwirken zu können, die entgegen den nationalen Vorschriften, die die Art.5 und 6 verwirklichen, gespeichert oder übermittelt werden. Das Arbeitgeberinteresse an einer möglichst vollständigen und weitfassenden Kenntnis von der Persönlichkeit seiner Arbeitnehmer muß weichen (2), um den persönlichen Interessen der Arbeitnehmer Geltung zu verschaffen. Von daher wird man die Vorenthaltung dieser Rechte mit der Begründung, es könnten Geschäftsgeheimnisse an die Öffentlichkeit gelangen, allenfalls dann zulassen können, wenn wesentliche Geschäftsinteressen, deren Veröffentlichung schwerwiegende und unangemessene Folgen für den Bestand des Unternehmens oder für den öffentlich-rechtlichen Arbeitgeber nach sich zögen, durch die Verwirklichung der Individualrechte bedroht würden.
Auch im Rahmen der sozialen Sicherung kann die vorzunehmende Güterabwägung mit anderen Interessen zum Nachteil des Auskunftersuchenden ausfallen (3). So kann einem Ehegatten, der durch den anderen Ehegatten mitversichert ist, eine Auskunft dann versagt werden, wenn dadurch die Rechte seines Ehegatten verletzt würden. Unter diesem Aspekt wäre ein Anspruch etwa dann zu verneinen, wenn der Auskunftsuchende ohne Wissen seines Ehegatten Kenntnis von dessen früheren Krankheiten oder besonderen Operationen erhielte.
Diese Ausführungen deuten an, in welch großem Umfang die von Art.9 Abs.2 b gerechtfertigten Einschränkungen Bedeutung erlangen können. Daraus können beträchtliche Abweichungen der innerstaatlichen Ausnahmeregelungen voneinander entstehen. Auch im Hinblick auf die vorzunehmende Güterabwägung zwischen den in Frage kommenden Interessen sind völlig unterschiedliche gesetzgeberische Entscheidungen denkbar, so daß diese Vorschrift in ganz besonderem

----

(1) vgl. Simitis, Rapport general of the XIVth Colloquy on European law, 1984, S.9
(2) vgl. Bing, Data protection and social policy, Report to the XIV Colloquy on European law, 1984, S.12
(3) s. Nr.6.1 des Entwurfes der Empfehlung zum Schutz der personenbezogenen Daten für die Zwecke der sozialen Sicherung, Draft Recommendation, CJ-PD (84) 4

Maße dem Ziel der Vereinheitlichung auf dem Gebiet des Datenschutzes zuwiderlaufen kann.

III. Die Ausnahmeregelung des Art.9 Abs.3

A. Der Umfang der Norm

Im Gegensatz zu Art.9 Abs.2 der Konvention, der Ausnahmen von den Art.5, 6 und 8 zuläßt, rechtfertigt der dritte Absatz der Vorschrift lediglich Einschränkungen in der Ausübung der Rechte aus Art.8 b-d gegenüber solchen Dateien, die Zwecken der Statistik und wissenschaftlichen Forschung dienen. Von Art.9 Abs.3 bleiben also sowohl Art.5 und 6 als auch das in Art.8 a verankerte Recht der Betroffenen, Kenntnis von der Existenz einer Datei zu erlangen, unberührt. Der Betroffene muß daher über das von Art.9 Abs.2 gerechtfertigte Maß hinaus Ausnahmen nur in Bezug auf die ihm zustehenden Auskunfts- und Berichtigungsrechte sowie auf die ihm gegen ablehnende Entscheidungen zustehenden Rechtsmittel hinnehmen.
Deshalb kann etwa ein Aufbewahren von personenbezogenen Daten ohne Angabe des Verwendungszweckes oder eine Verwendung gespeicherter Daten zu anderen als den angegebenen Zwecken nicht durch Art.9 Abs.3 gerechtfertigt werden. Auch das Speichern von personenbezogenen Daten ohne Angabe der weiteren Verwendung zu Statistik- oder Forschungszwecken kann nicht durch Art.9 Abs.3 gerechtfertigt werden. Zur Klarstellung muß jedoch darauf hingewiesen werden, daß die Aufbewahrung anonymisierter Daten, d.h. solcher Daten, die eine Identifizierung der Personen nur mit sehr komplizierten Mitteln (1) möglich machen, über den ursprünglichen Verarbeitungszweck hinaus von Art.5 e der Konvention gedeckt ist (2). Es versteht sich von selbst, daß derartige nicht mehr personenbezogenen Daten auch zu Forschungs- oder Statistikzwecken herangezogen werden können, denn sie fallen nicht mehr unter den Geltungsbereich des Übereinkommens.
Außerdem können die Rechte aus Art.8 b-d gegenüber Dateien mit personenbezogenen Daten eingeschränkt werden, die ausdrücklich zu statistischen Zwecken - etwa im Rahmen einer Volkszählung - oder zu Forschungszwecken - etwa für Krebsregister oder soziologische und psychologische Studien - gespeichert worden sind. Dem trägt auch die Empfehlung des Europarates zum Schutz personenbezogener Daten für die Zwecke der wissenschaftlichen Forschung und Statistik Rechnung (3). Diese Empfehlung, die die Ausnahmeregelung des Art.9 Abs.3 der Konvention konkretisiert (4), bemüht sich, einen Ausgleich zwischen dem wissenschaftlichen Informationsbedürfnis und den Individualrechten des einzelnen zu schaffen.
Nach Nr.6.1 der Empfehlung kann das Auskunfts- und Berichtigungsrecht des einzelnen eingeschränkt werden, wenn die ihn betreffen-

----

(1) Nach der hier vertretenen Ansicht muß eine Identifizierung der Personen ausgeschlossen sein, vgl. 3.Teil, § 2 II, D
(2) Council of Europe, Explanatory Report, Nr.59
(3) Recommendation No.R (83) 10
(4) Recommendation No.R (83) 10, Explanatory Memorandum Nr.8, 14, 39

den Daten zu rein statistischen oder Forschungszwecken erhoben und gespeichert werden, und die erstellten Statistiken oder Forschungsberichte den einzelnen nicht leicht identifizieren. Auch werden angemessene Sicherungsmaßnahmen verlangt, die den Persönlichkeitsbereich des Individuums in jedem Stadium, einschließlich der Speicherung der Daten für eine spätere Verwendung, schützen. Nur wenn diese Schutzvorkehrungen getroffen worden sind, überwiegt das wissenschaftliche Informationsbedürfnis.
Art.9 Abs.3 berücksichtigt, daß für bestimmte Forschungsvorhaben anonymisierte Daten nicht ausreichen, sondern personenbezogene Daten erforderlich sind (1). Es muß jedoch gewährleistet sein, daß die erstellten Statistiken und Forschungsberichte die ausgewerteten Informationen ohne Identifikationsmerkmale vorlegen (2). Außerdem muß durch entsprechende Maßnahmen sichergestellt werden, daß Daten ohne das Einverständnis der betroffenen Person nur in anonymisierter Form an Dritte weitergegeben werden können (3). Nur unter diesen Voraussetzungen besteht offensichtlich keine Gefahr für das Persönlichkeitsrecht der Betroffenen. Dann ist eine Einschränkung der Rechte des Art.8 b-d durch Art.9 Abs.3 gerechtfertigt (4).

B. Die Einschränkung durch Gesetz

Die Beschränkung der Rechte aus Art.8 b-d muß durch Gesetz ("by law") erfolgen. Der Wortlaut verlangt demnach - im Gegensatz zu der mißverständlichen Formulierung des Art.9 Abs.2 (5) - ein Gesetz zur Rechtfertigung einschränkender Maßnahmen i.S.v. Art.9 Abs.3. Wegen der besonderen Bedeutung solcher Ausnahmeregelungen macht es aus den bereits dargestellten Gründen (6) für den einzelnen schon einen Unterschied, ob einschränkende Bestimmungen vor ihrer Anwendung ein ordentliches Gesetzgebungsverfahren mit all den garantierten Möglichkeiten der Einflußnahme durchläuft, oder ob die Exekutive ohne legislative Ermächtigung entsprechende Beschneidungen der Individualrechte vornehmen kann. Art.9 Abs.3 schützt insoweit vor staatlicher Willkür.

----

(1) Buguicchio, in: Council of Europe, Camera dei Deputati, Legislation and data protection, 1983, S.232; Hondius: NILR, Band 30, 1983, S.117
(2) Council of Europe, Explanatory Report, Nr.59
(3) vgl. insoweit die Ausführungen des Bundesverfassungsgerichts im sog. "Volkszählungsurteil", veröffentlicht in: DöV 1984, S.156 ff = DVBl 1984, S.128 ff
(4) Diese Ausführungen stimmen mit der Erklärung der Generalversammlung der European Science Foundation (ESF) vom 12. November 1980 überein (veröffentlicht in: DuD 1982, S.52 f).
(5) vgl. 3.Teil, § 7 II, A
(6) s. Anm.5

Art.11 stellt ausdrücklich fest, daß das zweite Kapitel nicht so auszulegen ist, als ob es einer Vertragspartei die Möglichkeit nehme, den Betroffenen ein größeres Maß an Schutz als das in diesem Übereinkommen vorgeschriebene gewährt (1). Diese letzte Norm des zweiten Kapitels wurde dem Vorbild ähnlicher Bestimmungen in anderen Konventionen des Europarates, insbesondere nach Art.60 Europ. MRK, nachgebildet (2). Sie hält nochmals fest, daß die in Kapitel II aufgeführten Datenschutzprinzipien nur eine minimale Basis im Bereich des Datenschutzes wiedergeben. Den Vertragsparteien steht es frei, über die Mindestvoraussetzungen hinaus weitergehende Regelungen zum Schutz der Betroffenen zu verabschieden (3). So können die nationalen Gesetzgeber beispielsweise auch für andere als die in Art.6 der Konvention erwähnten Datenarten besondere Schutzvorkehrungen verlangen oder für den Betroffenen günstige Schadensersatzregelungen treffen.
Allerdings können derartige Abweichungen die von der Konvention verfolgten Ziele gefährden. So kann ein Vertragsstaat, der noch weitere als die in Art.6 aufgezählten Datenarten besonderen Schutzvorkehrungen unterwirft, den Datenexport in solche Vertragsstaaten, die eine dahingehende Erweiterung im innerstaatlichen Recht nicht vorsehen, einschränken (4). Ferner können sog. 'Convention havens', wie Wochner sie nennt (5), entstehen. Durch die von Art.11 gerechtfertigte Abweichung von den Mindeststandards auf dem Gebiet des Datenschutzes können sich nämlich Vertragsstaaten mit restriktiven Datenschutzregelungen und Vertragsstaaten mit eher liberalen Datenschutznormen herausbilden. Dadurch würde eine weitgehende Vereinheitlichung der nationalen Datenschutzgesetze vereitelt werden. In Anbetracht der einzelstaatlichen Unterschiede könnten Datenverarbeiter versucht sein, Datenverarbeitungsverfahren unter bewußter Ausnutzung der nationalen Unterschiede in solche Vertragsstaaten zu verlagern, die ihre Datenschutzregelungen nicht über das von dem Übereinkommen geforderte Maß hinaus ausgeweitet haben. Somit kann Art.11 zumindest in Einzelfällen zu Situationen führen, die zu vermeiden gerade das Ziel der Konvention ist.

---

(1) Entsprechende Bestimmungen enthalten sowohl Nr.6 der OECD-Guidelines als auch Nr.9 der Empfehlung des Europarates zu medizinischen Datenbanken; auch die Empfehlungen des Europarates zum Schutz personenbezogener Daten für Zwecke der wissenschaftlichen Forschung und Statistik (Explanatory Memorandum, Nr.17) verweisen auf Art.11 der Konvention.
(2) Council of Europe, Explanatory Report, Nr.61; so auch schon die von dem Expertenkommitee eingesetzte Arbeitsgruppe auf der ersten Sitzung vom 14.-16. Februar 1977
(3) Council of Europe, Explanatory Report, Nr.61
(4) Council of Europe, Explanatory Report, Nr.69
(5) Wochner, Der Persönlichkeitsschutz im grenzüberschreitenden Datenverkehr, S.256

4.Teil: DIE REGELUNG DES GRENZÜBERSCHREITENDEN DATENVERKEHRS

§ 1 Das Ziel des Art.12

Art.12 der Datenschutzkonvention befaßt sich mit dem grenzüberschreitenden Verkehr personenbezogener Daten und dem Verhältnis zu innerstaatlichen Datenschutzvorschriften. Ziel dieser Vorschrift ist es, einen angemessenen Ausgleich zwischen den in der Präambel genannten Interessen, dem in Art.10 Europ. MRK verbrieften Recht auf Informationsfreiheit und dem Recht auf Achtung des Persönlichkeitsbereiches (Art.8 Europ. MRK), zu schaffen (1).
Der Wortlaut dieser für die Konvention so eminent wichtigen Bestimmung war lange umstritten. Selbst der von dem Expertenkommitee auf der Abschlußsitzung vom 21.-25. Mai 1979 verabschiedete Konventionsentwurf (2) sah eine zu dem geltenden Art.12 des Abkommens noch grundlegend verschiedene Regelung des grenzüberschreitenden Datenverkehrs vor. Erst im letzten Jahr vor der Verabschiedung der Konvention konnte eine Einigung über den genauen Wortlaut der Norm erzielt werden (3).
Ausgangspunkt der Überlegungen des Europarates war die Erkenntnis, daß nationale Regelungen das Problem des transnationalen Datenflusses nicht in den Griff bekommen können (4). Zwar ermöglichen sie, etwa durch behördliche Genehmigungsvorbehalte, Beschränkungen des Datenexportes oder -importes zum Schutz der Individualrechte (5), die eigentlichen Probleme aber, die auf die unterschiedliche Qualität der nationalen Datenschutzregelungen zurückzuführen sind, können nicht gelöst werden (6). Die aus dem internationalen Regelungsgefälle resultierenden Gefahren können durch Einschränkungen des transnationalen Datenverkehrs nicht beseitigt werden. Zudem wird das von Art.10 MRK garantierte Recht auf Informationsfreiheit eingegrenzt. Damit bleiben aber nicht nur die Ursachen für die Gefährdung der personenbezogenen Daten beim grenzüberschreitenden Datenverkehr bestehen, vielmehr wird auch das Recht auf Informationsfreiheit grundlegend eingeschränkt, so daß letztlich keinem der betroffenen Interessen in befriedigendem Maße Rechnung getragen wird.
Die anstehenden Probleme können wirksam nur durch die vom Europarat mit der Datenschutzkonvention verfolgten Methode der Rechtsangleichung der einzelstaatlichen Regelungen bewältigt werden (7). Auf der Basis der in Kapitel II des Übereinkommens aufge-

----

(1) Council of Europe, Explanatory Report, Nr.62
(2) veröffentlicht in: TDR, Vol.II, Nr.3, 1979, S.19
(3) vgl. Meister: DuD 1982, S.11
(4) vgl. 1.Teil, § 2 II
(5) vgl. Dänemark: §§ 7, 21 des Gesetzes über private Register; Frankreich: Art.24; Großbritannien: Part V, Nr.39; Island: Art.21; Norwegen: § 36; Österreich: Art.2, §§ 32 ff; Schweden: § 11
(6) vgl. Simitis, in: Simitis/Dammann/Mallmann/Reh: Einführung, Rdnr.76
(7) vgl. Denkschrift zu dem Übereinkommen, BTDrucks 10/2118, S.18

stellten Datenschutzgrundsätze, die die Vertragsstaaten im nationalen Recht verwirklichen müssen, soll eine Harmonisierung der innerstaatlichen Datenschutznormen erreicht werden (1). Die Vertragsparteien verfügen so über ein einheitliches Mindestmaß an übereinstimmenden Vorschriften auf dem Gebiet des Datenschutzes. Nur auf dieser Grundlage, die die Gefahren für den Datenschutz durch voneinander abweichender Datenschutzregelungen minimiert, kann auch zugleich dem Recht auf Informationsfreiheit in ausreichendem Maße Geltung verschafft werden, so daß es nur ausnahmsweise gerechtfertigt ist, den grenzüberschreitenden Datentransfer zu behindern.
Daher sind Einschränkungen des Datenexportes zum Schutz der Individualrechte grundsätzlich entbehrlich, da die Vertragsstaaten i.d.R. über gleichwertige, mit den Datenschutzprinzipien übereinstimmende Regelungen verfügen. So wird weitgehend sichergestellt, daß Gefährdungen für den einzelnen, die sich aus Datenverarbeitungsverfahren in Staaten ohne oder mit nur unzureichenden Vorschriften zum Datenschutz ergeben können, auf die Verarbeitungsprozesse in Nichtvertragsstaaten beschränkt bleiben. Nur ausnahmsweise sollte der grenzüberschreitende Datenfluß unter den Vertragsstaaten eingeschränkt werden. Abweichungen der innerstaatlichen Regelungssysteme, die darauf beruhen, daß es den Vertragsparteien freisteht, auf welche Weise und in welcher Form sie die Erfordernisse der Datenschutzprinzipien umsetzen, dürfen hierbei grundsätzlich keine Rechtfertigung für Exportbeschränkungen bei personenbezogenen Daten darstellen, da qualitative Unterschiede im Datenschutzrecht als Folge der Entscheidung des Europarates für einen 'non-self-executing-treaty' hingenommen werden müssen (2).
Ausnahmen von der Gewährleistung des freien Informationsflusses unter den Vertragsstaaten müssen aber dann gemacht werden, wenn Abweichungen von einem übereinstimmenden Datenschutz durch die Vorschriften der Konvention selbst ausdrücklich ermöglicht werden. So können die Vertragsstaaten - wie bereits gesehen - den Anwendungsbereich des Abkommens einerseits gem. Art.3 Abs.2 a und Art.9 der Konvention einseitig einschränken, andererseits aber auch über das von der Konvention geforderte Mindestmaß hinaus ausdehnen (Art.3 Abs.2 b, c und Art.11). Die daraus resultierenden potentiellen Unterschiede innerhalb der Datenschutzregelungen der Vertragsstaaten können wiederum zu den Beeinträchtigungen für den einzelnen führen, die mit der Harmonisierung der nationalen Regelungen gerade verhindert werden sollen (3).
Daher ist es angebracht, daß diejenigen Vertragsstaaten, deren Datenschutzbestimmungen den Betroffenen über das von der Konvention geforderte Mindestmaß hinaus schützen, den Datenfluß in solche Vertragsstaaten einschränken können, die eine derartige weitergehende Regelung nicht getroffen haben. Gleiches muß für das Verhältnis der Vertragsparteien, die die Mindestvorausetzungen der Konvention im internen Recht ausnahmslos umsetzen, zu den

----

(1) vgl. auch Kayser, La protection de la vie privée, S.358
(2) vgl. 2.Teil, § 4 II
(3) s. Hondius: Stan.J.Int.L. Band 16, 1980, S.107; Meister: DuD 1982, S.11

Vertragsstaaten gelten, die im innerstaatlichen Recht Ausnahmebestimmungen i.S.v. Art.3 Abs.2 a oder Art.9 enthalten (Art.12 Abs.3 a). Ebenso müssen die Vertragsstaaten durch entsprechende exportbeschränkende Maßnahmen verhindern können, daß ihr Datenschutzrecht dadurch umgangen werden kann, daß personenbezogene Daten, die aus ihrem Hoheitsgebiet in das Hoheitsgebiet eines anderen Vertragsstaates gelangen, von dort ungehindert in einen Nichtvertragsstaat weitergeleitet werden können, der über keine ausreichenden Datenschutznormen verfügt (Art.12 Abs.3 b) (1).
Neben der mit Art.12 bezweckten Gewährleistung des ungehinderten grenzüberschreitenden Datenflusses unter den Vertragsstaaten auf der Basis der die 'minimum rules' verwirklichenden nationalen Vorschriften hat Kapitel III der Übereinkunft noch weitere Konsequenzen. Infolge der Regelung des Art.12 stehen die Staaten, die dem Übereinkommen noch nicht beigetreten sind, unter Zugzwang (2). Wenn sie Wettbewerbsnachteile im internationalen Wirtschaftsverkehr aufgrund datenschutzbedingter Exportverbote vermeiden wollen, sind sie gezwungen, in ihren innerstaatlichen Datenschutznormen die Erfordernisse der Konvention zu erfüllen und danach dem Abkommen beizutreten (3). Zudem verlieren grenzüberschreitende Regelungen im einzelstaatlichen Recht umso mehr an Bedeutung, je mehr Staaten dem Übereinkommen beitreten (4). Denn Einschränkungen des grenzüberschreitenden Datenverkehrs zwischen den Vertragsstaaten sind lediglich ausnahmsweise, im Rahmen der Ausnahmebestimmung des Art.12 Abs.3, zulässig.

§ 2 Der Anwendungsbereich des Art. 12

I. Die Anwendung der Norm auf personenbezogene Daten und die Ausnahmen

Die Vorschrift des Art.12 findet grundsätzlich Anwendung auf alle personenbezogenen Daten i.S.v. Art.2 a der Konvention (5). Eine Erweiterung tritt dann ein, wenn zwei oder mehrere Vertragsparteien von ihrem Recht nach Art.3 Abs.2 b Gebrauch gemacht und den Anwendungsbereich des Abkommens auf den Schutz juristischer Personen ausgedehnt haben. In diesem Fall gilt Art.12 - wie alle anderen Vorschriften des Übereinkommens auch - ebenso für den

----

(1) vgl. Jacqué, Les droits de l'homme et le développement de l'informatique en Europe, Gedächtnischrift Sasse II (1981), S.923
(2) vgl. BfD, Fünfter Tätigkeitsbericht, 1983, S.116
(3) Daher wird die Konvention insbesondere von amerikanischer Seite mit dem Hinweis verurteilt, sie greife in die internen Angelegenheiten der Nichtvertragsstaaten ein, da sie deren Entscheidungsbefugnisse im Hinblick auf den grenzüberschreitenden Datenverkehr beschneide (vgl. etwa: Mc Keaver: Int. Bus. Lawyer, 1984, S.161
(4) vgl. BfD, Dritter Tätigkeitsbericht, 1981, S.61
(5) Council of Europe, Explanatory Report, Nr.65; Kotschy, DuD 1983, S.255

grenzüberschreitenden Austausch von Informationen, die juristische Personen betreffen (1).
Die Erweiterung bezieht sich aber nur auf Datentransfers zwischen Vertragsstaaten, die jeweils den Anwendungsbereich des Übereinkommens nach Art.3 Abs.2 b ausgedehnt haben (2). Hat lediglich ein Vertragsstaat den Geltungsbereich der Konvention ausgedehnt, erschöpft sich die Anwendung des Art.12 wieder auf den Transfer personenbezogener Daten von und nach diesem Vertragsstaat (3). Umgekehrt gilt ein Vertragsstaat, der bestimmte Datenarten von der Geltung des Abkommens nach Art.3 Abs.2 a ausgeschlossen hat, hinsichtlich der Weitergabe solcher Daten über Staatsgrenzen hinweg als Nichtvertragsstaat, so daß diese Abläufe von Art.12 nicht erfaßt werden (4).
Als Folge kann ein Vertragsstaat, der eine Erweiterung i.S.v. Art.3 Abs.2 b vorgenommen hat, im Hinblick auf die Informationen, die eine juristische Person betreffen, den grenzüberschreitenden Datenverkehr in einen Vertragsstaat, der den Geltungsbereich insoweit nicht ausgedehnt hat, von einer Genehmigung abhängig machen oder anders einschränken. Dasselbe Recht hat ein Vertragsstaat, der die Konvention vorbehaltslos ratifiziert hat, gegenüber einem Staat, der die Anwendung nach Art.3 Abs.2 a eingeschränkt hat. Im übrigen dürfen Datentransfers unter den Vertragsstaaten nicht behindert werden.

II. Die grenzüberschreitende Datenweitergabe

Wenn man von der grundsätzlichen Beschränkung der Anwendung auf personenbezogene Daten einmal absieht, ist der Geltungsbereich des Art.12 sehr weit ausgefallen. Die Vorschriften dieser Norm sind immer dann einschlägig, wenn personenbezogene Daten zwischen Vertragsstaaten übermittelt werden. Nach dem Willen der Verfasser des Übereinkommens sollen alle denkbaren Arten der Datenweitergabe über Staatsgrenzen hinweg sowie alle Elemente, die diesen Transfer bestimmen, erfaßt werden (5).
Für die Form der Daten ist es gleich, ob diese im Klartext oder verschlüsselt weitergegeben werden. Ebenso ist es ohne Bedeutung, auf welchem Datenträger sich die Daten befinden. In Betracht kommen sowohl Papiere, als auch Lochkarten, Lochbänder, Magnetbänder, Magnetplatten usw. Alle Beförderungsarten, wie der mit physischen Mitteln durchgeführte Transport, der Postversand der Datenträger sowie der Transfer über Fernmeldeverbindungen oder Satelliten, fallen unter den Geltungsbereich des Art.12. Alle möglichen grenzüberschreitenden Verbindungsarten werden erfaßt, wie beispielsweise der Datenabruf über Terminals bei einer auslän-

----

(1) Council of Europe, Explanatory Report, Nr.65
(2) s. Kotschy: DuD 1983, S.255
(3) s. Anm.1
(4) s. Anm.1
(5) Council of Europe, Explanatory Report, Nr.63; Hondius: NILR Band 30, 1983, S.118; im Hinblick auf die in Betracht kommenden grenzüberschreitenden Datentransfers vgl. auch die Ausführungen von: Bing (Scand.Stud. 1980, S.65 ff) und Hunnings (TDR, Vol.III, No.8, 1980, S.23 f)

dischen Speichereinheit, die Übermittlung zwischen verschiedenen, miteinander verbundenen Computersystemen oder etwa die Verbindung manueller Datenbestände mit automatisierten Datensammlungen. Ferner macht es keinen Unterschied, ob die Daten direkt vom Ursprungsland in das Bestimmungsland oder über ein oder mehrere Transitländer übermittelt werden. Art.12 erfaßt nicht nur die transnationale Datenweitergabe innerhalb einer Organisation, sondern auch die Übermittlung personenbezogener Daten unter verschiedenen Rechtssubjekten.

III. Die Weitergabe manuell gesammelter Daten

Durch die genannte Aufzählung ist der Geltungsbereich des Art.12 nicht abschließend fixiert. Sie soll lediglich verdeutlichen, daß diese Norm ausnahmslos alle grenzüberschreitenden Datenübermittlungsvorgänge erfassen will. Aus diesem Grund macht Art.12 auch eine wichtige Ausnahme von dem Grundsatz, daß sich der Geltungsbereich der Konvention nur auf automatisch verarbeitete Daten erstreckt (1). Neben der grenzüberschreitenden Weitergabe automatisch verarbeiteter Daten soll ebenso jede Übermittlung von personenbezogenen Angaben erfaßt werden, die für eine solche Verarbeitung beschafft werden.
Die ausdrückliche Ausdehnung auf derartige Datentransfers war notwendig, da personenbezogene Daten erst mit dem ersten automatisierten Verarbeitungsvorgang unter den Anwendungsbereich der Konvention fallen. Der bloße Datenbeschaffungsvorgang ohne die Zuhilfenahme automatischer Verfahren ist von den Regelungen des Übereinkommens ausgeschlossen worden (2). Deshalb hielten es die Verfasser der Konvention für unerläßlich, eine ausdrückliche Erweiterung in Art.12 vorzunehmen, um zu verhinern, daß die Anwendung dieser Norm umgangen werden kann. Ohne diese Erweiterung wäre der Rahmen des Art.12 lückenhaft gewesen, da die grenzüberschreitende Weitergabe von Daten, die in einem Vertragsstaat gesammelt werden, zur maschinellen Verarbeitung in einem anderen Vertragsstaat nicht unter die Bestimmungen des Übereinkommens gefallen wäre (3). Diese Abweichung von der in der Konvention zum Ausdruck gebrachten Grundsatzentscheidung gegen die Anwendung auf den Vorgang des Datensammelns liefert den Befürwortern einer prinzipiellen Ausdehnung des Abkommens auf den manuellen Bereich ein gewichtiges Argument zur Begründung des von ihnen vertretenen Standpunktes (4).

IV. Die Begrenzung des Geltungsbereiches auf den Datenexport

Daß Art.12 lediglich die Datenausfuhr, nicht aber die Einfuhr personenbezogener Daten regelt, ergibt sich nicht ohne weiteres aus dem Wortlaut der Norm. In Art.12 Abs.1 wird lediglich von der Weitergabe über Staatsgrenzen hinweg gesprochen, so daß damit noch nicht geklärt ist, ob der freie Datenimport ebenso wie der

----

(1) vgl. 2.Teil, § 5 II, A
(2) s. 2.Teil, § 5 II, A, 1, b
(3) Council of Europe, Explanatory Report, Nr.64
(4) s. hierzu 2.Teil, § 5 II, A, 1, b, B

freie Datenexport garantiert ist. Erst Art.12 Abs.2 gibt darüber Aufschluß, weil hier festgestellt wird, daß eine Vertragspartei den grenzüberschreitenden Verkehr personenbezogener Daten in das Hoheitsgebiet einer anderen Vertragspartei nicht verbieten oder von einer Genehmigung abhängig machen darf. Einschränkungen der Dateneinfuhr aus einem anderen Vertragsstaat werden nicht untersagt.

Insoweit weicht die endgültige Fassung der Konvention von den ursprünglichen Entwürfen ab. Diese hatten bis im Jahre 1979 sowohl ein Verbot von Export- als auch von Importbeschränkungen vorgesehen (1). Die Verfasser der Konvention waren aber letztlich der Ansicht, die Dateneinfuhr werfe deshalb keine besonderen Probleme auf, da im Hinblick auf die eingeführten Daten die Datenschutzbestimmungen des Importstaates einschlägig seien. Mit dem Eintritt der Daten in das Hoheitsgebiet des Empfängerlandes unterlägen die Verarbeitungsverfahren für diese Angaben den gleichen Vorschriften wie die rein innerstaatlich verarbeiteten Informationen, so daß spezielle Schutzvorkehrungen gegenüber Dateneinfuhren entbehrlich seien. Man vertraute darauf, daß bei importierten Daten, die entgegen den nationalen Datenschutznormen verarbeitet werden, dieselben Maßnahmen wie bei rein innerstaatlichen Verarbeitungsvorgängen ergriffen werden müßten. So könnten Verarbeitungsprozesse, die Individualrechte verletzen, auch für importierte Daten verhindert oder mit allen den Betroffenen zustehenden Rechtsbehelfen bekämpft werden.

Allerdings setzt dies voraus, daß die innerstaatlichen Vorschriften alle Individuen gleichermaßen schützen und sich nicht etwa nur auf den Schutz personenbezogener Daten der eigenen Staatsangehörigen oder im Inland seßhaften Personen erstrecken. Diese Gefahr ist durch die Vorschrift des Art.1 der Konvention abgewendet worden, denn beitrittswillige Staaten können dem Abkommen nur dann beitreten, wenn sie in ihrem Hoheitsgebiet für jedermann, ungeachtet seiner Staatsangehörigkeit oder seines Wohnortes, den Schutz seiner personenbezogenen Daten garantieren. Auch liegt es auf der Hand, daß die Wiederausfuhr der Daten - nach der Verarbeitung in einem Vertragsstaat - in andere Vertragsstaaten grundsätzlich nicht behindert werden darf, d.h. lediglich unter den Voraussetzungen, die für jede Datenausfuhr gelten, nach Art.12 Abs.3 eingeschränkt werden kann.

Ein Problem ergibt sich aber aus der Tatsache, daß die Wiedereinfuhr personenbezogener Daten, wie jeder Datenimport, nicht von Art.12 der Konvention erfaßt ist. Die Wiedereinfuhr von Daten, die unter Verletzung von Datenschutzregelungen des Vertragsstaates, aus dem die Daten urspünglich exportiert worden sind, in einem anderen Vertragsstaat verarbeitet worden sind, kann nämlich eingeschränkt werden. Das Importland ist nicht darauf angewiesen, die ihm nach Art.12 zustehenden Maßnahmen zum Schutz der personenbezogenen Daten beim ursprünglichen Datenexport zu ergreifen. Ebenso wie beim Import von personenbezogenen Daten aus Staaten,

----

(1) vgl. u.a. Art.12 Abs.1 des letzten Konventionsentwurfes des Expertenkommitees vom 24. Mai 1979, der auf der vierten Sitzung vom 21.-25. Mai 1979 verabschiedet wurde (veröffentlicht in: TDR, Vol.II, No.3, 1979, S.17)

die keine gleichwertigen Datenschutzvorschriften vorsehen, kann auch der Wiederimport, etwa im Wege eines behördlichen Genehmigungsvorbehaltes, eingeschränkt werden. Dem steht Art.12 nicht entgegen (1), so daß insoweit das Prinzip des grenzüberschreitenden Datenverkehrs über die in Art.12 Abs.3 genannten Ausnahmen hinaus eingeschränkt werden kann.
Ob die Importstaaten von solchen Wiedereinfuhrbeschränkungen Gebrauch machen, oder ob sie, wie die Verfasser der Konvention annahmen, sich damit begnügen, die verarbeiteten Daten am Maßstab der eigenen Datenschutzregelungen zu messen, und dann erst gegebenfalls die notwendigen internen Maßnahmen ergreifen, bleibt abzuwarten. Festzuhalten ist aber, daß Importbeschränkungen von Daten, die aus anderen Vertragsstaaten eingeführt werden sollen, von der Konvention nicht untersagt werden, und daß insoweit eine theoretische Möglichkeit besteht, entgegen dem Sinn des Art.12 den freien Datenfluß über Staatsgrenzen hinweg einzugrenzen.

§ 3 Das grundsätzliche Verbot von Einschränkungen des grenzüberschreitenden Datenverkehrs zwischen Vertragsstaaten

I. Die Hintergründe für die Regelung

Die Entscheidung des Europarates für eine schrankenlose Garantie des grenzüberschreitenden Datenflusses unter Vertragsstaaten wird durch das grundsätzliche Verbot beschränkender Maßnahmen des Datenexportes in andere Vertragsstaaten bekräftigt (Art.12 Abs.2). Diese prinzipielle Absage an einzelstaatliche Exportverbote oder behördliche Ausfuhrgenehmigungen ist die konsequente Weiterentwicklung der von dem Expertenkommitee vertretenen Ansicht, daß die den grenzüberschreitenden Datenverkehr einschränkenden nationalen Regelungen nicht in der Lage sind, einen angemessenen Ausgleich zwischen dem Bedürfnis nach Informationsfreiheit und dem Individualschutz herbeizuführen, sondern vielmehr ein ungeeignetes Mittel zur Regelung des grenzüberschreitenden Datenverkehrs sind. Nur ausnahmsweise hält es der Europarat für angebracht, Datenausfuhrbeschränkungen zuzulassen, um Nachteile für die Individualrechte infolge der von der Konvention selbst ermöglichten Abweichungen der nationalen Datenschutzbestimmungen zu verhindern (Art.12 Abs.3).
An der grundsätzlichen Garantie des grenzüberschreitenden Datenverkehrs wird durch Art.12 aber festgehalten (2). Beeinträchtigungen der Rechte der Datensubjekte durch die Gewähr des ungehinderten Datenverkehrs zwischen den Vertragsstaaten sind nicht ganz ausgeschlossen, werden aber minimiert. Denn die Vertragsstaaten, die in ihrem internen Recht die Voraussetzungen des Ka-

----

(1) vgl. Wochner, Der Persönlichkeitsschutz im grenzüberschreitenden Datenverkehr, S.259
(2) s. Hondius, Internationale Aspekte des Datenschutzes im öffentlichen Bereich, in: Datenschutz; Probleme, Beispiele, Grundsätze, Erfahrungen, 1982, S.94; Schwappach. WiVerw. 1980, S.37

pitels II verwirklicht haben müssen, verfügen über ein gemeinsames Mindestmaß an Übereinstimmung dieser Datenschutznormen, so daß i.d.R. auch der Umfang der dem Betroffenen zur Verfügung stehenden Rechtsbehelfe gleichwertig ausgestaltet ist (1).

II. Übermittlungsverbote oder Genehmigungsvorbehalte allein zum Zweck des Schutzes des Persönlichkeitsbereiches

Art.12 Abs.2 soll sicherstellen, daß Beschränkungen des transnationalen Datenverkehrs allein zum Schutz des Persönlichkeitsbereiches erfolgen dürfen. Einem Vertragsstaat ist es verwehrt, sich auf die Konvention zu berufen, um Eingriffe in den grenzüberschreitenden Datentransfer aus Gründen zu rechtfertigen, die auf anderen Motiven als dem Schutz des Persönlichkeitsbereich beruhen (2).
Die Eingrenzung der Maßnahmen auf solche, die ein wirksamer Individualschutz erfordert, findet ihren Niederschlag auch in den OECD-Guidelines. Die entsprechende Norm der Guidelines, Nr.18, betont ausdrücklich, daß die Mitgliedstaaten der OECD unter dem Vorwand des Persönlichkeitsschutzes keine Maßnahmen ergreifen dürfen, die den grenzüberschreitenden Datentransfer in einer Weise limitieren, die über die Erfordernisse eines solchen Schutzes hinausgeht (3).
Allerdings ist der Wortlaut des Art.12 Abs.2 - im Gegensatz zu Nr.18 der OECD-Guidelines - unklar (4). Daß der grenzüberschreitende Datenverkehr allein zum Schutz des Persönlichkeitsbereiches eingeschränkt werden kann, und im übrigen der freie Datenfluß über die Staatsgrenzen hinweg garantiert ist, wird aus der Formulierung des Art.12 nicht deutlich. Diese Norm stellt lediglich fest, daß der grenzüberschreitende Datenverkehr unter Vertragsstaaten zum Zweck des Persönlichkeitsschutzes nicht untersagt werden darf. Die Ausnahmen werden dann in Art.12 Abs.3 aufgezählt.
Damit ist aber noch nicht gesagt, daß andere Erwägungen, den transnationalen Datenfluß zu behindern, generell mit Art.12 Abs.2 unvereinbar sind. Vielmehr deutet eine am Wortlaut der Norm orientierte Auslegung eher darauf hin, daß allein Einschränkungen zum Schutz des Persönlichkeitsbereiches grundsätzlich nicht erlaubt werden dürfen, andere Motivationen aber eine Limitierung rechtfertigen können (5).
Diese Auslegung würde aber dem Sinn und Zweck des Art.12 zuwiderlaufen. Trotz der unglücklichen Formulierung darf Art.12 Abs.2 nur als grundsätzliche Garantie des grenzüberschreitenden Datenflusses verstanden werden, von der Ausnahmen allein zum Schutz des Persönlichkeitsbereiches der betroffenen Personen und auch

----

(1) Council of Europe, Explanatory Report, Nr.21, 67
(2) Council of Europe, Explanatory Report, Nr.67
(3) vgl. OECD-Guidelines, Explanatory Memorandum, Nr.68; Eisbman: Stan.J.Int.L. Band 16, 1980, S.20; Seipel: TDR, Vol.IV, No.1, 1981, S.37
(4) so auch Schweizer, in: Informatique et protection de la personalité, 1981, S.270
(5) vgl. auch Seipel: TDR, Vol.IV, No.1, 1981, S.43

dann nur in den Ausnahmefällen des Art.12 Abs.3 gemacht werden dürfen. Im übrigen können sich die Vertragsstaaten nicht auf Art.12 des Übereinkommens berufen, wenn sie Datenexporte in andere Vertragsstaaten einschränken. Damit soll vermieden werden, daß versteckte Handelsbarrieren oder sonstige diskriminierende Maßnahmen, deren Errichtung nicht auf dem Persönlichkeitsschutz beruhen, unter dem Vorwand des Individualschutzes unter Vertragsstaaten ergriffen werden können (1).
Eine unter Berufung auf den Individualschutz vorgenommene Beschränkung des Datenexportes in andere Vertragsstaaten aus protektionistischen Erwägungen zum Schutz der nationalen Wirtschaft kann mit den Ausnahmeregelungen des Art.12 Abs.3 nicht gerechtfertigt werden (2). In Anbetracht der Gefahr verschleierter Handelsschranken und der damit verbundenen Schwierigkeit einer wirksamen Überprüfung der Hintergründe für die Einschränkungen des Datentransfers, hat der Europarat die Abweichungen von der grundsätzlichen Garantie des Informationsflusses auf einige wenige Fälle eingegrenzt (Art.12 Abs.3), so daß die Möglichkeit eines Mißbrauches des Individualschutzes zur Verfolgung anderer Zwecke stark vermindert ist.

III. Andere innerstaatliche Maßnahmen im Hinblick auf den grenzüberschreitenden Datenfluß

Von dem Schrankenverbot des Art.12 Abs.2 werden andere Maßnahmen nicht betroffen. Den Vertragsstaaten bleibt es vorbehalten, sich aufgrund anderer Initiativen über den Datentransfer zwischen ihrem Hoheitsgebiet und den übrigen Vertragsstaaten zu informieren (3). Daher ist eine innerstaatliche Regelung, die zur Anmeldung der grenzüberschreitenden Datenübermittlungen oder zur Abgabe sonstiger Erklärungen zum Zweck der Registrierung und Kenntnisnahme verpflichtet, mit Art.12 Abs.2 noch vereinbar (4). Die Vorlage der notwendigen Unterlagen an die zuständige Behörde darf aber ausschließlich zu Informationszwecken gefordert werden. Daher muß sichergestellt sein, daß das Erfordernis der Registrierung nicht zu unzumutbaren, einer obligatorischen Genehmigungspflicht vergleichbaren Beeinträchtigungen des transnationalen Datenverkehrs führt (5). Der Umfang der von den internen Rechtsordnungen auferlegten Registrierungspflichten ist deshalb am Sinn und Zweck des Art.12 Abs.2 zu messen. Versteckte Genehmigungsvorbehalte in den Datenschutzregelungen der Vertragsstaaten sind zu beseitigen.

----

(1) Council of Europe, Explanatory Report, Nr.67; Hondius: Stan. J.Int.L. Band 16, 1980, S.107
(2) so das Expertenkommitee auf der zweiten Sitzung vom 26.-29. September 1977
(3) Council of Europe, Explanatory Report, Nr.67
(4) Council of Europe, Explanatory Report, Nr.67; Schweizer, in: Informatique et protection de la personnalié, 1981, S.270; Sieglerschmidt: DuD 1981, S.236; Wochner, Der Persönlichkeitsschutz im grenzüberschreitenden Datenverkehr, S.258
(5) so auch Wochner, s. Anm.4, S.258

IV. Die Ausnahme bei innerstaatlichen Weitergabebeschränkungen

Die Bestimmungen des Art.12 Abs.2 sind nicht so zu verstehen, als sei es den Vertragsstaaten allgemein untersagt, Datenübermittlungen in andere Vertragsstaaten - abgesehen von den in Art.12 Abs.3 genannten Ausnahmen - zu unterbinden. Art.12 Abs.2 meint lediglich generelle Übermittlungsverbote unter Berufung auf den Datenschutz (1). Konkrete einschränkende Maßnahmen im Hinblick auf bestimmte grenzüberschreitende Datentransfers mit der Begründung, durch die Datenweitergabe werde nationales Datenschutzrecht verletzt, werden von Art.12 Abs.2 nicht untersagt (2). Das setzt jedoch voraus, daß das nationale Recht solche Maßnahmen unabhängig davon erlaubt, ob die betreffenden Weitergaben innerhalb des Hoheitsgebietes oder über die Staatsgrenzen hinweg erfolgen, und nicht etwa eine verkappte Diskriminierung anderer Vertragsstaaten darstellt (3).
Um diese Auslegung des Art.12 festzuschreiben, hat die Bundesrepublik Deutschland anläßlich der Ratifikation des Abkommens ausdrücklich erklärt, sie gehe unter Bezugnahme auf Nr.67 des Explanatory Reports der Konvention davon aus, daß es Art.12 Abs.2 einer Vertragspartei unbenommen lasse, in ihrem innerstaatlichen Datenschutzrecht Vorschriften vorzusehen, die im Einzelfall eine Weitergabe personenbezogener Daten mit Rücksicht auf schutzwürdige Belange der Betroffenen nicht erlauben (4). Durch diese Erklärung, die nach Art.27 des Übereinkommens anläßlich der Ratifikation am 19. Juni 1985 dem Generalsekretär des Europarates übergeben wurde, wird nach Auffassung der für die Ratifikation des Abkommens verantwortlichen bundesdeutschen Gremien die Gefahr einer Abschwächung des nationalen Datenschutzes bei grenzüberschreitenden Datentransfers abgewendet (5).

§ 4 Die Ausnahmen von dem Verbot der Beschränkung des grenzüberschreitenden Datenverkehrs

Jede Vertragspartei kann von dem generellen Verbot der Behinderung des grenzüberschreitenden Datentransfers unter den Voraussetzungen des Art.12 Abs.3 abweichen. Diese Ausnahmevorschrift, deren Ausgestaltung innerhalb der verantwortlichen Gremien außerordentlich umstritten war (6), hielt der Europarat im Ergebnis für nötig, um dem innerstaatlich garantierten Datenschutz eine angemessene Geltung gegenüber dem transnationalen Datenfluß unter

----

(1) vgl. Auernhammer: DuD 1980, S.181
(2) Council of Europe, Explanatory Report, Nr.67; Auernhammer: DuD 1985, S.9
(3) Council of Europe, Explanatory Report, Nr.67
(4) s. BGBl. 1985 II, S.1134
(5) so die Beschlußempfehlung und der Bericht des Innenausschusses zum bundesdeutschen Vertragsgesetz, BTDrucks 10/2118, S.4
(6) vgl. Karpenstein, Zur Zuständigkeit der Europäischen Gemeinschaften auf dem Gebiet des Datenschutzes, in: Gedächtnisschrift Sasse II (1981), S.895

den Vertragsstaaten zu verschaffen (1). Zum einen sollten sich die durch die Konvention gerechtfertigten Abweichungen unter den Datenschutzregelungen in den Vertragsstaaten nicht zum Nachteil der betroffenen Personen auswirken (Art.12 Abs.3 a), zum anderen sollte verhindert werden, daß die Schutzgarantien des nationalen Rechts dadurch umgangen werden, daß in ein anderes Vertragsland ausgeführte Daten von dort unmittelbar in das Hoheitsgebiet eines Nichtvertragsstaates weitergegeben werden (Art.12 Abs.3 b).

I. Die Ausnahmebestimmung des Art.12 Abs.3 a

A. Der Zweck dieser Norm

Nach Art.12 Abs.3 a kann eine Vertragspartei den grenzüberschreitenden Datenfluß einschränken, soweit ihr Recht für bestimmte Arten von personenbezogenen Daten oder automatische Dateien mit entsprechenden Angaben wegen der Beschaffenheit dieser Daten besondere Vorschriften enthält, es sei denn, die Vorschriften der anderen Vertragspartei sähen einen gleichwertigen Schutz vor. Die Fassung dieser Norm war lange umstritten (2). Sogar noch in dem abschließenden Konventionsentwurf des Expertenkommitees vom 24. Mai 1979 (3) fehlte eine dem Art.12 Abs.3 entsprechende Vorschrift.

Bis zu diesem Zeitpunkt beabsichtigte man, dem nationalen Datenschutzrecht auf andere Weise als im Wege von Ausfuhrbeschränkungen Geltung zu verschaffen. Die Entwürfe aus dem Jahre 1979 verpflichteten nämlich die Empfängerstaaten, durch geeignete Maßnahmen in ihrem internen Datenschutzrecht sicherzustellen, daß automatische Verarbeitungsprozesse innerhalb ihres Hoheitsgebietes die Datenschutzregelungen anderer Vertragsstaaten nicht umgehen oder verletzen (4). Dieses Regelungssystem überträgt den datenempfangenden Vertragsstaaten die Verantwortung, über die Verwirklichung der Datenschutzvorschriften anderer Vertragsstaaten in ihrem Hoheitsgebiet zu wachen. Die Lösung setzt Vertrauen des Ursprungslandes in die Datenschutzregelungen des Einfuhrstaates voraus. Mit Rücksicht auf diese soll auf eigene exportbeschränkende Maßnahmen verzichtet werden (5).

Gegenüber dieser Regelung äußerten einige Experten Bedenken, da sie diejenigen Vertragsstaaten, die ein höheres Maß an Daten-

----

(1) s. Simitis, in: Simitis/Dammann/Mallmann/Reh: BDSG, Einleitung, Rdnr.77; Wochner, Der Persönlichkeitsschutz im grenzüberschreitenden Datenverkehr, S.259

(2) s. Karpenstein, Zur Zuständigkeit der Europäischen Gemeinschaften auf dem Gebiet des Datenschutzes, in: Gedächtnisschrift Sasse II (1981), S.895

(3) veröffentlicht in: TDR, Vol.II, Nr.3, 1979, S.19

(4) vgl. etwa Art.5 Abs.2 des Konventionsentwurfes, der auf die Sitzung der vom Expertenkommitee eingesetzten Arbeitsgruppe vom 3.-5. April 1979 verfaßt wurde, sowie Art.12 Abs.2 des abschließenden Entwurfes des Expertenkommitees vom 24. Mai 1979

(5) vgl. auch Hondius, Actes du Colloque international informatique et société, 1980, S.163; Jacqué: A.F.D.I. 1980, S.783

schutz gewährleisten, dazu zwinge, Datentransfers auch in solche Vertragsstaaten zuzulassen, die den Datensubjekten keinen gleichwertigen Datenschutz gewährten, wodurch die Gefahren für den Schutz des einzelnen stiegen (1). Im Gegensatz zu der alten Regelung verlagert die geltende Vorschrift des Art.12 Abs.3 a zu Recht die Entscheidungsbefugnis über die zu ergreifenden Schutzmaßnahmen vom Empfängerstaat zum Exportstaat, also zu dem Vertragsstaat, der am ehesten in der Lage ist, darüber zu entscheiden, welche Datentransfers aus Gründen des Individualschutzes eingeschränkt werden sollten.
Darüber hinaus verlangt ein effektiver Datenschutz eine frühestmögliche Entscheidung über die Wahrung der Individualrechte. Gelangt die zuständige Stelle des Exportlandes zu der Auffassung, daß ein bestimmter Datentransfer in einen anderen Vertragsstaat zu Beeinträchtigungen des Persönlichkeitsbereiches führen kann, so soll sie darüber entscheiden, in welcher Weise den drohenden Gefahren vorgebeugt werden kann. Kommt sie zu der Auffassung, die Datenausfuhr ganz zu untersagen, werden die betreffenden Daten schon nicht den Hoheitsbereich des Exportstaates verlassen. Anders liegt der Fall, wenn die zuständigen Organe im Importland darüber wachen, daß konkrete Verarbeitungsverfahren im Inland den Erfordernissen ausländischer Datenschutzregelungen entsprechen. Dann befinden sich die Daten bereits außerhalb des unmittelbaren Einflußbereiches der betroffenen Personen. Datenschutzverletzungen können deshalb möglicherweise nicht vermieden werden. Einem wirksamen Datenschutz werden daher die präventiven Exportbeschränkungen durch die Ausfuhrstaaten eher gerecht. Insoweit verdient die Regelung des Art.12 Abs.3 a Zustimmung.

B. Die Anwendungsfälle des Art.12 Abs.3 a

Die Einschränkung des grenzüberschreitenden Datenflusses in einen anderen Vertragsstaat gem. Art.12 Abs.3 a setzt zunächst voraus, daß das Recht des Ausfuhrlandes für bestimmte Datenkategorien oder automatisierte Dateien besondere Vorschriften über die Beschaffenheit der Daten enthält. Bei den erwähnten Datenarten oder Dateien kann es sich um die in Art.6 des Übereinkommens genannten, aber auch um andere Arten handeln (2), so daß mehrere Anwendungsfälle im Rahmen des Art.12 Abs.3 a denkbar sind.
So kann ein Vertragsstaat im Hinblick auf die in Art.6 des Abkommens erwähnten besonders 'sensiblen' Datenkategorien von dem Verbot des Art.12 Abs.2 abweichen, falls sich die spezifischen, vom innerstaatlichen Recht zur Verfügung gestellten Schutzmaßnahmen von den Datenschutzvorschriften im Empfängerstaat wesentlich unterscheiden. Das ist vor allem dann der Fall, wenn das interne Recht des Importlandes aus den von Art.9 Abs.2 genannten Gründen die von Art.6 geforderten Schutzrechte eingeschränkt hat. Dieselben Einwirkungsmöglichkeiten stehen den verantwortlichen Stellen eines Vertragsstaates zu, die Datenexporte in einen Vertragsstaat überprüfen, der nach Art.3 Abs.2 a des Abkommens bestimmte

----

(1) s. den Report nach der vierten Sitzung des Expertenkommitees vom 21.-25. Mai 1979
(2) Council of Europe, Explanatory Report, Nr.69

Datenarten von der Anwendung der Konvention ausgenommen hat. Gleiches gilt für Datentransfers aus Vertragsstaaten, die - im Gegensatz zum Einfuhrstaat - für bestimmte Datenarten oder Dateien gem. Art.11 der Konvention über das geforderte Mindestmaß hinausgehende Schutzvorkehrungen getroffen haben (1). Diese Ausnahme ist dann von Bedeutung, wenn das nationale Recht für solche Kategorien, die nicht in Art.6 aufgeführt worden sind, besondere Maßnahmen vorsieht. So lassen einige Staaten den personenbezogenen Daten, die die Mitgliedschaft in einer Gewerkschaft betreffen, sowie psychologischen Daten (2) oder Daten über den Alkoholmißbrauch einer Person (3) einen besonderen Schutz zukommen (4), der gegebenenfalls ausfuhrbeschränkende Maßnahmen in andere Vertragsstaaten rechtfertigt. Allerdings müssen die entscheidungsbefugten Stellen in ihre Erwägungen die Überlegung mit einbeziehen, daß in dem empfangenden Vertragsstaat adäquate Schutzvorkehrungen für die betreffenden Daten - wenn auch unter anderen Bezeichnungen - vorgesehen sein können, also beispielsweise psychologische Daten oder Informationen über den Alkoholmißbrauch als medizinische Daten einen besonderen Schutz erfahren.

C. Der gleichwertige Datenschutz im Einfuhrland

Behinderungen des Datenverkehrs sind dann nicht durch Art.12 Abs.3 a gerechtfertigt, wenn der dateneinführende Vertragsstaat einen 'gleichwertigen Schutz' ('equivalent protection', 'protection equivalente') vorsieht (5). In diesen Fällen ist es einem datenausführenden Vertragsstaat, der den grenzüberschreitenden Datentransfer grundsätzlich unter einen Genehmigungsvorbehalt stellt, nicht erlaubt, den Datenfluß in das Hoheitsgebiet eines anderen Vertragsstaates von einer Genehmigung abhängig zu machen oder ansonsten zu hemmen (6).
Unter welchen Voraussetzungen ein gleichwertiger Datenschutz geboten wird, erklären weder die Konvention noch der dazu verfaßte Explanatory Report. Wenn man davon ausgeht, daß die von Art.12 Abs.3 legitimierten Exportbeschränkungen generelle Übermittlungsverbote sein müssen, sind im Hinblick auf den Schutz bestimmter Datenkategorien oder Dateien auch sämtliche Schutzvorschriften vergleichend heranzuziehen. Die jeweiligen innerstaatlichen Gesetzgeber oder zuständigen Genehmigungsbehörden müssen demnach in allgemeiner Form feststellen, in welchen Vertragsstaaten im Hinblick auf den Schutz gewisser Datenarten oder Datensammlungen ein gleichwertiges Schutzsystem im Vergleich zum eigenen Recht besteht, und in welchen Staaten ein äquivalenter Schutz nicht sichergestellt ist.

----

(1) Council of Europe, Explanatory Report, Nr.69
(2) vgl. Hondius: NILR Band 30, 1983, S.119
(3) vgl. Hondius, Internationale Aspekte des Datenschutzes im öffentlichen Bereich, in: Datenschutz; Probleme, Beispiele, Grundsätz, Erfahrungen, 1982, S.93
(4) vgl. 3.Teil, § 3 III
(5) vgl. etwa auch Art.2, § 32 des österreichischen Datenschutzgesetzes
(6) s. Anm.1

Zur Beantwortung dieser Frage ziehen sie aber keine international geltenden Beurteilungskriterien heran, sondern unterziehen die betreffenden Rechtssysteme einer eigenen Überprüfung (1). Die Ergebnisse können demnach im Hinblick auf dieselben einzelstaatlichen Regelungen recht unterschiedlich ausfallen, je nachdem aus der Sicht welcher nationalen Stelle die Vergleiche angestellt werden. Denn einerseits können die jeweiligen Entscheidungsorgane völlig unterschiedliche Faktoren berücksichtigen. Andererseits können die herangezogenen Kriterien selbst bei dem Vergleich derselben Rechtsordnungen von den zuständigen Stellen ganz verschieden gewichtet werden. Um solche uneinheitlichen Ergebnisse zu vermeiden, müssen entweder allgemeingültige Beurteilungsgrundlagen geschaffen, oder von den Vertragsparteien übereinstimmende Vereinbarungen getroffen werden. Der unbestimmte Begriff des 'gleichwertigen Datenschutzes' ist zur Lösung der anstehenden Fragen nicht geeignet.

II. Die Ausnahmebestimmung des Art.12 Abs.3 b

A. Allgemeines

Eine weitere Ausnahme von dem Prinzip der Garantie des schrankenlosen grenzüberschreitenden Datenverkehrs unter den Vertragsstaaten sieht Art.12 Abs.3 b vor. Nach dieser Bestimmung können die Vertragsstaaten von dem Grundsatz des Art.12 Abs.2 abweichen, um einer Umgehung des eigenen nationalen Rechts vorzubeugen, die daraus entstehen kann, 'daß eine Weitergabe aus ihrem Hoheitsgebiet in das Hoheitsgebiet einer Nichtvertragspartei auf dem Weg über das Hoheitsgebiet einer anderen Vertragspartei erfolgt'.
Auch diese Regelung wurde erst am Ende der Verhandlungen in das Übereinkommen aufgenommen. Ursprüngliche Konventionsentwürfe ließen - wie im Falle des Art.12 Abs.3 a - die zuständigen Stellen des importierenden Vertragsstaates die Einhaltung der Datenschutzbestimmungen des Exportlandes im eigenen Hoheitsgebiet überwachen (2). Zu Recht wurde in der geltenden Konvention die Entscheidungskompetenz über die Gewährleistung der nationalen Datenschutzregelungen im Ausland auf die zuständigen Stellen des exportierenden Vertragsstaates übertragen. Insoweit kann inhaltlich in vollem Umfang auf die Ausführungen zu Art.12 Abs.3 a verwiesen werden (3).

B. Der Transit von Daten durch einen Vertragsstaat in einen Nichtvertragsstaat

Art.12 Abs.3 b regelt den Datentransfer in einen Nichtvertrags-

----

(1) vgl. auch Siegbart, in: Council of Europe, Camera dei Deputati, Legislation and data protection, 1983, S.111
(2) vgl. etwa Art.5 Abs.2 des Konventionsentwurfes, der auf die Sitzung der von dem Expertenkommitee eingesetzten Arbeitsgruppe vom 3.-5. April 1979 verfaßt wurde, oder Art.12 Abs.2 des abschließenden Entwurfes des Expertenkommitees vom 24. Mai 1979
(3) s. 4.Teil, § 4 I, A

staat über einen Vertragsstaat. In diesem Fall kann die zuständige Behörde des Ursprungslandes bereits den Datenexport aus dem eigenen Hoheitsgebiet in das Hoheitsgebiet des anderen Vertragsstaates untersagen oder von einer besonderen Genehmigung abhängig machen, wenn zu befürchten ist, daß durch den Weiterexport der Daten aus dem Empfängerstaat in einen Nichtvertragsstaat der vom internen Recht gewährte Schutzrahmen umgangen wird. Diese Abweichung von dem Grundsatz des freien Datenflusses unter den Vertragsstaaten ist jedoch nur dann gerechtfertigt, wenn eindeutig feststeht, daß die entsprechenden Daten tatsächlich in einen Nichtvertragsstaat weitergeleitet werden (1).
Zweck des Art.12 Abs.3 b ist es, den Gefahren vorzubeugen, die sich daraus ergeben, daß Datenverarbeiter die schrankenlose Gewährleistung des grenzüberschreitenden Datenverkehrs zwischen den Vertragsstaaten gezielt ausnutzen, um über solche Vertragsstaaten, die keine besonderen Exportbeschränkungen vorsehen, Datentransfers durchzuführen, die sie wegen restriktiver Datenausfuhrbestimmungen unmittelbar aus dem Ursprungsland in den Nichtvertragsstaat nicht hätten vornehmen können. Der bewußten Umgehung nationaler Datenausfuhrbeschränkungen unter Einsatz anderer Vertragsstaaten als 'Relaisstation' für den ungehinderten Export in Nichtvertragsstaaten sollte deshalb vorgebeugt werden, um daraus resultierenden möglichen Beeinträchtigungen des Persönlichkeitsbereiches der betroffenen Personen zu verhindern (2).
Allerdings darf das nicht zu grundsätzlichen Einschränkungen des Datentransfers in andere Vertragsstaaten führen, weil diese etwa die empfangenen Daten eventuell in Nichtvertragsstaaten weiterleiten könnten. Mutmaßungen oder Einschätzungen ohne konkrete Anhaltspunkte für einen solchen Weiterexport werden von Art.12 Abs.3 b nicht gedeckt. Eine derartige Erweiterung der Vorschrift liefe dem Sinn und Zweck der Norm zuwider, da sie zu generellen Ausfuhrverboten unter Vertragsstaaten führen könnte, auch wenn eine konkrete Gefahr für den einzelnen nicht zu erwarten ist. Einzelnen Exportbeschränkungen, die unter dem Vorwand des Datenschutzes aber tatsächlich aus protektionistischen oder anderen Erwägungen errichtet werden, die nichts mit dem Schutz der betroffenen Personen zu tun haben, könnte Vorschub geleistet werden. Daher ist der geltende Wortlaut des Art.12 Abs.3 b als Ergebnis einer angemessenen Abwägung der beteiligten Interessen zu begrüßen.

C. Die Abdingbarkeit der Norm

Im Sinne einer möglichst weitreichenden schrankenlosen Garantie des transnationalen Datenflusses ist auch die Auffassung des Europarates zu verstehen, daß Art.12 Abs.3 b kein zwingendes Recht darstellt (3). Ein datenexportierender Vertragsstaat ist nicht verpflichtet, unbedingt für den gesamten Datenverkehr nach einem Nichtvertragsstaat über einen anderen Vertragsstaat eine

----

(1) Council of Europe, Explanatory Report, Nr.70; Hondius: NILR Band 30, 1983, S.119
(2) vgl. Rigaux: Rev.crit.dr.i.p. 1980, S.475
(3) s. auch Hondius: s. Anm.1

von Art.12 Abs.2 gerechtfertigte Maßnahme zu ergreifen. So kann er auf Exportverbote oder Genehmigungsvorbehalte verzichten, wenn in dem Nichtvertragsstaat äquivalente Regelungen zum eigenen Datenschutzrecht bestehen (1).
Dadurch wird klargestellt, daß Staaten, die dem Abkommen nicht beigetreten sind, grundsätzlich nicht wie 'datenschutzlose Gebilde' behandelt werden müssen (2). Vielmehr bleibt es den Vertragsstaaten überlassen, von Exportbeschränkungen - wie im übrigen bei unmittelbaren Datenexporten in Nichtvertragsstaaten auch - dann Abstand zu nehmen, wenn das entsprechende Datenschutzrecht dieses Staates einen mit den in Kapitel II der Konvention aufgestellten Grundsätzen übereinstimmenden Inhalt aufweist, und daher kein Mißbrauch zum Nachteil der Individualrechte zu befürchten ist.

D. Mögliche Lücken dieser Regelung

Wochner moniert, daß Art.12 Abs.3 b nur eine unzureichende Regelung sei (3). Aufgrund der heutigen Möglichkeiten in der automatischen Datenverarbeitung sei es denkbar, einen Verarbeitungsvorgang - wie etwa das bloße Umsortieren eines Datenbestandes ohne sachliche Änderung - in einem exportfreundlichen Vertragsstaat zwischenzuschalten, so daß dieser Staat nicht mehr nur Transitstaat ist. Infolgedessen sei die Anwendung des Art.12 Abs.3 b ausgeschlossen, obgleich de facto eine Änderung des Datenbestandes nicht stattgefunden habe. Wochner fordert daher eine Erweiterung des Anwendungsbereiches der Norm dahin, den Datenexport über einen Vertragsstaat als Zwischenglied grundsätzlich zu untersagen, wenn damit die Umgehung der Vorschriften des Ursprungsstaates wirksam verhindert werden kann.
Dem muß widersprochen werden. Abgesehen davon, daß eine wirksame Überwachung der vorgenommenen Verarbeitungsschritte ohnehin schwierig ist, wird es sich nur schwer feststellen lassen, ob ein Vertragsstaat lediglich Transitland ist, oder ob eine Datenverarbeitung stattgefunden hat. Vor allem Gründe der Rechtssicherheit sprechen für eine Abgrenzung, ob ein Datenverarbeitungsprozeß tatsächlich stattgefunden hat. Wegen seiner strengen Formalität setzt dieses Abgrenzungskriterium klare Interpretationsgrenzen. Daher müssen bloße Umsortierungsvorgänge im Transitland auch als Verarbeitungsschritte angesehen werden, wenn die Voraussetzungen des Art.2 c des Abkommens erfüllt sind. Die Folge, daß damit in den von Wochner angesprochenen Fällen regelmäßig die Anwendung des Art.12 Abs.3 b ausgeschlossen ist, kann hingenommen werden, da der ausführende Vertragsstaat, wie bei jedem Transfer zur Verarbeitung in einen anderen Vertragsstaat, grundsätzlich immer damit rechnen muß, daß die dorthin übermittelten Daten nach Beendigung des Verarbeitungsvorganges in einen Nichtvertragsstaat exportiert werden können. Auch hier muß auf die Qualität der Datenschutzregelungen des Empfängerstaates vertraut werden.

----

(1) Council of Europe, Explanatory Report, Nr.70
(2) Dies befürchtet Bergmann (Grenzüberschreitender Datenschutz, S.159).
(3) Wochner, Der Persönlichkeitsschutz im grenzüberschreitenden Datenverkehr, S.260 f; vgl. auch Bergmann: s. Anm.2

Der von Wochner gemachte Lösungsvorschlag liefert keine geeigneten Abgrenzungsmerkmale. Denn er muß sich insbesondere mit der Frage auseinandersetzen, wann ein Vertragsstaat lediglich als Zwischenglied benutzt wird, und unter welchen Voraussetzungen oder nach welchem zeitlichen Ablauf die Daten bereits zu einer Datenverarbeitung übermittelt werden, so daß man von einem Zwischenschalten nicht mehr reden kann. Durch das Festhalten an den Begriffen des Art.2 c des Übereinkommens werden solche Abgrenzungsschwierigkeiten wenigstens durch klare Begriffe ersetzt. Wenn man der Ansicht Wochners folgt, können in weit größerem Ausmaß als aufgrund der bestehenden Regelung einschränkende Maßnahmen gerechtfertigt werden, die mit dem Individualschutz nichts zu tun haben. Daher ist trotz der genannten Problemfälle der jetzigen Form des Art.12 Abs.3 b der Konvention der Vorzug zu geben.

III. Die gleichzeitige Datenausfuhr in Vertragsstaaten und Nichtvertragsstaaten

Neben den in Art.12 Abs.3 ausdrücklich erwähnten Ausnahmen kommt eine weitere Abweichung von dem Grundsatz der schrankenlosen Garantie des freien Informationsflusses unter den Vertragsstaaten dann in Betracht, wenn personenbezogene Daten aus dem Hoheitsgebiet einer Vertragspartei zugleich sowohl in Vertragsstaaten als auch in Nichtvertragsstaaten exportiert werden. In diesen Fällen wird der datenausführende Vertragsstaat eine Trennung der verschiedenen Transfers nicht immer sicherstellen können, so daß ein Genehmigungsverfahren, soweit es das interne Recht des Ursprungslandes vorsieht, u.U. auch auf Übermittlungsverfahren in Vertragsstaaten durchgeführt werden kann. Dann muß jedoch sichergestellt werden, daß die Genehmigung für den Datentransfer ohne genaue Überprüfungen erteilt werden muß (1). Keinesfalls darf die zuständige Behörde solche Datenweitergaben zum Anlaß nehmen, den Transfer in andere Vertragsstaaten einer umfangreichen Untersuchung zu unterziehen. Das verstieße gegen Art.12 Abs.2 des Abkommens.

IV. Weitere Ausnahmen von Art.12 Abs.2

Eine weitere Ausnahme von Art.12 Abs.2, die während der Beratungen der Experten erwogen worden war, wurde letztlich nicht in die Konvention aufgenommen. Die von einigen Sachverständigen geforderten Abweichungen aus Gründen der staatlichen oder öffentlichen Sicherheit oder des Gemeinwohls wurden unter dem Hinweis abgelehnt, daß dies dem Bestreben des Art.12 Abs.2 zuwiderlaufe. Zudem seien Einschränkungen der Garantie des grenzüberschreitenden Datenflusses allein aus Gründen des Persönlichkeitsschutzes und nicht aus anderen Erwägungen zuzulassen (2). Eine derartige ausdrückliche Beschränkungsmöglichkeit ist auch nicht erforderlich, können doch die Vertragsstaaten bestimmte Ausnahmen zum Schutz der angesprochenen Interessen nach Art.9 Abs.2 der Kon-

----

(1) Council of Europe, Explanatory Report, Nr.68
(2) so das Expertenkommitee auf seinem vierten Treffen vom 21.-25. Mai 1979

vention vorsehen. Datenverarbeitungen, die diese Interessen beeinträchtigen, können aufgrund der entsprechenden innerstaatlichen Normen unterbunden werden, auch wenn sie über Staatsgrenzen hinaus erfolgen.

5.Teil: DIE VORSCHRIFTEN ÜBER DIE KOOPERATION DER VERTRAGSPARTEIEN

§ 1 Die Zusammenarbeit und gegenseitige Hilfeleistung der nationalen Behörden

I. Der Zweck der Normen

Kapitel IV des Übereinkommens enthält umfangreiche Vorschriften über Zusammenarbeit und gegenseitige Hilfeleistung zwischen den Vertragspartnern (1). Diese werden verpflichtet, einander bei der Durchführung des Übereinkommens Hilfe zu leisten (Art.13 Abs.1). Zu diesem Zweck müssen nach Art.13 Abs.2 eine oder mehrere nationale Behörden bezeichnet werden, die mit den entsprechenden Stellen in den anderen Vertragsstaaten kooperieren sollen. Ihnen werden durch die Art.13-17 des Abkommens zwei Aufgabenbereiche zugeteilt. Zum einen sollen sie sich gegenseitig über das jeweilige innerstaatliche Datenschutzrecht informieren (Art.13 Abs.3), zum anderen sollen sie alle Personen bei der Ausübung der von Art.8 der Konvention garantierten Rechte unterstützen (Art.14) (2).
Ziel einer daraus resultierenden ständigen Zusammenarbeit der einzelnen Kontrollinstanzen ist die praktische Durchsetzung der in der Konvention verankerten Datenschutzprinzipien, wenn Daten über die Staatsgrenzen der Vertragsstaaten ausgetauscht werden (3). Insbesondere soll den betroffenen Personen die Möglichkeit gegeben werden, ihre subjektiven Rechte auch dann geltend machen zu können, wenn die sie betreffenden Daten in einem anderen Vertragsstaat verarbeitet werden. Die Durchsetzung der Individualrechte soll durch keine administrativen oder völkerrechtlichen Hindernisse erschwert werden, die sich daraus ergeben können, daß ein konkretes Ersuchen von einer ausländischen Behörde weiter verfolgt werden muß. Die Intensität und Effektivität der Zusammenarbeit ist letztlich entscheidend für den Erfolg der Datenschutzkonvention (4).
Einer kontinuierlichen und wirkungsvollen Kooperation der zuständigen Behörden kommt eine umso größere Bedeutung zu, als sich die Verfasser der Konvention nicht über eine Vorschrift einigen konnten, die das anzuwendende Recht bei grenzüberschreitenden Datentransfers bestimmt (5). Nach den Vorschriften des Kapitels IV des

----

(1) Demgegenüber sind die entsprechenden Bestimmungen der OECD-Guidelines, Nr.20, 21, wesentlich allgemeiner und unpräziser.
(2) s. Hondius: NILR Band 3o0 1983, S.122
(3) so die von dem Expertenkommitee eingesetzte Arbeitsgruppe auf der vierten Sitzung vom 10.-12. Mai 1978; vgl. auch Simitis, Grenzüberschreitender Datenaustausch - Notwendige Vorbemerkungen zu einer dringend erforderlichen Regelung, in: Festschrift Ferid (1978), S.369
(4) so die von dem Expertenkommitee eingesetzte Arbeitsgruppe auf der vierten Sitzung vom 10.-12. Mai 1978
(5) vgl. das Expertenkommitee auf der vierten Sitzung vom 21.-25. Mai 1979; Council of Europe, Explanatory Report, Nr.23

Abkommens kann der einzelne darauf vertrauen, daß ihn betreffende Daten in anderen Vertragsstaaten nach den in der Konvention verankerten Grundsätzen verarbeitet werden, und daß auch dort eigens zur Gewährleistung seiner Rechte eingerichtete Stellen über die Einhaltung dieser Prinzipien wachen oder gegebenenfalls Maßnahmen in seinem Interesse ergreifen, um Mißbräuche abzustellen (1). Insoweit sollen die Bestimmungen des Kapitels IV das Fehlen einer Regelung des anwendbaren Rechts bei grenzüberschreitenden Datenübermittlungen gewissermaßen kompensieren können (2).
Allerdings sollte diese Wirkung nicht überbewertet werden, denn selbst ein noch so enger und erfolgreicher Kontakt der Vertragsstaaten kann eine Vorschrift im vorstehenden Sinn nicht vollständig ersetzen, da die internen Datenschutzregelungen in den Vertragsstaaten mitunter erheblich voneinander abweichen und somit eine recht unterschiedliche Qualität des Individualschutzes aufweisen können (3). Demzufolge hat die Entscheidung darüber, welches Recht anwendbar ist, für den einzelnen trotz der Art.13-17 des Übereinkommens erhebliche Bedeutung.

II. Die Notwendigkeit dieser Vorschriften trotz anderweitiger Übereinkommen des Europarates

Die wesentlichen Regelungen des Kapitels IV beruhen auf den Bestimmungen zweier anderer Abkommen des Europarates. Sowohl das Europäische Übereinkommen über die Zustellung von Schriftstücken in Verwaltungssachen im Ausland vom 24. November 1977 (4) als auch das Europäische Übereinkommen über die Erlangung von Auskünften und Beweisen in Verwaltungssachen im Ausland (5) dienten als Vorlagen für die Formulierung der Art.13-17 der Datenschutzkonvention (6). Die Verabschiedung spezifischer Regelungen über die gegenseitige Hilfeleistung auf dem Gebiet des Datenschutzes ist mit dem Wortlaut jener Konventionen vereinbar, denn beide enthalten Bestimmungen, die es den Vertragspartnern erlauben, den nur allgemein gehaltenen Kooperationsrahmen durch Vereinbarungen oder Übereinkünfte in speziellen Bereichen zu ergänzen (7).

----

(1) Die USA, deren Datenschutzrecht lediglich eigene Staatsangehörige bzw. im Inland auf Dauer wohnhafte Personen schützt, erfüllen diese Voraussetzungen nicht, so daß es nicht verwundern kann, daß deren Vertreter gerade gegen die Vorschriften des Kapitels IV Einwände erhoben (so etwa auf der dritten Sitzung des Expertenkommitees vom 16.-19. Oktober 1978).
(2) so das Expertenkommitee auf der vierten Sitzung vom 21.-25. Mai 1979
(3) Zur Verdeutlichung dieser Unterschiede muß man lediglich die Datenschutzvorschriften der Bundesrepublik Deutschland mit denen Spaniens vergleichen.
(4) BGBl. 1981 II, S.533 ff
(5) BGBl. 1981 II, S.550 ff
(6) s. Council of Europe, Explanatory Report, Nr.71; Hondius, NILIR Band 30, 1983, S.123
(7) s. Art.16 des Übereinkommens über die Zustellung von Schriftstücken und Art.12 des Übereinkommens über die Erlangung von Auskünften und Beweisen

Darüber hinaus sprechen auch gute Gründe für eine gesonderte Regelung der gegenseitigen Hilfeleistung auf dem Gebiet des Datenschutzes. Zunächst sind beitrittswillige Staaten nicht darauf angewiesen, zugleich mit der Datenschutzkonvention auch die beiden generellen Übereinkommen über die Zusammenarbeit in Verwaltungssachen zu ratifizieren, um eine effektive Zusammenarbeit der zuständigen Datenschutzbehörden der Vertragsstaaten herbeizuführen (1). Der Europarat trägt der Erwartung Rechnung, daß die Datenschutzkonvention wegen ihres sachlich begrenzten Rahmens von mehr Staaten als die beiden Übereinkommen über die generelle Zusammenarbeit in Verwaltungssachen ratifiziert werden wird (2). Denjenigen Staaten, die lediglich ein Interesse an der Zusammenarbeit auf dem Gebiet des Datenschutzes haben, sich aber weiter nicht binden möchten, wird dadurch die Möglichkeit zur Kooperation im Bereich des Datenschutzes eröffnet (3).
Außerdem ist es in Anbetracht der komplizierten Materie des internationalen Datenschutzes durchaus sinnvoll, spezielle Fachbehörden einzurichten, die sich vorwiegend mit der gegenseitigen Hilfeleistung auf dem Gebiet des Datenschutzes befassen (4). Den Verfassern der Konvention kam es entscheidend darauf an, daß Rechtshilfeersuchen auf dem schnellsten Wege und unmittelbar zwischen den zuständigen Stellen übermittelt werden (5). Dadurch werden unnötige Verzögerungen vermieden, mit denen dann zu rechnen wäre, wenn die Anträge auf Unterstützung zunächst über allgemeine nationale Zentralbehörden liefen und von dort jeweils an die zuständigen Datenschutzinstitutionen weitergeleitet werden müßten. Stattdessen fördern die Vorschriften der Art.13-17 eine weitere Vertiefung des bereits bestehenden intensiven Meinungs- und Erfahrungsaustausches unter den Datenschutzbehörden (6). Das kommt nicht zuletzt dem Individualschutz zugute.

III. Die einzelstaatlichen Behörden zur Durchführung der Konvention

Nach Art.13 Abs.2 a sind die Vertragsparteien verpflichtet, eine oder mehrere Behörden zu bezeichnen, die sich gegenseitig bei der Durchführung des Übereinkommens unterstützen (7). Ein Vertrags-

----

(1) so die von dem Expertenkommitee eingesetzte Arbeitsgruppe auf der ersten Sitzung vom 14.-16. Februar 1977
(2) Council of Europe, Explanatory Report, Nr.72
(3) so das Expertenkommitee auf der zweiten Sitzung vom 26.-29. September 1977 und die von ihm eingesetzte Arbeitsgruppe auf der zweiten Sitzung vom 1.-3. Juni 1977
(4) Council of Europe, Explanatory Report, Nr.72
(5) so das Secretariat Memorandum des Directorate of Legal Affairs vom 4. November 1976
(6) so das Expertenkommitee auf der zweiten Sitzung vom 26.-29. September 1977
(7) Eine entsprechende Erklärung haben bereits Norwegen und die Bundesrepublik Deutschland abgegeben. Norwegen bestimmte am 20. Februar 1984 das 'Datatilsynet' in Oslo zur zuständigen Behörde, die Bundesrepublik Deutschland teilte dem Europarat anläßlich der Ratifikation am 19. Juni 1985 mit, der Bundes-

partner, der mehrere Behörden bezeichnet hat, muß dem Europarat darüberhinaus die jeweilige Zuständigkeit der einzelnen Behörden mitteilen (Art.13 Abs.2 b). Mit dieser Regelung entschied sich der Europarat gegen die Errichtung einer internationalen, mit umfassenden Befugnissen ausgestatteten Datenschutzinstanz, die gelegentlich sogar als unverzichtbares Mittel zur Erreichung eines wirksamen Individualschutzes angesehen wurde (1).

A. Allgemeines

Der Europarat stellte klar, daß Art.13 Abs.2 die Vertragsparteien dazu verpflichtet, mindestens eine zuständige Behörde zu nennen. Zugleich legte er aber Wert auf die Feststellung, daß das nicht bedeute, daß jeder Vertragsstaat eine besondere Datenschutzbehörde eingerichtet haben müsse (2).
Die meisten Mitgliedstaaten des Europarates, die ein Datenschutzgesetz verabschiedet haben, verfügen über eine oder mehrere Institutionen, die über die Einhaltung der nationalen Datenschutzregelungen wachen, so daß es zweckmäßig erscheint, eine dieser Stellen mit den zur Durchführung der Konvention anfallenden Aufgaben zu beauftragen. Ein zwingendes Erfordernis ist das aber nicht.
Ebensogut kann ein Vertragsstaat eine Stelle ausschließlich für die Zwecke des Übereinkommens einrichten (3), oder als zuständige Behörde eine Stelle bezeichnen, die mit den Belangen des Datenschutzes primär nichts zu tun hat (4). Letztere könnte gegebenenfalls als Verteilerstation dienen, die die einzelnen Ersuchen um Hilfeleistung an die entsprechenden zuständigen innerstaatlichen Behörden weiterleiten könnte (5).
Die Bestimmung des Art.13 Abs.2 dient somit in erster Linie einer problemlosen Kontaktaufnahme der Beteiligten. Die Vertragspartner und die um Rechtshilfe ersuchenden Personen sollen ohne weiteres erkennen können, an welche Stellen sie sich mit ihren Anliegen wenden müssen (6). Daher ist eine klare Verteilung der Zuständigkeiten insbesondere in den Staaten erforderlich, in denen sich

----

minister des Innern sei zuständig für den Bereich des Bundes; die Kompetenzen in den Ländern würden noch geklärt werden. Part V, Nr.37 des britischen Datenschutzgesetzes bezeichnet den 'Registrar' ausdrücklich als die für die Belange der Konvention verantwortliche Stelle i.S.v. Art.13 Abs.2.

(1) vgl. etwa die Diskussionen im Europäischen Parlament: TDR, Vol.II, No.6, 1980, S.15
(2) Council of Europe, Explanatory Report, Nr.73
(3) Council of Europe, Explanatory Report, Nr.73; so auch die von dem Expertenkommitee eingesetzte Arbeitsgruppe auf der dritten Sitzung vom 17.-19. Januar 1978
(4) So hat die Bundesrepublik Deutschland nicht etwa den Bundesbeauftragten für den Datenschutz, sondern den Bundesminister des Innern für den Bereich des Bundes als zuständigen Ansprechpartner gem. Art.13 Abs.2 bestimmt.
(5) Hondius: Stan.J.Int.L. Band 16, 1980, S.108
(6) so das von dem Directorate of Legal Affairs dem Expertenkommitee vorgelegte Secretariat Memorandum vom 4. November 1976

mehrere Stellen mit dem Problem des Datenschutzes befassen.

B. Die Besonderheiten in der Bundesrepublik Deutschland

Derartige Kompetenzverteilungen tauchen vor allem in föderativen Staatensystemen, wie der Bundesrepublik Deutschland, auf. Hier ist der Bund zuständig für die private Datenverarbeitung. Die Kontrolle über die öffentliche Datenverarbeitung wird teils von den einzelnen Bundesländern, teils vom Bund wahrgenommen. Demzufolge ist es für einen hilfesuchenden Ausländer u.U. unmöglich festzustellen, an welche Stellen er sich mit seinem Anliegen wenden muß. Dem wird auch nicht dadurch abgeholfen, daß dem Europarat gegenüber alle Kontrollinstanzen in Bund und Ländern mit den jeweiligen sachlichen und örtlichen Zuständigkeitsbereichen als Stellen i.S.v. Art.13 Abs.2 benannt werden. Zum einen wäre es für einen im Ausland wohnenden Antragsteller oder eine um Unterstützung nachsuchende Behörde auch nach Kenntnis einer solchen Kompetenzaufteilung weiterhin schwierig aufzuklären, welche von mehreren bezeichneten Behörden für ein konkretes Ersuchen zuständig ist. Zum anderen muß mit Zeitverlusten durch Fehlleitungen oder Kompetenzkonflikte gerechnet werden.
In Anbetracht dieser Probleme bestand zunächst in der Bundesrepublik Deutschland - zumindest auf Bundesebene - Einvernehmen darüber, daß zweckmäßigerweise nur eine Behörde dem Europarat mitgeteilt werden sollte, die dann die Eingaben an die zuständigen Stellen weiterleiten sollte (1). Ein entsprechender Vorschlag des Innenausschusses stieß jedoch auf Ablehnung bei der Mehrheit der Bundesländer, so daß neben dem Bundesminister des Innern, der die Aufgabe der hilfeleistenden Stelle im Bereich des Bundes übernimmt, spezielle von den einzelnen Landesregierungen zu benennende Landesbehörden dem Europarat mitgeteilt werden müssen (2).
Hier hat die Befürchtung um eine Kompetenzbeschneidung der Länder durch den Bund eine effizientere und auf das Interesse des einzelnen ausgerichtete Lösung verhindert. Eine einzige nur als Verteiler fungierende nationale Behörde hätte die Kompetenzbereiche weitgehend unberührt gelassen. Dies hätte mittels eines Staatsvertrages oder einer anderen Vereinbarung zwischen den beteiligten Parteien sichergestellt werden können. Durch die jetzige Regelung bleibt den im Ausland wohnenden Antragstellern sowie den bezeichneten Stellen der Vertragspartner die Prüfung der Zuständigkeit nicht erspart.
Auch die Frage der Zuständigkeit für den Bereich des Bundes war zeitweise umstritten. Sowohl der Bundesminister des Innern als auch der BfD beanspruchten diese Kompetenz für sich. Die getroffene Entscheidung, dem Europarat als zuständige Stelle den Bundesminister des Innern zu nennen (3), wirft neue Probleme auf.

----

(1) vgl. BfD, Vierter Tätigkeitsbericht, 1982, BTDrucks 9/1243, S.61; <u>Auernhammer</u>: DuD 1980, S.182; <u>Meister</u>: DuD 1981, S.23
(2) s. Begründung zu Art.2 des Vertragsgesetzes zur Datenschutzkonvention, BTDrucks 10/2118, S.5; Beschlußempfehlung und Bericht des Innenausschusses, BTDrucks 10/2593, S.4
(3) s. Art.2 des Bundesdeutschen Gesetzes zu dem Übereinkommen vom 13. März 1985 (BGBl. 1985 II, S.538)

Der BfD wäre zur Bewältigung der anfallenden Aufgaben wesentlich besser geeignet gewesen. Denn er muß sich normalerweise gerade auch mit Anfragen von Behörden und Privaten befassen, so daß es keines besonderen Aufwandes zur Wahrnehmung der Aufgaben im Rahmen der Konvention bedurft hätte.
Ferner darf nicht außer acht gelassen werden, daß der Bundesminister des Innern selbst gelegentlich Adressat einer Beschwerde sein kann und somit selbst der Kontrolle unterliegt. Mißbräuche können daher zumindest nicht ausgeschlossen werden. Zu Recht hat der BfD darauf hingewiesen, daß eine als Beschwerde gedachte Eingabe irrtümlich oder wissentlich nicht an die zuständigen Behörden weitergeleitet werden könnte. Behördeninterne Vorprüfungen oder Untersuchungen könnten eingeleitet werden, dann bestehende Mißstände behoben, oder unrechtmäßige Datenbestände rechtzeitig 'aus dem Verkehr gezogen' werden, ehe die Beschwerde die zuständige Kontrollinstanz erreicht (1). Schon wegen dieser denkbaren Gefahren wäre die Nennung des BfD als gem. Art.13 Abs.2 zu bezeichnende Behörde in den Angelegenheiten, die den Bund betreffen, vorzuziehen gewesen.

IV. Die Aufgaben der nationalen Behörden

Den zur Durchführung der Konvention benannten innerstaatlichen Behörden obliegen im wesentlichen zwei Aufgabenbereiche. Auf der einen Seite geben sie untereinander Auskunft über das jeweilige innerstaatliche Datenschutzrecht sowie die entsprechende interne Verwaltungspraxis und treffen alle erforderlichen Maßnahmen, um Sachauskünfte über bestimmte automatische Verarbeitungsvorgänge erteilen zu können (Art.13 Abs.3). Auf der anderen Seite unterstützen sie die im Ausland wohnenden Personen bei der Ausübung der ihnen durch Art.8 des Übereinkommens garantierten subjektiven Rechte (Art.14).

A. Die Zusammenarbeit unter den Behörden

Auf Ersuchen einer dem Europarat bezeichneten Behörde eines Vertragsstaates soll die um Hilfe angegangene Behörde eines anderen Vertragsstaates die gewünschten Informationen, d.h. im wesentlichen Sach- und Rechtsauskünfte, übermitteln. Insoweit kann die Pflicht zur Hilfeleistung sowohl präventive als auch nachträgliche Kontrollmaßnahmen auslösen. So können im Vorfeld der Errichtung von Datenverarbeitungsanlagen in einem anderen Vertragsstaat Erkundigungen darüber eingezogen werden, an welche Voraussetzungen eine solche Inbetriebnahme geknüpft ist, und welche Vorschriften beim Betrieb der Einrichtung beachtet werden müssen. Weiterhin sind Ersuchen um Überprüfung denkbar, ob die Terminals in einem Vertragsstaat, die mit einem Zentralkomputer in einem anderen Vertragsstaat verbunden sind, mit den jeweiligen innerstaatlichen Datenschutzbestimmungen in Einklang stehen. Auch Anfragen um Überprüfung der Tätigkeit einer bestimmten Datenverarbeitungsanlage fallen unter diesen Aufgabenbereich.

----

(1) vgl. BfD, Vierter Tätigkeitsbericht, 1982, BTDrucks 9/1243, S.61 f

1. Auskünfte über Recht und Verwaltungspraxis im Bereich des Datenschutzes

Nach Art.13 Abs.3 a sind die zuständigen Stellen verpflichtet, den entsprechenden Behörden in anderen Vertragsstaaten auf deren Ersuchen hin Auskünfte über das Recht und die Verwaltungspraxis auf dem Gebiet des Datenschutzes zu erteilen. Dieser bilaterale Informationsaustausch wird ergänzt durch einen generellen Austausch juristischer Informationen über das Sekretariat des Europarates (1). Diese multilaterale Kooperation ist auf die Empfehlung Nr.R (80) 13 über den Austausch juristischer Informationen im Zusammenhang mit dem Datenschutz zurückzuführen, die von dem Ministerkommitee am 18. September 1980 angenommen wurde (2).

2. Sonstige unterstützende Maßnahmen

Nach Art.13 Abs.3 b kann eine Behörde auf Ersuchen der bezeichneten Stelle eines anderen Vertragsstaates alle geeigneten Maßnahmen treffen, um Sachauskünfte über eine bestimmte automatische Datenverarbeitung erteilen zu können. Allerdings müssen dabei Einschränkungen gemacht werden. Die Konvention verlangt, daß die Maßnahmen mit dem innerstaatlichen Recht vereinbar sein müssen und lediglich zum Schutz des Persönlichkeitsbereiches erfolgen dürfen. Diejenigen Eingriffe zur Erlangung der notwendigen Informationen, die nach dem internen Recht unrechtmäßig sind, dürfen nicht vorgenommen werden.
Auch dem Umfang der Rechtshilfeersuchen sind Grenzen gesetzt. Von dem Begriff der 'Sachauskunft' werden beispielsweise Anfragen um Aufklärung darüber gedeckt, wer für eine bestimmte Verarbeitungsanlage verantwortlich ist. Hingegen wäre ein Auskunftsbegehren über die genaue Beschreibung und Funktion eines Verarbeitungssystemes schon keine 'Sachauskunft' i.S.v. Art.13 Abs.3 b mehr und daher unzulässig (3). Ausdrücklich wird von dieser Norm sogar die Kundgabe des Inhalts der in den Dateien enthaltenen personenbezogenen Daten ausgenommen (4). Damit stellt der Europarat klar, daß die Regelungen über die Zusammenarbeit der nationalen Behörden nicht zu einem erschöpfenden und umfassenden Austausch der in den Datenbeständen enthaltenen personenbezogenen Daten und der dahingehenden Kenntnisse in den Einzelstaaten führen dürfen. Diese Klarstellung war zum Schutz der betroffenen Personen unbedingt erforderlich (5).
Eine weitere Bestimmung, die ausdrücklich festgelegt hatte, daß neben den durch das Übereinkommen vorgegebenen Möglichkeiten auch die diplomatischen und konsularischen Wege des Informationsaustausches benutzt werden können, wurde von den Verfassern der

----

(1) Council of Europe, Explanatory Report, Nr.75
(2) vgl. hierzu Eickie: Ann.A.A.A. La Haye, 1975/76, S.41 ff; Nonnenmacher: Ann.A.A.A. La Haye, 1975/76, S.6 ff
(3) so das Expertenkommitee auf der zweiten Sitzung vom 26.-29. September 1977
(4) so das Expertenkommitee auf der vierten Sitzung vom 21.-25. Mai 1979
(5) Council of Europe, Explanatory Report, Nr.76

Konvention mit der Begründung gestrichen, dies sei selbstverständlich und bedürfe deshalb keiner Regelung in der Datenschutzkonvention (1).

B. Die Unterstützung der im Ausland wohnenden Personen

1. Die Regelung des Art.14 Abs.1

Außer der Hilfeleistung für die Vertragspartner obliegt den bezeichneten nationalen Behörden als weitere Aufgabe, den von einer Datenverarbeitung betroffenen Personen bei der Wahrnehmung ihrer subjektiven Rechte beizustehen. Nach Art.14 Abs.1 sind sie verpflichtet, die im Ausland wohnenden Personen bei der Ausübung der Rechte zu unterstützen, die ihnen nach dem innerstaatlichen Recht zustehen, das die in Art.8 aufgestellten Grundsätze verwirklicht. Diese Pflicht gilt im Hinblick auf alle von einer Datenverarbeitung betroffenen Personen, unabhängig davon, ob sie in einem Vertragsstaat oder einem Drittland ansässig sind (2).
Die Ausdehnung des Rechtsschutzes auf Personen, die in einem Nichtvertragsstaat ansässig sind, ist die konkrete Auswirkung der in Art.1 der Konvention getroffenen Grundentscheidung, jedermann ungeachtet seiner Staatsangehörigkeit oder seines Wohnortes in den Vertragsstaaten bei einer automatischen Verarbeitung ihn betreffender personenbezogener Daten gleichermaßen zu schützen (3). Folglich müssen die zuständigen Stellen dafür Sorge tragen, daß einer jeden Person, die von einer im Inland durchgeführten Datenverarbeitung betroffen wird, auf ihren Antrag hin die vom innerstaatlichen Recht zur Verfügung gestellten subjektiven Rechte gewährt werden (4). In Betracht kommen insbesondere die von Art.8 der Konvention garantierten Ansprüche auf Kenntniserlangung von der Existenz oder dem Inhalt einer Datei sowie auf Berichtigung und Löschung unrichtiger Daten (5). Wenn die Konvention insoweit auch eine völlige Gleichstellung aller Datensubjekte durch die einzelstaatlichen Behörden verlangt, so hat das Expertenkommitee auf der anderen Seite zugleich klargestellt, daß der Umfang der den im Ausland wohnenden Personen zugesicherten Rechte nicht über das Maß hinausgehen darf, das den inländischen Personen gewährt wird (6).
Ob durch die Bestimmung des Art.14 Abs.1 zudem schon eine Entscheidung in der von der Konvention noch offengelassenen Frage nach dem anwendbaren Recht bei Datenschutzverletzungen vorgezeichnet werden sollte, ist nicht anzunehmen. Dieses Problem war im Europarat bis zuletzt umstritten. Schließlich nahmen die Ver-

----

(1) so das Expertenkommitee auf seiner vierten Sitzung vom 21.-25. Mai 1979
(2) Council of Europe, Explanatory Report, Nr.77
(3) vgl. 2.Teil, § 3
(4) so das Expertenkommitee auf der vierten Sitzung vom 21.-25. Mai 1979; vgl. auch Kayser, La protection de la vie privée, S.360
(5) s. Anm.2
(6) so das Expertenkommitee auf der vierten Sitzung vom 21.-25. Mai 1979

fasser der Konvention von einer Regelung in diesem Punkt Abstand. Man war zu der Ansicht gelangt, eine Regelung des anwendbaren Rechts in der Konvention sei noch "etwas verfrüht", man wolle die weitere Entwicklung abwarten und erst dann darüber entscheiden, ob eine dahingehende Bestimmung in einem Zusatzprotokoll verabschiedet werden solle (1). Diese Entscheidung hänge vor allem davon ab, inwieweit die Vorschriften über die gegenseitige Hilfeleistung das Fehlen einer Norm über das anwendbare Recht kompensieren könnten (2). Immerhin verpflichtet Art.14 Abs.1 die zuständigen Behörden, dafür Sorge zu tragen, daß allen Individuen der Umfang der nationalen Regelungen, die Art.8 des Übereinkommens verwirklichen, gleichermaßen gewährt wird, so daß eine gewisse Tendenz zur Anknüpfung an den Geschäftssitz des für die Datei Verantwortlichen erkennbar wird (3).

2. Die Kritik an der Regelung des Art.14 Abs.1

Zu Art.14 Abs.1 ist kritisch anzumerken, daß die betroffene Person etwa dann, wenn mehrere innerstaatliche Behörden dem Europarat von einem Vertragsstaat bezeichnet worden sind, vor der Frage steht, an welche dieser Behörden sie ihr Gesuch richten muß, und ob die jeweiligen Stellen überhaupt in der Lage sind, ihr die nötige Unterstützung zuteil werden zu lassen. Gerade in Anbetracht der ständig fortschreitenden Weiterentwicklung auf dem Gebiet der automatischen Datenverarbeitung ist es für die innerstaatlichen Kontrollorgane mitunter recht schwierig festzustellen, ob das nationale Recht auf einen konkreten Verarbeitungsvorgang überhaupt Anwendung findet (4). Insbesondere bei grenzüberschreitenden Datentransfers über integrierte Datennetze sowie bei Eingaben oder Zugriffen über Terminals in eine ausländische Zentraleinheit ist die Beantwortung der Frage, ob das inländische Datenschutzrecht einschlägig ist, erst nach schwierigen Untersuchungen möglich.
Auch muß berücksichtigt werden, daß gerade expandierende Verbundsysteme neue rechtlich kompliziertere Konstruktionen mit sich bringen können, die die Feststellung des Verantwortlichen für eine Datenverarbeitungsanlage zusätzlich erschweren. Diese Überlegungen weisen auf die Unzulänglichkeiten des Art.14 Abs.1 hin und zeigen auf, in welchen Bereichen die Arbeit des Europarates fortgesetzt werden muß.
Dies gilt insbesondere auch im Hinblick auf die Vollstreckung ausländischer Entscheidungen. Ob sich die Vertragsparteien nach Art.14 Abs.1 auch verpflichten, die Vollstreckung ausländischer

----

(1) so das Expertenkommitee auf der vierten Sitzung vom 21.-25. Mai 1979; Council of Europe, Explanatory Report, Nr.23
(2) s. Anm.1
(3) vgl. Art.4 des Konventionsentwurfes, der Gegenstand der Beratungen des Expertenkommitees auf der vierten Sitzung vom 21.-25. Mai 1979 war, sowie den Report der von dem Expertenkommitee eingesetzten Arbeitsgruppe nach dessen vierter Sitzung vom 10.-12. Mai 1978
(4) so auch Wochner, Der Persönlichkeitsschutz im grenzüberschreitenden Datenverkehr, S.263

Entscheidungen, die einen Anspruch nach Art.8 der Konvention für begründet erklären, im Inland zu betreiben, vermag die unpräzise Formulierung der Norm ("Ausübung der Rechte") nicht klarzustellen.

Ursprünglich waren die Experten von der Notwendigkeit einer Vorschrift über die Anerkennung und Vollstreckung im Rahmen der Konvention überzeugt (1). Das von dem Directorate of Legal Affairs im Jahre 1976 vorgelegte Secretariat Memorandum enthielt sogar eine ausdrückliche Bestimmung, wonach alle Vertragsstaaten zur Durchsetzung derjenigen Entscheidungen verpflichtet werden sollten, die von einem einzelnen gegen einen Datenverarbeiter in einem Vertragsstaat erwirkt werden (2). Dennoch verständigte man sich schon sehr bald darauf, diese Vorschrift aus der Konvention zu streichen und die Betroffenen statt dessen auf geltende Vollstreckungsabkommen zu verweisen (3). Eine erweiternde Auslegung des Art.14 Abs.1 entspricht daher nicht dem tatsächlichen Willen der Verfasser des Abkommens.

Dagegen müssen aber erhebliche Einwände geltend gemacht werden, denn diese Entscheidung kann zu einer unbilligen Beschneidung der den Datensubjekten durch das Übereinkommen zugesicherten Rechte führen. Ein im Inland erstrittener rechtskräftiger Titel, der die Rechtmäßigkeit eines Auskunfts- oder Berichtigungsbegehrens verbrieft, nützt dem Betroffenen dann nichts, wenn die erforderliche Vollstreckung gegen einen Datenverarbeiter im Ausland nicht durchgesetzt werden kann.

Durch die vorhandene Regelung sind die von einer Datenverarbeitung betroffenen Personen letztlich nur dann ausreichend geschützt, wenn ein Vollstreckungsabkommen, das auch datenschutzrechtliche Entscheidungen erfaßt, zwischen den in Betracht kommenden Vertragsstaaten abgeschlossen worden ist. Aus Gründen der Rechtssicherheit und der materiellen Gleichstellung der betroffenen Personen, ist der Europarat daher aufgerufen, den Versäumnissen in der Vergangenheit abzuhelfen und eine Vorschrift in die Konvention aufzunehmen, die die Vollstreckung datenschutzrechtlicher Entscheidungen in allen Vertragsstaaten gewährleistet.

3. Die Antragstellung über die eigene nationale Behörde

Zusätzlich zu der Möglichkeit, die verantwortlichen Stellen in anderen Vertragsstaaten unmittelbar anzurufen, eröffnet Art.14 Abs.2 den im Hoheitsgebiet eines Vertragsstaates wohnenden Personen zugleich die Alternative, sich an die eigene nach Art.13 Abs.2 bezeichnete Behörde zu wenden. Das bedeutet, daß die betroffene Person die ihr nach Art.8 der Konvention zugesicherten Rechte in einem anderen Vertragsstaat auch mittelbar durch Vermittlung der entsprechenden inländischen Stellen geltend machen

----

(1) so etwa die von dem Expertenkommitee eingesetzte Arbeitsgruppe auf ihrer Sitzung vom 17.-19. Januar 1978

(2) so Art.5 Abs.2 des Secretariat Memorandums

(3) so die von dem Expertenkommitee eingesetzte Arbeitsgruppe bereits nach der vierten Sitzung vom 10.-12. Mai 1978; s. auch Hondius: NILR Band 30, 1983, S.121

kann (1). In diesen Fällen leitet die angerufene Stelle das Gesuch an die ausländische Stelle weiter (2).
Mit dieser Erweiterung des Rechtsschutzes zum Vorteil der betroffenen Personen wird vermieden, daß Datensubjekte die ihnen zustehenden Rechte wegen bestehender Sprachbarrieren oder der Unkenntnis ausländischer Verfahrensformalitäten nicht ausschöpfen (3). Auch werden die Antragsteller nicht damit belastet, eigenverantwortlich ein Verfahren im Ausland durchzuführen (4). Die Vorschrift des Art.14 Abs.2 kommt daher vor allem den Datensubjekten zugute und ist aus der Sicht eines effektiven Individualschutzes zu begrüßen.
Darüber hinaus bleibt es den im Ausland wohnenden Personen unbenommen, ihre Rechte auf diplomatischem Wege oder über die Konsulate des Heimatstaates geltend zu machen (5). Diese Möglichkeit wird durch Art.14 Abs.1 und 2 nicht tangiert.

4. Die Anforderungen an den Antrag auf Unterstützung

Mit den Anforderungen, die an einen Antrag auf Unterstützung nach Art.14 zu stellen sind, befaßt sich Art.14 Abs.3. Diese Norm zählt die für die Bearbeitung eines Antrages erforderlichen Angaben auf. Hinter der Forderung, die Anträge so genau wie möglich zu formulieren, steckt die Absicht des Europarates, das Verfahren einerseits zu beschleunigen und andererseits eventuellen Mißbräuchen des in Art.14 verbrieften Rechtes vorzubeugen (6). So können die bezeichneten Behörden die Bearbeitung eines an sie gerichteten Gesuches gem. Art.16 b ablehnen, wenn die Voraussetzungen des Art.14 Abs.3 von dem Antragsteller nicht erfüllt worden sind.
Diese den Individualschutz beschneidende Maßnahme darf jedoch nicht dazu mißbraucht werden, die Rechte der Datensubjekte unangemessen zu beschränken. Das muß bei der Auslegung des Art.14 Abs.3 beachtet werden. Nach dieser Norm muß der Antrag alle 'erforderlichen' Angaben enthalten. Was die entscheidende Behörde als 'erforderlich' ansieht, weiß der Antragsteller indessen nicht. Zwar zählt Art.14 Abs.3 einige Kriterien auf, die den Terminus der 'Erforderlichkeit' ausfüllen sollen. Aber diese Begriffe sind lediglich Anhaltspunkte, die der Antragsteller 'insbesondere' zu beachten hat, und nicht etwa eine abschließende Aufzählung sämtlicher zu berücksichtigender Gesichtspunkte. Schon von daher gibt der unbestimmte Wortlaut des Art.14 Abs.3 den betreffenden Behörden ein Instrument in die Hand, das sie in die Lage versetzen kann, gegebenfalls aus ihrer Sicht unbequeme oder einen erheblichen Aufwand erfordernde Gesuche in Übereinstimmung mit Art.14 Abs.3 und Art.16 b ablehnen zu können.

----

(1) Council of Europe, Explanatory Report, Nr.78; s. auch schon <u>Stadler</u>: DuD 1979, S.171
(2) vgl. das Expertenkommitee auf der zweiten Sitzung vom 26.-29. September 1977
(3) <u>Hondius</u>: NILR, Band 30, 1983, S.122
(4) <u>Jacqué</u>: A.F.D.I. 1980, S.784
(5) Council of Europe, Explanatory Report, Nr.78
(6) s. Anm.2

Die Formulierung des Art.14 Abs.3 selbst wirft weitere Fragen auf. Daß der Name und die Anschrift des Petenten sowie der Zweck des Antrages unverzichtbare Bestandteile eines Gesuches sind, bedarf keiner weiteren Erörterung. Insoweit sind Art.14 Abs.3 a und c auch klar formuliert. Darüber hinaus werden zudem "alle anderen für die Identifizierung des Antragstellers erheblichen Einzelheiten" verlangt.

Die Beurteilung darüber, was für die Identifizierung des Antragstellers erheblich ist, kann von dem Antragsteller und der Behörde völlig unterschiedlich vorgenommen werden, so daß ungerechtfertigte Entscheidungen nach Art.16 b nicht ausgeschlossen werden können. Selbst wenn man berücksichtigt, daß die Identifizierung einer Person letztlich von dem in der Datenbank enthaltenen Bestand abhängt und deshalb mitunter ganz verschiedene Informationen erfordert, so gibt es doch einige Kriterien, mit Hilfe derer eine Identifizierung durch jede Datenbank möglich sein müßte. Zu nennen wären etwa Name, Geburtsdatum, Nationalität, Anschrift und gegebenenfalls eine die Person betreffende Kennummer (z.B. die Personalnummer).

Hätten die Verfasser der Konvention diese Merkmale als die für einen Antrag ausreichenden Identifizierungsmerkmale in Art.14 Abs.3 aufgenommen, wären die bestehenden Unklarheiten beseitigt worden. Sowohl die Antragsteller als auch die bezeichneten Behörden hätten leicht überprüfbare Anhaltspunkte bei der Bearbeitung der Gesuche vorgefunden. Die Gefahr willkürlicher Entscheidungen zum Nachteil des Antragstellers könnte erheblich reduziert werden. Hinsichtlich des Umfangs der genannten Erkennungsmerkmale kann auf die Ausführungen zur Präzisierung des Auskunftsbegehrens gem. Art.8 b Bezug genommen werden (1). Ein begrüßenswerter Nebeneffekt eines solchen Konventionswortlautes wäre ferner eine gewisse Standardisierung der Anfragen und Gesuche um Unterstützung gewesen, was wiederum das Verfahren für den Betroffenen vereinfacht und eine Beschleunigung der Bearbeitung mit sich gebracht hätte.

Auch gegenüber Art.14 Abs.3 b sind Bedenken angebracht. Die Norm verlangt von dem Antragsteller auch die Kundgabe der automatisierten Datei oder des für sie Verantwortlichen, auf den sich der Antrag bezieht. Diese Angaben sind grundsätzlich erforderlich, damit die bearbeitende Behörde weiß, gegen wen sich beispielsweise ein Auskunfts- oder Berichtigungsanspruch richtet. Allerdings sollte von dem Antragsteller nicht zu viel verlangt werden. Denn oftmals kennt der Betroffene weder die genaue Bezeichnung noch die Anschrift der ausländischen Datensammlung. Ferner können Ungenauigkeiten, die auf Sprachschwierigkeiten zurückzuführen sind, Fehler in einem Antrag verursachen.

Daher ist es den betreffenden Stellen gegebenenfalls zuzumuten, bei fehlerhaften Anträgen in einem gewissen Rahmen die genaue Bezeichnung der betroffenen Datei zu ermitteln. Dahingehende Zugeständnisse müssen insbesondere dann gemacht werden, wenn der Antragsteller das ihm von Art.8 a des Übereinkommens garantierte Recht auf Kenntnisnahme des Vorhandenseins einer Datei geltend macht. Hier muß berücksichtigt werden, daß im Ausland wohnende

----

(1) vgl. 3.Teil, § 5 III, C, 1

Betroffene i.d.R. nicht die Möglichkeit haben, von entsprechenden inländischen Veröffentlichungen über den Bestand datenverarbeitender Anlagen Kenntnis zu erlangen. Aus diesem Grund ist eine Ablehnung von Anträgen nach Art.8 a nur dann gerechtfertigt, wenn die Voraussetzungen des Art.14 Abs.3 im übrigen nicht erfüllt sind, oder das Antragsrecht offensichtlich mißbraucht wird.

V. Die Pflichten der bezeichneten Behörden bei Hilfeleistungen

Insbesondere bei der Durchführung der Rechtshilfe unter den Vertragspartnern spielt das von der Konvention geförderte gegenseitige Vertrauen sowohl der bezeichneten Behörden untereinander als auch zwischen den Behörden und den Antragstellern eine große Rolle (1). Daher muß eventuellen Vertrauensverlusten vorgebeugt werden. Als eine präventive Maßnahme dieser Art ist Art.15 des Abkommens anzusehen.
Die Norm stellt klar, daß im Vordergrund der Kooperation der bezeichneten Stellen immer der Schutz des einzelnen stehen muß (2). Daher muß einer potentiellen, den Individualschutz mißachtenden Zusammenarbeit der Behörden schon durch den Wortlaut des Übereinkommens selbst entgegengewirkt werden (3). Eine Zusammenarbeit zum Nachteil des einzelnen und zur Verfolgung anderer Ziele, etwa unter Hinzunahme der jeweiligen Datensammlungen über eine Person, liefe den mit der Konvention bezweckten Zielen zuwider (4).

A. Die zweckgebundene Verwendung der Auskünfte

Wichtiger Bestandteil eines effektiven 'Schutzes gegen den Datenschutz' ist der Grundsatz der Zweckbindung, der in Art.15 Abs.1 der Konvention verankert worden ist. Nach dieser Norm ist die bezeichnete Behörde eines Vertragsstaates, die von einer anderen bezeichneten Stelle Auskünfte erhalten hat, die einem Antrag auf Unterstützung dienen oder eine Antwort auf ein eigenes Ersuchen geben, dazu verpflichtet, diese Auskünfte nur zu den Zwecken zu verwenden, die dem Antrag oder Ersuchen zugrunde liegen.
Die Vorschrift wendet sich sowohl an die unterstützenden bzw. ersuchenden Behörden als auch an die um Rechtshilfe angegangenen Stellen. Beide dürfen die Informationen, die sie aufgrund eines Antrages oder Gesuches erhalten haben, nur für die Zwecke der konkreten Anfrage verwenden. Hat etwa die bezeichnete Behörde einer Vertragspartei den Antrag einer im Ausland wohnenden Person auf Auskunft darüber, ob über sie Daten in einer bestimmten Datei gespeichert sind, gegenüber dem Datenverarbeiter durchgesetzt und eine entsprechende Antwort erlangt, darf sie die ihr aufgrund des

----

(1) Council of Europe, Explanatory Report, Nr.79; <u>Hondius</u>: NILR Band 30, 1983, S.122

(2) so die von dem Expertenkommitee eingesetzte Arbeitsgruppe auf der ersten Sitzung vom 14.-16. Februar 1977

(3) so die von dem Expertenkommitee eingesetzte Arbeitsgruppe auf der zweiten Sitzung vom 1.-3. Juni 1977

(4) so das von dem Directorate of Legal Affairs am 4. November 1976 vorgelegte Secretariat Memorandum

Antrags bekannt gewordenen Informationen und Erkenntnisse nicht für andere Zwecke verwenden oder an andere Stellen weitergeben. Gleiches gilt für eine bezeichnete Behörde, die einen Antrag auf Hilfeleistung an die entsprechende Stelle in einem anderen Vertragsstaat weitergeleitet hat. Kommt von dort die Antwort auf das Gesuch, darf sie die darin enthaltenen Angaben nicht für andere Zwecke verwenden. Sie ist vielmehr verpflichtet, den Antragsteller von dem Ergebnis in Kenntnis zu setzen und ihm die Unterlagen zuzusenden.
Nicht nur Gesuche nach Art.14, sondern auch Ersuchen um Hilfeleistung nach Art.13 Abs.3 werden von dem Zweckbindungsgebot erfaßt. Zwar sind die hilfesuchenden Stellen gem. Art.13 nicht verpflichtet, den Zweck eines Ersuchens anzugeben (1); sie werden das jedoch grundsätzlich tun, damit die ersuchte Behörde effektiver arbeiten kann. Zudem ist die Bedrohung des Individualschutzes infolge des Informationsaustausches bei Rechtshilfeersuchen nach Art.13 nicht evident. Die möglichen Sachauskünfte im Rahmen eines solchen Kontaktes dürfen nämlich die in einer automatischen Datei verarbeiteten Daten nicht enthalten (Art.13 Abs.3 b).

B. Die erforderliche Zustimmung der betroffenen Personen

Gerade an diesem Punkt des Datenschutzes setzt Art.15 Abs.3 der Konvention an. Diese Vorschrift untersagt den bezeichneten Behörden, von sich aus und ohne eine ausdrückliche Zustimmung einer im Ausland wohnenden Person in deren Namen einen Antrag auf Unterstützung gem. Art.14 Abs.2 zu stellen. Dadurch soll sichergestellt werden, daß nur der Betroffene selbst darüber zu entscheiden hat, ob er die ihm zustehenden Rechte geltend machen will. Das Verbot der von dem einzelnen nicht gebilligten Eigeninitiative durch die bezeichneten Behörden beugt einer mißbräuchlichen Kooperation hinter dem Rücken der betroffenen Personen vor. Damit wird auch eine Beschränkung des Art.13 Abs.3 unterbunden.

C. Die Pflicht zur Geheimhaltung

Art.15 Abs.2 des Abkommens fordert weitere vertrauensbildende Maßnahmen von den Vertragspartnern. Diese müssen dafür sorgen, "daß die Personen, die der bezeichneten Behörde angehören oder in ihrem Namen handeln, durch entsprechende Verpflichtungen zur Geheimhaltung oder zur vertraulichen Behandlung dieser Auskünfte gebunden werden". Diese zur Gewährleistung eines effektiven Datenschutzes notwendigen Pflichten richten sich also nicht unmittelbar an die bezeichneten Behörden, sondern an die Vertragspartei selbst. Somit sind die nationalen Gesetzgeber aufgerufen, falls dies nicht bereits geschehen ist, konkrete gesetzgeberische Maßnahmen zu ergreifen, oder sonstige verbindliche Grundlagen zu zu schaffen, die es den bezeichneten Behörden ermöglichen, ihr Personal zur Wahrung der Diskretion und Vertraulichkeit anzuhalten.

----

(1) Auf diesen Mißstand hat Wochner (Der Persönlichkeitsschutz im grenzüberschreitenden Datenverkehr, S.263) bereits hingewiesen.

Eine gesonderte Verabschiedung konkreter Richtlinien wird in einigen Vertragsstaaten nicht erforderlich sein, da den Bediensteten der Kontrollorgane von den nationalen Datenschutzbestimmungen teilweise Geheimhaltungspflichten auferlegt werden, die sie auch für den Umgang mit den im Rahmen der Rechtshilfe erhaltenen Informationen zur Geheimhaltung verpflichten, wenn diese Behörden mit den Aufgaben der Rechtshilfe betraut werden (1).

VI. Das Recht zur Ablehnung von Ersuchen und Anträgen

Eine bezeichnete Behörde, an die ein Ersuchen nach Art.13 oder ein Antrag nach Art.14 gerichtet wird, ist grundsätzlich dazu verpflichtet, einem solchen Gesuch stattzugeben. Dies ergibt sich aus Art.16 des Übereinkommens. Einige Experten befürchteten jedoch, daß dadurch eine Flut an Anfragen auf die Behörden zukommen könnte. Daher war man bestrebt, einen ausgewogenen Ausgleich der Standpunkte in der Konvention festzuschreiben. Es wurde beschlossen, den bezeichneten Stellen vor allem bei mißbräuchlichen oder unzulässigen Gesuchen ein Recht auf Verweigerung der Rechtshilfe zu gewähren (2).
Folglich wurde eine Reihe von Ablehnungsgründen in das Abkommen aufgenommen. Diese abschließende Aufzählung ist in Anlehnung an andere internationale Übereinkommen auf dem Gebiet der gegenseitigen Amtshilfe geschaffen worden (3). Nach Art.16 der Datenschutzkonvention können die bezeichneten Behörden die Unterstützung von Rechtshilfebegehren dann verweigern, "wenn

a) sie mit den Befugnissen der für die Beantwortung zuständigen Behörden auf dem Gebiet des Datenschutzes nicht vereinbar sind,
b) sie den Bestimmungen des Übereinkommens nicht entsprechen,
c) ihre Erfüllung mit der Souveränität, der Sicherheit oder der öffentlichen Ordnung der Vertragspartei, die sie bezeichnet hat, oder mit den Rechten und Grundfreiheiten der Personen, die der Gerichtsbarkeit dieser Vertragspartei unterstehen, nicht vereinbar wäre".

A. Die Ablehnung von Anträgen, die mit den Bestimmungen der Konvention nicht übereinstimmen

Unter diese Ausnahmeregelung fallen insbesondere Anträge auf Unterstützung, die die Anforderungen des Art.14 Abs.3 nicht erfüllen. So können unvollständige und unpräzise Gesuche von den bezeichneten Behörden nicht bearbeitet oder weitergeleitet werden, weil entweder die Person des Antragstellers nicht ausreichend

----

(1) vgl. Art.12 des französischen Datenschutzgesetzes
(2) so das Expertenkommitee auf der zweiten Sitzung vom 26.-29. September 1977
(3) s. etwa Art.14 des Europäischen Übereinkommens vom 24. November 1977 über die Zustellung von Schriftstücken in Verwaltungssachen im Ausland bzw. Art.7 des Europäischen Übereinkommens vom 15. März 1978 über die Erlangung von Auskünften und Beweisen in Verwaltungssachen im Ausland (BGBl. 1981 II, S.533, 550)

identifiziert werden oder die Datei, auf die sich der Antrag bezieht, nicht festgestellt werden kann. Die Ablehnung derartiger Anträge ist gerechtfertigt, allerdings muß darauf geachtet werden, daß das Instrument der Rechtsverweigerung von den bezeichneten Behörden nicht mißbraucht wird (1).
Auch Rechtshilfeersuchen anderer bezeichneter Behörden können abgelehnt werden, wenn sie gegen die Vorschriften der Konvention verstoßen. In Betracht kommen vor allem Versuche, die Bestimmungen des Art.13 Abs.3 zum Nachteil der Datensubjekte zu umgehen. Daher muß etwa die Rechtshilfe gegenüber Auskunftsbegehren nach dem Inhalt solcher Datenbestände, die personenbezogene Daten enthalten, versagt werden. Das gebietet der in Art.13 Abs.3 zum Ausdruck gelangte Individualschutz.
Von der Regelung des Art.16 b wird auch die Verweigerung der Rechtshilfe erfaßt, die darauf beruht, daß ein Vertragsstaat bestimmte Arten von automatischen Dateien gem. Art.3 Abs.2 a von dem Anwendungsbereich der Konvention ausgenommen hat und somit auch den in Art.8 verankerten Rechtsschutz in diesen Bereichen nicht garantiert (2). Daher können beispielsweise Auskunftsbegehren gegen die Verantwortlichen von Dateien, die unter einen solchen Vorbehalt fallen, gem. Art.16 b abgelehnt werden.

B. Die Ablehnung von Anträgen, die mit den Befugnissen der zuständigen Behörden nicht vereinbar sind

Die bezeichnete Behörde eines Vertragsstaates kann ein Gesuch nach Art.13 Abs.3 bzw. Art.14 ablehnen, wenn es mit den Befugnissen der für die Beantwortung zuständigen Behörde nicht vereinbar ist. Schon vor der Weiterleitung eines Rechtshilfeersuchens an die zuständige nationale Behörde kann die bezeichnete Behörde die Hilfeleistung versagen, wenn jene Stellen beispielsweise nach internem Recht nicht befugt sind, die begehrten Auskünfte zu erteilen.
Allerdings muß beachtet werden, daß sich solche Einschränkungen des Individualschutzes im Rahmen des Anwendungsbereiches der Konvention halten. Die Grenze für die Durchsetzung nationaler Interessen wird von den in dem Abkommen aufgestellten und im nationalen Recht verwirklichten Minimalstandards gezogen. Ablehnungen, die den Rechtsschutz über dieses Maß hinaus eingrenzen, sind mit Art.16 a nicht in Einklang zu bringen.

C. Die Ablehnung von Anträgen wegen vorrangiger nationaler Interessen oder Individualrechte

Schließlich kann die Erfüllung von Rechtshilfeersuchen dann verweigert werden, wenn dies mit der Souveränität, der Sicherheit oder der öffentlichen Ordnung einer Vertragspartei, oder mit den Rechten und Grundfreiheiten der Personen, die der Gerichtsbarkeit dieser Vertragspartei unterstehen, nicht vereinbar wäre.
Die allgemein formulierte Ausnahmebestimmung des Art.16 c birgt weitreichende Gefahren einer mißbräuchlichen Beschränkung der In-

----

(1) s. 5.Teil, § 1 IV, B, 4
(2) Council of Europe, Explanatory Report, Nr.80

divdualrechte in sich. Sie erhält denjenigen Staaten, die den Geltungsbereich der Konvention aus den in Art.9 Abs.2, 3 genannten Gründen in ihrem innerstaatlichen Recht begrenzen, die Möglichkeit offen, auch die Gesuche der im Ausland wohnenden Personen gegebenfalls abzulehnen (1). Gleichwohl darf nicht übersehen werden, daß der Wortlaut des Art.16 c weiter gefaßt ist als der des Art.9 Abs.2, 3, so daß Einschränkungen der geltend gemachten Rechte der im Ausland wohnenden Personen auch über den von Art.9 begrenzten Umfang hinaus gerechtfertigt sein können.
Zudem fehlt ein eindeutiger Hinweis darauf, daß die Versagung der Unterstützung grundsätzlich nur aus den Gründen gerechtfertigt sein darf, die die Ablehnung eines entsprechenden Antrages einer im Inland wohnenden Person nach den nationalen Vorschriften zulassen (2). Dieser Gleichbehandlungsgrundsatz ergibt sich schon aus Art.14 Abs.1 des Übereinkommens. Dennoch hätte eine ausdrückliche Bestätigung dieses Prinzips in Art.16 zu einer Klarstellung beigetragen.
Die Ablehnung von Gesuchen unter Berufung auf den Schutz der nationalen Souveränität eines Vertragsstaates wird weniger Anträge nach Art.14, aber umso mehr Ersuchen nach Art.13 Abs.3 der Konvention betreffen. Die gegenseitige Kooperation unter den bezeichneten Stellen darf nur ausnahmsweise beschnitten werden, da sonst eine umfangreiche und wirkungsvolle Zusammenarbeit gefährdet wäre. Die Notwendigkeit einer derartigen Verweigerung der Rechtshilfe ist auch nicht erkennbar, da die Vertragsparteien im Grunde eine qualitativ gleichwertige demokratische Grundstruktur aufweisen und einheitlich die Verwirklichung der entsprechenden Grundprinzipien anstreben.
Die Möglichkeit, Auskunftsersuchen nach Art.13 Abs.3 unter Bezugnahme auf den Schutz der nationalen Souveränität abzulehnen, darf nicht dazu mißbraucht werden, Auskünfte etwa aus protektionistischen Erwägungen zu verweigern (3). Eine derartige Verhaltensweise stände dem von der Konvention getragenen Gedanken einer weitgehend schrankenlosen Garantie des Informationsflusses unter den Vertragsstaaten entgegen. Ausnahmen dürfen nur zum Schutz der Individualrechte der von einer Datenverarbeitung betroffenen Personen gemacht werden.
Die in Art.16 c vorgesehene Alternative, die Rechtshilfe zum Schutz der Rechte und Grundfreiheiten der Personen, die der Gerichtsbarkeit eines Vertragsstaates unterstehen, zu verweigern, ist die konsequente Auswirkung der in Art.9 Abs.2 b des Übereinkommens geregelten Ausnahme (4). Durch den in Art.16 c verwendeten Ausdruck 'Erfüllung' eines Rechtshilfebegehrens wollen die Verfasser des Abkommens zu verstehen geben, daß nicht nur die Beantwortung der Anfragen, sondern sogar schon vorangehende Schritte verweigert werden können (5).
Demnach kann die ersuchte Behörde die Übermittlung der geforder-

----

(1) Council of Europe, Explanatory Report, Nr.56
(2) vgl. auch Wochner, Der Persönlichkeitsschutz im grenzüberschreitenden Datenverkehr, S.264
(3) s. 1.Teil, § 2 II, B
(4) s. 3.Teil, § 7 II, D
(5) Council of Europe, Explanatory Report, Nr.81

ten Informationen an die ersuchende Behörde oder an den Antragsteller unmittelbar ablehnen, wenn die von Art.16 c geschützten Individualinteressen beeinträchtigt werden könnten. Darüber hinaus kann sie sich sogar weigern, nach diesen Informationen überhaupt zu forschen, wenn allein die Tatsache, daß entsprechende Ermittlungen angestellt werden, dem Individualschutz jener Personen schaden könnte (1). Auch insoweit muß jedoch die Gleichbehandlung der Anträge nach Art.14 mit vergleichbaren Begehren der im Inland wohnenden Personen gewährt sein. Sonst läge ein Verstoß gegen Art.14 Abs.1 des Übereinkommens vor.

VII. Die Kosten und das Verfahren der Rechtshilfe

A. Die Kosten der Rechtshilfe

1. Der Grundsatz der Kostenfreiheit

Der Inhalt der Bestimmungen des Art.17 Abs.1 und 2 stimmt im wesentlichen mit dem der entsprechenden Vorschriften anderer internationaler Übereinkommen über die gegenseitige Hilfeleistung überein (2). Art.17 Abs.1 Satz 1 hält an dem Grundsatz fest, daß für eine Hilfeleistung gem. Art.13 und 14 keine Auslagen oder Gebühren erhoben werden dürfen.

Das Prinzip der Kostenfreiheit ist aus der Sicht eines effektiven internationalen Datenschutzes ein Gebot im Interesse der betroffenen Personen. Diese dürfen durch drohende Kostenlasten nicht davon abgehalten werden, die ihnen zustehenden Rechte geltend zu machen (3). Ein mißbräuchlicher Einsatz der den Individuen zustehenden Rechte wird schon durch Art.16 in ausreichender Weise unterbunden.

Allerdings sieht Art.17 eine nicht unbedeutende Ausnahme vor. Die für Sachverständige und Dolmetscher anfallenden Auslagen müssen von der Vertragspartei getragen werden, welche die ersuchende Behörde bezeichnet hat (Art.17 Abs.1 Satz 2). Sachverständige i.S.v. Art.17 sind insbesondere Fachleute auf dem Gebiet der Datenverarbeitung, deren Mitwirkung für Kontrolldurchläufe oder zur Überprüfung der von einer automatisierten Datei vorgesehenen Datensicherungsmaßnahmen erforderlich sein können (4). Diese Auslagen können so erheblich sein, so daß das damit verbundene Kostenrisiko den einzelnen u.U. davon Abstand nehmen läßt, aus seiner Sicht begründete Ansprüche geltend zu machen.

Art.17 Abs.1 darf daher nur so verstanden werden, daß ein Betroffener, der unter Zuhilfenahme von Sachverständigen auf dem Gebiet der Datenverarbeitung die Unrechtmäßigkeit eines Verarbeitungsverfahrens in einem anderen Vertragsstaat nachweisen konnte -

----

(1) Council of Europe, Explanatory Report, Nr.81

(2) so insbesondere Art.8, 18 und 21 des Europäischen Übereinkommens vom 15. März 1978 über die Erlangung von Auskünften und Beweisen in Verwaltungssachen im Ausland (BGBl. 1981 II, S.550)

(3) so auch Wochner, Der Persönlichkeitsschutz im grenzüberschreitenden Datenverkehr, S.265

(4) Council of Europe, Explanatory Report, Nr.83

dessen Anspruch also begründet ist -, nicht mit den Kosten belastet wird. Diese muß zunächst einmal die Vertragspartei tragen, die die ersuchende Behörde bezeichnet hat. Ob diese wiederum Regreß bei dem ausländischen Datenverarbeiter nehmen kann, ist aus der Sicht des Individualschutzes unerheblich (1). Jedenfalls darf der einzelne damit nicht belastet werden.

2. Der Grundsatz der Gleichbehandlung bei der Kostentragung

Hat der Betroffene beispielsweise zu Unrecht die Unrechtmäßigkeit einer Datenverarbeitung moniert, und sind infolge des Hinzuziehens von Sachverständigen oder Dolmetschern Unkosten entstanden, darf das nicht dazu führen, daß ihm im Vergleich zu den im Inland wohnenden Datensubjekten unangemessene Kosten aufgebürdet werden. Um ungerechtfertigten Benachteiligungen vorzubeugen, sieht Art.17 Abs.2 vor, daß der Betroffene nicht dazu verpflichtet werden kann, für Schritte, die im Hoheitsgebiet einer anderen Vertragspartei für ihn unternommen werden, höhere Auslagen oder Gebühren zu zahlen, als sie von Personen erhoben werden können, die im Hoheitsgebiet der betreffenden Vertragspartei wohnen. Diese Bestimmung soll die im Ausland wohnenden Personen schützen. Auch hier kommt der in Art.1 und Art.14 Abs.1 verankerte Grundsatz der materiellen Gleichbehandlung zum Vorschein.

B. Das Verfahren bei der Durchführung der Rechtshilfe

Vorschriften, die Einzelheiten des Verfahrens der Rechtshilfe festlegen, fehlen in der Datenschutzkonvention. Art.17 Abs.3 verweist die Vertragsstaaten insoweit auf gesonderte zwischenstaatliche Vereinbarungen über Form, Verfahren und die zu verwendenden Sprachen. Die Konvention verpflichtet die Vertragspartner noch nicht einmal zu förmlichen Verfahren, sondern gestattet sogar spezifische Verwaltungsvereinbarungen über die einzelnen in Frage kommenden Bereiche der Datenverarbeitung (1). Damit berücksichtigt der Europarat den Umstand, daß die Übermittlung im Rahmen der Rechtshilfe von Fall zu Fall ganz unterschiedliche Wege erfordern kann. Gerade wegen der zu treffenden Sicherungsvorkehrungen verlangen Ersuchen um Zugang zu besonders schützenswerten medizinischen Informationen wesentlich umfangreichere Maßnahmen als beispielsweise Routineabfragen über Eintragungen in einer Bevölkerungsstatistik.
Wegen dieser Probleme, die im Detail hätten geklärt werden müssen, wurden Verfahrensvorschriften nicht in die Konvention aufgenommen. Bilaterale Vereinbarungen der Vertragsstaaten - wenn möglich durch Vermittlung der bezeichneten Behörden - sind eher dazu geeignet, die Verfahrensformen sowie die jeweils zu verwendenden Sprachen den konkreten Bedürfnissen des Einzelfalles anzupassen. Sie können deshalb zu effektiveren Ergebnissen führen als notwendigerweise umfangreiche und allgemein formulierte Bestimmungen in der Konvention. Es ist aber wichtig, daß sich die zwischenstaatlichen Vereinbarungen in dem von Art.17 Abs.3 vorgegebenen Rahmen bewegen. Andere Fragen als die des Verfahrens, der Form sowie der

----
(1) Council of Europe, Explanatory Report, Nr.84

anzuwendenden Sprachen dürfen nicht Gegenstand solcher Vereinbarungen sein.

§ 2 Der Beratende Ausschuß

I. Die Funktion des Beratenden Ausschusses

Die Art.18-20 der Konvention eröffnen den Vertragsstaaten einen weitereren Weg zur Kooperation. Nach diesen Bestimmungen wird nach dem Inkrafttreten der Konvention ein Beratender Ausschuß eingesetzt, für den jede Vertragspartei einen Vertreter und einen Stellvertreter benennen muß (Art.18 Abs.1 und Abs.2 Satz 1).
Dieses Gremium hat - wie der Name schon sagt - lediglich beratende Funktion. Das legen die Vorschriften der Art.18-20 fest. Zudem hat das Expertenkommitee mehrfach darauf hingewiesen, daß dem Beratenden Ausschuß über diese konsultative Funktion keine weiteren Aufgaben zufallen (1). Insbesondere sollte keine internationale Datenschutzbehörde geschaffen werden (2). Weder die Errichtung einer solchen Kontrollinstanz noch die Ausgestaltung des Beratenden Ausschusses als Schlichtungsorgan zur förmlichen Beilegung von Streitigkeiten über die Anwendung des Abkommens schien den Verfassern der Konvention ein geeignetes Mittel zu sein, um die verfolgten Ziele zu erreichen (3).
Man wollte den vielen, schon vorhandenen internationalen Entscheidungsgremien nicht noch einen weiteren für das Gebiet des Datenschutzes hinzufügen (4), da außerdem Kompetenzstreitigkeiten mit dem Europäischen Gerichtshof nicht ausgeschlossen werden könnten (5). Mit der Formulierung der Art.18-20 griffen die Verfasser der Konvention auf ein Modell zurück, das sich bereits in anderen von Europaratsübereinkommen reglementierten Bereichen bewährt hatte (6). Die gesammelten Erfahrungen sollten auch im Bereich des internationalen Datenschutzes verwertet werden.
Der Schaffung dieses Gremiums ist es letztlich zu verdanken, daß die sachlichen Inhalte des Übereinkommens auf allgemeine Datenschutzprinzipien begrenzt werden konnten, da der Ausschuß für eine einheitliche Auslegung und Weiterentwicklung dieser Grundsätze sorgen und bei Meinungsverschiedenheiten über die Interpretation oder Anwendung einzelner Vorschriften eine Einigung herbeiführen soll (7).
Insbesondere diese letzteren Erwägungen rechtfertigen die Einrichtung eines Organes, das die bestehenden Unklarheiten zu beseitigen versucht. Die schnelle technische Weiterentwicklung auf

----

(1) so das Expertenkommitee auf der zweiten Sitzung vom 26.-29. September 1977 und auf der vierten Sitzung vom 21.-25. Mai 1979
(2) Council of Europe, Explanatory Report, Nr.87
(3) Council of Europe, Explanatory Report, Nr.87; so auch schon das Expertenkommitee auf der vierten Sitzung vom 21.-25. Mai 1979
(4) so der Report No.1 der vom Expertenkommitee eingesetzten Arbeitsgruppe vom 18. Juli 1978
(5) Das gibt Hondius zu bedenken (NILR Band 30, 1983, S.123).
(6) vgl. z.B. Art.24 des Europäischen Niederlassungsabkommens vom 13. Dezember 1955 (BGBl. 1959 II, S.998 ff)
(7) so das Expertenkommitee auf der vierten Sitzung vom 21.-25. Mai 1979

dem Gebiet der automatischen Datenverarbeitung verlangt eine flexible und dynamische Anwendung des Konventionstextes (1). Dem kommt die allgemeine Fassung der Datenschutzprinzipien entgegen. Der Beratende Ausschuß ist hierfür das richtige Forum. Hier können die anstehenden Probleme erörtert und Vereinbarungen über die Auslegung und Anwendung des Übereinkommens getroffen werden. Ebenso sollte der Beratende Ausschuß den beitrittswilligen Staaten als Plattform zur Beantwortung der Frage dienen, ob die eigenen Datenschutzregelungen den Ansprüchen der Konvention genügen. So könnten beispielsweise Lösungswege für einen Beitritt ausgearbeitet werden, die aufzeigen, ob der Rahmen der Konvention eingehalten worden ist (2).

II. Die Aufgaben des Ausschusses

A. Die Auslegung und Anwendung der Konvention

Der konkrete Aufgabenbereich des Beratenden Ausschusses wird in Art.19 näher erläutert. Zunächst kann der Ausschuß Vorschläge zur Erleichterung oder Verbesserung der Anwendung des Übereinkommens machen (Art.19 a). Diese Funktion versteht sich von selbst, da gerade der Ausschuß das Forum für die Vertragsstaaten bilden soll, in dem die auftauchenden Anwendungsprobleme angesprochen und gelöst werden sollen. Die durch den ständigen Erfahrungsaustausch gesammelten Erkenntnisse lassen dieses Gremium als prädestiniert zur Erfüllung dieser Aufgaben erscheinen.
Weiterhin muß dem Beratenden Ausschuß die gleiche sachliche Kompetenz zuerkannt werden, wenn er auf Ersuchen einer Vertragspartei zu Fragen im Zusammenhang mit der Anwendung des Übereinkommens Stellung nehmen soll (Art.19 d). Allerdings darf nicht übersehen werden, daß die Gutachten oder Auskünfte lediglich einen unverbindlichen Charakter haben. Das Abkommen beläßt die alleinige Entscheidungskompetenz in allen die Konvention betreffenden Fragen dem Ministerkommitee.

B. Das Verfahren bei Änderungen der Konvention

Im Hinblick auf die Änderungen der Konvention hat der Beratende Ausschuß weitere Funktionen. Einmal nimmt er zu jeder vorgeschlagenen Änderung des Abkommens Stellung, die ihm nach Art.21 Abs.3 unterbreitet wird (Art.19 c). Auf der anderen Seite kann er auch selbst Änderungen des Konventionstextes vorschlagen (Art.19 b).
Für das Verfahren zur Änderung der Konvention zeigt sich erneut, wie eingeengt der Wirkungskreis des Beratenden Ausschusses ist. Außer ihm können auch das Ministerkommitee des Europarates und jede Vertragspartei - unabhängig davon, ob sie Mitglied des Europarates ist oder nicht (3) - Änderungsvorschläge unterbreiten (Art.21 Abs.1). Diese werden den Mitgliedstaaten des Europarates

----

(1) Council of Europe, Explanatory Report, Nr.86 Abs.1; vgl. auch Hondius: NILR Band 30, 1983, S.123
(2) so das Expertenkommitee auf der zweiten Sitzung vom 26.-29. September 1977
(3) Council of Europe, Explanatory Report, Nr.88

sowie denjenigen Nichtmitgliedstaaten, die dem Übereinkommen beigetreten sind oder die nach Art.23 dazu eingeladen worden sind, durch den Generalsekretär des Europarates gem. Art.21 Abs.2 mitgeteilt. Kommt ein Änderungsvorschlag von seiten einer Vertragspartei oder von dem Ministerkommitee, wird er dem Beratenden Ausschuß mit der Bitte um Stellungnahme zugeleitet (Art.21 Abs.2). Der Adressat der Änderungsvorschläge des Beratenden Ausschusses bzw. der Stellungnahmen zu anderen Vorschlägen wird hingegen von dem Übereinkommen nicht genannt. Hierbei kann es sich jedoch nur um das Ministerkommitee handeln, da ihm die alleinige Entscheidungsgewalt obliegt (1). Es prüft den jeweiligen Vorschlag sowie die dazugehörende Stellungnahme des Beratenden Ausschusses und genehmigt danach gegebenenfalls die beantragte Änderung (Art.21 Abs.4).

C. Die Frage der Entscheidungsgewalt

Die bisherigen Ausführungen zeigen die Grenzen auf, die den Befugnissen des Beratenden Ausschusses von der Konvention gesetzt sind. Er arbeitet dem Ministerkommitee zu und liefert die Grundlagen für dessen Entscheidungen. Die Stellungnahmen des Ausschusses werden zwar nicht ohne Gewicht bei der Entscheidungsfindung sein, das Ministerkommitee ist jedoch nicht daran gebunden. Dies kann aber zu erheblichen Problemen führen.
Art.21 soll vor allem diejenigen Mitgliedstaaten des Europarates schützen, die dem Übereinkommen noch nicht beigetreten sind. Aus diesem Grund legt Art.21 Abs.4 die Entscheidungsgewalt über die Änderung der Konvention ebenso wie die über die Annahme des Übereinkommens oder die über den Beitritt eines Staates in die Hände der Mitgliedstaaten des Europarates (2). Deren Mehrheit befindet über die anstehenden Änderungen. Damit soll vermieden werden, daß u.U. die Nichtmitgliedstaaten im Beratenden Ausschuß Mehrheiten bilden und dementsprechend Änderungen des Abkommens auch gegen den Willen der Mitgliedstaaten durchsetzen können.
Die jetzige Regelung schließt die Drittstaaten, die das Übereinkommen ratifiziert haben, praktisch von der Entscheidungsbildung aus. Eine gewisse Einwirkungsmöglichkeit wird nur bei den Änderungen der Konvention gewährt. Nach Art.21 Abs.6 treten nämlich die vom Ministerkommitee genehmigten Änderungen erst in dem Zeitpunkt in Kraft, in dem alle Vertragspartner ihre Annahme erklärt haben. Widersetzt sich also ein Vertragsstaat einem Änderungsvorhaben, kann die Änderung nicht durchgeführt werden. Insoweit können auch Nichtvertragsstaaten auf Entscheidungen Einfluß nehmen. Damit erschöpfen sich aber schon ihre Befugnisse.
Der Vorbehalt zugunsten der Mitgliedstaaten kann u.U. sogar dazu führen, daß durchaus sinnvolle und berechtigte Verbesserungen der Konvention von denjenigen Mitgliedstaaten verhindert werden, die noch über keine den Anforderungen des Übereinkommens entsprechende Datenschutzregelung verfügen. Daher hätte hier ein Weg gefunden werden müssen, der diese Möglichkeiten ausschließt.
Diejenigen Nichtmitgliedstaaten, die dem Übereinkommen beigetre-

----

(1) so auch Jacqué: A.F.D.I. 1980, S.787
(2) vgl. 2.Teil, § 4 VI, C

ten sind, haben den Nachweis erbracht, die Erfordernisse der Konvention im internen Recht verwirklicht zu haben. Wenn das Abkommen schon als 'offene Konvention' proklamiert wird und damit auch ganz bewußt Nichtmitgliedstaaten des Europarates der Beitritt offen gehalten werden soll, müssen alle Vertragsparteien als gleichwertige Partner anerkannt werden. Denn die nur förmliche Gleichstellung der Drittstaaten mit den Mitgliedstaaten im Beratenden Ausschuß ist dann wertlos, wenn letztlich ein Gremium über die anstehenden Fragen entscheidet, in dem erstere nicht vertreten sind. Es darf nicht verkannt werden, daß eine derartige Regelung alles andere als eine besondere Anregung für die Nichtmitgliedstaaten des Europarates ist, dem Übereinkommen beizutreten.

Daher hätte der Beratende Ausschuß mit mehr Rechten ausgestattet werden müssen. Jedenfalls hätte ihm die Entscheidungsbefugnis im Hinblick auf den von Art.19 umrissenen Aufgabenbereich erteilt werden müssen. Denn im Ausschuß wird insbesondere der die Fragen der Konvention betreffende Erfahrungsaustausch auf Expertenebene fortgesetzt, der bereits vor Inkrafttreten des Abkommens stattgefunden hatte. Der besondere fachliche Sachverstand des Ausschusses kann nicht ernsthaft in Frage gestellt werden.

Wenn man die Zuständigkeit des Ausschusses über den Rahmen des Art.19 hinaus ausdehnt und ihn etwa als ein Forum für das Gespräch der Vertragsstaaten mit den Nichtvertragsstaaten ansieht, könnte der Ausschuß auch zur Lösung weiterer Probleme beitragen. Beitrittswillige Staaten könnten die eigenen Datenschutzregelungen vorstellen und im Gespräch mit den Vertragsstaaten abklären, ob diese Vorschriften dem von der Konvention aufgestellten Mindestmaßstab genügen. Dem Ausschuß müßte daher auch die Entscheidungskompetenz darüber übertragen werden, ob ein beitrittswilliger Staat über ausreichende Datenschutznormen verfügt. Zumindest müßte ihm aber das Recht eingeräumt werden, denjenigen Staaten, die diese Voraussetzungen nicht erfüllen, den Beitritt zu verweigern (1). Damit würde gewährleistet werden, daß Beitritte von Staaten, die nur unzulängliche nationale Datenschutzbestimmungen vorweisen und die damit das Erreichen der Ziele der Konvention gefährden, verhindert werden können.

Schließlich würde ein Ausbau der Befugnisse des Beratenden Ausschusses auch die Beitrittsbereitschaft der Europaratsmitglieder fördern, um Einfluß auf die Entscheidungen des Ausschusses nehmen zu können. Immerhin könnten sie durch den Beitritt erreichen, daß die Datenschutzkonvention wegen der Geltendmachung des ihnen zustehenden Vetorechtes nach Art.21 Abs.6 nicht mehr gegen ihren Willen geändert werden kann.

III. Die Zusammensetzung des Ausschusses

Der Beratende Ausschuß setzt sich aus den jeweiligen Vertretern der Vertragsstaaten zusammen (Art.18 Abs.2 Satz 1). Diejenigen Mitgliedstaaten, die nicht Vertragspartei des Übereinkommens sind, haben das Recht, sich im Ausschuß durch einen Beobachter vertreten zu lassen (Art.18 Abs.2 Satz 2). Darüber hinaus kann

----

(1) s. 3.Teil, § 1

der Beratende Ausschuß durch einen einstimmigen Beschluß jeden Nichtmitgliedstaat des Europarates, der nicht Vertragspartei des Übereinkommens ist, einladen, einen Beobachter zu einer Sitzung zu entsenden (Art.18 Abs.3) (1). Damit wird auch den Nichtvertragsstaaten die Möglichkeit eröffnet, an den Sitzungen des Ausschusses teilzunehmen und die eigenen Anliegen zur Sprache zu bringen.
Allerdings wird in Art.18 sehr wohl zwischen den Mitgliedstaaten des Europarates und den Drittstaaten differenziert. Während ersteren das Recht zugestanden wird, sich durch einen ständigen Beobachter vertreten zu lassen, müssen letztere jeweils zu den Sitzungen des Ausschusses eingeladen werden. Diese Einschränkung soll wohl gewährleisten, daß tatsächlich nur solche Staaten an den Sitzungen teilnehmen, die ernsthaft gewillt sind, dem Abkommen beizutreten, bzw. schon einschlägige Erfahrungen auf dem Gebiet des Datenschutzes haben.

IV. Das Verfahren

Der Beratende Ausschuß wird von dem Generalsekretär des Europarates, erstmalig innerhalb von zwölf Monaten nach Inkrafttreten des Übereinkommens einberufen (Art.20 Abs.1 Satz 1 und 2). Er tritt mindestens alle zwei Jahre sowie immer dann zusammen, wenn ein Drittel der Vertreter der Vertragsparteien dies verlangt (Art.20 Abs.1 Satz 3). Im Anschluß an jede Sitzung erstellt er dem Ministerkommitee einen Bericht über seine Arbeit (Art.20 Abs.3). Darüber hinausgehende verfahrensmäßige Bestimmungen fehlen. Art.20 Abs.2 stellt lediglich fest, daß der Ausschuß dann beschlußfähig ist, wenn die Mehrheit der Vertreter der Vertragsparteien anwesend ist. Im übrigen wird der Ausschuß durch Art.20 Abs.4 ermächtigt, sich eine eigene Geschäftsordnung zu geben.

----

(1) Diese Vorschrift fehlte noch in dem abschließenden Entwurf des Expertenkommitees vom 24. Mai 1979 (veröffentlicht in: TDR, Vol.II, No.3, 1979, S.21). Die spätere Aufnahme dieser Norm in die Konvention ist wohl in erster Linie auf den mehrmals im Expertenkommitee geäußerten Wunsch der USA nach einer derartigen Bestimmung zurückzuführen (so etwa auf der zweiten Sitzung des Expertenkommitees vom 26.-29. September 1977).

6.Teil: GESAMTWÜRDIGUNG UND AUSBLICK

Die Datenschutzkonvention ist am 1. Oktober 1985 in Kraft getreten. Es erscheint fraglich, ob sie tatsächlich zu einer Rechtsverbesserung beitragen kann. Das ehrgeizige Ziel, das Recht auf Informationsfreiheit mit dem Individualrecht auf Schutz der personenbezogenen Daten in Einklang zu bringen, ist trotz einiger guter Ansätze nur unzureichend verwirklicht worden.
Die Vertragsstaaten werden zwar in verbindlicher Form dazu verpflichtet, einen Grundkonsens der nationalen Datenschutznormen herzustellen, die Rahmenregelung des Übereinkommens ermöglicht jedoch eine Vielzahl von Abweichungen und Ausnahmen, die dem Konventionszweck zuwiderlaufen und damit den Wert des Übereinkommens insgesamt in Frage stellen. Das Recht, den Anwendungsbereich des Abkommens auf den Schutz juristischer Personen und auf manuelle Verarbeitungsverfahren auszudehnen (Art.3 Abs.2 b, c) oder bestimmte Kategorien von Datensammlungen aus dem Geltungsbereich auszunehmen (Art.3 Abs.2 a), kann nicht nur zu erheblichen Unterschieden der nationalen Datenschutznormen führen, sondern eröffnet den Vertragsstaaten auch die Möglichkeit, den grenzüberschreitenden Datenverkehr einzuschränken. Damit werden von der Konvention selbst Maßnahmen gefördert, die zu verhindern gerade das Anliegen des Europarates war.
Der unbestimmte Wortlaut der Datenschutzprinzipien ermöglicht zudem erhebliche Abweichungen der innerstaatlichen Vorschriften voneinander, so daß ein gleichwertiger Datenschutz innerhalb der Vertragsstaaten nicht garantiert werden kann. Der in Kapitel II verankerte Minimalkonsens verdeutlicht in besonderer Weise, daß der Sicherstellung eines bestmöglichen Datenschutzes durch das politisch Machbare und Durchsetzbare enge Grenzen gesetzt worden sind. Der in der Konvention erreichte Kompromiß soll vielen Staaten den Beitritt erleichtern, verliert dadurch aber das Ziel einer umfangreichen Rechtsangleichung der materiellen Regelungen aus dem Auge.
In besonderem Maße wird die angestrebte Vereinheitlichung des Datenschutzes dadurch gefährdet, daß der Europarat nicht in der Lage ist, den Beitritt von Mitgliedstaaten zu unterbinden, die national die Erfordernisse der Konvention nicht in ausreichendem Umfang umgesetzt haben. Solange jene selbst über ihren Beitritt entscheiden, kann die Ratifikation von Staaten, deren Recht noch nicht einmal den Mindestanforderungen der Datenschutzprinzipien genügt, nicht verhindert werden. Damit zumindest der Minimalkonsens des Übereinkommens verwirklicht werden kann, ist der Europarat dazu aufgerufen, durch entsprechende Änderungen oder Zusatzprotokolle etwa dem Beratenden Ausschuß das Recht einzuräumen, derartige Ratifizierungen zu unterbinden.
Eine Regelung des anwendbaren Rechts bei grenzüberschreitenden Datentransfers ist unbedingt erforderlich. Durch die Vorschriften über die gegenseitige Hilfeleistung und Kooperation der nationalen Behörden kann das Fehlen einer dahingehenden Bestimmung nicht kompensiert werden. Wegen der durch die Konvention ermöglichten Unterschiede der einzelstaatlichen Normen gewinnt die Frage, welche Rechtsordnung über die Rechtmäßigkeit von transnationalen Datenübermittlungen entscheidet, für den Betroffenen an Bedeu-

tung, denn der Europarat kann einen gleichwertigen Datenschutz in allen Vertragsstaaten nicht erzwingen. Da das Übereinkommen vorwiegend den Schutz der Individualrechte garantieren will, muß sich das anwendbare Recht nach dem Wohnsitz oder Aufenthaltsort der betroffenen Person richten. Dem Interesse des einzelnen an einer Garantie der ihm vom nationalen Recht zugebilligten Ansprüche muß grundsätzlich der Vorrang vor wirtschaftlichen Erwägungen der Datenverarbeiter eingeräumt werden.
Der Europarat hat die Chance ungenutzt gelassen, durch ein verbindliches Abkommen zu einer umfangreichen Harmonisierung des Datenschutzrechts sowie zur Sicherstellung eines ungehinderten Datenflusses unter den Vertragsstaaten beizutragen. Ob die Verabschiedung von bereichspezifischen Empfehlungen durch den Europarat - wie auf den Gebieten der medizinischen Datenbanken, der wissenschaftlichen Forschung und Statistik, der sozialen Sicherung, der Arbeitnehmerdaten, der Polizeibehörden oder dem internationalen Adressenhandel - zu einer effektiveren Lösung der anstehenden Fragen führen kann, muß schon wegen des unverbindlichen Charakters der Empfehlungen bezweifelt werden.

ANHANG:

I. THE CONVENTION FOR THE PROTECTION OF INDIVIDUALS WITH REGARD TO AUTOMATIC PROCESSING OF PERSONAL DATA

PREAMBLE

The member States of the Council of Europe, signatory hereto,

Considering that the aim of the Council of Europe is to achieve greater unity between its members, based in particular on respect for the rule of law, as well as human rights and fundamental freedoms;

Considering that it is desirable to extend the safeguards for everyone's rights and fundamental freedoms, and in particular the right to the respect for privacy, taking account of the increasing flow across frontiers of personal data undergoing automatic processing;

Reaffirming at the same time their commitment to freedom of information regardless of frontiers;

Recognising that it is necessary to reconcile the fundamental values of the respect for privacy and the free flow of information between peoples,

Have agreed as follows:

CHAPTER I

General Provisions

Article 1

Object and purpose

The purpose of the convention is to secure in the territory of each Party for every individual, whatever his nationality or residence, respect for his rights and fundamental freedoms, and in particular his right to privacy, with regard to automatic processing of personal data relating to him ("data protection").

Article 2

Definitions

For the purposes of this convention:

a. 'personal data' means any information relating to an identified or identifiable individual ('data subject');

b. 'automated data file' means any set of data undergoing automatic processing;

c. 'automatic processing' includes the following operations if carried out in whole or in part by automated means: storage of data, carrying out of logical and/or arithmetical operations on those data, their alteration, erasure, retrieval or dissemination;

d. 'controller of the file' means the natural or legal person, public authority, agency or any other body who is competent according to the national law to decide what should be the purpose of the automated data file, which categories of personal data should be stored and which operations should be applied to them.

Article 3

Scope

1. The Parties undertake to apply this convention to automated personal data files and automatic processing of personal data in the public and private sectors.

2. Any State may, at the time of signature or when depositing its instrument of ratification, acceptance, approval or accession, or at any later time, give notice by a declaration addressed to the Secretary General of the Council of Europe:

a. that it will not apply this convention to certain categories of automated personal data files, a list of which will be deposited. In this list it shall not include, however, categories of automated data files subject under its domestic law to data protection provisions. Consequently, it shall amend this list by a new declaration whenever additional categories of automated personal data files are subjected to data protection provisions under its domestic law;

b. that it will also apply this convention to information relating to groups of persons, associations, foundations, companies, corporations and any other bodies consisting directly or indirectly of individuals, whether or not such bodies possess legal personality;

c. that it will also apply this convention to personal data files which are not processed automatically.

3. Any State which has extended the scope of this convention by any of the declarations provided for in sub-paragraph 2.b or c above may give notice in the said declaration that such extensions shall apply only to certain categories of personal data

files, a list of which will be deposited.

4. Any Party which has excluded certain categories of automated personal data files by a declaration provided for in sub-paragraph 2.a above may not claim the application of this convention to such categories by a Party which has not excluded them.

5. Likewise, a Party which has not made one or other of the extensions provided for in sub-paragraphs 2.b and c above may not claim the application of this convention on these points with respect to a Party which has made such extensions.

6. The declarations provided for in paragraph 2 above shall take effect from the moment of the entry into force of the convention with regard to the State which has made them if they have been made at the time of signature or deposit of its instrument of ratification, acceptance, approval or accession, or three months after their receipt by the Secretary General of the Council of Europe if they have been made at any later time. These declarations may be withdrawn, in whole or in part, by a notification addressed to the Secretary General of the Council of Europe. Such withdrawals shall take effect three months after the date of receipt of such notification.

CHAPTER II

Basic Principles for Data Protection

Article 4

Duties of the Parties

1. Each Party shall take the necessary measures in its domestic law to give effect to the basic principles for data protection set out in this chapter.

2. These measures shall be taken at the latest at the time of entry into force of this convention in respect of that Party.

Article 5

Quality of data

Personal data undergoing automatic processing shall be:

a. obtained and processed fairly and lawfully;

b. stored for specified and legitimate purposes and not used in a way incompatible with those purposes;

c. adequate, relevant and not excessive in relation to the purposes for which they are stored;

d. accurate and, where necessary, kept up to date;

e. preserved in a form which permits identification of the data subjects for no longer than is required for the purpose for which those date are stored.

Article 6

Special categories of data

Personal data revealing racial origin, political opinions or religious or other beliefs, as well as personal data concerning health or sexual life, may not be processed automatically unless domestic law provides appropriate safeguards. The same shall apply to personal data relating to criminal convictions.

Article 7

Data security

Appropriate security measures shall be taken for the protection of personal data stored in automated data files against accidental or unauthorised destruction or accidental loss as well as against unauthorised access, alteration or dissemination.

Article 8

Additional safeguards for the data subject

Any person shall be enabled:

a. to establish the existence of an automated personal data file, its main purposes, as well as the identity and habitual residence or principal place of business of the controller of the file;

b. to obtain at reasonable intervals and without excessive delay or expense confirmation of whether personal data relating to him are stored in the automated data file as well as communication to him of such data in an intelligible form;

c. to obtain, as the case may be, rectification or erasure of such data if these have been processed contrary to the provisions of domestic law giving effect to the basic principles set out in Articles 5 and 6 of this convention;

d. to have a remedy if a request for confirmation or, as the case may be, communication, rectification or erasure as referred to in paragraphs b and c of this article is not complied with.

Article 9

Exeptions and restrictions

1. No exception to the provisions of Articles 5, 6 and 8 of this convention shall be allowed except within the limits defined in this article.

2. Derogation from the provisions of Articles 5, 6 and 8 of this convention shall be allowed when such derogation is provided for by the law of the Party and constitutes a necessary measure in a democratic society in the interests of:

a. protecting State security, public safety, the monetary interests of the State or the suppression of criminal offences;

b. protecting the data subject or the rights and freedoms of others.

3. Restrictions on the exercise of the rights specified in Article 8, paragraphs b, c and d, may be provided by law with respect to automated personal data files used for statistics or for scientific research purposes when there is obviously no risk of an infringement of the privacy of the data subjects.

Article 10

Sanctions and remedies

Each Party undertakes to establish appropriate sanctions and remedies for violations of provisions of domestic law giving effect to the basic principles for data protection set out in this chapter.

Article 11

Extended protection

None of the provisions of this chapter shall be interpreted as limiting or otherwise affecting the possibility for a Party to grant data subjects a wider measure of protection than that stipulated in this convention.

CHAPTER III

Transborder Data Flows

Article 12

Transborder flows of personal data and domestic law

1. The following provisions shall apply to the transfer across national borders, by whatever medium, of personal data undergoing automatic processing or collected with a view to their being automatically processed.

2. A Party shall not, for the sole purpose of the protection of privacy, prohibit or subject to special authorisation transborder flows of personal data going to the territory of another Party.

3. Nevertheless, each Party shall be entitled to derogate from the provisions of paragraph 2:

a. insofar as its legislation includes specific regulations for certain categories of personal data or of automated personal data files, because of the nature of those data or those files, except where the regulations of the other Party provide an equivalent protection;

b. when the transfer is made from its territory to the territory of a non-Contracting State through the intermediary of the territory of another Party, in order to avoid such transfers resulting in circumvention of the legislation of the Party referred to at the beginning of this paragraph.

CHAPTER IV

Mutual Assistance

Article 13

Co-operation between Parties

1. The Parties agree to render each other mutual assistance in order to implement this convention.

2. For that purpose:

a. each Party shall designate one or more authorities, the name and address of each of which it shall communicate to the Secretary General of the Council of Europe;

b. each Party which has designated more than one authority shall specify in its communication referred to in the previous sub-paragraph the competence of each authority.

3. An authority designated by a Party shall at the request of an authority designated by another Party:

a. furnish information on its law and administrative practice in the field of data protection;

b. take, in conformity with its domestic law and for the sole purpose of protection of privacy, all appropriate measures for furnishing factual information relating to specific automatic processing carried out in its territory, with the exception however of the personal data being processed.

Article 14

Assistance to data subjects resident abroad

1. Each Party shall assist any person resident abroad to exercise the rights conferred by its domestic law giving effect to the principles set out in Article 8 of this convention.

2. When such a person resides in the territory of another Party he shall be given the option of submitting his request through the intermediary of the authority designated by that Party.

3. The request for assistance shall contain all the necessary particulars, relating inter alia to:

a. the name, address and any other relevant particulars identifying the person making the request;

b. the automated personal data file to which the request pertains, or its controller;

c. the purpose of the request.

Article 15

Safeguards concerning assistance rendered by designated authorities

1. An authority designated by a Party which has received information from an authority designated by another Party either accompanying a request for assistance or in reply to its own request for assistance shall not use that information for purposes other than those specified in the request for assistance.

2. Each Party shall see to it that the persons belonging to or acting on behalf of the designated authority shall be bound by appropriate obligations of secrecy or confidentiality with regard to that information.

3. In no case may a designated authority be allowed to make under Article 14, paragraph 2, a request for assistance on behalf of a data subject resident abroad, of its own accord and without the express consent of the person concerned.

Article 16

Refusal of requests for assistance

A designated authority to which a request for assistance is addressed under Articles 13 or 14 of this convention may not refuse to comply with it unless:

a. the request is not compatible with the powers in the field of data protection of the authorities responsible for replying;

b. the request does not comply with the provisions of this convention;

c. compliance with the request would be incompatible with the souvereignty, security or public policy (ordre public) of the Party by which it was designated, or with the rights and fundamental freedoms of persons under the jurisdiction of that Party.

Article 17

Costs and procedures of assistance

1. Mutual assistance which the Parties render each other under Article 13 and assistance they render to data subjects abroad under Article 14 shall not give rise to the payment of any costs or fees other than those incurred for experts and interpreters. The latter costs or fees shall be borne by the Party which has designated the authority making the request for assistance.

2. The data subject may not be charged costs or fees in connection with the steps taken on his behalf in the territory of another Party other than those lawfully payable by residents of that Party.

3. Other details concerning the assistance relating in particular to the forms and procedures and the languages to be used, shall be established directly between the Parties concerned.

CHAPTER V

Consultative Committee

Article 18

Composition of the committee

1. A Consultative Committee shall be set up after the entry into force of this convention.

2. Each Party shall appoint a representative to the committee and a deputy representative. Any member State of the Council of Europe which is not a Party to the convention shall have the right to be represented on the committee by an observer.

3. The Consultative Committee may, by unanimous decision, invite any non-member State of the Council of Europe which is not a Party to the convention to be represented by an observer at a given meeting.

Article 19

Functions of the committee

The Consultative Committee:

a. may make proposals with a view to facilitating or improving the application of the convention;

b. may make proposals for amendment of this convention in accordance with Article 21;

c. shall formulate its opinion on any proposal for amendment of this convention which is referred to it in accordance with Article 21, paragraph 3;

d. may, at the request of a Party, express an opinion on any question concerning the application of this convention.

Article 20

Procedure

1. The Consultative Committee shall be convened by the Secretary General of the Council of Europe. Its first meeting shall be held within twelve months of the entry into force of this convention. It shall subsequently meet at least once every two years and in any case when one-third of the representatives of the Parties request its convocation.

2. A majority of representatives of the Parties shall constitute a quorum for a meeting of the Consultative Committee.

3. After each of its meetings, the Consultative Committee shall submit to the Committee of Ministers of the Council of Europe a report on its work and on the functioning of the convention.

4. Subject to the provisions of this convention, the Consultative Committee shall draw up its own Rules of Procedure.

CHAPTER VI

Amendments

Article 21

Amendments

1. Amendments to this convention may be proposed by a Party, the Committee of Ministers of the Council of Europe or the Consultative Committee.

2. Any proposal for amendment shall be communicated by the Secretary General of the Council of Europe to the member States of the Council of Europe and to every non-member State which has acceded to or has been invited to accede to this convention in accordance with the provisions of Article 23.

3. Moreover, any amendment proposed by a Party or the Committee of Ministers shall be communicated to the Consultative Committee, which shall submit to the Committee of Ministers its opinion on that proposed amendment.

4. The Committee of Ministers shall consider the proposed amendment and any opinion submitted by the Consultative Committee and may approve the amendment.

5. The text of any amendment approved by the Committee of Ministers in accordance with paragraph 4 of this article shall be forwarded to the Parties for acceptance.

6. Any amendment approved in accordance with paragraph 4 of this article shall come into force on the thirtieth day after all Parties have informed the Secretary General of their acceptance thereof.

CHAPTER VII

Final clauses

Article 22

Entry into force

1. This convention shall be open for signature by the member States of the Council of Europe. It is subject to ratification, acceptance or approval. Instruments of ratification, acceptance or approval shall be deposited with the Secretary General of the Council of Europe.

2. This convention shall enter into force on the first day of the month following the expiration of a period of three months after the date on which five member States of the Council of Europe have expressed their consent to be bound by the convention in accordance with the provisions of the preceding paragraph.

3. In respect of any member State which subsequently expresses its consent to be bound by it, the convention shall enter into force on the first day of the month following the expiration of a period of three months after the date of the deposit of the instrument of ratification, acceptance or approval.

Article 23

Accession by non-member States

1. After the entry into force of this convention, the Committee of Ministers of the Council of Europe may invite any State not a member of the Council of Europe to accede to this convention by a decision taken by the majority provided for in Article 20.d of the Statute of the Council of Europe and by the unanimous vote of the representatives of the Contracting States entitled to sit on the committee.

2. In respect of any acceding State, the convention shall enter into force on the first day of the month following the expiration of a period of three months after the date of deposit of the instrument of accession with the Secretary General of the Council of Europe.

Article 24

Territorial clause

1. Any State may at the time of signature or when depositing its instrument of ratification, acceptance, approval or accession, specify the territory or territories to which this convention shall apply.

2. Any State may at any later date, by a declaration addressed to the Secretary General of the Council of Europe, extend the application of this convention to any other territory specified in the declaration. In respect of such territory the convention shall enter into force on the first day of the month following the expiration of a period of three months after the date of receipt of such declaration by the Secretary General.

3. Any declaration made under the two preceding paragraphs may, in respect of any territory specified in such declaration, be withdrawn by a notification addressed to the Secretary General. The withdrawal shall become effective on the first day of the month following the expiration of a period of six months after the date of receipt of such notification by the Secretary General.

Article 25

Reservations

No reservation may be made in respect of the provisions of this convention.

Article 26

Denunciation

1. Any Party may at any time denounce this convention by means of a notification addressed to the Secretary General of the Council of Europe.

2. Such denunciation shall become effective on the first day of the month following the expiration of a period of six months after the date of receipt of the notification by the Secretary General.

Article 27

Notifications

The Secretary General of the Council of Europe shall notify the member States of the Council and any State which has acceded to this convention of:

a. any signature;

b. the deposit of any instrument of ratification, acceptance, approval or accession;

c. any date of entry into force of this convention in accordance with Articles 22, 23 and 24;

d. any other act, notification or communication relating to this convention.

In witness whereof the undersigned, being duly authorised thereto, have signed this convention.

Done at Strasbourg, the 28th day of January 1981, in English and in French, both texts being equally authoritative, in a single copy which shall remain deposited in the archives of the Council of Europe. The Secretary General of the Council of Europe shall transmit certified copies to each member State of the Council of Europe and to any State invited to accede to this convention.

II. LA CONVENTION POUR LA PROTECTION DES PERSONNES À L'ÉGARD DU TRAITEMENT AUTOMATISÉ DES DONNÉES À CARACTÈRE PERSONNEL

PRÉAMBULE

Les Etats membres du Conseil de l'Europe, signataires de la présente Convention,

Considérant que le but du Conseil de l'Europe est de réaliser une union plus étroite entre ses membres, dans le respect notamment de la prééminence du droit ainsi que des droits de l'homme et des libertés fondamentales;

Considérant qu'il est souhaitable d'étendre la protection des droits et des libertés fondamentales de chacun, notamment le droit au respect de la vie privée, eu égard à l'intensification de la circulation à travers les frontieres des données à caractère personnel faisant l'objet de traitements automatisés;

Réaffirmant en même temps leur engagement en faveur de la liberté d'information sans considération de frontières;

Reconnaissant la nécessité de concilier les valeurs fondamentales du respect de la vie privée et de la libre circulation de l'information entre les peuples,

Sont convenue de ce qui suit:

CHAPITRE I

Dispositions générales

Article 1

Objet et but

Le but de la présente Convention est de garantir, sur le territoire de chaque Partie, à toute personne physique, quelles que soient sa nationalité ou sa résidence, le respect de ses droits et de ses libertés fondamentales, et notamment de son droit à la vie privée, à l'égard du traitement automatisé des données à caractère personnel la concernant ("protection des données").

Article 2

Définitions

Aux fins de la présente Convention:

a. "données à caractère personnel" signifie: toute information concernant une personne physique identifiée ou identifiable ("personne concernée");

b. "fichier automatisé" signifie: tout ensemble d'informations faisant l'objet d'un traitement automatisé;

c. "traitement automatisé" s'entend des opérations suivantes effectuées en totalité ou en partie à l'aide de procédés automatisés: enregistrement des données, application à ces données d'opérations logiques et/ou arithmétiques, leur modification, effacement, extraction ou diffusion;

d. "maître du fichier" signifie: la personne physique ou morale, l'autorité publique, le service ou tout autre organisme qui est compétent selon la loi nationale, pour décider quelle sera la finalité du fichier automatisé, quelles catégories de données à caractère personnel doivent être enregistrées et quelles opérations leur seront appliquées.

Article 3

Champs d'application

1. Les Parties s'engagent à appliquer la présente Convention aux fichier et aux traitements automatisés de données à caractère personnel dans les secteurs public et privé.

2. Tout Etat peut, lors de la signature ou du dépôt de son instrument de ratification, d'acceptation, d'approbation ou d'adhésion, ou à tout moment ultérieur, faire connaître par déclaration adressée au Secrétaire Général du Conseil de l'Europe:

a. qu'il n'appliquera pas la présente Convention à certaines catégories de fichiers automatisés de données à caractère personnel dont une liste sera déposée. Il ne devra toutefois pas inclure dans cette liste des catégories de fichiers automatisés assujetties selon son droit interne à des dispositions de protection de données. En conséquence, il devra amender cette liste par une nouvelle déclaration lorsque des catégories supplémentaires de fichiers automatisés de données à caractère personnel seront assujetties à son régime de protection des données;

b. qu'il appliquera la présente Convention également à des informations afférentes à des groupements, associations, fondations, sociétés, corporations ou à tout autre organisme regroupant directement ou indirectement des personnes physiques et jouissant ou non de la personnalité juridique;

c. qu'il appliquera la présente Convention également aux fichiers de données à caractère personnel ne faisant pas l'objet de traitements automatisés.

3. Tout Etat qui a étendu le champ d'application de la présente Convention par l'une des déclarations visées aux alinéas 2.b ou c ci-dessus peut, dans ladite déclaration, indiquer que les extensions ne s'appliqueront qu'à certaines catégories de fichiers à caractère personnel dont la liste sera déposée.

4. Toute Partie qui a exclu certaines catégories de fichiers automatisés de données à caractère personnel par la déclaration prévue à alinéa 2.a ci-dessus ne peut pas prétendre à l'application de la présente Convention à de telles catégories par une Partie qui ne les a pas exclues.

5. De même, une Partie qui n'a pas procédé à l'une ou à l'autre des extensions prévues aux paragraphes 2.b et c du présent article ne peut se prévaloir de l'application de la présente Convention sur ces points à l'égard d'une Partie qui a procédé à de telles extensions.

6. Les déclarations prévues au paragraphe 2 du présent article prendront effet au moment de l'entrée en vigueur de la Convention à l'égard de l'Etat qui les a formulées, si cet Etat les a faites lors de la signature ou du dêpot de son instrument de ratification, d'acceptation, d'approbation ou d'adhésion, ou trois mois après leur réception par le Secrétaire Général du Conseil de l'Europe si elles ont été formulées à un moment ultérieur. Ces déclarations pourront être retirées en tout ou en partie par notification adressée au Secrétaire Général du Conseil de l'Europe. Le retrait prendra effet trois mois après la date de réception d'une telle notification.

CHAPITRE II

Principes de base pour la protection des données

Article 4

Engagement des Parties

1. Chaque Partie prend, dans son droit interne, les mesures nécessaires pour donner effet aux principes de base pour la protection des données énoncés dans le présent chapitre.

2. Ces mesures doivent être prises au plus tard au moment de l'entrée en vigueur de la présente Convention à son égard.

Article 5

Qualité des données

Les données à caractère personnel faisant l'objet d'un traitement automatisé sont:

a. obtenues et traitées loyalement et licitement;

b. enregistrées pour des finalités déterminées et légitimes et ne sont pas utilisées de manière incompatible avec ces finalités;

c. adéquates, pertinentes et non excessives par rapport aux finalités pour lesquelles elles sont enregistrées;

d. exactes et si nécessaire mises à jour;

e. conservées sous une forme permettant l´identification des personnes concernées pendant une durée n´ecédant pas celle nécessaire aux finalités pour lesquelles elles sont enregistrées.

Article 6

Catégories particulières de données

Les données à caractère personnel rélévant l´origine raciale, les opinions politiques, les convictions religieuses ou autres convictions, ainsi que les données à caractère personnel relatives à la santé ou à la vie sexuelle, ne peuvent être traitées automatiquement à moins que le droit interne ne prévoie des garanties appropriées. Il en est de même des données à caractère personnel concernant des condamnations pénales.

Article 7

Sécurité des données

Des mesures de sécurité appropriées sont prises pour la protection des données à caractère personnel enregistrées dans des fichiers automatisés contre la destruction accidentelle ou non autorisée, ou la perte accidentelle, ainsi que contre l´accès, la modification ou la diffusion non autorisés.

Article 8

Garanties complémentaires pour la personne concernée

Toute personne doit pouvoir:

a. connaître l´existence d´un fichier automatisé de données à caractère personnel, ses finalités principales, ainsi que l´identité et la résidence habituelle ou le principale établissement du maître du fichier;

b. obtenir à des intervalles raisonnables et sans délais ou frais excessifs la confirmation de l´existence ou non dans le fichier automatisé, de données à caractère personnel la concernant ainsi que la communication de ces données sous une forme intelligible;

c. obtenir, le cas échéant, la rectification de ces données ou leur effacement lorsqu'elles ont été traitées en violation des dispositons du droit interne donnant effet aux principes de base énoncés dans les articles 5 et 6 de la présente Convention;

d. disposer d'un recours s'il n'est pas donné suite à une demande de confirmation ou, le cas échéant, de communication, de rectification ou d'effacement, visée aux paragraphes b et c du présent article.

Article 9

Exceptions et restrictions

1. Aucune exception aux dispositions des articles 5, 6 et 8 de la présente Convention n'est admise, sauf dans les limites définies au présent article.

2. Il est possible de déroger aux dispositions des articles 5, 6 et 8 de la présente Convention lorsqu'une telle dérogation, prévue par la loi de la Partie, constitue une mesure nécessaire dans une société démocratique:

a. à la protection de la sécurité de l'Etat, à la sûreté publique, aux intérêts monétaires de l'Etat ou à la répression des infractions pénales;

b. à la protection de la personne concernée et des droits et libertés d'autrui.

3. Des restrictions à l'exercice des droits visés aux paragraphes b, c et d de l'article 8 peuvent être prévues par la loi pour les fichiers automatisés de données à caractère personnel utilisés à des fins de statistiques ou de recherches scientifiques, lorsqu'il n'existe manifestement pas de risques d'atteinte á la vie privée des personnes concernées.

Article 10

Sanctions et recours

Chaque Partie s'engage à établir des sanctions et recours appropriés visant les violations aux dispositions du droit interne donnant effet aux principes de base pour la protection des données énoncés dans le présent chapitre.

Article 11

Protection plus étendue

Aucune des dispositions du présent chapitre ne sera interprétée comme limitant ou portant atteinte à la faculté pour chaque Partie d'accorder aux personnes concernées une protection plus étendue que celle prévue par la présente Convention.

CHAPITRE III

Flux transfrontières de données

Article 12

Flux transfrontières de données à caractère personnel et droit interne

1. Les dipositions suivantes s'appliquent aux transferts à travers les frontières nationales, quel que soit le support utilisé, de données à caractère personnel faisant l'objet d'un traitement automatisé ou rassemblées dans le but de les soumettre à un tel traitement.

2. Une Partie ne peut pas, aux seules fins de la protection de la vie privée, interdire ou soumettre à une autorisation spéciale les flux transfrontières de données à caractère personnel à destination du territoire d'une autre Partie.

3. Toutefois, toute Partie a la faculté de déroger aux dispositions du paragraphe 2:

a. dans la mesure où sa législation prévoit une réglementation spécifique pour certaines catégories de données à caractère personnel ou de fichiers automatisés de données à caractère personnel, en raison de la nature de ces données ou de ces fichiers, sauf si la réglementation de l'autre Partie apporte une protection équivalente;

b. lorsque le transfert est effectué à partir de son territoire vers le territoire d'un Etat non contractant par l'intermédiaire du territoire d'une autre Partie, afin d'éviter que de tels transferts n'aboutissent à contourner la législation de la Partie visée au début du présent paragraphe.

CHAPITRE IV

Entraide

Article 13

Coopération entre les Parties

1. Les Parties s'engagent à s'accorder mutuellement assistance pour la mise en oeuvre de la présente Convention.

2. A cette fin,

a. chaque Partie désigne une ou plusieurs autoritès dont elle communique la dénomination et l'adresse au Secrétaire Général du Conseil de L'Europe;

b. chaque Partie qui a désigné plusieurs autorités indique dans la communication visée à l'alinéa précédent la compétence de chacune de ces autorités.

3. Une autorité désignée par une Partie, à la demande d'une autorité désignée par une autre Partie:

a. fournira des informations sur son droit et sur sa pratique administrative en matière de protection des données;

b. prendra, conformément à son droit interne et aux seules fins de la protection de la vie privée, toutes mesures appropriées pour fournir des informations de fait concernant un traitement automatisé déterminé effectué sur son territoire à l'exception toutefois des données à caractère personnel faisant l'objet de ce traitement.

Article 14

Assistance aux personnes concernées ayant leur résidence à l'étranger

1. Chaque Partie prête assistance à toute personne ayant sa résidence à l'étranger pour l'exercice des droits prévus par son droit interne donnant effet aux principes énoncés à l'article 8 de la présente Convention.

2. Si une telle personne réside sur le territoire d'une autre Partie, elle doit avoir la faculté de présenter sa demande par l'intermédiaire de l'autorité désignée par cette Partie.

3. La demande d'assistance doit contenir toutes les indications nécessaires concernant notamment:

a. le nom, l'adresse et tous autres éléments pertinents d'identification concernant le requérant;

b. le fichier automatisé de données à caractère personnel auquel la demande se réfère ou le maître de ce fichier;

c. le but de la demande.

Article 15

Garanties concernant l'assistance fournie par les autorités désignées

1. Une autorité désignée par une Partie qui a recu des informations d'une autorité désignée par une autre Partie, soit à l'appui d'une demande d'assistance, soit en réponse à une demande d'assistance qu'elle a formulée elle-même, ne pourra faire usage de ces informations à des fins autres que celles spècifiées dans la demande d'assistance.

2. Chaque Partie veillera à ce que les personnes appartenant ou agissant au nom de l'autorité désignée soient liées par des obligations appropriées de secret ou de confidentialité à l'égard de ces informations.

3. En aucune cas, une autorité désignée ne sera autorisée à faire, aux termes de l'article 14, paragraphe 2, une demande d'assistance au nom d'une personne concernée résidant à l'étranger, de sa propre initiative et sans le consentement exprès de cette personne.

Article 16

Refus des demandes d'assistance

Une autoritè désignée, saisie d'une demande d'assistance aux termes des articles 13 ou 14 de la présente Convention, ne peut refuser d'y donner suite que si:

a. la demande est incompatible avec les compétences, dans le domaine de la protection des données, des autorités habilitées à répondre;

b. la demande n'est pas conforme aux dispositions de la présente Convention;

c. l'exécution de la demande serait incompatible avec la souveraineté, la sécurité ou l'ordre public de la Partie qui l'a désignée, ou avec les droits et libertés fondamentales des personnes relevant de la juridiction de cette Partie.

Article 17

Frais et procédures de l'assistance

1. L'entraide que les Parties s'accordent aux termes de l'article 13, ainsi que l'assistance qu'elles prêtent aux personnes concernées résidant à l'étranger aux termes de l'article 14, ne donnera pas lieu au paiement des frais et droits autres que ceux afférents aux experts et aux interprètes. Ces frais et doits seront à la charge de la Partie qui a désigné l'autorité qui a fait la demande d'assistance.

2. La personne concernée ne peut être tenue de payer, en liaison avec les démarches entreprises pour son compte sur le territoire

d'une autre Partie, des frais et droits autres que ceux exigibles des personnes résidant sur le territoire de cette Partie.

3. Les autres modalités relatives à l'assistance concernant notamment les formes et procédures ainsi que les langues à utiliser seront établies directement entre les Parties concernées.

CHAPITRE V

Comité consultatif

Article 18

Composition du Comité

1. Un Comité consultatif est constitué après l'entrée en vigueur de la présente Convention.

2. Toute Partie désigne un représentant et un suppléant à ce Comité. Tout Etat membre du Conseil de l'Europe qui n'est pas Partie à la Convention a le droit de se faire répresenter par un observateur.

3. Le Comité consultatif peut, par une décision prise à l'unanimité, inviter tout Etat non membre du Conseil de l'Europe qui n'est pas Partie à la Convention à se faire représenter au Comité par un observateur à l'une de ses réunions.

Article 19

Fonctions du Comité

Le Comité consultatif:

a. peut faire des propositions en vue de faciliter ou d'améliorer l'application de la Convention;

b. peut faire des propositions d'amendement à la présente Convention conformément à l'article 21;

c. formule un avis sur toute proposition d'amendement à la présente Convention qui lui est soumis conformément à l'article 21, paragraphe 3;

d. peut, à la demande d'une Partie, exprimer un avis sur toute question relative à l'application de la présente Convention.

Article 20

Procédure

1. Le Comité consultatif est convoqué par le Secrétaire Général du Conseil de l´Europe. Il tient sa première réunion dans le douze mois qui suivent l´entrée en vigueur de la présente Convention. Il se réunit par la suite au moins une fois tous les ans et, en tout cas, chaque fois qu´un tiers des représentants des Parties demande sa convocation.

2. La majorité des représentants des Parties constitue le quorum nécessaire pour tenir une réunion du Comité consultatif.

3. A l´issue de chacune de ses réunions, le Comité consultatif soumet au Comité des Ministres du Conseil de l´Europe un rapport sur ses travaux et sur le fonctionnement de la Convention.

4. Sous réserve des dispositions de la présente Convention, le Comité consultatif établit son règlement intérieur.

CHAPITRE VI

Amendements

Article 21

Amendements

1. Des amendements à la présente Convention peuvent être proposés par une Partie, par le Comité des Ministres du Conseil de l´Europe ou par le Comité consultatif.

2. Toute proposition d´amendement est communiquée par le Secrétaire Général du Conseil de l´Europe aux Etats membres du Conseil de l´Europe et à chaque Etat non membre qui a adhéré ou a été invité à adhérer à la présente Convention conformément aux dispositions de l´article 23.

3. En outre, tout amendement proposé par une Partie ou par le Comité des Ministres est communiqué au Comité consultatif qui soumet au Comité des Ministres son avis sur l´amendement proposé.

4. Le Comité des Ministres examine l´amendement proposé et tout avis soumis par le Comité consultatif et peut approuver l´amendement.

5. Le texte de tout amendement approuvé par le Comité des Ministres conformément au paragraphe 4 du présent article est transmis aux Parties pour acceptation.

6. Tout amendement approuvé conformément au paragraphe 4 du présent article entrera en vigueur le trentième jour après que toutes les Parties auront informé le Secrétaire Général qu´elles l´ont accepté.

CHAPITRE VII

Clauses finales

Article 22

Entrée en vigueur

1. La présente Convention est ouverte à la signature des Etats membres du Conseil de l´Europe. Elle sera soumise à ratification, acceptation ou approbation. Les instruments de ratification, d´acceptation ou d´approbation seront déposés près le Secrétaire Général du Conseil de l´Europe.

2. La présente Convention entrera en vigueur le premier jour du mois qui suit l´expiration d´une période de trois mois après la date à laquelle cinq Etats membres du Conseil de l´Europe auront exprimé leur consentement à être liés par la Convention conformément aux dispositions du paragraphe précédent.

3. Pour tout Etat membre qui exprimera ultérieurement son consentement à être lié par la Convention, celle-ci entrera en vigueur le premier jour du mois qui suit l´expiration d´une période de trois mois après la date du dépôt de l´instrument de ratification, d´acceptation ou d´approbation.

Article 23

Adhésion d´Etats non membres

1. Après l´entrée en vigueur de la présente Convention, le Comité des Ministres du Conseil del´Europe pourra inviter tout Etat non membre du Conseil de l´Europe à adhérer à la présente Convention par une décision prise à la majorité prévue à l´article 20.d du Statut du Conseil de l´Europe et à l´unanimité des représentants des Etats contractants ayant le droit de siéger au Comité.

2. Pour tout Etat adhérant, la Convention entrera en vigueur le premier jour du mois qui suit l´expiration d´une période de trois mois après la date du dépôt de l´instrument d´adhésion près le Secrétaire Général du Conseil de l´Europe.

Article 24

Clause territoriale

1. Tout Etat peut, au moment de la signature ou au moment du dépôt de son instrument de ratification, d´acceptation, d´approbation ou d´adhésion, désigner le ou les territoires auxquels s´appliquera la présente Convention.

2. Tout Etat peut, à tout autre moment par la suite, par une dé-

claration adressée au Secrétaire Général du Conseil de l'Europe, étendre l'application de la présente Convention à tout autre territoire désigné dans la déclaration. La Convention entrera en vigueur à l'égard de ce territoire le premier jour du mois qui suit l'expiration d'une période de trois mois après la date de réception de la déclaration par le Secrétaire Général.

3. Toute déclaration faite en vertu des deux paragraphes précédents pourra être retirée, en ce qui concerne tout territoire désigné dans cette déclaration, par notification adressée au Secrétaire Général. Le retrait prendra effet le premier jour du mois qui suit l'expiration d'une période de six mois après la date de réception de la notification par le Secrétaire Général.

Article 25

Réserves

Aucune réserve n'est admise aux dispositions de la présente Convention.

Article 26

Dénonciation

1. Toute Partie peut, à tout moment, dénoncer la présente Convention en adressant une notification au Secrétaire Général du Conseil de l'Europe.

2. La dénonciation prendra effet le premier jour du mois qui suit l'expiration d'une période de six mois après la date de réception de la notification par le Secrétaire Général.

Article 27

Notifications

Le Secrétaire Général du Conseil de l'Europe notifiera aux Etats membres du Conseil et à tout Etat ayant adhéré à la présente Convention:

a. toute signature;

b. le dépôt de tout instrument de ratification, d'acceptation, d'approbation ou d'adhésion;

c. toute date d'entrée en vigueur de la présente Convention conformément à ses articles 22, 23 et 24;

d. tout autre acte, notification ou communication ayant trait à la présente Convention.

En foi de quoi, les soussignés, dûment autorisés à cet effet, ont signé la présente Convention.

Fait à Strasbourg, le 28 janvier 1981, en francais et en anglais, les deux textes faisant également foi, en un seul exemplaire qui sera déposé dans les archives du Conseil de l´Europe. Le Secrétaire Général du Conseil de l´Europe en communiquera copie certifiée conforme à chacun des Etats membres du Conseil de l´Europe et à tout Etat invité à adhérer à la présente Convention.

III. DAS ÜBEREINKOMMEN ZUM SCHUTZ DES MENSCHEN BEI DER AUTOMATISCHEN DATENVERARBEITUNG PERSONENBEZOGENER DATEN (Amtliche Übersetzung)

PRÄAMBEL

Die Mitgliedstaaten des Europarats, die dieses Übereinkommen unterzeichnen -

in der Erwägung, daß es das Ziel des Europarats ist, eine engere Verbindung zwischen seinen Mitgliedern herbeizuführen, die vor allem auf der Achtung des Vorranges des Rechts sowie der Menschenrechte und Grundfreiheiten beruht,

in der Erwägung, daß es angesichts des zunehmenden grenzüberschreitenden Verkehrs automatisch verarbeiteter personenbezogener Daten wünschenswert ist, den Schutz der Rechte und Grundfreiheiten jedes Menschen, vor allem das Recht auf Achtung des Persönlichkeitsbereichs, zu erweitern,

unter gleichzeitiger Bekräftigung, für eine Informationsfreiheit ohne Rücksicht auf Staatsgrenzen einzutreten,

in Anerkennung der Notwendigkeit, die grundlegenden Werte der Achtung des Persönlichkeitsbereichs und des freien Informationsaustausches zwischen den Völkern in Einklang zu bringen -

sind wie folgt übereingekommen:

KAPITEL I

Allgemeine Bestimmungen

Artikel 1

Gegenstand und Zweck

Zweck dieses Übereinkommens ist es, im Hoheitsgebiet jeder Vertragspartei für jedermann ungeachtet seiner Staatsangehörigkeit oder seines Wohnorts sicherzustellen, daß seine Rechte und Grundfreiheiten, insbesondere sein Recht auf einen Persönlichkeitsbereich, bei der automatischen Verarbeitung personenbezogener Daten geschützt werden ("Datenschutz").

Artikel 2

Begriffsbestimmungen

In diesem Übereinkommen

a) bedeutet 'personenbezogene Daten' jede Information über eine bestimmte oder bestimmbare natürliche Person ('Betroffener');

b) bedeutet 'automatisierte Datei/Datensammlung' jede zur automatischen Verarbeitung erfaßte Gesamtheit von Informationen;

c) umfaßt 'automatische Verarbeitung' die folgenden Tätigkeiten, wenn sie ganz oder teilweise mit Hilfe automatisierter Verfahren durchgeführt werden: das Speichern von Daten, das Durchführen logischer und/oder rechnerischer Operationen mit diesen Daten, das Verändern, Löschen, Wiedergewinnen oder Bekanntgeben von Daten;

d) bedeutet 'Verantwortlicher für die Datei/Datensammlung' die natürliche oder juristische Person, die Behörde, die Einrichtung oder jede andere Stelle, die nach dem innnerstaatlichen Recht zuständig ist, darüber zu entscheiden, welchen Zweck die automatisierte Datei/Datensammlung haben soll, welche Arten personenbezogener Daten gespeichert und welche Verarbeitungsverfahren auf sie angewendet werden sollen.

Artikel 3

Geltungsbereich

(1) Die Vertagsparteien verpflichten sich, dieses Übereinkommen auf automatisierte Dateien/Datensammlungen und automatische Verarbeitungen von personenbezogenen Daten im öffentlichen und privaten Bereich anzuwenden.

(2) Jeder Staat kann bei der Unterzeichnung oder bei der Hinterlegung seiner Ratifikations-, Annahme-, Genehmigungs- oder Beitrittsurkunde oder jederzeit danach durch Erklärung an den Generalsekretär des Europarats bekanntgeben,

a) daß er dieses Übereinkommen auf bestimmte Arten von automatisierten Daten/Datensammlungen mit personenbezogenen Daten nicht anwendet, und hinterlegt ein Verzeichnis dieser Arten. In das Verzeichnis darf er jedoch Arten automatisierter Dateien/Datensammlüngen nicht aufnehmen, die nach seinem innerstaatlichen Recht Datenschutzvorschriften unterliegen. Er ändert dieses Verzeichnis durch eine Erklärung, wenn weitere Arten von automatisierten Dateien/Datensammlungen mit personenbezogenen Daten seinen innerstaatlichen Datenschutzvorschriften unterstellt werden;

b) daß er dieses Übereinkommen auch auf Informationen über Personengruppen, Vereinigungen, Stiftungen, Gesellschaften, Körperschaften oder andere Stellen anwendet, die unmittelbar oder mittelbar aus natürlichen Personen bestehen, unabhängig davon, ob diese Stellen Rechtspersönlichkeit besitzen oder nicht;

c) daß er dieses Übereinkommen auch auf Dateien/Datensammlungen mit personenbezogenen Daten anwendet, die nicht automatisch verarbeitet werden.

(3) Jeder Staat, der den Geltungsbereich dieses Übereinkommens durch eine Erklärung nach Absatz 2 Buchstabe b oder c erweitert hat, kann in dieser Erklärung bekanntgeben, daß die Erweiterung nur für bestimmte Arten von Dateien/Datensammlungen mit personenbezogenen Daten gilt; er hinterlegt ein Verzeichnis dieser Arten.

(4) Hat eine Vertragspartei bestimmte Arten von automatisierten Dateien/Datensammlungen mit personenbezogenen Daten durch eine Erklärung nach Absatz 2 Buchstabe a ausgeschlossen, so kann sie nicht verlangen, daß eine Vertragspartei, die diese Daten nicht ausgeschlossen hat, das Übereinkommen auf diese Arten anwendet.

(5) Ebenso kann eine Vertragspartei, die keine Erweiterung nach Absatz 2 Buchstabe b oder c vorgenommen hat, in diesen Punkten die Anwendung dieses Übereinkommens nicht verlangen von einer Vertragspartei, die eine solche Erweiterung vorgenommen hat.

(6) Die Erklärungen nach Absatz 2 werden mit Inkrafttreten des Übereinkommens für den Staat wirksam, der sie abgegeben hat, wenn sie im Zeitpunkt der Unterzeichnung oder der Hinterlegung seiner Ratifikations-, Annahme-, Genehmigungs- oder Beitrittsurkunde abgegeben worden sind, oder drei Monate nach ihrem Eingang beim Generalsekretär des Europarats, wenn sie später abgegeben worden sind. Diese Erklärungen können ganz oder teilweise durch Notifikation an den Generalsekretär des Europarats zurückgenommen werden. Die Zurücknahme wird drei Monate nach Eingang der Notifikation wirksam.

KAPITEL II

Grundsätze für den Datenschutz

Artikel 4

Pflichten der Vertragsparteien

(1) Jede Vertragspartei trifft in ihrem innerstaatlichen Recht die erforderlichen Maßnahmen, um die in diesem Kapitel aufgestellten Grundsätze für den Datenschutz zu verwirklichen.

(2) Jede Vertragspartei trifft diese Maßnahmen spätestens zu dem Zeitpunkt, zu dem dieses Übereinkommen für sie in Kraft tritt.

Artikel 5

Qualität der Daten

Personenbezogene Daten, die automatisch verarbeitet werden,

a) müssen nach Treu und Glauben und auf rechtmäßige Weise beschafft sein und verarbeitet werden;

b) müssen für festgelegte und rechtmäßige Zwecke gespeichert sein und dürfen nicht so verwendet werden, daß es mit diesen Zwekken unvereinbar ist;

c) müssen den Zwecken, für die sie gespeichert sind, entsprechen, dafür erheblich sein und dürfen nicht darüber hinausgehen;

d) müssen sachlich richtig und wenn nötig auf den neuesten Stand gebracht sein;

e) müssen so aufbewahrt werden, daß der Betroffene nicht länger identifiziert werden kann, als es die Zwecke, für die sie gespeichert sind, erfordern.

Artikel 6

Besondere Arten von Daten

Personenbezogene Daten, welche die rassische Herkunft, politische Anschauungen oder religiöse oder andere Überzeugungen erkennen lassen, sowie personenbezogene Daten, welche die Gesundheit oder das Sexualleben betreffen, dürfen nur automatisch verarbeitet werden, wenn das innerstaatliche Recht einen geeigneten Schutz gewährleistet. Dasselbe gilt für personenbezogene Daten über Strafurteile.

Artikel 7

Datensicherung

Für den Schutz personenbezogener Daten, die in automatisierten Dateien/Datensammlungen gespeichert sind, werden geeignete Sicherungsmaßnahmen getroffen gegen die zufällige oder unbefugte Zerstörung, gegen zufälligen Verlust sowie unbefugten Zugang, unbefugte Veränderung oder unbefugtes Bekanntgeben.

Artikel 8

Zusätzlicher Schutz für den Betroffenen

Jedermann muß die Möglichkeit haben,

a) das Vorhandensein einer automatisierten Datei/Datensammlung mit personenbezogenen Daten, ihre Hauptzwecke sowie die Bezeichnung, den gewöhnlichen Aufenthaltsort oder den Sitz des Verantwortlichen für die Datei/Datensammlung festzustellen;

b) in angemessenen Zeitabständen und ohne unzumutbare Verzögerung oder übermäßige Kosten die Bestätigung zu erhalten, ob Daten über ihn in einer automatisierten Datei/Datensammlung mit personenbezogenen Daten gespeichert sind, sowie zu erwirken, daß ihm diese Daten in verständlicher Form mitgeteilt werden;

c) gegebenfalls diese Daten berichtigen oder löschen zu lassen, wenn sie entgegen den Vorschriften des innerstaatlichen Rechts verarbeitet worden sind, welche die Grundsätze der Artikel 5 und 6 verwirklichen;

d) über ein Rechtsmittel zu verfügen, wenn seiner Forderung nach Bestätigung oder gegebenenfalls nach Mitteilung, Berichtigung oder Löschung im Sinne der Buchstaben b und c nicht entsprochen wird.

Artikel 9

Ausnahmen und Einschränkungen

(1) Ausnahmen von den Artikeln 5, 6 und 8 sind nicht zulässig, abgesehen von den in diesem Artikel vorgesehenen.

(2) Eine Abweichung von den Artikeln 5, 6 und 8 ist zulässig, wenn sie durch das Recht der Vertragspartei vorgesehen und in einer demokratischen Gesellschaft eine notwendige Maßnahme ist

a) zum Schutz der Sicherheit des Staates, der öffentlichen Sicherheit sowie der Währungsinteressen des Staates oder zur Bekämpfung von Straftaten;

b) zum Schutz des Betroffenen oder der Rechte und Freiheiten Dritter.

(3) Die Ausübung der Rechte nach Artikel 8 Buchstaben b, c und d kann durch Gesetz für automatisierte Dateien/Datensammlungen mit personenbezogenen Daten eingeschränkt werden, die Zwecken der Statistik oder der wissenschaftlichen Forschung dienen, wenn offensichtlich keine Gefahr besteht, daß der Persönlichkeitsbereich der Betroffenen beeinträchtigt wird.

Artikel 10

Sanktionen und Rechtsmittel

Jede Vertragspartei verpflichtet sich, geeignete Sanktionen und Rechtsmittel für Verletzungen der Vorschriften des innerstaatlichen Rechts, welche die in diesem Kapitel aufgestellten Grundsätze für den Datenschutz verwirklichen, festzulegen.

Artikel 11

Weitergehender Schutz

Dieses Kapitel ist nicht so zu auszulegen, als ob es die Möglichkeit begrenze oder auf andere Weise beeinträchtige, daß eine Vertragspartei den Betroffenen ein größeres Maß an Schutz als das in diesem Übereinkommen vorgeschriebene gewährt.

KAPITEL III

Grenzüberschreitender Datenverkehr

Artikel 12

Grenzüberschreitender Verkehr personenbezogener Daten und innerstaatliches Recht

(1) Werden personenbezogene Daten, die automatisch verarbeitet werden oder für eine solche Verarbeitung beschafft worden sind, - mittels welcher Datenträger auch immer - über die Staatsgrenzen hinweg weitergegeben, so finden die folgenden Bestimmungen Anwendung.

(2) Eine Vertragspartei darf allein zum Zweck des Schutzes des Persönlichkeitsbereichs den grenzüberschreitenden Verkehr personenbezogener Daten in das Hoheitsgebiet einer anderen Vertragspartei nicht verbieten oder von einer besonderen Genehmigung abhängig machen.

(3) Jede Vertragspartei ist jedoch berechtigt, von Absatz 2 abzuweichen,

a) soweit ihr Recht für bestimmte Arten von personenbezogenen Daten oder automatisierten Dateien/Datensammlungen mit personenbezogenen Daten wegen der Beschaffenheit dieser Arten besondere Vorschriften enthält, es sei denn, die Vorschriften der anderen Vertragspartei sehen einen gleichwertigen Schutz vor.

b) um zu verhindern, daß ihr Recht dadurch umgangen wird, daß eine Weitergabe aus ihrem Hoheitsgebiet in das Hoheitsgebiet einer Nichtvertragspartei auf dem Weg über das Hoheitsgebiet einer anderen Vertragspartei erfolgt.

KAPITEL IV

Gegenseitige Hilfeleistung

Artikel 13

Zusammenarbeit zwischen den Vertragsparteien

(1) Die Vertragsparteien verpflichten sich, einander bei der Durchführung dieses Übereinkommens Hilfe zu leisten.

(2) Zu diesem Zweck

a) bezeichnet jede Vertragspartei eine oder mehrere Behörden und teilt deren amtliche Bezeichnung und Anschrift dem Generalsekretär des Europarats mit;

b) legt jede Vertragspartei, die mehrere Behörden bezeichnet hat, die Zuständigkeit jeder Behörde fest und gibt sie in ihrer Mitteilung nach Buchstabe a an.

(3) Eine bezeichnete Behörde einer Vertragspartei wird auf Ersuchen einer bezeichneten Behörde einer anderen Vertragspartei

a) Auskünfte über Recht und Verwaltungspraxis im Bereich des Datenschutzes erteilen;

b) in Übereinstimmung mit dem innerstaatlichen Recht und allein zum Zweck des Schutzes des Persönlichkeitsbereichs alle geeigneten Maßnahmen treffen, um Sachauskünfte über eine bestimmte automatische Verarbeitung, die in ihrem Hoheitsgebiet durchgeführt wird, zu erteilen, jedoch mit Ausnahme der dabei verarbeiteten personenbezogenen Daten.

Artikel 14

Unterstützung von Betroffenen, die im Ausland wohnen

(1) Jede Vertragspartei unterstützt Personen, die im Ausland wohnen, bei der Ausübung der Rechte, die ihnen nach dem innerstaatlichen Recht zustehen, das die in Artikel 8 aufgestellten Grundsätze verwirklicht.

(2) Eine im Hoheitsgebiet einer anderen Vertragspartei wohnende Person kann ihren Antrag über die bezeichnete Behörde dieser Vertragspartei stellen.

(3) Der Antrag auf Unterstützung muß alle erforderlichen Angaben enthalten, insbesondere über

a) den Namen, die Anschrift und alle anderen für die Identifizierung des Antragstellers erheblichen Einzelheiten;

b) die automatisierte Datei/Datensammlung mit personenbezogenen Daten oder den dafür Verantwortlichen, auf die sich der Antrag bezieht;

c) den Zweck des Antrags.

Artikel 15

Sicherheiten bei Hilfeleistung durch bezeichnete Behörden

(1) Hat eine bezeichnete Behörde einer Vertragspartei von einer

bezeichneten Behörde einer anderen Vertragspartei Auskünfte erhalten, die einem Antrag auf Unterstützung dienen oder Antwort auf ein eigenes Ersuchen geben, so darf sie diese Auskünfte nur zu den Zwecken verwenden, die dem Antrag oder Ersuchen zugrunde liegen.

(2) Jede Vertragspartei sorgt dafür, daß die Personen, die der bezeichneten Behörde angehören oder in ihrem Namen handeln, durch entsprechende Verpflichtungen zur Geheimhaltung oder zur vertraulichen Behandlung dieser Auskünfte gebunden werden.

(3) Es ist einer bezeichneten Behörde in keinem Fall erlaubt, nach Artikel 14 Absatz 2 im Namen eines im Ausland wohnenden Betroffenen von sich aus und ohne dessen ausdrückliche Zustimmung einen Antrag auf Unterstützung zu stellen.

Artikel 16

Ablehnung von Ersuchen und Anträgen

Eine bezeichnete Behörde, an die nach Artikel 13 ein Ersuchen oder nach Artikel 14 ein Antrag gerichtet wird, kann nur ablehnen, ihnen stattzugeben, wenn

a) sie mit den Befugnissen der für die Beantwortung zuständigen Behörden auf dem Gebiet des Datenschutzes nicht vereinbar sind;

b) sie den Bestimmungen dieses Übereinkommens nicht entsprechen;

c) ihre Erfüllung mit der Souveränität, der Sicherheit oder der öffentlichen Ordnung der Vertragspartei, die sie bezeichnet hat, oder mit den Rechten und Grundfreiheiten der Personen, die der Gerichtsbarkeit dieser Vertragspartei unterstehen, nicht vereinbar wäre.

Artikel 17

Kosten und Verfahren

(1) Für Hilfe, welche die Vertragsparteien einander nach Artikel 13 leisten, oder für Unterstützung, die sie Betroffenen im Ausland nach Artikel 14 leisten, werden keine Auslagen oder Gebühren außer für Sachverständige und Dolmetscher erhoben. Diese Auslagen oder Gebühren werden von der Vertragspartei getragen, welche die ersuchende Behörde bezeichnet hat.

(2) Der Betroffene kann nicht verpflichtet werden, für Schritte, die im Hoheitsgebiet einer anderen Vertragspartei für ihn unternommen werden, höhere Auslagen oder Gebühren zu zahlen, als von Personen erhoben werden können, die im Hoheitsgebiet der betreffenden Vertragspartei wohnen.

(3) Die sonstigen Einzelheiten im Zusammenhang mit der Hilfeleistung oder Unterstützung, insbesondere hinsichtlich der Form und der Verfahren sowie der zu verwendenden Sprachen, werden unmittelbar zwischen den beteiligten Vertragsparteien festgelegt.

KAPITEL V

Beratender Ausschuß

Artikel 18

Zusammensetzung des Ausschusses

(1) Nach dem Inkrafttreten dieses Übereinkommens wird ein Beratender Ausschuß eingesetzt.

(2) Jede Vertragspartei ernennt einen Vertreter und einen Stellvertreter für diesen Ausschuß. Jeder Mitgliedstaat des Europarats, der nicht Vertragspartei des Übereinkommens ist, hat das Recht, sich im Ausschuß durch einen Beobachter vertreten zu lassen.

(3) Der Beratende Ausschuß kann durch einstimmigen Beschluß jeden Nichtmitgliedstaat des Europarats, der nicht Vertragspartei des Übereinkommens ist, einladen, sich durch einen Beobachter in einer seiner Sitzungen vertreten zu lassen.

Artikel 19

Aufgaben des Ausschusses

Der Beratende Ausschuß

a) kann Vorschläge zur Erleichterung oder Verbesserung der Anwendung des Übereinkommens machen;

b) kann in Übereinstimmung mit Artikel 21 Änderungen dieses Übereinkommens vorschlagen;

c) nimmt zu jeder vorgeschlagenen Änderung dieses Übereinkommens Stellung, die ihm nach Artikel 21 Absatz 3 unterbreitet wird;

d) kann auf Ersuchen einer Vertragspartei zu allen Fragen im Zusammenhang mit der Anwendung dieses Übereinkommens Stellung nehmen.

Artikel 20

Verfahren

(1) Der Beratende Ausschuß wird vom Generalsekretär des Europarats einberufen. Seine erste Sitzung findet innerhalb von zwölf Monaten nach Inkrafttreten dieses Übereinkommens statt. Danach tritt er mindestens alle zwei Jahre sowie immer dann zusammen, wenn ein Drittel der Vertreter der Vertragsparteien dies verlangt.

(2) Der Beratende Ausschuß ist in einer Sitzung beschlußfähig, wenn die Mehrheit der Vertreter der Vertragsparteien anwesend ist.

(3) Im Anschluß an jede Sitzung unterbreitet der Beratende Ausschuß dem Ministerkommitee des Europarats einen Bericht über seine Arbeit und die Wirksamkeit des Übereinkommens.

(4) In Übereinstimmung mit diesem Übereinkommen gibt sich der Beratende Ausschuß eine Geschäftsordnung.

KAPITEL VI

Änderungen

Artikel 21

Änderungen

(1) Änderungen dieses Übereinkommens können von einer Vertragspartei, vom Ministerkommitee des Europarats oder vom Beratenden Ausschuß vorgeschlagen werden.

(2) Der Generalsekretär des Europarats teilt jeden Änderungsvorschlag den Mitgliedstaaten des Europarats sowie jedem Nichtmitgliedstaat mit, der diesem Übereinkommen beigetreten ist oder der nach Artikel 23 eingeladen worden ist, ihm beizutreten.

(3) Darüber hinaus wird jede von einer Vertragspartei oder vom Ministerkommitee vorgeschlagene Änderung dem Beratenden Ausschuß übermittelt; dieser teilt dem Ministerkommitee seine Stellungnahme zu der vorgeschlagenen Änderung mit.

(4) Das Ministerkommitee prüft die vorgeschlagene Änderung und die Stellungnahme des Beratenden Ausschusses und kann die Änderung genehmigen.

(5) Der Wortlaut einer Änderung, die das Ministerkommitee nach Absatz 4 genehmigt hat, wird den Vertragsparteien zur Annahme zugeleitet.

(6) Eine nach Absatz 4 genehmigte Änderung tritt am dreißigsten Tag nach dem Zeitpunkt in Kraft, zu dem alle Vertragsparteien dem Generalsekretär ihre Annahme mitgeteilt haben.

KAPITEL VII

Schlußklauseln

Artikel 22

Inkrafttreten

(1) Dieses Übereinkommen liegt für die Mitgliedstaaten des Europarats zur Unterzeichnung auf. Es bedarf der Ratifikation, Annahme oder Genehmigung. Die Ratifikations-, Annahme- oder Genehmigungsurkunden werden beim Generalsekretär des Europarats hinterlegt.

(2) Das Übereinkommen tritt am ersten Tag des Monats in Kraft, der auf einen Zeitabschnitt von drei Monaten nach dem Tag folgt, an dem fünf Mitgliedstaaten des Europarats nach Absatz 1 ihre Zustimmung ausgedrückt haben, durch das Übereinkommen gebunden zu sein.

(3) Für jeden Mitgliedstaat, der später seine Zustimmung ausdrückt, durch das Übereinkommen gebunden zu sein, tritt es am ersten Tag des Monats in Kraft, derauf einen Zeitabschnitt von drei Monaten nach Hinterlegung der Ratifikations-, Annahme- oder Genehmigungsurkunde folgt.

Artikel 23

Beitritt von Nichtmitgliedstaaten

(1) Nach Inkrafttreten dieses Übereinkommens kann das Ministerkommitee des Europarats durch einen mit der in Artikel 20 Buchstabe d der Satzung vorgesehenen Mehrheit und mit einhelliger Zustimmung der Vertreter der Vertragsstaaten, die Anspruch auf einen Sitz im Kommitee haben, gefaßten Beschluß jeden Nichtmitgliedstaat des Rates einladen, dem Übereinkommen beizutreten.

(2) Für jeden beitretenden Staat tritt das Übereinkommen am ersten Tag des Monats in Kraft, der auf einen Zeitabschnitt von drei Monaten nach Hinterlegung der Beitrittsurkunde beim Generalsekretär des Europarats folgt.

Artikel 24

Räumlicher Geltungsbereich

(1) Jeder Staat kann bei der Unterzeichnung oder bei der Hinterlegung seiner Ratifikations-, Annahme-, Genehmigungs- oder Beitrittsurkunde einzelne oder mehrere Hoheitsgebiete bezeichnen, auf die dieses Übereinkommen Anwendung findet.

(2) Jeder Staat kann jederzeit danach durch eine an den General-

sekretär des Europarats gerichtete Erklärung die Anwendung dieses Übereinkommens auf jedes weitere in der Erklärung bezeichnete Hoheitsgebiet erstrecken. Das Übereinkommen tritt für dieses Hoheitsgebiet am ersten Tag des Monats in Kraft, der auf einen Zeitabschnitt von drei Monaten nach Eingang der Erklärung beim Generalsekretär folgt.

(3) Jede nach den Absätzen 1 und 2 abgegebene Erklärung kann in bezug auf jedes darin bezeichnete Hoheitsgebiet durch eine an den Generalsekretär des Europarats gerichtete Notifiation zurückgenommen werden. Die Zurücknahme wird am ersten Tag des Monats wirksam, der auf einen Zeitabschnitt von sechs Monaten nach Eingang der Notifikation beim Generalsekretär folgt.

Artikel 25

Vorbehalte

Vorbehalte zu diesem Übereinkommen sind nicht zulässig.

Artikel 26

Kündigung

(1) Jede Vertragspartei kann dieses Übereinkommen jederzeit durch eine an den Generalsekretär des Europarats gerichtete Notifikation kündigen.

(2) Die Kündigung wird am ersten Tag des Monats wirksam, der auf einen Zeitabschnitt von sechs Monaten nach Eingang der Notifikation beim Generalsekretär folgt.

Artikel 27

Notifikationen

Der Generalsekretär des Europarats notifiziert den Mitgliedstaaten des Rates und jedem Staat, der diesem Übereinkommen beigetreten ist,

a) jede Unterzeichnung;

b) jede Hinterlegung einer Ratifikations-, Annahme-, Genehmigungs- oder Beitrittsurkunde;

c) jeden Zeitpunkt des Inkrafttretens dieses Übereinkommens nach den Artikeln 22, 23 und 24;

d) jede andere Handlung, Notifikation oder Mitteilung im Zusammenhang mit diesem Übereinkommen.

Zu Urkund dessen haben die hierzu gehörig befugten Unterzeichneten dieses Übereinkommen unterschrieben.

Geschehen zu Straßburg am 28. Januar 1981 in englischer und französischer Sprache, wobei jeder Wortlaut gleichermaßen verbindlich ist, in einer Urschrift, die im Archiv des Europarats hinterlegt wird. Der Generalsekretär des Europarats übermittelt allen Mitgliedstaaten des Europarats und allen zum Beitritt zu diesem Übereinkommen eingeladenen Staaten beglaubigte Abschriften.

LITERATURVERZEICHNIS

Alpa, Guido: Raccolta di informazioni, protezione dei dati e controllo degli elaboratori elettronici (in margine ad un progetto di convenzione del Consiglio d'Europa), in: Foro it. 1981, Part V, S.28 ff

Alpa, Guido; Bessone, Mario: Banche dati telematica e diritti della persona, Padova, CEDAM, 1984

Árnadóttir, Erla S.: Iceland, Data Committee decisions, in: TDR, Vol.VIII, No.2, 1985, S.68 f

Arndt, Hans Wolfgang: Das Bundesdatenschutzgesetz und das Unternehmen, in: Aktuelle Beiträge über den Datenschutz, Frankfurt/Main, 1977, S.89 ff

Arzt, Gunther: Die Ahndung von Verstößen gegen den Datenschutz, in: Aktuelle Beiträge über den Datenschutz, Frankfurt/Main, 1977, S.127 ff

Auernhammer, Herbert: Bundesdatenschutzgesetz, Handkommentar, 2. Auflage, Köln, Berlin, Bonn, München, 1981

Grundzüge und Schwerpunkte des Bundesdatenschutzgesetzes, in: Aktuelle Beiträge über den Datenschutz, Frankfurt/Main, 1977, S.65 ff

Das Bundesdatenschutzgesetz, in: BB 1977, S.205 ff

Basic issues in data protection legislation and its international harmonisation, in: OECD ICCP 1, S.298 ff

Auf dem Weg zu einem europäischen Datenschutzrecht?, in: DuD 1980, S.181 f

Der neue Referentenentwurf zur Novellierung des Bundesdatenschutzgesetzes, DuD 1984, S.5 ff

Die Europäische Datenschutz-Konvention und ihre Auswirkungen auf den grenzüberschreitenden Datenverkehr, in: DuD 1985, S.7 ff

Austin, Ray V.: ICC reviews computing and communications possibilities, in: TDR, Vol.VII, No.7, 1984, S.375 ff

Barfuß, Walter: Erfahrungen mit dem neuen Datenschutzgesetz, insbesondere dessen Auswirkungen auf die privaten Unternehmen, in: ÖJZ 1981, S.316 f

Barthel, Thomas: Gefährdet die Informationstechnologie unsere Freiheit?, Jahrestagung 1979 der Deutschen Vereinigung für Datenschutz, herausgegeben im Auftrag der DVD, 1980

Bastin, J.: Les flux des données transfrontières dans le domaine de l´assurance-crédit, in: OECD ICCP 1, S.127 ff

Becker, Richard K. A.: Transborder data flows: Personal data, in: Harv.Int.L.J. 1981, S.241 ff

Bednar, Kurt: Rechtliche Probleme des Datenschutzgesetzes, in: ÖJZ 1980, S.281 ff

Bednar, Kurt; Weissenböck, Martin: Datenschutzhandbuch, Wien, 1979

Beer, Barbro: Harmonization is not painless, in: TDR, Vol.VIII, No.4, 1985, S.205 ff

Benjamin, Alan A.: Privacy and computers, in: OECD ICCP 1, S.174 ff

Benjamin, David: Data havens created through computer insecurity?, in: TDR, Vol.VII, No.3, 1984, S.138

Berg, Annike: Sweden, information privacy opinions surveyed, in: TDR, Vol.VIII, No.2, 1985, S.69 f

Bergmann, Lutz; Möhrle, Roland: Datenschutzrecht, Handkommentar, Stuttgart, München, Hannover, 1977

Bergmann, Michael: Grenzüberschreitender Datenschutz, Baden-Baden, 1985

Bergsten, Eric E.: Trade law and transborder data law, in: TDR, Vol.VII, No.5&6, 1984, S.327 ff

Bing, Jon: A comparative outline of privacy legislation, in: CompLYB, Vol.2, 1978, S.149 ff

Transborder data flows, some legal issues and possible effects on business practices, in: Online - transnational data regulation, S.15 ff

Transnational data flows and the Scandinavian data protection legislation, in: Scand.Stud. 1980, S.65 ff

Regulating international computer networks and services - the problem and a possible solution, in: TDR, Vol.III, No.2, 1980, S.11 ff

The Icelandic data protection law, in: TDR, Vol.IV, 1981, No.8, S.39 f

Data protection and social policy; Report to the XIV Colloquy on European Law in Lisbon (Portugal), 26-28 September 1984, Council of Europe, CJ-DE/14 (84) 3

Bortnick, Jane: International information flow: The developing world perspective, in: Cornell Int.L.J. 1981, S.333 ff

Braibant, Guy: La protection des droits individuels au regard du développement de l'informatique, in: Rev.int.dr.comp. 23, 1971, S.792 ff

Brown, Ronald Wellington: Legal issues of transborder data transmission, in: Proc.Am.Soc.Int.L. 1980, S.175 ff

Bull, Hans Peter: Datenschutz als Informationsrecht und Gefahrenabwehr, in: NJW 1979, S. 1178 f

Ziele und Mittel des Datenschutzes, Königstein, 1981

Regulation of transborder data flow under the German Data Protection Act, in: TDR, Vol.IV, 1981, No.1, S.13 f

Bundesbeauftragter für den Datenschutz: Erster Tätigkeitsbericht, 1979, BTDrucks 8/2460

Zweiter Tätigkeitsbericht, 1980, BTDrucks 8/3570

Dritter Tätigkeitsbericht, 1981, BTDrucks 9/93

Vierter Tätigkeitsbericht, 1982, BTDrucks 9/1243

Fünfter Tätigkeitsbericht, 1983, BTDrucks 9/2386

Sechster Tätigkeitsbericht, 1984, BTDrucks 10/877

Siebenter Tätigkeitsbericht, 1985, BTDrucks 10/2777

Buquicchio, Giovanni: Aspetti internationali della protezione dei dati: Il ruolo svolto dal Consiglio d'Europa, in: Matteucci, Nicola: Privacy e banche dei dati; il Mulino, Bologna, 1981, S.67 ff

The work of the Council of Europe in the field of data protection, in: Council of Europe, Camera dei Deputati: Legislation and data protection, Roma, 1983, S.229 ff

Buquicchio, Giovanni; Early, T.L.: Council of Europe assists data protection newcomers, in: TDR, Vol.VI, No.2, 1983, S.65 f

Burgess, B. C.: Restrictions on data transfer and use, in: TDR, Vol.VIII, No.4, 1985, S.217 ff

Burkert, Herbert: Europarat und Datenschutz, in: DANA 1978, Heft 1, S.7 ff

Europäisches Parlament, EG-Kommission und Datenschutz, in: DANA 1978, Heft 2, S.11 ff

Internationale informationspolitische Auswirkungen der Datenschutzdiskussion, in: DANA 1979, Heft 1, S.9 ff

Institutions of data protection - an attempt at a functional explanation of European national data protection laws, in: Computer L.J. Vol.III, 1982, S.167 ff

Europäische Datenschutzerfahrungen - Versuch einer Zwischenbilanz, in: DANA 1982, Heft 6, S.1 ff

Burkert, Herbert; Engel, Stefan: Datenschutz in Europa, in: DuD 1980, S.146 ff

Burnand, Yves: Protection du domaine personnel et exploitation électronique des données par dela frontières, in: Ann.A.A.A. La Haye, 1975/76, S.34 ff

Business and Industry Advisory Committee: Positionspapier zum grenzüberschreitenden Informationsfluß, in: DuD 1982, S.44 ff

Butler, Richard E.: World Telecommunication development and the role of the International Telecommunication Union, in: Online - transnational data regulation, S.254 ff

The international Telecommunication Union, in: OECD ICCP 1, S.197 ff

Carmody, F.: The role of the European Parliament in data protection, in: OECD ICCP 1, S.231 ff

Carroll, J.M.: The problem of transnational data flow, in: Policy issues in data protection and privacy - concept and perspectives - Proceedings of the OECD Seminar 24th -26th June 1974, OECD-Informatics Studies, Vol.10, Paris, 1976, S.201 ff

Cellamare, G.: Tutela della vita privata e libera circolazione delle informationi in una recente Convenzione del Consiglio d´Europa, in: Riv.dir.int. 1982, S.802 ff

Chamoux, Jean-Pierre: L´évolution des flux transfrontières de données, in: Actes du Colloque international informatique et société, Vol.IV, Paris, 1980, S.139 ff

Conetti, Georgio: Aspetti internationali di una progettata normativa italiana sul trattamento automatizzato di dati personali, in: Riv.dir.int.proc. 1983, S.589 ff

Corell, Hans: Technological development and its consequences for data protection; Report to the XIV Colloquy on European Law, in Lisbon (Portugal), 26-28 September 1984, Council of Europe, CJ-DE/14 (84) 2

Council of Europe: Explanatory report on the Convention for the protection of individuals with regard to automatic processing of personal data, Strasbourg, 1981, CD-CJ (80) 28

Legal affairs: Regulation for automated medical data banks; Recommendation No.R (81) 1, adopted by the Committee of Ministers of the Council of Europe on 23 January 1981 and Explanatory Memorandum, Strasbourg, 1981

The Parlamentary Assembly, procedure and practice, 8. Auflage, 1983, Straßburg

Legal affairs: Protection of personal data used for scientific research and statistics; Recommendation No.R (83) 10, adopted by the Committee of Ministers of the Council of Europe on 23. September 1983 and Explanatory Memorandum, Strasbourg 1984

Draft Recommendation on the protection of personal data used for social security purposes, CJ-PD (84) 4

Renewal of the terms of reference of the Committee of experts on data protection; Secretariat Memorandum prepared by the Directorate of Legal Affairs, CD-CJ (85) 7

Council of Europe, Camera dei Deputati: Legislation and data protection; Proceedings of the Rome Conference on problems relating to the development and application of legislation on data protection, Roma, 1983

Coward, Richard: Development of European data-bases in a world context, in: Inform.Priv. Vol.II, January 1980, S.34 f

Dammann, Ulrich: Transparenz der Datenverarbeitung, in: ZRP 1980, S.83 ff

David, Rene: The methods of unification, in: Am.J.Comp.L. Vol.16, 1968/69, S.13 ff

Department of Communication/Department of Justice: Privacy and computers; a report of a task force established jointly by Department of Communication/Department of Justice, Ottawa, 1972

Deutscher Bundestag: Entwurf eines Gesetzes zu dem Übereinkommen vom 28. Januar 1981 zum Schutz der Menschen bei der Verarbeitung personenbezogener Daten, BTDrucks 10/2118

Beschlußempfehlung und Bericht des Innenausschusses zu dem von der Bundesregierung eingebrachten Entwurf eines Gesetzes zu dem Übereinkommen vom 28. Januar 1981 zum Schutz der Menschen bei der automatischen Verarbeitung personenbezogener Daten, BTDrucks 10/2593

Diaz, Daniel: Services and TDF trade: Role of UNCTAD, in: TDR, Vol.VII, No.5&6, 1984, S.339 f

Drews, Hans-Ludwig: Datenschutz - Probleme beim Datentransfer von Österreich in die Bundesrepublik Deutschland, in: DuD 1983, S.251 ff

Duschanek, Alfred; Hierzenberger, Klaus: Wirtschaftsauskunfteien und Datenschutz, in: Datenschutz und Wirtschaft, Wien, 1981, S.175 ff

Edlbacher, Oskar: Der Stand der Persönlichkeitsrechte in Österreich, in: ÖJZ 1983, S.423 ff

Eger, John M.: Emerging restrictions on transnational data flows: Privacy protection or non-tariff trade barriers, in: L.Pol.Int. Bus. Band 10, 1978, S.1055 ff

Transnational data flow: The need for action, in: Computerworld, February 13, 1978, S.15 ff

U.S. proposals for progress through negotiations, in: J.Commun. Vol.29, No.3, Summer 1979, S.124 ff

Ehmann, Horst: Datenverarbeitung und Persönlichkeitsschutz im Arbeitsverhältnis, in: NZA 1985, Beilage zu Heft 13/85, S.2 ff

Arbeitnehmerüberwachung durch elektronische Datenerhebung und Datenverarbeitung, in: SAE 1985, S.181 ff

Ehrich, Hermann; Kirchher, Roland: Bundesdatenschutzgesetz und Landesdatenschutzgesetze, in: DuD 1979, S.84 ff

Engel, Stefan: Synoptische Übersicht über die Rechte des Betroffenen in Westeuropa im privaten DV-Bereich, in: DANA 1981, Sondernummer Januar, S.1 ff

Ennison Jr., Thomas: Sovereignity considerations in TDF - developing - country perspective, in: TDR, Vol.VII, No.3, 1984, S.175 ff

Epperson, G. Michael: Contracts for transnational information services: Securing equivalency of data protection, in: Harv.Int.L.J. 1981, S.157 ff

European Science Foundation on Data Protection: ESF - European Science Foundation on Data Protection, in: DuD 1982, S.52 f

Europäische Gemeinschaft: EG-Anfrage: Euronet, in: DuD 1982, S.50

EG-Anfrage: Zugang zu den Datenbanken der EG, in: DuD 1982, S.50

EG-Anfrage: Datenbanken, in: DuD 1984, S.129

EG-Anfrage: Schutz der Privatsphäre, in: DuD 1984, S.313 f

European Parliament: European Parliament gets advice on data projection, in: TDR, Vol.I, No.2, May 1978, S.7 ff

Evans, A.C.: European Data Protection Law, in: Am. J.Comp.L. Vol.29/1981, No.4, S.571 ff

Evans, Andrew: Computers and privacy: The new Council of Europe Convention, in: New L.J. Band 13, 1980, S.1067 f

Farnsworth, David P.: Data privacy: an American's view of European legislation, in: TDR, Vol.VI, No.5, 1983, S.285 ff

Feldman, Mark B.: Commercial speech, transborder data flows and the right to communicate under international law, in: Int.Lawyer, Band 17, 1983, S.87 ff

Feldman, Mark B.; Garcia, David R.: National regulation of transborder data flows, in: N.C.J.Int.L.Com.Reg. Vol.7, 1982, S.1 ff

Fickje, Dorthe-Cathrin: Computer storage of Council of Europe treaties and information retrieval under the STATUS system, in: Ann.A.A.A. La Haye, 1975/76, S.41 ff

Firnberg, D.: Security standards for transborder data flows, in: OECD ICCP 1, S.65 ff

Fishman William L.: Introduction to transborder data flows, in: Stan.J.Int.L. Band 16, 1980, S.1 ff

Focsaneanu, Lazar: La protection des données a caractère personnel contre l´utilisation abusive de l´informatique, in: Clunet, 1982, S.55 ff

Forstmoser, Peter: Datenbanken und Persönlichkeitsschutz, in: SJZ 1974, S.217 ff

Foyen, Arve: Experiences with implementation of the Norwegian Personal Registers Act, in: Council of Europe, Camera dei Deputati: Legislation and data protection, Roma, 1983, S.212 ff

Frayssinet, Jean; Kayser, Pierre: La loi du 6 janvier 1978 relative a l´informatique, aux fichiers et aux libertés et le décret du 17 juillet 1978, in: Rev.dr.publ. Band 95, No.1, 1979, S.627 ff

Freese, J.: Preserving the open flow of information accross borders, in: OECD ICCP 1, S.280 ff

The dangers of non-regulation, in: J.Commun. Vol.29, No.3, Summer 1979, S.135 ff

Freise, Cornelia; Wohlgemuth, Hans H.: Rechtsfragen der konzernweiten Personaldatenverarbeitung, in: DVR 1982, S.285 ff

Frosini, Vittorio: La Convenzione Europea sulla protezione dei dati, in: Riv.dir.europ. 1984, S.3 ff

Frowein, Jochen: Das Problem des grenzüberschreitenden Informationsflusses und des 'domaine reserve', in: Berichte der Deutschen Gesellschaft für Völkerrecht, Heft 19, 1979, S.1 ff

Furgler, Kurt: La protection de la personalité a l'âge de l'ordinateur, in: ZSR 1982, S.439 ff

Gallwas, Hans-Ullrich; Schneider, Jochen; Schwappach, Jürgen; Schweinoch, Joachim; Steinbrinck, Tilo: Datenschutzrecht, Kommentar, Stuttgart, Berlin, Köln, Mainz, 1981

Ganley, Oswald H.: Address before the Second Annual Conference on transnational data flows, June 18, 1979: Transborder data flow - a significant factor in world trade?, S.1 ff

Garzon Clariana, Gregorio: La proteccion de los datos personales y la funcion normativa del Consejo de Europa, in: Rev.Inst.Eur. Vol.8, No.1, 1981, S.9 ff

TDF, data protection and international law, in: TDR, Vol.IV, No.5, 1981, S.31 ff

Legal framework for international information, in: TDR, Vol.VIII, No.2, 1985, S.1o1 ff

Garzon, G.; Vilarino, E.: Information and privacy protection in transborder data flows: The rights involved, in: OECD ICCP 1, S.302 ff

Gassmann, H.P.: New international policy implications of the rapid growth of transborder data flows, in: OECD ICCP 1, S.51 ff

Gavison, Ruth: Privacy and the limits of law, in: Yale L.J. Vol.89, No.3, January 1980, S.421 ff

Gliss, Hans: Uniform international data transfer policies needed, in: TDR, Vol.V, No.6, 1982, S.303 ff

Computer dependency and risks grow, in: TDR, Vol.VII, No.4, 1984, S.191 ff

Gola, Peter Datenschutz-Vertragsklauseln bei 'Auftrags-Datenverarbeitung', in: DB 1980, S.1732 ff

Adressenschutz - Ansprüche des Bürgers gegenüber unerwünschter Werbung, in: MDR 1981, S.463 ff

Neue Entwicklungen bei der Haftung für Datenschutzverletzungen, in: DuD 1982, S.259 ff

Die Entwicklung des Datenschutzrechtes im Jahre 1981, in: NJW 1982, S.1498 ff

Die Entwicklung des Datenschutzrechtes im Jahre 1982, in: NJW 1983, S.915 ff

Datenschutz in der Rechtsprechung, in: DSWR 1983, S.91 ff

Die Entwicklung des Datenschutzrechtes im Jahre 1983, in: NJW 1984, S.1155 ff

Die Entwicklung des Datenschutzrechtes im Jahre 1984, in: NJW 1985, S.1196 ff

Gola, Peter; Hümmerich, Klaus; Kerstan, Uwe: Das Bundesdatenschutzgesetz - Verfassungsrechtlicher Datenschutz - Internationaler Datenschutz; EDV und Recht, Band 10, Teil 1, Berlin, 1977

Einzelvorschriften des Bundes zum Datenschutz; EDV und Recht, Band 10, Teil 2, Berlin, 1978

Gola, Peter; Hümmerich, Klaus; Tuner, Lotte: Datenschutzrecht der Länder; EDV und Recht, Band 10, Teil 3, Berlin, 1979

Gola, Peter; Hümmerich, Klaus: Datenschutz in der Praxis mit Datenschutz-Formularbuch; EDV und Recht, Band 10, Teil 4, Berlin, 1978

Goldwater Jr., Barry M.: Transnational data - facing realities, in: Online - transnational data regulation, S.228 ff

Golsong, Heribert: Towards a European Convention on data protection, in: Computer Networks, Band 3, 1979, S.215 ff

Gotlieb, Allan; Dalfen, Charles; Katz, Kenneth: The transborder transfer of information by communications and computer systems: Issues and approaches to guiding principles, in: A.J.I.L. Band 68, 1974, S.227 ff

Graveson, R. H.: The international unification of law, in: Am.J.Comp.L. Vol.16, 1968/69, S.4 ff

Grewlich, Klaus W.: Grenzüberschreitende Datenkommunikation, in: RIW/AWD 1983, S.661 ff

Information and communication technologies - a European answer, in: TDR, Vol.VIII, No.3, 1985, S.155 ff

Grossen, Jacques-Michel: Banques des données électroniques et protection de la personnalité - un aspect de la relation entre le progrès technique et la politique, in: Computer und Privatspäre, Computer und Recht, Band 6, S.3 ff

Haeck, Louis: Transborder (private) data flow and the international airlines, in: TDR, Vol.VII, No.5&6, 1984, S.343 ff

Hafli, Tor: Transborder data flows - the scandinavian solution, in: Jon Bing, Knut S. Selmer, A decade of computers and law, Oslo, 1980, S.59 ff

Hallett, H. V. D.: The police and transborder data flows, in: OECD ICCP 1, S.106 ff

Hanreich, Hanspeter: Zivilrechtliche Probleme des DSG, in: Datenschutz in der Wirtschaft, Wien, 1981, S.69 ff

Harremoes, Erik: Data protection Convention an historic milestone, in: TDR, Vol.IV, No.2, 1981, S.27

Hauck, Peter: Rechtsschutzprobleme des Datenschutzes in der Praxis des Rechtsanwaltes, in: Datenschutz, Sonderinfo, herausgegeben vom Republikanischen Anwaltsverein eV, Hannover, 1979, S.4 ff

Hecker, Hans-Joachim: Neuere Entwicklungen des Daten- und Persönlichkeitsschutzes im Archivwesen, in: Der Archivar, 1983, S.263 ff

Heini, Anton: Die Anknüpfungsgrundsätze in den Deliktsnormen eines zukünftigen schweizerischen IPR-Gesetzes, in: Festschrift für F.A. Mann, 1977, S.193 ff

Heintz, Alden: The dangers of regulation, in: J.Commun. Vol.29, No.3, Summer 1979, S.129 f

Hentschel, Bernd; Gliss, Hans; Bayer, Rudolf; Dierstein, Rüdiger: Datenschutzfibel, Köln, Juni 1974

Hentschel, Bernd; Schomerus, Rudolf: Grenzüberschreitender Datenverkehr, in: Arbeitgeber, Band 28, 1976, S.149 ff

Hessischer Datenschutzbeauftragter: 9. Tätigkeitsbericht, vorgelegt zum 23. Dezember 198o

13. Tätigkeitsbericht, vorgelegt zum 31. Dezember 1984

Höfer, Helmut: Datenverarbeitung im Konzern, in: DuD 1982, S.80 ff

Hörle, Ulrich; Wronka, Georg: Bundesdatenschutzgesetz, 1977, Herausgeber: Zentralausschuß der Werbewirtschaft

Hondius, Frits W.: Emerging data protection in Europe; North-Holland, Amsterdam-Oxford, 1975

International data protection action, in: policy issues in data protection and privacy - concept and perspectives - Proceedings of the OECD Seminar, 24th-26th June 1974, OECD-Informatics Studies, Vol.10, Paris, 1976, S.208 ff

The Council of Europe´s data protection principles, in: Online - transnational data regulation, S.47 ff

Gleichgewicht zwischen Informationsfreiheit und Informationsschutz in Europa, in: DANA 1979, Heft 5, S.22 ff

The action of the Council of Europe with regard to international data protection, in: OECD ICCP 1, S.257 ff

Le projet de convention du Conseil de l'Europe pour la protection des personnes a l'égard du traitement automatisé de données a caractère personnel, in: Actes du Colloque international informatique et société, Vol.IV, Paris, 1980, S.157 ff

Data Law in Europe, in: Stan.J.Int.L. Band 16, 1980, S.87 ff

Der Persönlichkeitsschutz im grenzüberschreitenden Datenverkehr - Lucius N. Wochner, in: TDR, Vol.IV, No.7, 1981, S.19

Internationale Aspekte des Datenschutzes im öffentlichen Bereich, in: Datenschutz; Probleme, Beispiele, Grundsätze, Erfahrungen; Zürich, 1982, S.86 ff

A decade of international data protection, in: NILR Band 30, 1983, S.103 ff

Hümmerich, Klaus; Kniffka, Rolf: Die Entwicklung des Datenschutzrechtes im Jahre 1978, in: NJW 1979, S.1182 ff

Hümmerich, Klaus; Gola, Peter: Die Entwicklung des Datenschutzrechtes in den Jahren 1979 und 1980, in: NJW 1981, S.1480 ff

Huet, Jêrome: Droit de l'informatique: la liberté documentaire et ses limites, ou les banques de données a l'épreuve du droit d'auteur, in: D.S. 1984, No.21, S.129 f

Hummel, E.: The role of CCITT in data communication, in: OECD ICCP 1, S.202 ff

Hunnings, March Neville: Data nationalism, in: TDR, Vol.III, No.8, 1980, S.23 ff

Intergovernmental Bureau for Informatics: Erster Weltkongress zum grenzüberschreitenden Datenverkehr, in: DuD 1980, S.240

Internationale Handelskammer: Transborder data flows: Arbeitsgruppe der Internationalen Handelskammer, in: DuD 1981, S.51

Information flows: an international business perspective, in: DuD 1983, S.294 f

Policy statement on privacy legislation, data protection and legal persons, in: TDR, Vol.VII, No.7, 1984, S.425 ff

Leitfaden zum Datenschutz und Geheimnisschutz, Paris, 1985

Jacob, Joseph: Privacy and the law, in: L.Computer Technol. 1969, Octobre, S.21 ff

Jacobs, Francis G.: The European Convention on Human Rights, Oxfort, 1975

Jacobsson, Mans: Europaradskonvention om skydd för enskilda vid automatisk databehandling av personuppgifter, in: SvJT Band 66, 1981, S.155 ff

Jacqué, Jean-Paul: La Convention pour la protection des personnes a l´égard du traitement informatisé des données a caractère personnel, in: A.F.D.I. 1980, S.773 ff

Les droits de l´homme et le développement de l´informatique en Europe, in: Gedächtnisschrift für Christoph Sasse, Band II, Kehl am Rhein/Straßburg, 1981, S.909 ff

Johnson, Timothy: Data networks and international data traffic in Europe, in: Online - transnational data regulation, S.155 ff

Joinet, Louis: Les aspects juridiques, économiques et sociaux des flux transfrontières de données personelles, in: OECD ICCP 1, S.208 ff

Kamlah, Ruprecht: Right of Privacy; Erlanger Juristische Abhandlungen, Band 1, 1969

Datenschutz im Spiegel der anglo-amerikanischen Literatur, BTDrucks VI/3826, Anlage 2, S.195 ff

Karasek, Franz: Media policy and data protection in forefront of Council of Europe activities, in: TDR, Vol.IV, No.8, 1981, S.35 f

Karpenstein, Peter: Zur Zuständigkeit der Europäischen Gemeinschaften auf dem Gebiet des Datenschutzes, in: Gedächtnisschrift für Christoph Sasse, Band II, Kehl am Rhein/Straßburg, 1981, S.889 ff

Karst, Kenneth L.: 'The files': Legal controls over the accuracy and accessibility of stored personal data, in: L.Contemp.Prob. Band 31, 1966, S.342 ff

Kayser, Pierre: La protection de la vie privée, Aix-Marseille, 1984

Keplinger, M.: Information and documentation services, in: OECD ICCP 1, S.153 ff

Kilian, Wolfgang; Lenk, Klaus; Steinmüller, Wilhelm: Datenschutz; Beiträge zur juristischen Informatik, Band 1, 1973

Kirby, Michael D.: Developing international rules to protect privacy, in: L.Computer Technol. 1979, Vol.12, No.3, S.53 ff

Data protection and law reform, in: Computer Networks, Band 3, 1979, S.149 ff

Les lignes directrices du groupe d´experts de l´OCDE, in: Actes du Colloque international informatique et société, Vol.IV, Paris, 1980, S.165 ff

Transborder data flows and the 'basic rules' of data privacy, in: Stan.J.Int. L. Band 16, 1980, S.27 ff

Needs for OECD Guidelines, in: TDR, Vol.IV, No.1, 1981, S.41

What future TDF role for OECD?, in: TDR, Vol.VII, No.1, 1984, S.7

Klippel, Diethelm: Deliktsrechtliche Probleme des Datenschutzes, in: BB 1983, S.4o7 ff

Kloepfer, Michael: Datenschutz als Grundrecht, Königstein, 198o

Knabben, Walter: Die deliktische Datenhaftung von Unternehmensleitung und Datenschutzbeauftragten, GDD-Dokumentation, Band 14, 1978

Vertragliche Haftung nach dem Bundesdatenschutzgesetz, in: DSB 1979, S.1 ff

Datenhaftung; der Datenunfall und seine zivilrechtlichen Folgen; DKT-Schriftenreihe, Band 1, Köln, 1979

Knoppers, Jake V. T.: National policies and boundaries in an informatics age, in: TDR, Vol.VII, No.5&6, 1984, S.351 ff

How to classify data flows, in: TDR, Vol.VII, No.7, 1984, S.371 f

Kotschy, Waltraud: Die Genehmigungspflicht im internationalen Datenverkehr gemäß §§ 32-34 DSG, in: Datenschutz in der Wirtschaft, Wien, 1981, S.143 ff

Der Transfer automationsunterstützt verarbeiteter Daten von Österreich ins Ausland - Erfahrungen und Ausblick, in: DuD 1983, S.253 ff

Krauch, Helmut: Erfassungsschutz, Der Bürger in der Datenbank: Zwischen Planung und Manipulation, Stuttgart, 1975

Kriependorf, Peter: Datenschutz im Konzern, in: DuD 1977, S.16 ff

Kroneberg, D.: Telecommunications for air transportation, in: OECD ICCP 1, S.183 ff

Kronz, Hermann: Informationstechnologie im Europäischen Raum, in: Gefährdet die Informationstechnologie unsere Freiheit?; Jahrestagung 1979 der deutschen Vereinigung für Datenschutz, München, Wien, 1980, S.25 ff

Kropholler, Jan: Internationales Einheitsrecht; Beiträge zum Ausländischen und Internationalen Privatrecht, Band 39, Tübingen, 1975

Elastische Anknüpfungsmomente für das Internationale Vertrags- und Deliktsrecht, in: RIW/AWD 1981, S.359 ff

Kuitenbrouwer, Frank: Switzerland, directives for data processing, in: TDR, Vol.VIII, No.2, 1985, S.69

Lannoy, J.: Les Communautés Européennes et l´information scientifique et technique, in: OECD ICCP 1, S.147 ff

Layton, Christopher: Protection of privacy - future prospects at the european communities level, in: OECD ICCP 1, S.213 ff

Lehmann, B.: Datenschutz bei grenzüberschreitendem Datenverkehr. Die Konvention des Europarates vom 17. September 198o, in: sysdata + bürotechnik 11/1980, S.X, XI

Lindop, Norman: International protection of personal data - reciprocity or harmonisation?, in: OECD ICCP 1, S.288 ff

Lloyd, Ian J.: The data protection act - little brother fights back?, in: M.L.R. Vol.48, No.2, 1985, S.190 ff

Lögdberg, Ake: Right of privacy, in: Festschrift für Alois Troller, 1976, S.285 ff

Longsworth, M.A.: Transborder data flows and the protection of privacy, in: OECD ICCP 1, S.74 ff

Louis, Hans Walter: Grundzüge des Datenschutzrechtes, Köln, 1981

Datenschutz und Informationsrecht in den USA; EDV und Recht, Band 13, 1984

Lüders, P. K. Hugo: Transnationales Wirtschaftsrecht und grenzüberschreitender Datenverkehr, in: RIW/AWD 1985, S.85 ff

Madec, Alain J.: Present legal void and economic ignorance create dangerous international data flow situation, in: TDR, Vol.IV, No.1, 1981, S.15 ff

Les flux transfrontières de données: vers une économie internationale de l´information?; information et société, Band 12, Paris, 1982

Majoros, Ferenc: Konflikte zwischen Staatsverträgen auf dem Gebiete des Privatrechts, in: RabelsZ, Band 46, 1982, S.84 ff

Mallmann, Otto: Kreditauskunfteien und Datenschutz in den USA, in: RIW/AWD 1973, S.78 ff

Zielfunktionen des Datenschutzes; Kybernetik - Datenverarbeitung - Recht, Band 6, 1977

Kreditinformationsdienste und Datenschutz, in: BB 1980, S.1020 ff

Markoski, Joseph P.: Telecommunications regulations as barriers to the transborder flow of information, in: Cornell Int.L.J. 1981, S.287 ff

Marks, Herbert E.: Crossborder data nets become targets of European lawmakers, in: Data Com. 1978, S.67 ff

Mathy, Klaus: Darf der Arbeitgeber die Privatadressen seiner Arbeitnehmer an Dritte zwecks Zusendung von Informationen herausgeben?, in: AfP 1977, S.372 ff

Mc Keaver, Edward D.: Is it best not to regulate transborder data flow?, in: Int.Bus. Lawyer, 1984, S.159 ff

Meister, Herbert: Datenschutz und Privatrechtsordnung, in: BB 1976, S.1584 ff

Einige Gesichtspunkte des Datenschutzes im deutschen Privatrecht, in: ÖJZ 1977, S.65 ff

Bundesdatenschutz oder Datenerhebungs-Ermächtigungsgesetz?, in: ZRP 1979, S.130 ff

Europäische Harmonisierung des Datenschutzes, in: DuD 1980, S.9 ff

Transborder data flows - Ein Thema für die Internationale Handelskammer, in: DuD 1980, S.72 ff

Aspekte einer Novellierung des Bundesdatenschutzgesetzes, in: DuD 1980, S.123 ff

Datenschutz im Zivilrecht: Das Recht am eigenen Datum, 2. Auflage, Bergisch Gladbach, 1981

Konvention des Europarates zum Schutz des einzelnen vor automationsgestützter Verdatung, in: DuD 1981, S.17 ff

Wirtschaftsrelevante Probleme des europäischen Datenschutzrechts, in: DuD 1982, S.9 ff

Entwicklungen im europäischen Datenrecht, in: RIW/AWD 1982, S.481 ff

Das Schutzgut des Datenrechtes, in: DuD 1983, S.163 ff

Persönlichkeitsschutz im grenzüberschreitenden Datenverkehr, in: DuD 1984, S.16 ff

Mengel, Hans-Joachim: Die Datenschutzkonvention des Europarates vom 28. Januar 1981, in: EuGRZ 1981, S.376 ff

Metzger, Hans Ulrich: Die Zusammenarbeit der europäischen Fernmeldeverwaltungen im Bereich der Datenkommunikation, in: Archiv P.F. 1983, S.177 ff

Meyers, Tedson, J.: Liability limitations in international data traffic: The consequences of deregulation, in: Case W.Res.J.Int.L. Band 16, 1984, S.203 ff

Meyers: Enzyklopädisches Lexikon, 9. Auflage, Mannheim/Wien/Zürich, 1980

Michel, Jacques: Enjeu de l'information scientique et technique: cas d'Euronet, in: Actes du Colloque international informatique et société, Vol.IV, Paris, 1980, S.145 ff

Miller, Arthur R.: Personal privacy in the computer age: The challenge of a new technologie in an information-oriented society, in: Mich.L.Rev. Vol.67, 1968-69, S.1089 ff

Der Einbruch in die Privatsphäre, 1973

Mohan, C. Raia;
Mohan C. Vishnu: The information revolution: Issues of transborder data flows, in: India Quart. Band 18, 1982, S.1 ff

Mutter, Peter: Persönlichkeitsrecht und Datensicherung; Computer und Recht, Band 9, 1980

Nacamuli, Alexander I.: SWIFT: Objectives, standardization, availibility, auditability, security, privacy and liability, in: TDR, Vol.III, No.6, 1980, S.7 f

Neuhaus, Paul Heinrich;
Kropholler, Jan: Rechtsvereinheitlichung - Rechtsverbesserung?, in: RabelsZ, Band 45, 1981, S.73 ff

Niblett, G.B.F.: Computers and Privacy, in: Privacy, Computers and You; Workshop on the Data Bank Society; National Computing Centre Limited, 1972, S.17 ff

Nicholas, Derek E.: The digital future: User needs, in: TDR, Vol.VIII, No.3, 1985, S.159 ff

N.N.: Computers gossip gaily to their foreign friends, in: The Economist, Vol.264, No.6990, August 20, 1977, S.91

The Council of Europe forges ahead, in: TDR, Vol.I, No.1, 1978, S.13 f

EEC continues privacy, data security and confidentiality projects, in: TDR, Vol.I, No.1, 1978, S.14 ff

Council of Europe completes data protection draft accord, in: TDR, Vol.II, No.3, 1979, S.1, 9

European Parliamentarians discuss 'highest level' data protection, in: TDR, Vol.II, No.6, 1980, S.15 ff

Council of Europe data protection Convention ready for ministerial approval, in: TDR, Vol.III, No.5, 1980, S.1, 23 f

Council of Europe Ministers to adopt data protection Convention, in: TDR, Vol.III, No.6, 1980, S.1

New Hungarian Data Law in force, in: TDR, Vol.IV, No.6, 1981, S.8

EC Commission urges the ten to sign CoE Convention, in: TDR, Vol.IV, No.7, 1981, S.3 ff

How to comply with the OECD Guidelines, in: TDR, Vol.IV, 1981, No.7, S.13 ff

European Parliament urges national privacy laws, CoE Convention support, in: TDR, Vol.V, No.3, 1982, S.121 f

SITA's 154 - country airline data network, in: TDR, Vol.V, No.5, 1982, S.233

Council of Europe raises data protection priority, in: TDR, Vol.VI, No.8, 1983, S.424

Belgian privacy bill in parliament, in: TDR, Vol.VII, No.2, 1984, S.61

Swiss privacy bill - round of consultations begins, in: TDR, Vol.VII, No.3, 1984, S.125 f

Access fundamental data protection right, in: TDR, Vol.VII, No.4, 1984, S.195

Information flow restrictions concern British, in: TDR, Vol.VII, No.5&6, 1984, S.287

Country reports, in: TDR, Vol.VII, No.7, 1984, S.383 ff

Canadian TDF job losses reported, in: TDR, Vol.VII, No.8, 1984, S.439

Country reports, in: TDR, Vol.VII, No.8, 1984, S.449 f

Banking on electronics, in: TDR, Vol.VII, No.8, 1984, S.464 ff

Country reports, in: TDR, Vol.VIII, No.1, 1985, S.20 ff

CoE sets satellite broadcasting principles, in: TDR, Vol.VIII, No.2, 1985, S.60

OECD sets TDF rules of the road, in: TDR, Vol.VIII, No.3, 1985, S.115 ff

UK Data Protection Act: Compliance actions, in: TDR, Vol.VIII, No.3, 1985, S.138 ff

European Data Convention coming into force, in: TDR, Vol.VIII, No.4, 1985, S.169

TDF takes to the sky, in: TDR, Vol.VIII, No.4, 1985, S.172

Country reports, in: TDR, Vol.VIII, No.4, 1985, S.186 ff

Nollet, Patrick: Les problemes économiques et commerciaux posés par les flux transfrontières de données, in: Actes du Colloque international informatique et société, Vol.IV, Paris, 1980, S.153 ff

Nonnenmacher, Georges-Gilbert: L'informatique face au droit international, in: Ann.A.A.A. La Haye, 1975/76, S.6 ff

Protection internationale de données medicales stockées sur ordinateur, in: Ann.A.A.A. La Haye, 1975/76, S.57 ff

Norman, Adrian R. D.: Project Goldfish, in: Online - international data regulation, S.67 ff

Novotny, Eric J.: Transborder data flows and international law: A framework for policy-oriented inquiry, in: Stan.J.Int.L. Band 16, 1980, S.141 ff

Transborder data flows: A bibliography, in: Stan.J.Int.L. Band 16, 1980, S.181 ff

Nowak, R.: Data protection in transborder data flows in the banking sector, in: OECD ICCP 1, S.124 ff

O'Connor, D.: Public administration (taxation and social insurance), in: OECD ICCP 1, S.92 ff

OECD: Transborder data flows and the protection of privacy; Proceedings of a Symposium held in Vienna, Austria, 20th-23rd September 1977, Information Computer Communications Policy (ICCP 1), Paris, 1979

Guidelines on the Protection of Priyacy and Transborder Flows of Personal Data, Paris, 1981

OECD-Konferenz über Informations-, Computer- und Kommunikationspolitik für die 80er Jahre, in: DANA 1981, Heft 1, S.12 ff

Oldenhage, Klaus: Persönlichkeitsschutz und Datenschutz, in: DuD 1983, S.87 ff

Online: Transnational data regulation, relevant notes from lectures presented at the Conference - Transnational Data Regulation - Brussels, February 1978, England, 1978

Onstad, P.C.: The importance of transborder data flow and private-line circuits to the data processing services industry, in: Online - transnational data regulation, S.281 ff

Data processing services and transborder data flows, in: OECD ICCP 1, S.178 ff

Ordemann, Hans-Joachim: Grenzüberschreitender Datentransport - Internationales Datenschutzübereinkommen, in: ÖVD 1977, S.3 ff

Ordemann, Hans-Joachim; Schomerus, Rudolf: Bundesdatenschutzgesetz, 3. Auflage, München, 1982

Osborn, Jack L.: Corporate employee information handling practices and employee perceptions, in: OECD ICCP 1, S.261 ff

Pagano, Rodolfo: Personal data protection: The challenge ahead, in: TDR, Vol.VIII, No.1, 1985, S.45

Page, Gerard: Le droit d´accès et de contestation dans le traitement des données personelles; Computer und Recht, Band 13, 1983

Parsons, C.: The U.S. Privacy Protection Study Commission, in: OECD ICCP 1, S.242 ff

Pawlikowsky, Gerhart J.: Zur Entwicklung des Datenschutzrechtes in der Schweiz, in: ÖJZ 1982, S.231 ff

Peitzsch, Wolfram: Was der Kunde wissen sollte: Datengeheimnis bei Sparkassen; Rechtsfragen des Datenschutzes bei öffentlich-rechtlichen Kreditanstalten, in: DSWR 1980, S.29 ff

Pipe, G. Russell: Transnational data regulation: Reviewing the issues, in: Online - transnational data regulation, S.234 ff

Europeans to press for data flow rules in ´78, in: Computerworld, January 9, 1978, S.5 f

National policies, international debates, in: J.Commun. Vol.29, No.3, Summer 1979, S.114 ff

Transnational data flows, in: Inter Med. Vol.7, No.6, 1979, S.12 ff

Are Canadian jobs lost through TDF?, in: TDR, Vol.VIII, No.3, 1985, S.132

OECD Ministers adopt TDF declaration, in: TDR, Vol.VIII, No.4, 1985, S.169

Plaine, Daniel J.: The OECD Guidelines for multinational enterprises, in: Int.Lawyer, Band 11, 1977, S.339 ff

Pollirer, Hans-Jürgen: Das österreichische Datenschutzgesetz und seine Anwendung, Wien, 1980

Potyka, Michael: Datenschutz im Kreditwesen, in: Datenschutz in der Wirtschaft, Wien, 1981, S.121 ff

Privacy Protection Study Commission: Personal privacy in an information society, July 197o, Washington

Ramsey, Thomas J.: Europe responds to the challenge of the new information technologies: A teleinformatics strategy for the 1980´s, in: Cornell Int.L.J. Band 14, 1981, S.237 ff

Read, Charles N.: Banking and the regulation of data flows, in: OECD ICCP 1, S.139 ff

Reisinger, Leo: BDSG und DSG - ein Vergleich der deutschen und österreichischen Datenschutzgesetzgebung, in: DuD 1979, S.120 ff

Riese, Otto: Über die Methoden der internationalen Vereinheitlichung des Privatrechts, in: ZSR 1967, S.1 ff

Rigaux, Francois: La loi applicable à la protection des individus à l´égard du traitement automatisé des données a caractère personnel, in: Rev.crit.dr.i.p. 1980, S.443 ff

L´élaboration d´un 'right of privacy' par la jurisprudence américaine, in: Rev.int.dr.comp. 32, 1980, S.701 ff

Riley, Tom: Internationale Informationsfreiheit - die Debatte nimmt zu, in: DANA 1982, Heft 1, S.1 ff

United Kingdom, registration beginning in 1985, in: TDR, Vol.VIII, No.2, 1985, S.70 f

Rill, Heinz Peter: Das Grundrecht auf Datenschutz, in: DuD 1983, S.96 ff

Ringwald, Gerhard: Der Datenabruf und das Datenschutzgesetz, in: JZ 1983, S.291 ff

Das unverstandene Phänomen: Der Datenabruf, in: NJW 1984, S.2397 f

Robinson, Peter: Transborder data flow - a Canadian perspective, in: Inform.Priv. Vol.2, March 1980, S.55 ff

Sovereignty and data: some perspectives, in: TDR, Vol.VII, No.7, 1984, S.419 ff

Rodotà, Stefano: Policies and perspectives for data protection; Report for the XIV Colloquy on European law, in Lisbon (Portugal), 26-28 September 1984, Council of Europe, CJ-DE/14 (84) 6

Ruckriegel, Werner: Datenschutzgesetzgebung in der Bundesrepublik Deutschland, in: Jura 1981, S.346 ff

Rumpf, Hartmut: Datenschutz für juristische Personen und Personenvereinigungen, in: DSWR 1984, S.135 ff

Samet, P.A.: Transborder Dataflow, in: Inform. Priv. Vol.1, No.5, May 1979, S.231 f

Schaffland, Hans-Jürgen; Wiltfang, Noeme: Bundesdatenschutzgesetz, ergänzbarer Kommentar, Berlin, 1977

Schiller, Herbert I.: The transnational corporation and the international flow of information: Challenges to national sovereignity, in: Curr.Res.P.V. Vol.11, No.1, 1979, S.1 ff

Schindel, Jost: Das französische Datenschutzgesetz vom 6.1.1978 - eine bürgerfreundliche Regelung, in: DSWR 1978, S.232 ff

Der Entwurf eines Niederländischen Datenschutzgesetzes vom Dezember 1981, in: DuD 1983, S.15 ff

Schlanitz, E.: Les flux des données transfrontières dans le contexte de la cooperation policière internationale, in: OECD ICCP 1, S.103 ff

Schneider, Jochen: Datenschutz und neue Medien, in: NJW 1984, S.391 ff

Schneider, Kurt: Probleme der Organisation der Leitung internationaler Unternehmungen; Die Internationale Unternehmung, Band 5, Meisenheim am Glahn, 1973

Schomerus, Rudolf: Regulation of trans-frontier data traffic under the federal data protection law, in: Online - transnational data regulation, S.222 ff

Regulation of transfrontier data traffic under the German Federal Protection Act, in: TDR, May 1978, S.20 ff

Grenzüberschreitender Datenverkehr, Unselbstständige Zweigstelle im Ausland - Dritter?, in: DuD 1980, S.7 f

Datenschutz oder Datenverkehrsordnung?, in: ZRP 1981, S.291 ff

Schomerus, Rudolf; Neumann, Dieter: Zum Stand des Datenschutzes in den USA, in: DVR, 1981, S.231 ff

Schwappach, Jürgen: International data flows in the industrial sector, in: OECD ICCP 1, S.217 ff

Internationale Datenflüsse im Bereich der Industrie und ihre Bewertung nach dem Bundesdatenschutzgesetz, in: DuD 1978, S.21 ff

Grenzüberschreitender Datenverkehr und Datenschutz, in: WiVerw 198o, S.28 ff

Schweizer, Rainer J.: Die Konvention des Europarates und die Richtlinien der OECD zum internationalen Datenschutz. Internationaler Datenschutz aus schweizerischer Sicht, in: Informatique et protection de la personalité, Fribourg, 1981, S.255 ff

Das Muster-Datenschutzgesetz für die schweizerischen Kantone, in: DuD 1983, S.202 ff

Seidel, Ulrich: Datenbanken und Persönlichkeitsrecht, Köln, 1972

Seip, Helge: More countries to protect legal person data, in: TDR, Vol.V, No.2, 1982, S.105 ff

Seipel, Peter: Transborder Flow of personal data - reflections on the OECD Guidelines, in: TDR, Vol.IV, No.1, 1981, S.32 ff

Seligman, N.: The importance of empirical research, in: OECD ICCP 1, S.86 ff

Sendler, Hans: Rechtsprobleme personenbezogener Datenverarbeitung im öffentlichen und privaten Bereich, in: DuD 1977, S.59 ff

Sieghart, P.: The protection of personal data - lacuna and overlap, in: OECD ICCP 1, S.224 ff

Sieglerschmidt, Hellmut: Zweiter Bericht über den Schutz der Rechte des einzelnen angesichts der fortschreitenden Entwicklung auf dem Gebiet der Datenverarbeitung, in: DuD 1981, S.226

Datenschutzresolution des Europäischen Parlaments - Rechtsausschuß, in: DuD 1982, S.42 f

Europäisches Parlament: Entschließung zum Schutz der Rechte des einzelnen angesichts der fortschreitenden technischen Entwicklung auf dem Gebiet der Datenverarbeitung, in: DuD 1982, S.189 f

Simitis, Spiros: Über die Schwierigkeiten einer Datenschutzregelung - Zum Stand der Diskussion, in: SchweizAG 47, 1975, S.1 ff

Grenzüberschreitender Datenaustausch - Notwendige Vorbemerkungen zu einer dringend erforderlichen Regelung, in: Festschrift für Murad Ferid, 1978, S.355 ff

Datenschutz: Erfahrungen und Perspektiven, in: VersR 1981, S.197 ff

Datenschutz: Von der legislativen Entscheidung zur richterlichen Interpretation, in: NJW 1981, S.1697 ff

Data protection - a few critical remarks, in: Council of Europe, Camera dei Deputati: Legislation and data protection, Roma, 1983, S.171 ff

Die informationelle Selbstbestimmung - Grundbedingung einer verfassungskonformen Informationsordnung, in: NJW 1984, S.398 ff

Rapport Général of the XIVth Colloquy on European law (Lisbon, 26-28 September 1984), Council of Europe, Committee of Experts on data protection, CJ-PD (85) 1

Data protection: New developments, new challenges, in: TDR, Vol.VIII, No.2, 1985, S.95 f

Simitis, Spiros; Dammann, Ulrich; Mallmann, Otto; Reh, Hans-Joachim: Kommentar zum Datenschutzgesetz, 3. Auflage, Baden-Baden, 1981

Simma, Bruno: Grenzüberschreitender Datenfluß und domaine resérvé der Staaten, in: Berichte der Deutschen Gesellschaft für Völkerrecht, Heft 19, 1979, Das Problem des grenzüberschreitenden Informationsflusses und des 'domaine reserve', S.39 ff

Smith, Joel E.: Exchange among insurers of medical information concerning insured or applicant for insurance as invasion of privacy, in: ALR 3rd, Vol.98, S.561 ff

Spech, Christian: Datenschutz und Informationsfreiheit, in: DANA 1982, Heft 1, S.5 ff

Spieker, W.: Data protection and the trade unions, in: OECD ICCP 1, S.233 ff

Stadlen, Godfrey: Survey of national data protection legislation, in: Computer Networks, Band 3, 1979, S.174 ff

Stadler, Gerhard: Grenzüberschreitender Datenverkehr und Datenschutz, in: ÖVD 1977, S.923 f

To international regulations on data flows and privacy protection, in: Online - transnational data regulation, S.96 ff

Eine künftige Datenschutzkonvention des Europarates und das bundesdeutsche und österreichische Datenschutzrecht, in: DuD 1979, S.169 f

Steiger, Werner von: Betrachtungen zum Schutz der Persönlichkeit im internationalen Privatrecht, in: SchwJbIntR, Band 25, 1968, S.197 ff

Steinmüller, Wilhelm, u.a.: Grundfragen des Datenschutzes; Gutachten im Auftrag des Bundesministeriums des Innern, BTDrucks VI/3826, Anlage 1, S.34 ff

Strömberg, G.: International message transfers between banks, in: OECD ICCP 1, S.133 ff

Strömholm, Stig: La vie privée et les procédés modernes de communication droit nordique, in: Rev.int.dr.comp. 23, 1971, S.49 ff

La Protection de la vie privée - essai de morphologie juridique comparée, in: Festschrift für Ake Malmström, 1972, S.185 ff

Study Committee on the Protection of Privacy: Protection of privacy in the processing of personal data (Summary), in: DVR 1983, S.149 ff

Taib, Alain: Flux de données transfrontières - aspects culturels et économiques, in: OECD ICCP 1, S.293 ff

Tassel, Dennie van: The computer vs. privacy, a computer bill of rights, in: L.Computer Technol. 1970, S.2 ff

Thome, Rainer: Das Datenschutzgesetz und die Auskunftei, in: Aktuelle Beiträge über den Datenschutz, Frankfurt/Main, 1977, S.105 ff

Treille, J.M.: L'information économique et industrielle: Ses sources et ses canaux de distribution, in: OECD ICCP 1, S.160 ff

Trotter, Hardy Jr.: Transborder data flow: An overview and critique of recent concerns, in: Rutgers Comp.Tech.L.J. 1983, No.2, S.247 ff

Tuner, Lotte: Besonderheiten des Österreichischen Datenschutzgesetzes, in: DANA 1979, Heft 2/3, S.4 ff

"Gehört ein Datenschutz für juristische Personen ins allgemeine Datenschutzrecht?", in: DuD 1985, S.20 ff

Turn, Rein: Implementation of privacy and security requirements in trans-national data processing systems, in: Online - transnational data regulation, S.113 ff

Vandenberghe, H.: La vie privée et les banques de données, in: OECD ICCP 1, S.249 ff

Vekeman, Luc: The SWIFT system, in: TDR, Vol.III, No.6, 1980, S.7 ff

Volken, Paul: Konventionskonflikte im Internationalen Privatrecht; Schweizer Studien zum Internationalen Recht, Band 7, 1977

Wagner, Wenceslas J.: The right of privacy and its limitations in the U.S.A., in: Law in the United States of America in social and technological revolution, Editors: John N. Hazard, Wenceslas J. Wagner, Brüssel 1974

Wahrig, Gerhard: Deutsches Wörterbuch, 1980

Walker, Philip M.: Barriers to achieving the full potential of international data communications, in: Online - transnational data regulation, S.181 ff

Warner, Malcolm; Stone, Michael: Die Computer Gesellschaft, Kulmbach, 1972

Weidemann, Bernd: Konzernleitung multinationaler Unternehmungen; Grundlagen und Praxis der Betriebswirtschaft, Band 35, Berlin, 1975

Weise, Karl-Theodor: Das Abrufverfahren und der Datenschutz, in: DuD 1984, S.165 ff

Gibt es einen Stand der Datensicherung?, in: DuD 1985, S.140 ff

Wermdalen, H.: A manufacturer´s experience, in: OECD ICCP 1, S.69 ff

Westin, Alan F.: Privacy and Freedom, London, Sydney, Toronto, 1970

Transborder flows of personal health data: A problem whose time has not yet come, in: OECD ICCP 1, S.114 ff

Wittek, H.: Grenzüberschreitender Datenverkehr; unselbstständige Zweigstelle im Ausland - Dritter?, in: DuD 1980, S.69 ff

Wittkämper, G. W.: Datenoasen - ein Mythologem?, in: DuD 1978, S.59 f

Wochner, Lucius M.: Der Persönlichkeitsschutz im grenzüberschreitenden Datenverkehr; Computer und Recht, Band 11, 1981

Wohlgemuth, Hans: Rechtliche Grenzen der Informationsgewinnung durch den Arbeitgeber, in: BB 1980, S.1530 ff

Wright, Janice: Protection of corporate privacy, in: TDR, Vol.V, No.4, 1983, S.231 ff

Zweigert, Konrad: Rechtsvereinheitlichung, in: Strupp, Schlochauer, Wörterbuch des Völkerrechts, Band III, 2. Auflage, 1962, S.74 ff

STUDIEN ZUM VERGLEICHENDEN UND INTERNATIONALEN RECHT

Band 1 Ferdinand Henke: Die Datenschutzkonvention des Europarates. 1986.

FSC
www.fsc.org
MIX
Papier | Fördert gute Waldnutzung
FSC® C083411

Kolibri 360 GmbH
Ferdinand-Jühlke-Straße 7
99095 Erfurt, Deutschland
produktsicherheit@kolibri360.de

Druck:
CPI Druckdienstleistungen GmbH
im Auftrag der
Kolibri 360 GmbH
Ferdinand-Jühlke-Str. 7
99095 Erfurt